언어발달

언어발달

Language Development

권도하·이명순·신후남·신혜정·정분선·전희숙
김효정·고영옥·곽미영·최선영·황하정 지음

박학사

서문

나는 1971년 1학기 '원서강독'이란 이름으로 개설된 과목을 이수하였다. 이때 교수님이 Charles Van Riper의 『Speech Correction』이란 교재의 '제4장 언어 발달'을 가지고 수강생에게 한 문장씩 돌아가면서 번역 발표를 시키셨다. 한 학기 동안 몇 쪽 나가지는 못했지만 그것이 나의 인생의 방향을 결정하는 계기가 되었다. 나는 이때 '진자리 마른자리 갈아 앉히시고, 온갖 궂은 것 다 해서 직접 키우신 부모님에게 자기의 자녀에 대해 언제 뒤집기를 했고, 배밀이를 하여 이동하였고, 네 발로 기었고, 혼자 힘으로 서고 걸었으며, 옹알이는 언제 어떻게 했고, 초어는 언제 무슨 단어였었느냐고 묻는다면, 제대로 답할 분이 없을 것인데, 학자들은 어떻게 이를 알고 있을까?'라는 의문을 가지게 되었다. 이것은 정으로 키우는 부모와 객관적인 관찰과 데이터를 가진 학자와의 차이를 깨닫는 계기가 되었다. 엄마의 눈과 학자의 눈은 초점 자체가 다른 것에 흥미를 가지게 되었다.

이러한 학자의 호기심이 나에게 매력을 주었고, 학문을 하는 길로 나를 이끈 원동력이 되었다. 우리나라에 언어치료라는 분야를 소개하는 첫 계기는 아마 이 '원서

강독'이란 과목에서 시작되었다고 생각한다. 이때 특수교육학과는 전국에서 대구대학교(옛 한국사회사업대학) 한 곳뿐이었고, 특수교육학과 내에 정신박약전공, 농전공, 맹전공, 지체부자유전공 등 4개 전공이 있었는데, 언어장애 분야는 출현율 통계에서는 가장 많은 장애 영역이지만 전공이 개설되어 있지 않았다. 과목으로라도 개설되려면 5명 이상의 수강생이 있어야 되는데, 아무도 새로운 영역에 관심을 가지지 않았다. 따라서 나 혼자 일본서적과 영어원서를 구입하여 공부하는 관심을 가지고 할 수밖에 없었다.

이렇게 언어 발달은 나와는 특별한 인연이 있었고, 사실 언어치료라는 분야를 이끌게 되는 계기를 준 영역이었다고 할 수 있다. 1988년에 '언어치료학과'라는 독립된 학문 분야로서 시작되어 2011년 현재 51개 대학 양성 프로그램이 운영되는 것을 보면 격세지감을 가지게 된다. 특히 올해는 언어치료사 국가자격증제도의 법이 생긴 해이기도 하다. 이제는 국가적인 관심과 재정으로 이 분야가 발전하는 계기가 된 것이다.

이러한 차에 그동안 언어치료학 분야가 번역에 의존한 지식전달의 시대에서 우리의 자료를 가지고 학문을 논할 수 있을 정도로 발전한 것은 대단히 기뻐하지 않을 수 없는 일이다. 이제 한국에서 자라고 배운 2세대들이 활발한 학문 발전의 주역으로서 우리나라 언어치료학계를 이끌어 가는 시기가 온 것 같아서 기쁘고, 이러한 학문 발전의 역사적인 선상에 있는 후배들에게 언어치료학의 가장 기초영역인 언어 발달이 이 분야의 좋은 자료로서 역할을 할 수 있기를 기대한다.

저자들을 대표해서

권도하

차 례

제1장

언어 발달 개관

성경의 '창세기' 편에 의하면, 태초에 이 세상에는 오직 하나의 언어만이 있었다. 그러나 바벨 사람들이 자신들의 능력을 과시하고 나아가 스스로 신이 되고자 높은 탑을 쌓았다. 탑이 하늘에 닿으려고 하자, 신은 인간의 교만함을 다스리고자 언어를 섞어 놓아 서로의 말을 알아들을 수 없게 하였다. 온 세상의 말이 뒤섞이게 되자 바벨 사람들은 더 이상 탑을 쌓을 수 없었으며, 각지로 흩어져 서로 다른 언어를 사용하며 살게 되었다고 한다.

최근에 세계 언어 목록 '에스놀로그(Ethnologue)'는 전 세계에서 현재 쓰이고 있는 언어가 모두 6,909개라고 발표하였다. 이 통계치를 굳이 인용하지 않더라도 세상에는 우리가 일일이 셀 수 없을 만큼 다양한 언어들이 있음을 안다. 언어가 서로 달라서 생기는 불편함 역시 이루 말할 수 없이 많다. 몸짓이나 얼굴 표정 등을 통해 어느 정도까지는 자신의 생각이나 감정을 표현할 수 있겠지만 상당한 한계가 있다. 게다가 상대방의 언어를 안다고 하더라도 문화의 차이를 이해하지 못해 오해가 빚어지기도 한다. 대표적인 예로, 우리 민족만이 가지고 있는 '정'을 제대로 표현해 줄 수 있는 단어가 영어에는 없다. 동일한 언어와 문화를 가지고 있다고 모든 문제가 해결되는 것은 아니다.

한 때 『화성에서 온 남자, 금성에서 온 여자』라는 책이 세간의 많은 주목을 받았다. 이 책은 남자와 여자의 차이를 아주 상세하고도 재미있게 설명해 준다. 예를 들면, 여자가 "우리는 좀처럼 외출을 하지 않아요."라고 불만을 말하면 남자는 대개 "그건 사실이 아니에요. 지난주에 외출했었잖소."라고 응수한다(Grey, 2001). 과장, 은유, 막연한 표현들을 총동원하여 자신의 감정을 전달하는 여자와 달리, 남자는 이것을 그대로 받아들여 해석함으로써 여자의 기대와 다르게 비협조적인 반응을 보이게 되면서 서로 간에 언쟁이 일어난다.

이렇듯 태초에 하나였던 언어가 안타깝게도 여러 언어로 나뉘고, 거기다가 다른 문화와 성별 사이에서도 표현의 차이가 존재한다. 하지만 이러한 언어의 다양성에도 불구하고 Chomsky의 보편문법(Universal Grammar) 이론에서 보듯이, 인간이라면 모든 언어에 내재된 공통적인 문법 구조에 대한 언어 능력을 가지고 태어나며, 이러한 언어 학습이 인간만이 가지는 종 특정적(species-specific) 현상이라는 데는 대부분의 사람들이 견해가 일치한다.

말하기 능력은 인간과 다른 영장류를 구분하는 가장 대표적인 기준이다. 인간과 가장 가까운 친척인 침팬지는 무려 98.75%의 유전적 구조를 인간과 공유하고 있지만, 언어에서는 양적으로나 질적으로 큰 차이를 보인다. 그러면 무엇이 이 엄청난 언어의 차이를 가져왔을까? 직립 보행, 큰 두뇌, 입과 혀를 관장하는 넓은 대뇌피질 영역 등의 신체적 및 생물학적 요인들(한유미 외, 2009)과 함께 최근에는 유전학에서 언어의 차이를 만든 원인을 찾고 있다.

2001년과 2002년, 영국 옥스퍼드대학 연구진과 독일 막스플랑크 진화인류학 연구소에서는 침팬지와 유전적 구조의 차이가 나는 1.25%에서 인간에게만 다른 독특한 언어 구사능력을 갖게 하는 유전자를 발견하였다. 'FOXP2(폭스피투)'라고 지칭되는 유전자로서 717개의 아미노산 중 단 2개에서 침팬지와 차이가 났다. 연구자들은 3대에 걸쳐 어휘와 문법에서 전반적인 결함과 함께 조음장애 등 심한 구어-언어장애(speech-language disorder)를 보이는 KE 가족에게서 일명 '문법 유전자(gene for grammar)'로 알려진 이 언어 유전자를 확인하였다(Paul, 2007).

보다 최근의 언어장애 관련 세미나에서는 지적 손상이나 다른 결함 없이 언어에만 특정적으로 어려움을 가진 단순언어장애(Specific Language Impairment)에 대한 연구에서 이들의 언어 결함이 FOXP2 유전자를 통해 가족에게 유전되는 경향이 있다고 보고하였다. 게다가 연구자들은 무의미 단어 반복하기, 과거시제 -ed, 3인칭단수 -s와 같은 특정 언어 과업이 보다 더 유전성을 보이며 유전적 요인의 영향을 받은 언어 기능의 측면이 있음을 확인하였다.

이 장에서는 언어와 언어 발달에 대해 개관하되 초반부에서는 언어의 중요성과 특징에 대해 먼저 알아보고, 인간의 주요 의사소통 영역을 구어, 언어, 의사소통으로 나누어 용어 간의 차이를 비교한다. 그리고 마지막에는 언어를 구성하는 요소들을 하나씩 알아본다. 후반부에는 언어 발달에 영향을 주는 요소들과 함께 언어 차이와 언어장애를 초래하는 원인들을 개괄적으로 살펴보기로 한다.

1. 인간과 언어

언어의 중요성

인간은 태어나 첫 숨을 내쉬는 그 순간부터, 더 빠르게는 엄마의 뱃속에서부터 '소리의 바다'에서 헤엄친다. 처음에는 '까꿍'이나 '쭈쭈쭈'처럼 성인들이 아기의 주의를 끌기 위해 내는 이상한 소리들을 수동적으로 듣기만 한다. 그러다가 빠는 소리, 입술과 혀 차기, 재채기, 트림, 딸꾹질처럼 먹고 소화시키는 활동과 관련된 소리를 시작으로 차츰 아기 스스로 소리를 산출하고, 이것이 이후에 자음과 모음이 되고 단어가 된다. 그리고 어느 순간, 언어는 우리가 매일 숨 쉬는 공기와 같이 필수불가결한 요소가 된다. 이제부터 언어가 인간의 삶에서 어떻게 중요한지를 보다 구체적으로 알아보도록 한다.

첫째, 언어는 다른 시대와 사회로 문화를 전달한다. 예를 들면, 영어권과 달리 우리말에서 유독 발달되어 있는 존칭어는 우리 사회가 수직적 인간관계로 형성되어 있음을 시사한다. 그리고 만나는 사람마다 습관적으로 건네는 '식사하셨어요?'라는 인사말은 우리 사회가 끼니를 걱정하던 때가 있었음을 반영해 준다(한유미 외, 2009). 영어 표현에서 'my mother(나의 엄마)', 'my school(나의 학교)'이 보편적인 반면에 우리말에서 '우리 엄마', '우리 학교'가 더 자주 사용되는 것은 우리 사회가 개인보다는 '우리' 공동체를 우선시함을 보여 준다고 할 수 있다.

둘째, 언어는 화자(혹은 필자)의 어떤 감정이나 태도를 표현하고 청자(혹은 독자)로부터 감정을 불러일으킨다. 얼굴 표정이나 몸짓을 통해서도 자신의 느낌이나 생각을 전달할 수 있지만 신속성과 정확성에서 언어를 따를 수 없다. 시와 문학이 가장 좋은 예일 것인데, 우리가 매일 주고받는 대부분의 일상적인 언어도 정서, 느낌, 태도를 표현한 것이다.

셋째, 언어는 본질적으로 정보를 전달한다. 과학에서나 어떤 사실에 대한 진술에서처럼 언어의 정보적 기능은 명제(proposition)를 주장하거나 부인하며, 이들 문장들은 거짓이거나 참이므로 논리에 중요하다.

넷째, 언어는 청자로 하여금 어떤 행위를 하게 하거나 금지시킨다. 이러한 지시적 기능의 언어는 "문 열어라."처럼 직접적인 명령의 형태일 수도 있으며, "금연 구역에서 담배를 피우고 계시는군요."처럼 평서문이지만 간접적으로 명령하는 형태일 수도 있다. 뿐만 아니라 언어는 화자 자신의 사고 과정과 행동을 통제하기도 한다. 우리는 아동들이 어려운 문제를 해결하거나 중요한 목표를 달성하고자 할 때 소리 내어 혼잣말을 하는 경우를 때때로 볼 수 있는데, Vygotsky에 의하면 아동들은 혼잣말을 통해 자기 스스로에게 지시를 내리고 언어를 도구로 사고를 한다(정옥분, 2009).

다섯째, 언어는 사람들 사이의 문제를 조용히 해결하며 대인관계를 형성하는 데 중요하다. 이 세상에 혼자 살고 있다면 무슨 말이 필요하겠느냐마는 인간은 혼자 살아갈 수 없고 더불어 살아야 하는 운명을 타고 났다. 언어 이전기의 아기들이 산출하는 울음이나 칭얼거림까지도 부모의 관심을 이끄는 기능을 한다. Vygotsky는 혼잣말을 많이 하는 아동이 그렇지 않은 아동보다 사회적 능력이 더 뛰어나며, 이것은 언어가 사회적 상호작용의 매개 역할을 하기 때문이라고 주장하였다(정옥분, 2009). 성인의 경우에는 직장 생활에서 특정한 언어 기술이나 전문직에 따른 언어가 필요하며, 이것이 여러 사회적 집단에 속하면서 집단 결속력으로 작용한다.

여섯째, 언어는 말하는 사람의 인품, 교양, 지식, 성격, 그리고 정치적 성향까지도 나타낸다. Brown(2008)에 따르면 언어는 말하는 사람의 품격과도 같은 것으로 저마다 풍기는 느낌이 다르고 그 방법이 다르다. 우리는 아동이 주로 욕설을 사용하는지, 예의바른 말을 사용하는지를 통해 그 아동의 성격뿐만 아니라 가정교육의 질까지 알 수 있다. 성인의 경우 사용하는 용어의 선택 방식에서 그들의 정치적 성향을 볼 수 있는데, 예를 들면 '깜둥이(Negro)'와 '아프리카계 미국인(African American)'의 차이이다.

언어의 특징

Nelson(1998)에 따르면 언어는 '동일한 부호(code)를 알고 있는 타인들에게 의미 있는 세계에 대한 지식을 표상하기 위해 자의적 상징들로 이루어진 관례적 체계를 사용하는 사회적으로 공유된 부호'이다. 이것을 보다 자세히 설명해 보면 다음과 같다.

첫째, 언어는 체계적인 부호로서 일정한 규칙성과 조직성이 있다. 그 결과, 청자는 그 부호를 단순히 해독하는 그 이상으로 자신들이 알고 있는 상황과 언어에 근거하여 다가올 정보를 예상하거나 빠진 정보를 채울 수 있다. 예를 들면, "목이 몹시 마른 코끼리는 웅덩이로 다가가 긴 __로 물을 마시기 시작하였다."라는 문장을 들었을 때 우리는 빠진 부분에 들어갈 말이 명사 '코'임을 안다.

둘째, 언어는 하나의 문화 집단에 있는 많은 화자와 청자가 서로 공유하는 부호이다. 다시 말해, 언어는 관례적 부호이다. 서로 의사소통을 하고자 한다면, 마치 교차로에서 교통 신호를 기다리는 운전수들과 같이 동일한 규칙을 따라야 할 것이다. 만약 화자와 청자가 서로 다른 부호를 사용하여 소통하고자 한다면, 교통대란이 발생하여 어떠한 정보도 교환하지 못할 것이다.

셋째, 언어는 자의적인 상징이다. 언어의 상징체계가 자의적이라는 말은 특정 사물이나 과정, 상황을 나타내기 위해 특정 상징을 선택한 이유가 전혀 없다는 것을 뜻한다. 예컨대 [꼬리+], [야옹 혹은 meow+], [털+], [네 개의 다리+] 등의 의미자질을 가진 동물을 지칭하는 단어(예: '고양이', '캣[cat]')와 짖는 소리(예: '야옹', '미아우[meow]')가 각 나라의 언어마다 다르게 표현되는 것은 이러한 상징의 자의성 때문이다. 언어는 어떤 것을 나타내는 상징이며 대부분의 경우 언어와 실제 표상하는 사물 간에는 물리적인 유사성이 없다. 그러나 간혹 예외가 존재한다. 예를 들면, '뽀글뽀글', '쾅', '쨍그랑' 등과 같은 의성어는 표상하는 사물이나 사건과 연관된 소리를 흉내 낸 말이다.

넷째, 언어는 사회적으로 공유된 것이다. 우리는 특정 사회의 일원이 되기 위해서 우선적으로 그 사회에서 공유하는 언어를 학습하며, 그 언어를 통해 서로 정신적 유대감을 형성한다. 그 결과, 동일한 언어를 사용하는 사람들은 언어 공동체(community) 속에서 비로소 서로 간에 소통(communication)이 이루어진다.

2. 인간의 주요 의사소통 영역

인간은 태어난 순간부터 자신의 주변에 관심을 갖고 여러 방식으로 바쁘게 상호작용을 시도한다. 중요한, 심지어 무의미한 사회적 상호작용에서도 인간의 행동은 주위 사람들의 행동에 영향을 미치게 되는데, 이때 제스처, 얼굴 표정, 말하기를 통해 타인의 행동에 영향을 끼친다. 이러한 사회적 상호작용은 구어, 언어, 의사소통이라는 세 가지 주요 영역으로 분석될 수 있다(McLaughlin, 2006).

구어, 언어, 의사소통은 간혹 동의어로 사용되기도 하나, 엄밀히 살펴보면 매우 다른 형태를 의미한다. 구어는 구어 의사소통을 위해 말소리를 산출하는 역동적인 신경근육 협응이 요구되는 과정으로서 언어의 필수조건은 아니다. 바꾸어 말하면, 의사소통을 할 때 뇌에서 언어를 사용하여 개념을 형성하고 그 메시지는 말소리의 형태로 전달될 수 있으나 글자, 수화, 몸짓 등의 형태로도 가능하다.

구어

21세기 첨단 테크놀로지의 시대에 살고 있는 현대인들은 인터넷과 휴대폰을 이용하면서까지 끊임없이 타인에게 닿기 위해, 그리고 소통을 통해 무언가를 공유하고 나의 앎을 검증하고 진리를 탐구하고자 애쓴다. 특히 휴대폰의 경우 스마트 폰이 등장하면서 실시간으로 상대와의 물리적 거리와 상관없이 정보를 주고받을 수 있게 되었다. 휴대전화는 통화의 기능과 문자 전송 기능이 있는데, 비용이 더 저렴하고 공공장소에서 이용할 수 있다는 편의성과 개인 프라이버시 보호 등의 이유로 문자 메시지가 많이 선호된다.

그럼에도 불구하고 **구어**(speech)는 여전히 의사소통의 일차적인 수단이며 대부분의 사람들은 구어로 소통한다. 구어는 언어를 실질적으로 산출하는 것, 즉 폐에서 생성된 기류가 후두, 인두, 연구개, 혀, 치아, 입술, 구강, 비강과 같은 성도(vocal tract) 구조의 신경근육학적 조절을 통해 소리를 물리적으로 산출하는 것이다(Hedge, 1996; McLaughlin, 2006; Pence & Justice, 2010).

구어 산출 체계

McLaughlin(2006)은 구어를 조음, 음성, 유창성이라는 세 가지 기본적인 구성성분으로 나누어 설명한다.

조음(articulation)은 턱, 혀, 입술, 연구개의 물리적인 움직임을 통해 성도의 크기와 형태를 변화시켜 말소리(speech sound)를 산출하는 것이다. 조음의 과정은 우리가 여러 모음과 자음으로 듣는 다양한 소리를 만들어 낸다.

발성(phonation)을 포함한 **음성**(voice)은 후두에 있는 성대의 진동을 통해 소리를 산출하는 것이다. 목소리 톤은 공기가 긴장된 성대 사이를 지나가면서 진동을 일으킬 때 만들어진다. 또한 발성은 주파수(frequency)와 강도(intensity)의 물리적인 특징을 전달한다. 성대에서 보다 높은 빈도의 진동으로 음성이 산출될 때 청자는 높은 음도(pitch)를 들을 것이며, 높은 강도로 공기를 불어내어 음성이 방출될 때에는 높은 크기(loudness)로 들을 것이다. 우리가 구어에서 듣는 음성은 공기가 성도를 통과할 때 목소리 톤을 수정하는 과정, 즉 공명(resonation)의 결과물이다. 구강, 비강, 인두강과 같은 성도의 강들(cavities)은 어쿠스틱 기타의 공명통과 비슷한 방식으로, 성대에서 발성된 벌이 윙윙거리는 소리(buzzing sound)에 충만함을 준다.

마지막으로 **유창성**(fluency)이란 말이 산출될 때 비정상적인 중단이나 비유창성이 없는 리듬의 속도 내지 말의 흐름을 뜻한다. 운율과 흐름은 우리가 초당 산출하는 음절의 수, 말을 하는 동안 쉼의 빈도와 지속시간으로 나타난다. 만약 우리가 조음과 발성을 위해 소리를 연결하여 단어와 문장을 만드는 동작을 효율적으로 수행한다면 음절에서 음절로 혹은 단어에서 단어로의 전환이 부드러울 것이다.

한편, Pence와 Justice(2010)는 구어의 산출과정을 호흡, 발성, 공명, 조음이라는 네 가지 체계 내 근육의 정확한 활성으로 설명한다. 그들에 따르면, 폐의 안팎으로 오가는 기류를 조절하고, 이를 기관지를 통해 후두로 보내고(호흡), 공기가 성대를 지나고(발성), 구강과 비강을 거친 다음(공명), 혀나 입술 등의 조음기관을 조작하는 과정(조음)을 통해 일련의 말소리가 산출된다. **그림 1.1**은 구어가 산출되는 이러한 과정을 잘 보여 준다.

언어

자신들의 생각, 감정, 사고를 전달하는 표현 방법에는 말하기에서부터 쓰기나 제스처까지 다양하게 있다. 그러나 메시지가 어떻게 표현되든지 간에 그 메시지의 내용을 전달하는 것은 **언어**(language)라는 상징이다. 인간을 제외한 다른 종들의 경우에는 다른 별개의 소리나 행동을 통해 소통을 하는데, 이러한 그들의 행동은 음식의 위치, 곧 닥쳐올 날씨의 변화, 포식자들의 존재 등을 의미하는 신호로서 작용한다. 하지만 이 신호들은 주로 본능에 의한 것이며 인간의 언어 행동에 발달을 가져온 창조성은 결여되어 있다.

언어는 구어보다 좀 더 광범위하다. 바꾸어 말하면, 구어는 언어라고 하는 더 큰 행동 단위의 보다 작은 구성요소이다. 따라서 알아들을 수 없는 옹알이처럼 언

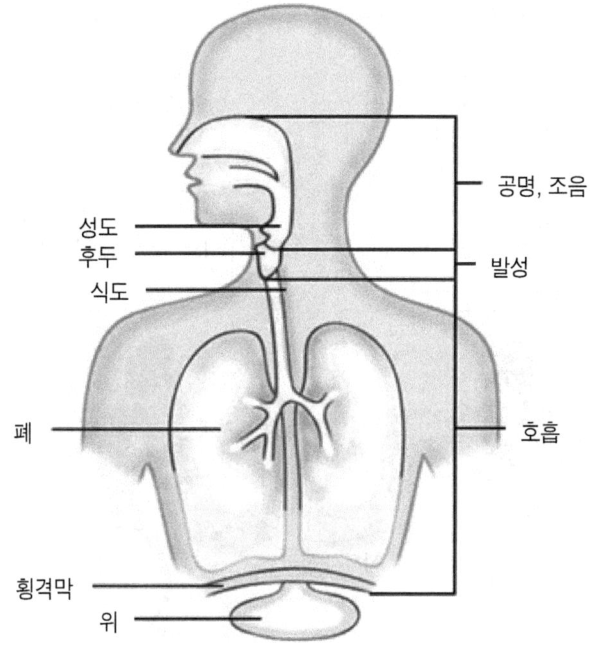

그림 1.1. 구어 산출과정

어가 없는 구어를 산출할 수도 있다. 이러한 언어에 대해서 언어학자나 심리언어학자들은 일반적으로 '세상에 대한 생각을 표현하는 자의적으로 선택된 부호의 정신적 체계'라고 정의해 왔다.

언어의 유형

수용 언어와 표현 언어

언어는 **수용 언어**(receptive language)와 **표현 언어**(expressive language)로 분류된다. 이해(comprehension)라고도 부르는 수용 언어는 표현된 언어, 즉 상대의 구두적(verbal) 혹은 비구두적(nonverbal) 언어에 주의를 기울이고 그 입장을 받아들이는 처리과정을 뜻하는 것으로, 듣기나 읽기가 이에 속한다. 그리고 듣고 이해하기나 읽고 이해하기처럼 사용되고 있는 상징체계로부터 그 의미를 추출해 내는 과정을 해독하기 혹은 **해호화**(decoding)라고 한다. 반면에 말하기나 쓰기처럼 언어를

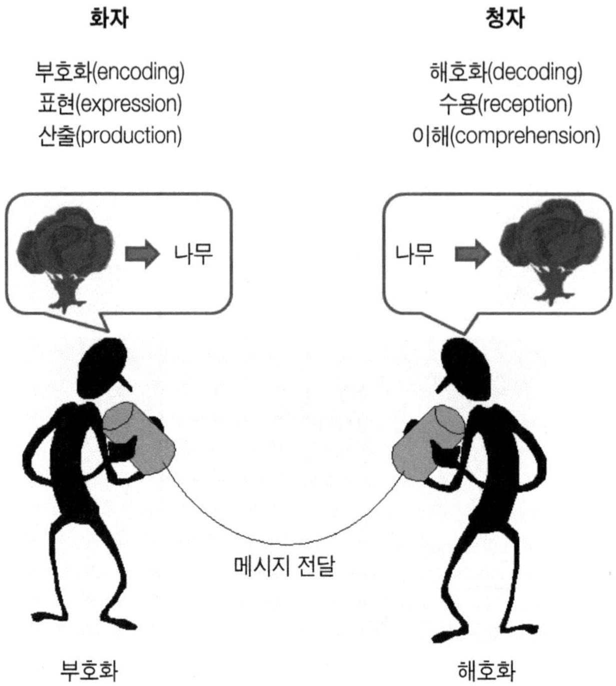

그림 1.2. 언어 전달 과정

실제적으로 사용하여 자신의 입장을 나타내는 것을 산출(production) 내지 표현 언어라고 한다. **부호화**(encoding)는 자신의 생각을 언어적인 산출물, 즉 말이나 글의 형태로 변환하는 과정을 의미한다. 화자와 청자가 사용하는 이러한 처리과정을 뜻하는 용어들은 일반적으로 **그림 1.2**와 같이 서로 관련되어 있다(McLaughlin, 2006; Sternberg, 2005).

그러면 수용 언어와 표현 언어 중에서 어떤 언어가 먼저 발달할까? 50개의 어휘를 이해하고 산출하는 데 각각 약 13개월과 18개월이 소요되는 것처럼, 일반적으로 수용 언어는 표현 언어에 선행하여 발달한다. 수용 언어가 표현 언어보다 더 선행하는 이유들 중 하나는 언어이해를 위해서는 어휘집에 저장된 단어 의미의 인식만이 요구되지만 산출을 위해서는 단어 회상뿐만 아니라 적절한 발음으로 발화해야 한다는 이중의 수고가 따르기 때문이다.

구두 언어와 문자 언어

언어는 말하기, 듣기처럼 청각적 방법에 의존하는 **구두 언어**(spoken language)와 읽기, 쓰기처럼 시각적 방법에 주로 의존하는 **문자 언어**(written language)로 나눌 수 있다. 과학의 도움으로 말을 영구히 보존하거나 멀리 떨어져 있는 사람과 통화를 할 수 있게 되었지만 구두 언어는 기본적으로 시공간적 제약을 받는다. 그러나 문자 언어는 이러한 시공간적 제약을 보완하여 지식의 축적 및 새로운 지식의 생성을 가능하게 한다. 또한 구두 언어가 몸짓, 억양, 말하는 속도, 강세 등을 사용하여 의미를 표현하고 언어가 사용되는 상황이 의미 파악의 단서로 작용하는 데 비해서, 문자 언어의 경우에는 띄어쓰기, 쉼표, 마침표 등을 사용하여 의미를 전달하고 그 자체로 모든 의미가 전달된다는 차이가 있다.

그러면 두 유형 중에서 어떤 언어가 먼저 발달할까? 말할 것도 없이 구두 언어가 문자 언어에 선행하여 발달하는데, 구두 언어의 경우 가정에서 일찍이 자연스럽게 배우는 데 반해 문자 언어는 대개 공교육이 시작된 이후에야 가능해진다.

의사소통

인간은 누구나 다른 사람과 관계를 맺고자 하는 본능을 가지고 태어나며 인간의 생활은 타인과의 수많은 만남을 통해 이루어진다(Brown, 2008). 그리고 소속집단 속에서 그 생활을 유지시키기 위해서는 여러 규칙을 지켜가며 타인과 교류를 해야 한다.

의사소통(communication)은 다양한 맥락에서 일어나며 많은 형태를 띤다. 왕의 업적과 삶을 자손들에게 전달하기 위해 만든 이집트 상형문자와 같은 고대 의사소통의 형태에서부터 오늘날과 같이 보다 멀리, 보다 많은 사람들에게 보다 다양한 정보를 생생하게 전달하기 위한 새로운 테크놀로지 형태까지 천차만별이다.

의사소통은 '개인 혹은 집단 간에 정보, 신호, 메시지 등을 주고받는 과정'으로 정의되는 보다 넓은 의미의 용어이다. McLaughlin(2006)은 의사소통을 '메시지를 부호화하는 송신자(sender)와 그 메시지를 해호화하는 수신자(receiver)를 포함하여 사고를 서로 공유하는 과정'으로 정의하였다. 사람들은 동물, 아기, 외국인과 다양한 방식으로 정보를 전달하거나 받는다. 심지어 휘파람 소리를 내는 주전자도 사람들에게 이해할 수 있는 메시지를 보낸다.

의사소통 과정

의사소통 참여자의 수와 방식에 상관없이, 의사소통은 형성(formulation), 전달(transmission), 수용(reception), 이해(comprehension)의 처리과정을 거친다. 화자는 타인과 공유할 사고와 개념을 단어로 조합한 다음에(형성 단계), 그 개념을 타인에게 유창하게 전한다(전달 단계). 그러면 청자는 타인으로부터 온 정보를 받아들인 다음에(수용 단계), 수용한 메시지의 의미를 해석한다(이해 단계)(McLaughlin, 2006).

그리고 **피드백**(feedback) 과정은 화자와 청자 사이의 의사소통을 능동적이며 역동적인 것으로 만들어 준다(Pence & Justice, 2010). 예를 들면, 청자는 '그랬구나.'라는 말이나 눈을 크게 뜨는 표정을 짓는 것처럼 화자에게 지속적으로 피드백을 보내며 화자는 그것을 해석하여 의사소통의 흐름을 조절한다.

이론적 관점과 다르게 언어학적 관점에서 보면, 의사소통은 생각, 느낌, 사고를

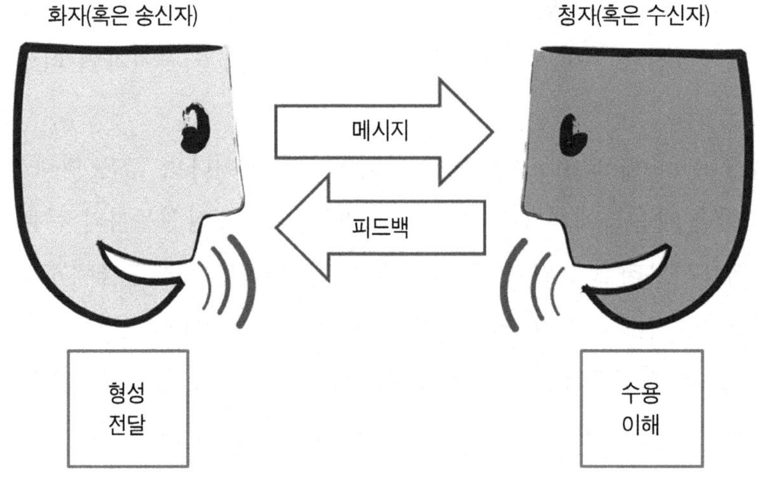

그림 1.3. 의사소통 과정

표현하고 이해하는 데 필요한 언어 부호에 대한 규칙에 기반한 정신적 체계(rule-based mental system)라고 정의된다. 부호는 누구나 그 부호를 알고 의미를 해석할 수 있도록 순서적이고 예측 가능한 방식으로 자의적 상징을 배열하기 위한 규칙 체계이다(McLaughlin, 2006).

의사소통의 메시지는 화자의 사고나 감정을 나타내어야 하므로, 화자는 그것을 전달하기 위해 단어 열(word sequence)로 부호화해야 한다. 청자는 단어 열에 의해 전달된 의미를 해호화하기 위해 동일한 규칙 체계를 사용한다.

의사소통 유형

구두 의사소통과 비구두 의사소통

의사소통은 구두적인 형태일 수도 있고 비구두적인 형태일 수도 있다. 구두 의사소통(verbal communication)은 사고를 교환하기 위한 상징으로서 단어를 사용하는 것이다. 게다가 단어를 배열하거나 순서화하는 데에 보다 더 구조화된 언어 규칙 체계를 사용하므로 언어학적(linguistic)이라고 볼 수 있다. 구두 언어를 포함하여 미국 수화(American sign language, ASL), 블리스심볼(Blissymbolics)이나 리버스 체계(Rebus system)와 같은 비구두적 상징(nonvocal symbol)은 구두 의사소통의 대표적인 예이다.

반면에 비구두 의사소통(nonverbal communication)은 단어에 의존하지 않고 윙크하기, 미소 짓기, 건드리기, 눈 맞춤을 회피하거나 유지하기 등과 같은 다른 행동들을 통해 사고, 생각, 느낌을 전달한다. 뿐만 아니라 구두 의사소통에 비해 덜 공식적으로 덜 구조화되어 있다. 사람들은 자신들의 구두 메시지를 보다 더 혹은 덜 강조하기 위해 얼굴 표정이나 제스처를 사용하는 것과 같이, 대부분의 구두 의사소통에 자연스럽게 비구두 의사소통을 수반한다.

구두 의사소통의 언어 외적 양상

우리는 단순히 말소리나 단어들을 연결하여 산출하는 것 그 이상으로 말한 것에 언어외적인 비구두적 자질(nonverbal feature)을 보탬으로써 전체 발화의 전반적인 의미를 보충하거나 확대시킨다. 문법 규칙에 따라 단어, 구, 문장을 산출하는 것은 의사소통의 언어적 양상(linguistic aspect)에 해당된다. 언어외적 양상(extralinguistic aspect)은 언어의 구어 산출에 수반되어 언어적으로 표현된 실제 의미를 수정하거나 확대 또는 정교화하는 역할을 한다. 그러한 비구두적 자질은 심지어 발화의 형식이나 의미를 바꾸기도 한다. 이러한 의사소통의 비구두적 언어외적 양상들로는 **표 1.1**에 제시한 것처럼 준언어적 부호, 비언어적 단서, 상위언어적 부호가 있다.

준언어적 부호

의미는 단어에 의해서만 전달되는 것이 아니라 산출되는 방식에 의해서도 전달된다. 이러한 것들 중의 하나가 준언어적 부호이다. **준언어적 부호**(paralinguistic code)는 화자의 태도나 정서를 신호하거나 부가적인 의미를 명확하게 제공하기 위해 언어적 부호에 덧붙이는 음성적 혹은 비음성적 부호이다(Owens, 2005). 준언어적 부호는 기술적으로는 비구두적이지만 구어의 물리적 활동을 통해 산출된다. 바꾸어 말하면, 준언어적 부호를 산출하기 위해 실제 단어를 말할 필요가 없는 것이다(McLaughlin, 2006).

이러한 준언어적 부호에 속하는 것들로는 발화를 산출하는 데 사용되는 억양, 강세, 말하는 속도, 쉼 등이 있으며, 말을 할 때 운율 자질(prosodic feature)이 발화 분절, 즉 단어와 구에 덧붙여지므로 이를 초분절적 자질(suprasegmental feature) 혹은 **초분절적 장치**(suprasegmental device)라고도 한다(한유미 외, 2006; McLaughlin, 2006; Owens, 2005).

먼저 억양(intonation)은 화자의 발화 목적, 발화 당시의 감정상태, 전달 정보의 중요성, 화자의 역할과 지위 등을 표시하는 역할을 한다. 예를 들면, 화자가 말하는 "밥 먹었어(↓)."와 "밥 먹었어(↑)."는 문장의 끝을 내리고 올림으로써, 전자는 자신이 밥을 먹었다는 사실을 진술하는 평서문 형태가 되고 후자는 대화 상대자가 밥을 먹었는지를 묻는 의문문의 형태가 된다. 게다가 상대방의 어떤 말에 대해 "응(↑)"이라는 반응은 깜짝 놀랐다는 감정 상태뿐만 아니라 자신이 그 내용을 처음 접했다는 사실을 신호한다.

표 1.1. 구두 의사소통과 비구두 의사소통 양식

비구두 의사소통

(단어 없이 행동들을 전달할 때)
- 얼굴 표정(예: 미소 짓기, 찌푸리기)
- 머리 움직임(예: 끄덕이기, 가로젓기)
- 눈 맞춤(예: 눈 피하기, 눈 굴리기)
- 신체 언어(예: 다리 꼬기, 팔짱끼기)
- 제스처(예: 손짓하여 부르기, 멈춤)
- 근접성(예: 가까이 다가가기, 멀리 떨어지기)

구두 의사소통

(다른 행동들과 함께 혹은 다른 행동들 없이 단어가 사고를 전달할 때)

언어적 양상
(…를 통해 단어가 전달될 때)
구어-청각(oral-auditory)
- 구두 언어

시각-그래픽(visual-graphic)
- 문자 언어(예: 자소[grapheme])
- 제스처 언어(예: 미국 수화, 정확한 영어 신호[Signing Exact English])
- 그림문자(pictographic) 언어(예: 블리스심볼, 리버스심볼)

언어외적 양상
(부가적인 양상이 의미에 영향을 미칠 때)
준언어적 부호(paralinguistic code: '초분절적 자질[suprasegmental feature]'이라고도 함)
(산출 자질이 덧붙여져 의미에 영향을 줄 때)
- 구두 언어(억양, 강세, 빠르기, 리듬, 운율)
- 문자 언어(크기, 굵기, 밑줄, 구두점)
- 제스처 언어(속도, 노력, 움직임의 범위)

비언어적 단서(nonlinguistic cue)
(비구두적 행동이 의미를 분명하게 하기 위한 단서를 제공할 때)
- 얼굴 표정
- 눈 맞춤
- 신체 언어
- 제스처
- 근접성

출처: McLaughlin (2006). *Introduction to language development* (2nd ed.), p. 8.

준언어적 부호 또는 초분절적 장치의 하나인 강세(stress)는 일차적으로 강조의 기능을 하지만 한 문장 내에서 강세변화는 전체로서 문장의 의미를 바꾸고 음절에서 강세의 변화는 각 단어의 의미를 바꾸기도 한다. 예를 들면, 하나의 문장 "너는 우리랑 못 가"에서 '너'에 강세를 주게 되면 '다른 사람들은 우리와 갈 수 있지만 너는 못 간다.'는 의미이다. 반면에 '우리'에 강세를 두게 되면 '너는 갈 수 있으나 우리와 같이 못 가고 다른 사람들과 함께 갈 수 있다.'는 뜻이 된다.

말하는 속도(rate of delivery)는 흥분하는 정도, 말하는 내용에 익숙한 정도, 청자가 얼마나 이해하고 있다고 보는지에 따라 변화한다. 대개 흥분할수록, 말하는 내용에 익숙할수록, 청자가 잘 알아듣고 있다고 판단될수록 말이 빨라진다(Owens, 2005).

쉼 혹은 휴지(pause)는 메시지의 일부를 강조하거나 다른 것으로 대치할 때 사용하기도 하지만 답이 부정적일 때도 사용한다. 예를 들면, "이 뽀로로 인형 사주세요."라는 아이의 물음에 엄마가 듣고도 아무런 대답이 없다면 안 된다는 무언의 신호이다.

비언어적 단서

우리는 다른 사람들과 이야기할 때 말뿐만 아니라 얼굴 표정, 눈 맞춤, 제스처, 신체언어(body language), 공간학(proxemic) 등과 같은 말이 아닌 행동을 통해 어떤 단서들을 전달하기도 한다. 이러한 **비언어적 단서**(nonlinguistic cues)는 언어 이전기에 있는 영유아에게서 많이 발견되는데, 개인뿐만 아니라 문화에 따라서 그 의미가 크게 달라진다. 예를 들면, 엄지손가락과 집게손가락의 끝을 이어서 만든 원 모양이 우리 문화에서는 모든 일이 순조롭다는 뜻이지만 일본에서는 돈을, 튀니지에서는 심지어 죽음을 의미하는 등 의미의 차이가 나타난다.

사람들은 청자와 공간적으로 가까이 하거나 멀리 떨어짐으로써 미묘한 메시지를 전달하기도 한다. **공간학**은 사람들이 서로 말을 할 때 근접성, 가까움, 개인적 공간의 사용을 연구한다. 의사소통에서는 대개 네 가지 공간적 영역이 있는데, 첫째, 친밀한 대화가 이루어지는 친밀한(intimate) 영역, 둘째, 개인적 문제를 토의하는 개인적(personal) 영역, 셋째, 공식적인 일이 이루어지는 사회적(social) 영역,

넷째, 공식적인 일이 이루어지는 공공적(public) 영역이 그것이다(McLaughlin, 2006; Woods, 2000). 공간학적 형태는 성별, 문화, 사회경제적 계층에 따라 크게 달라진다. 성별 측면에서 보면, 남자가 여자보다 좀 더 먼 거리에서 의사소통을 하는 경향이 있다. 이것은 여자가 관계를 맺으려는 욕구가 더 크고 정서 탐색에 대한 바람이 더 크며, 비구두적 피드백에 관심이 더 높기 때문이다(Woods, 2000). 문화적인 측면에서는 아랍인들이 미국인들보다, 그리고 지중해권 사람들이 북유럽 사람들보다 더 가까이에서 상호작용하는 경향이 있다. 마지막으로 사회경제적 계층의 측면에서 보면, 가난한 가정과 빈민 지역에서의 혼잡함과 친밀도 때문에 일반적으로 하류계층의 아동이 중류계층의 아동보다 가까운 거리에서 상호작용하는 특징을 보인다.

상위언어적 부호

상위언어적 능력(metalinguistic ability)은 언어 행위를 의식적으로 평가하는 화자의 능력을 의미하는 것으로, 우리의 인식이 발화의 의미에서 발화 그 자체로 옮겨갈 때 분명해진다(McLaughlin, 2006). 학령 전기 아동들은 처음에는 단어를 통합적이고 또 그 지시물과 뗄 수 없는 부분으로 여기지만 나중에는 단어를 그 지시물과 별개로 떼어내고 단어는 단순히 편의상의 임의적인 이름이라는 것을 이해하게 된다. 이러한 인식이 학령기 연령에 이르면 보다 분명해지고 아동들은 의사소통을 위해 단어 본래의 역할은 손상시키지 않은 채 단어를 가지고 놀고, 분석하고, 평가하고, 대치시킨다(신후남, 2008). 예컨대, 아동이 제시된 세 단어 '가방, 나비, 가위' 중 첫 소리가 다른 것을 바르게 찾을 수 있다면 상위언어적 능력이 있음을 뜻한다.

상위언어적 능력은 우리가 산출하고 수용하는 언어의 정확성과 적합성을 판단할 때도 사용되므로 **상위언어적 부호**(metalinguistic code)는 소통의 전달 상태와 성공 여부를 알리는 신호라고도 할 수 있다(Owens, 2005). 게다가 상위언어적 부호는 읽기와 쓰기와 같은 새로운 기술의 습득을 가능하게 한다.

3. 언어의 구성요소

모든 언어에는 형식, 내용, 사용이라는 주요한 세 가지 요소가 들어 있다. 형식은 언어를 구성하는 성분으로서 주로 음운론, 형태론, 구문론을 포함한다. 내용은 본질적으로 언어의 의미론적 구성 성분 즉, 어휘에 대한 지식과 사물 및 사건에 관한 지식으로 이루어진다. 그리고 사용은 언어의 목적이나 기능, 이러한 목적을 이루기 위해 어떤 형식을 사용할지 결정하기 위한 맥락의 사용, 협력적 대화를 하기 위한 규칙 등으로 구성된 화용론의 분야이다(Paul, 2007). **그림 1.4**는 지금까지의 설명을 잘 나타내 주고 있다.

언어의 형식

음운 발달

음운론(phonology)은 말소리 체계와 의미 있는 단어를 만들기 위해 음소들을 결합하는 규칙을 의미한다. **음소**(phoneme)는 소리의 최소 단위로 음절이나 단어 사이

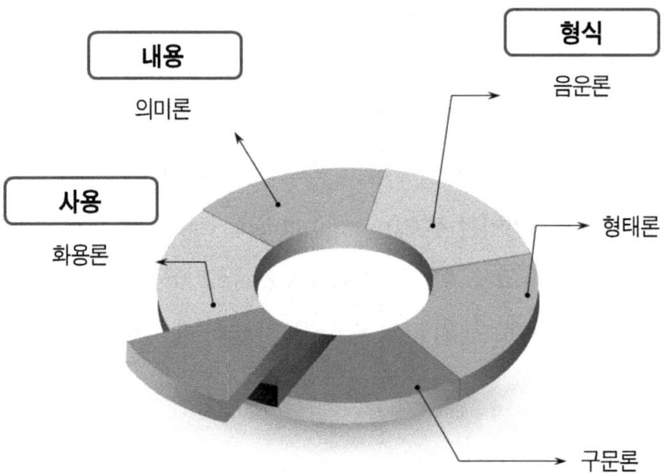

그림 1.4. 언어의 구성요소

의 의미를 변별시켜 주면서 음운론의 기본 단위가 된다. 우리가 자음과 모음의 차이를 구분하고 발성 자질을 이해하는 것은 음운론적 발달의 대표적인 예이다.

음소는 서로 연결되어 음절이 되고 단어가 된다. 하지만 각 언어마다 음소들을 연결하여 단어를 만들 때 일부 제약이 있기 때문에 어떤 결합은 가능하지 않다(권도하 외, 2010). 예를 들면, 우리말에서는 /ㄱ/과 /ㅁ/ 소리가 결합할 수 없다는 음운 규칙으로 인해 '학문'을 산출할 때 /ㄱ/ 소리가 /ㅇ/ 소리로 변하는 현상이 일어나게 된다. 영어의 경우, 'maps'처럼 /p/와 /s/의 결합이 단어의 끝에서는 가능하나 어두에서는 불가능한 음운 규칙이 있다.

음소배열론적 규칙(phonotactic rules)에서는 이처럼 음절이나 단어에서의 적절한 소리 순서, 특정 음소들이 발생할 수 있거나 발생할 수 없는 위치를 명시한다. Pence와 Justice(2010)에 의하면 유아들은 발달 초기부터 특정 소리들이 음절이나 단어의 일반적인 위치 및 특정 위치에서 발생될 가능성에 민감하다.

이렇듯 아동들이 모국어를 바르게 발음하기 위해서는 각 음소들에 대한 분명한 지각 및 산출뿐만 아니라 그 음소들을 결합하여 음절, 단어, 어절, 구, 절 그리고 최종적으로는 문장을 만드는 규칙까지도 배워야 한다.

형태 발달

형태론(morphology)은 단어 구조를 연구하는 분야로서 문법형태소를 포함하는 문법(grammar)의 작은 요소와 관련이 있다. 구체적으로 여기에 속하는 것들로는 수, 시제, 격, 인칭, 성, 능동태와 수동태, 다른 의미들을 지칭하는 문법적 표시에 관한 사용 규칙(복수형이나 과거형) 등이 있다(Berk, 2009). **형태소**(morpheme)는 더 이상 나눠지면 그 의미가 상실되는 언어의 가장 작은 의미 단위이다. 형태소는 어근과 접사, 자립과 의존으로 나뉜다. 어근은 쪼갤 수 없는 단어이며, 접사는 어근에 붙은 형태소이다. 접사에는 접두사와 접미사 두 종류가 있다. 접두사는 어근의 시작에 붙은 형태소이며, 접미사는 어근의 끝에 붙은 형태소이다. 대부분의 단어에 해당하는 자립형태소(free morpheme)는 '바다'처럼 홀로 설 수 있으며 의미를 전달한다. 의존형태소(bound morpheme)는 과거시제어미 '-았-/-었-'이나 존칭어미 '-

시-'처럼 홀로 설 수 없으며 다른 형태소와 결합되는 형태소이다.

형태 발달은 아동에게 문법적 굴절의 도구 외에도 몇 개의 어근 단어만으로 기하급수적인 파생 형태까지 어휘를 늘일 수 있는 수단을 제공한다. 예를 들면, 단어 '눈뭉치'를 구성하는 형태소 '눈'과 '뭉치'의 의미 지식을 획득한 아동은 이후에 익숙하지 않은 단어 '사고뭉치'나 '돈뭉치'를 접했을 때 형태학적 지식을 이용하여 단어의 구조를 분석하고 그 의미를 보다 쉽게 추론하게 되며, 나아가 '말뭉치'나 '흙뭉치' 같은 새로운 단어를 생성해 낼 가능성이 많다. 단어에 대한 **형태론적 지식**(morphological knowledge)은 초등학교에 다니는 동안에 증가하며, 이러한 이유로 학령기 아동은 학령 전기 아동에 못지않은 어휘 향상을 보이게 된다.

언어장애가 있는 아동의 경우 다른 영역의 발달과 비교하여 상대적으로 형태론적 발달에서 가장 뚜렷하게 영향을 받는다.

구문 발달

구문론(syntax)이라는 말의 기본 의미는 '연결하는 것' 내지 '함께 놓는 것'이다(Hegde, 2000). 앞서 형태론이 단어의 구조를 연구하는 것이라면, 구문론에서는 문장의 구조를 연구한다. 또한 구문론은 문법의 일부분이며 언어의 형태론적 성분을 포함한다. 다시 말해서, 문법은 형태론과 구문론을 포함하는 보다 더 넓은 용어이다(정옥분, 2009; Berk, 2009; Hegde, 1996).

구문론에서는 단어의 배열, 단어 순서 및 전반적인 문장의 구조, 특정 언어에서 문장을 형성하기 위해 단어들을 연결시키는 방식과 순서를 구체화하는 규칙들을 다룬다(McLaughlin, 1998). 예컨대, '개가 사람을 물었다.'가 아니라 '사람이 개를 물었다.'가 신문의 헤드라인이 되는 것은 단어들 간의 관계를 전달해 주는 단어의 순서에 의해서이다. 따라서 아동들이 두 문장의 차이를 정확히 이해하기 위해서는 문장 구조에서 '-이/-가', '-을/-를'의 문법형태소뿐만 아니라 단어의 배열 순서까지 이해할 수 있어야 한다.

문장을 만들기 위한 단어 배열규칙은 언어마다 서로 다르다. 예를 들면, 영어에서는 'more milk(더 우유)'라고 말하지만 우리말에서는 '우유 더'라고 말한다(권도하 외, 2010). 또한 언어마다 문장을 구성하는 방식도 약간씩 다른데, 영어권의 경우 'I drink milk'와 같이 [주어+동사+목적어]의 문장 구성을 이루는 반면에 우리말의 경우 '나는 우유를 마신다.'처럼 [주어+목적어+동사] 순으로 배열한다.

음운 발달과 의미 발달은 영아기에 매우 빠른 속도로 이루어지는 반면에 구문 발달은 영아기 말에 시작해서 유아기까지 계속된다(정옥분, 2009). 학령 전기의 구문 발달이 '딸기 사탕'과 같은 명사구를 표현하는 것이라면, 학령기에 아동은 '나의 커다란 빨간 딸기 사탕'에서처럼 명사구를 보다 정교화시키는 문장 내부의 확장을 계속한다. 절과 절을 연결하는 방식에서는 이전의 접속형식에서 내포형식으로의 전환이 일어나는 한편, 더욱 융통성 있는 언어체계를 알고 경제적으로 사용하는 방법을 습득한다(신후남, 2008).

언어의 내용

의미 발달

의미론(semantics)은 단어 및 단어결합의 의미 혹은 내용을 지배하는 규칙 체계이다(권도하 외, 2010). 의미에는 여러 종류가 있다. 참조적 의미(referential meaning)는 사건이나 사물을 뜻하는 단어가 전달하는 의미이다. 내포적 의미(connotative meaning)는 단어가 나타내는 정서와 관련된 의미이다. 관계적 의미(relational meaning)란 어떤 의미에서는 서로 관련되어 있는 단어들이 전달하고 있는 의미이다(Hegde, 1996). 대부분의 단어들은 복합적인 의미를 가진다.

또한 단어는 일정한 **의미자질**(semantic feature)을 가지고 있어 어떤 단어들끼리의 결합은 제한을 받는다. 예를 들면, '엄마'라는 단어에는 [여성+], [생물체+], [부모+]의 의미자질이 포함되어 있으므로 '여자'나 '남자' 단어와 결합하여 각각 '여자 엄마'나 '남자 엄마'라는 의미 표현을 만들 수 없다. 결합된 두 단어의 의미자질이 서로 중첩되거나 상충되기 때문이다. 따라서 '우리 아빠가 임신했어요.' 표현의 예에서처럼 구문론적으로는 완벽하지만 의미론적으로는 정확하지 않은 문장이 되는 것이다.

의미 발달에서 학령 전기의 경우 부모가 어휘 발달에 많은 영향을 미친다. 하지만 학령기가 되면 아동들은 학교생활에서 교사의 언어나 읽기를 통해 많은 세상사 지식(world knowledge)을 갖게 되면서 어휘 수의 증가를 보인다. 게다가 단어의 형성과정을 이해하게 됨으로써 이미 알고 있는 단어들을 결합시켜 새로운 합성어를 만들거나 주어진 단어에 형태소를 첨가시켜 새로운 단어를 만들 수 있게 된다. 이러한 의미 발달은 이후의 발달을 위한 중요한 토대가 되며 특히 읽기와 쓰기와 같은 새로운 기술의 습득을 가능하게 한다(신후남, 2008).

언어의 사용

화용 발달

화용론(pragmatics)은 언어의 기능적 측면에 보다 더 역점을 두고 사회적 맥락에서의 언어 사용에 대한 규칙을 명시한다. 우리는 성공적인 의사소통을 위해 눈 맞춤 유지하기, 대화 개시하기, **대화 주고받기**(turn-taking), 주어진 주제로 대화 유지하기, 시간 및 상황과 주제에 적절한 말, 이야기 기술 등을 필요로 하는데, 이러한 것들이 화용론적 의사소통 기술과 관련된 것들이다.

사회는 어떻게 말해야 하는지를 지시하므로 화용론은 사회언어학적 지식이 포함된다(Berk, 2009). 아동은 자라면서 인사말이나 작별의 말과 같은 특정한 상호작용 예절을 배워야 하며 상대방의 연령, 성별, 사회적 지위, 문화, 그리고 대화에서의 역할에 따라 어휘와 언어 형식을 변경해야 한다는 것을 습득해야 한다. 학령 전기 아동이 직접 요구하기, 명령하기, 금지하기를 자주 사용하는 반면에 학령기의 아동은 자신이 원하는 바를 돌려 말하는 간접 요청의 형식을 보다 자주 취한다. 만약 이러한 화용론적 기술을 습득하지 못한다면 의미론이나 구문론적 결함보다는 더 불손하다거나 비정상적이라는 느낌을 주게 된다(김영태, 2003).

언어 사용 또는 화용론은 학령기 동안의 가장 중요한 언어 성장이다. 아동들은 시간적 순서를 맞추고, 대명사를 분명하게 사용하고, 절들을 연결하는 데 필수적인 결속장치들을 보다 완전하게 학습하고, 또 이야기의 구조를 보다 잘 이해하게 됨으로써 학령기 동안에 많은 이야기 발달을 보인다(신후남, 2008).

4. 언어 발달에 영향을 미치는 요소

초기 언어 발달을 위해서는 손상되지 않은 성도, 청각, 운동 기능, 신체 및 정서적 건강, 지능 및 인지 발달, 양육자와 경험을 공유하는 기회가 필수적이다(권도하, 2004). 만약 이러한 요소들 중 하나만 문제가 발생하여도 정상적인 언어 습득에 방해를 받게 된다.

정상적인 성도

성도는 성대에서 입술이나 콧구멍에 이르는 후두 윗부분의 모든 공기 통로로서, 입술, 혀, 치아, 턱, 구개, 비인강 등의 주요 기관들이 여기에 포함된다. 이들 기관들은 그 구조나 기능에 이상이 생기면 정상적인 음을 습득하고 산출하는 데 부정적인 영향을 받게 된다.

입술은 양순음 /b/, /p/, /m/와 원순 모음 /u/, /o/에 영향을 주게 되며, 가장 기동성이 높은 성도의 요소인 혀가 설구착증(ankyloglossia)인 경우 적절한 구어를 산출할 수 없다. 치아와 턱은 극단적인 교합이상인 경우 씹기나 외모뿐만 아니라 마찰음과 파찰음을 내는 데 문제를 발생시킨다. 구강암이나 구개열(cleft palate) 등으로 인해 구개에 이상이 있으면 과대비성(hypernasality) 현상과 함께 마찰음, 파열음, 파찰음에 크게 영향을 받는다. 비인강에는 인두의 상부나 최상부에 위치한 편도선 또는 아데노이드가 포함된다. 예를 들면, 과도한 아데노이드 확장은 무비성(denasality) 현상을 일으키고 유스타키오관(Eustachian tube)의 기능을 방해한다(석동일, 2005).

정상적인 청각

감각 기관은 보고, 듣고, 냄새 맡고, 맛보고, 만지는 것을 통해 정보를 모은다. 사람과 사물, 그리고 생활 속에서 만나는 많은 것들에 대한 이러한 감각 기관의 느낌은 뇌로 보내지며 각 지각(perception), 즉 감각들을 통해 받은 느낌은 장차 구두 언어 및 문자 언어를 위한 토대로서 작용하여 기록되고 저장된다. 특히 청각은 구어 발달에서 가장 중요한 수단이 되는데, 이것은 구어가 일차적으로 귀를 통해 습득되기 때문이다.

청각 능력이 태어날 때부터 완전히 발달되어 있는 것은 아니지만, 신생아는 큰 소리를 매우 잘 들을 수 있으며 서로 다른 음도와 지속시간의 소리를 구별할 수 있다. 아기는 출생 시에 비언어적 소리보다 사람의 목소리, 특히 자신의 엄마 목소리에 대한 선호성을 가지고 태어난다(정옥분, 2009; Berk, 2009; Owens, 2005). 게다가 전 세계의 언어에 있는 음들의 미묘한 차이까지 구별할 수 있는데, 이 능력은 성인들보다 더 정확하다. 하지만 엄마에 의해 모국어에 사용되는 음들은 강화를 받고 다른 언어의 음들은 무시되면서 6~12개월경에, 아기는 더 이상 세계의 시민이 아니며 우리들처럼 자신이 속한 문화를 따르는 언어전문가가 된다. 모국어를 더 많이 듣게 된 영아는 약 9개월경에 음소배열론적 규칙을 발달시킨다. 음소배열론적 규칙을 습득한 영아는 연속된 말에서 단어들을 분절할 수 있게 된다(Pence & Justice, 2010). 예를 들면, 우리말에서 /ㅎ/ 음이 음절의 마지막에 위치할 수 없다는 것을 인식한 영아가 말의 흐름에서 이 음을 듣게 되면, /ㅎ/ 음의 앞에 오는 음들은 동일한 단어의 일부이며, /ㅎ/ 음 다음에 오는 음들은 새로운 음절이나 단어가 시작된다는 것을 예측할 수 있다.

그러면 청각에 장애를 가진 영아는 전혀 말을 하지 못하는가? 답은 '그렇지 않다'이다. 그들도 또래와 같은 시기에 옹알이를 한다(Machado, 2010; Owens, 2005). 하지만 이 아이들은 정상청력을 가진 아이들보다 더 일찍 옹알이를 멈춘다. 왜 듣는 아이든 듣지 못하는 아이든 옹알이가 나타나는지는 아직 확실히 알 수는 없지만 옹알이가 어떤 음을 내기 위해 입술, 혀, 입, 턱을 어떻게 조절해야 하는지 시험할 기회를 아이에게 주는 것만은 틀림없다. Spivak(2000)에 의하면 청각 손실이 생후 6개월 이내에 진단되고 치료가 된다면, 아이는 일반적이고 정상적인 말과 언어를 발달시킬 수 있다.

정상적인 신경운동의 성숙

말은 매우 빠르고 복잡한 운동이며 매우 정교하게 변화되는 신경 조절이 요구되는 행위이다(권도하, 2004). 따라서 어떠한 원인으로 신경계에 손상을 갖게 되면 말 산출을 위한 기관의 근육 조절에 이상을 가져와 발음 오류를 발생시키게 된다. 운동 근육의 조절장애로 인해 자신의 손을 사용하지 못하고 자유롭게 움직이지 못하게 되어 사물 탐색 및 타인과의 사회적 상호작용의 기회가 줄어든 것도 언어 발달의 지체를 가져오는 데 한몫을 한다.

신체 운동발달에는 일정한 위계법칙이 있다. 머리에서 발끝으로 발달하는 두미방향(cephalocaudal) 원리, 중심에서 바깥쪽으로 발달하는 근원방향(proximo-distal) 원리, 대근육에서 소근육으로 발달하는 대소방향(gross to fine) 원리가 그것이다. 운동 통제에 필요한 근육 조절은 신경계의 성숙에 의한 것으로, 아동은 태어날 때 반사운동을 통제하는 뇌간(brainstem)이 이미 완전한 기능을 하지만 사고나 추론과 같은 고등 인지기능을 관장하는 대뇌피질은 보다 이후에 발달한다.

신체 및 정서적 건강

신체적으로나 정서적으로 건강하지 못한 아동은 가지고 있는 에너지를 신체나 정서 회복에 쏟게 되면서 언어 습득에 필요한 에너지가 부족하다. 출생 이후의 잦은 병치레는 다양한 언어를 경험할 기회까지 빼앗아간다. 예를 들면, 구개열 아동의 경우 출생 직후부터 특수 처치와 수술로 장기간의 병원생활을 하게 되고, 그 결과 초기에 언어 자극의 결핍과 부모의 낮은 기대 수준 때문에 언어 발달이 어느 정도 지체된다. 한편, 자폐 아동은 또래뿐만 아니라 심지어 가족 구성원과의 관계 형성을 거부하게 되면서 언어의 필요성을 못 느끼고, 그 결과 언어 발달에 장애를 입게 된다.

정상적인 지능 및 인지 발달

언어를 습득하기 위해서는 부호를 조작하고 사용하기 위한 지적 능력이 필요하다. 지능(intelligence)은 일반적으로 어휘력이나 독해력과 같은 언어 능력, 논리적 사고와 건전한 판단을 수반하는 문제해결 능력, 환경 적응 능력 등으로 정의된다. 그리고 인지(cognition)는 개인의 사고, 지능, 언어에서의 변화를 포함하는 보다 포괄적인 개념이다(정옥분, 2009).

Piaget는 언어 습득을 위해서는 인지 발달이 선행되어야 된다고 주장한 인지 결정론자이다. 그에 따르면 언어는 아동의 내재적 인지 발달을 나타내는 하나의 표시이다. 예컨대, '또'나 '더'와 같은 어휘를 사용하거나 공을 가져오라는 지시에 대해 다른 방에 가서 공을 가져 올 수 있는 것은 사물의 영속성 개념의 습득 결과이다(김영태, 2003). 여기서 **사물의 영속성**(object permanence)이란 사물이 눈앞에 보이지 않거나 만질 수 없어도 여전히 어딘가에 존재한다고 인식하는 것을 뜻하며, 수단-목적(mean-end), 인과성(causality), 동작 및 소리 모방(imitation), 도식화(schemes), 상징놀이(symbolic play)와 함께 언어와 밀접하게 관련된 인지 개념들 중 하나이다.

양육되고 자극을 받는 환경

사람은 동물들 중에서 가장 긴 영아기를 거친다. 다른 동물들과 달리 인간의 아기는 다른 사람의 도움 없이 일어서고 첫 단어를 말하기까지 장장 일 년이 걸린다. 능숙하게 걷고 언어를 구사하는 데는 더 많은 기간이 필요하다. 그 동안에 아기는 일차적으로 가족과의 사회적 상황 안에서 다른 사람들과의 접촉과 상호관계를 통해 많은 것을 학습해 나간다. 이때 정서적인 양육은 어린 아동들을 신체적 및 정신적으로 건강하게 해 주며, 애정을 수반한 경험은 그들이 다양한 인지 과제를 숙달할 수 있도록 도와주고 언어 발달을 촉진시킨다.

아동의 관심사에 맞추어 늘 열정과 새로움을 제공해 주고, 아동의 성취를 민감하게 인식하고, 아동과의 상호작용을 즐기는 성인의 행동은 아동의 언어를 촉진시킨다. 어린 언어학습자와의 의사소통 상황에서 성인이 사용하는 말, 즉 **아기 말**(baby talk) 혹은 모성어(motherese)는 아이의 주의를 더 끌고 지속시키며 언어를 배우는 데 도움이 된다. 이때 동서양을 막론하고 모든 엄마들은 과장된 억양 및 몸짓과 함께 적은 수의 핵심어휘가 포함된 짧은 발화를 천천히, 높은 음도로, 발화 사이에 길게 쉬어 가며 아기에게 말을 하는 경향이 있다(권도하 외, 2010; 정옥분, 2009. Berk, 2009, Machado, 2010; Owens, 2005; Pence & Justice, 2010).

5. 언어 차이와 언어장애

언어와 문화

언어와 문화는 밀접하게 관련되어 있다. 앞서 언어의 중요성에서 언급하였듯이, 언어는 문화를 전달하는 매개체이다. 언어 습득과 산출, 그리고 사용은 모두 문화적인 현상이다(Hegde, 1996). 따라서 언어장애를 진단하고 치료하는 치료사는 대상자의 문화적 배경을 우선 이해할 필요가 있다. 예컨대, 경상도 지역에서 '형아'를 '히야'로 호칭하는 경우에는 어휘 오류나 발음 오류로 간주하면 안 된다.

우리 사회가 민족학적으로나 언어학적으로 보다 다양해짐에 따라 매우 다른 언어적 경험과 문화를 가진 아동들을 어떻게 지도할 것인가 하는 이슈가 전 세계적으로 관심을 얻고 있다. 한국 사회 역시 더 이상 단일민족이 아닌 다문화, 다인종 사회로 접어들면서 여러 고민을 하고 있다. 한국 사회의 다문화성은 1988년 서울올림픽을 기점으로 아시아 주변국에 대한민국이 알려지면서 비서구 인근 시민들의 한국 사회로의 이주 노동에 기원한다(오현선, 2009). 더불어 1990년 농촌총각 장가보내기 운동의 일환으로 시작된 국제결혼은 5만 8천명의 다문화가족 자녀를 만들었으며(2008년 7월, 행정안전부), 이들은 적응과정에서 의사소통 문제, 사회관계 부적응, 학습 부진, 집단 따돌림 등의 문제를 발생시키고 있다. 유치원과 초등학교는 다양한 문화의 아동들이 유치원, 학교, 일상생활, 직장에서 성공할 수 있도록 오래된 전형적인 커리큘럼과 교수법에 이제 변화를 주어야만 한다.

언어의 다양성

방언

요즘 같은 전자 의사소통(electronic communication) 시대에 구두 언어의 다양성이 줄어들었다고는 하지만 어떠한 언어라도 똑같은 방식으로 말해지는 것은 아니다(Hegde, 1996). 말인즉, 같은 한국 내에 있으면서 다른 지역에 사는 한국인 간에도 한국어를 말하는 방식에서 차이가 분명히 존재한다는 것이다.

흔히 사투리라고 부르는 **방언**(dialect)은 동일한 언어를 음운, 형태, 구문, 어휘, 의미 등의 언어 구조에서 다른 방식으로 말하는 것을 뜻한다. 어떤 아동들은 부모와 이웃들을 통해 '표준 형태가 아닌' 방언이라고 하는 것을 습득한다. 서로 친근하고 사랑하는 사람들은 그 방언을 이해한다. 방언은 특정한 말 집단에서 그들이 일원임을 의미하고 그들을 다른 집단과 동일시한다. 방언은 개인적으로 가치가 있으며, 결코 표준 방언의 부정확한 형태가 아니다(Clay, 1991).

방언은 원래 한 나라의 다른 지역에 사는 사람들의 지리적인 고립에 의해 만들어진 것인데, 이것을 '**지역적 방언**(regional dialect 혹은 regiolect)'이라고 한다. 예를 들어, 제주도에서는 '돼지고기'를 '돗괴기'로 부르는 반면에 전라도에서는 '대야지개기'라고 한다. 어휘의 차이를 넘어 의문문에서 제주도 말은 "이거 얼마우꽈?"처럼 종결어미 '-꽈'를 사용하는 반면에, 경상도 말에서는 의문문이지만 평서문과 마찬가지로 말끝의 억양을 모두 내리고 "집에 몇 시에 오시는교?"와 같이 '-는교?'를 붙여 묻는다.

어떤 방언은 지역을 초월하여 특정 사회경제적 계층이나 문화적 환경에 놓인 사람들에 의해 사용된다. 이것을 '**사회-문화적 방언**(social-cultural dialect 혹은 sociolect)'이라고 하는데, 아프리카계 미국 흑인영어(African American Vernacular English)가 이 범주에 속하는 가장 대표적인 것이다. AAVE는 원래 아프리카 언어와 새로이 접한 유럽 영어가 조합된 형태로서 노예 후손들이 사용하는 영어방언이다. AAVE에서는 소유격 's를 생략시킨다거나 동사 'to be'를 사용하지 않는 것과 같은 그 언어만의 독특한 음운과 문법적 규칙성을 갖는다.

일반적으로 방언이라고 하면 부정적인 의미를 내포하는 경향이 있다. 간혹 다른 억양이나 발음 패턴을 가진 다른 지역에서 온 아이들을 만나는 경우, 어떤 아동들은 단순히 "너 참 재미있다!"라고 말할 것이며 또 어떤 아이들은 방언을 교양이 없다거나 교육이 부족해서라고 생각할 것이다. Machado(2010)는 초기 아동기에 있는 아이를 다루는 교사나 치료사가 방언을 사용하는 아동들이 언어기술이나 패턴들의 차이에도 불구하고 표준 언어를 사용하는 아동들만큼이나 지적이고 능력이 있다는 사실과 함께 그들의 다양성을 인식하고 변함없이 무비판적이어야 한다고 강조하였다.

어떤 방언은 특정 집단에 의해 발생될 수 있는데, 현재 십대들은 학교에서나 통신상에서 '레알(진짜)', '강추(강력하게 추천)', '간지나다(폼 나다)', '낚다(속이다)'와 같은 그들만의 방언을 가지고 있다. 이것을 **십대방언**(teenlect)이라고 한다.

대개 방언을 표준어에서 벗어난 것으로 여기며 표준어를 방언보다 더 우수한 것으로 보지만 실상 표준어도 하나의 방언이다. 일반적으로 어떤 사회에서 표준 방언이라고 여겨지는 것은 부유하고, 교육을 잘 받고, 정치적으로나 경제적으로 힘이 있는 사람들이 단순히 말한 언어가 변한 것이다(Hegde, 1996). 예를 들면, 서울 방언에서는 '그리구(그리고)'처럼 어미 '-고'가 '-구'로, '그래두(그래도)'처럼 조사 '-도'가 '두'로 쓰는 특징이 있는데, 이로 인해 표준 언어의 개념이 좋지 못한 경향이 있다.

이중언어

이민 인구로 구성된 미국과 캐나다는 각각 인구의 17%와 24%가 둘 이상의 언어를 학습하며 자란다. 이민, 유학, 종교, 제 2언어 학습 등도 일부 원인이 되겠지만 한국의 경우 90년대 농촌총각 장가 보내기 운동으로 인해 국제결혼가정이 늘면서 급속히 다문화사회로 접어들게 되었으며, 그 다문화 가정 내 아동들이 이중언어를 사용한다.

우리는 두 가지 상황을 통해 이중언어 사용자가 될 수 있다. 첫 번째는 태어나자마자 혹은 태어난 직후에 바로 두 언어에 노출되고 또 두 언어를 습득하는 것으로, 이것을 **동시적 이중언어**(simultaneous bilingualism)라고 한다. 부모가 각각 다른 언어를 구사하는 경우처럼 어떤 아동은 가정에서 두 언어를 거의 똑같은 빈도로 들을 것이며, 어떤 아동은 부모가 출근할 때에만 보모로부터 제 2언어를 듣는 경우로 제 2언어에 덜 자주 노출될 수도 있다. 두 번째는 **순차적 이중언어**(sequential bilingualism)라는 것으로, 두 언어를 차례대로 습득하되 제 2언어는 일반적으로 제1언어가 능숙하게 발달하기 전인 3세 이전에 이루어진다(Hoff, 2007; Owens, 2005; Pence & Justice, 2010). 예를 들면, 한국어를 구사하는 아동이 제1언어에 어느 정도 능숙해진 이후에 영어유치원에 입학하였을 경우가 이에 해당한다.

이처럼 이중언어 환경의 다양성을 고려해 본다면, 대부분의 이중언어 아동이 두 언어 중에서 한 언어를 더 능숙하게 사용하는 것은 놀라운 일이 아니다. 일반적으로 더 우수한 언어가 우세 언어(dominant language)를 의미한다. 이러한 언어의 우세성은 주요한 생활 맥락의 변화에 따라 바뀔 수 있다. 예를 들면, 많은 이민자 가족의 경우에 그 아동이 학교에 입학하기까지는 가정 언어가 대부분 우세 언어이다.

이중언어 사용자가 처음부터 두 언어를 독립된 언어체계로 확립하는지, 하나의 단일언어체계로 출발하는지에 대해서는 학자들마다 의견이 분분하다. 하지만 현재까지의 연구 결과들은 **이중언어체계 가설**(dual language system hypothesis)이 보다 선호한다(Pence & Justice, 2010). 이러한 주장은 언어 발달 초기부터 두 언어를 동시에 학습한 아동이 언어 발달에서 별다른 문제를 보이지 않는다는 사실로 증명되었다. 이 아동들은 처음부터 두 언어의 체계를 분리하여 소리를 구별하고, 각각 동등한 단어를 숙달시키고, 전형적인 초기 언어 발달 이정표를 따르는 것으로 나타났다.

이중언어를 구사하는 사람들은 대화 상대자나 청중에 따라서 한 언어에서 다른 언어로 변환한다. 이와 같이 이중언어 구사자가 말할 때 언어를 번갈아 바꾸는 현상을 **부호변환**(code switching)이라고 하는데, Hoff(2007)에 의하면 부호변환은 다양한 사회적 목적과 의사소통 목적을 위해 사용된다. 다시 말해서, 누구에게 이야기를 하고 있는지를 분명히 하기 위해, 다른 언어로 말한 메시지의 일부분을 반복하여 강조하기 위해, 다른 언어로 말할 때 더 잘 전달될 수 있는 정서를 전달하기 위해, 대화의 분위기를 조절하기 위해, 그리고 다른 사람을 대화에서 제외시키기 위함이다.

이들 이중언어 사용자들에 대한 1930~1940년대의 연구들은 이들이 유전적으로 열등하고 이중언어 사용이 오히려 인지 발달을 저해시킨다고 주장하였다. 하지만 1960년대 이후의 연구들은 이중언어 사용 아동이 두 문화를 폭넓게 경험하고, 또한 두 언어체계에 대한 경험이 아동을 정신적으로 유연하게 하고 개념형성을 잘 하도록 돕기 때문에 단일언어를 사용하는 아동보다 인지 능력과 상위언어기술이 더 우수하다고 보고하였다. 게다가 이중언어 사용 아동은 주의의 통제가 요구되는 과제를 더 잘 수행하며 대상 분류 능력, 창의성, 개념형성, 상위언어인식, 사회적 민감성, 복잡한 지시 이해하기, 문제해결, 역할 맡기, 과학개념, 확산적 사고, 문법적 자각, 상상력, 지각적 조직화, 읽기 성적이 뛰어나다(Hoff, 2007; Owens, 2005).

그러면 이중언어가 언어 습득에 미치는 영향은 어떠한가? 이중언어가 언어를 지연시킬 수도 있고, 언어 발달을 보다 빠르게 할 수도 있고, 아무런 영향도 주지 않을 수도 있다. 연구들에 따르면, 이중언어 아동과 단일언어 아동 모두 대략적으로 같은 시기에 첫 단어를 산출하고 첫 50개 단어를 성취하며 단어들을 결합시킨다. 하지만 한 언어의 표현 어휘 크기는 이중언어 아동이 더 적은 것으로 나타났다. Nicoladis와 Genesee(1997)에 따르면 이중언어 아동의 언어 능력이 단일언어 아동과 비교하여 현저히 지체되지도 않고 그렇다고 현저히 뛰어나지도 않다. Bialystok(2001) 또한 이중언어 아동이 발달 순서와 속도가 단일언어 아동과 유사하다고 결론지었다.

언어 차이와 언어장애

자신의 제1 국어의 규준을 따라야 하는 사회에서 표준 언어의 규준을 따르지 못하는 사람은 언어 차이(language difference)를 나타낸다(권도하, 2011). 문화적으로나 언어적으로 다른 공동체에 사는 사람들 즉, 방언을 사용하거나 제1 국어를 배우고 있지만 잘하지 못하는 외국인의 언어가 여기에 해당된다. 반면에 전형적으로 규준에 근거하여 언어수행이 규준 이하로 떨어지는 경우 언어장애(language disorder)를 가지고 있다고 한다. 언어장애 아동들은 뇌손상이나 발달장애뿐만 아니라 유전적 원인에 의해서 전혀 말을 하지 못하는 것부터 매우 경미한 정도까지 언어 습득에 장애를 보인다.

치료사는 문화적으로나 언어적으로 다른 배경을 지닌 아동의 문제가 단순히 언어 차이의 문제인지, 아니면 언어장애에 해당하는 것인지 올바르게 진단할 책임이 있다.

언어 차이

언어 차이는 어떤 측면에서 주류 문화의 표준적인 사용법으로부터 벗어난 규칙 지배적인 언어 스타일로 정의된다(Paul, 2007). 언어 차이의 문제는 치료사에게 매우 중요한 사안이기 때문에 미국 언어청각협회(American Speech-Language-Hearing Association)에서는 그에 대한 공식적인 입장을 취하였다. 협회에서는 '영어 방언의 차이는 구어나 언어의 장애 혹은 병리학적 형태가 아니라는 것이 ASHA의 입장이다'라고 진술하였다(Hedge, 1997). 언어의 모든 차이 내지 방언은 역사적, 문화적, 지리적, 사회적, 경제적, 민족적, 정치적 요소들의 산물이다. 각 다양성은 자신들만의 문화적인 뿌리를 가지고 있기 때문에 다른 다양성보다 더 우월한 다양성은 없다. 따라서 치료사는 단순히 방언의 다양성 때문에 어떤 아동이 언어장애를 가지고 있다고 진단해서는 안 된다. 뿐만 아니라 두 방언을 쓰는 사람, 즉 **이중방언 사용자**(bidialectical person)가 두 방언을 상황에 적절하도록 언어 유형을 자유자재로 변경할 수 있게끔, 다시 말해서 부호변환이 가능하도록 유도하는 것도 유능한 치료사의 몫이다.

언어장애

언어장애는 아동의 연령이나 발달 수준에서 기대될 수 있는 언어 기술에서 주목할 만한 차이가 나타나는 경우이다(Paul, 2007). 언어장애는 방언과 상관없이 개인에게 발견된다. 문화적으로나 언어적으로 다른 배경을 가진 아동의 언어 기술이 아동의 지역 공동체의 규준과 기대치로부터 유의미하게 벗어나 있을 때 언어장애가 존재한다. 아동이 언어장애를 가지고 있는지, 아니면 단순히 다른 방언을 말하는 것인지 결정하기 위해서 치료사는 방언의 다양성을 알아야 한다. 다시 말해서, 자신이 다루는 환자를 충분히 이해하기 위해서는 문화적 및 언어적 차이도 알아야 한다는 것이다.

아동의 의사소통이 다음과 같은 사항에 해당된다면 언어장애를 의심해 볼 수 있다. 첫째, 개인의 문화 공동체가 결함이 있다고 여길 때, 둘째, 그 공동체가 수용 가능한 규준 밖에서 작용할 때, 셋째, 그 공동체 내에서 의사소통 그 자체에 주의를 끌거나 의사소통을 방해할 때, 넷째, 그 결과 아동이 적응에 어려움이 있을 때이다(Paul, 2007).

앞서 '언어 발달에 영향을 미치는 요소'에서 언급하였듯이, 청각에 장애를 가진 아동들은 언어 능력은 양호하나 청각적 입력의 결함으로 인해 구두 언어의 획득에 어려움을 나타낸다. 그들은 추상적인 어휘들의 학습뿐만 아니라 구문론과 형태론 영역에서 두드러진 장애를 가진다. 다운증후군을 가진 대부분의 아동들처럼 지적 결함을 가진 아동들은 전형적인 언어 발달 단계를 거치지만 그 발달 속도가 일반 아동보다 느리다. 자폐증 아동은 특히 의미론과 화용론 발달에서 비전형적인 언어 발달을 보인다. 고기능 자폐의 경우 어느 정도 언어를 구사하더라도 대화 시 눈 맞춤을 유지하지 못한다거나 대화의 차례 지키기가 어려우며, 어휘에서는 범주어(categorical word)와 관계어(relational word)의 습득에 어려움을 갖는다. 어떤 아동은 뚜렷한 신체적, 감각적, 정서적 장애가 없이 언어 발달에 심각한 결함을 갖는 단순언어장애를 겪는다. 내적 언어표상에는 손상이 없음에도 불구하고 구어를 산출하는 데 특정 장애를 보이는 아동들도 있다. 그들은 말을 더듬거리거나 운동이나 신체적 장애를 가지고 있을지도 모른다. 노령화 역시 언어에 변화를 가져오는데, 대개의 경우 단어 찾기에 어려움을 보인다. 하지만 어휘와 내러티브 기술은 계속 향상된다.

요약

부모의 사랑과 관심 속에서 갓난아기는 자신이 들은 말소리들 사이의 미세한 차이를 구분하는 것을 시작으로 첫 생일 경에는 드디어 첫 단어를 말한다. 뒤이어 계속 산출된 초기 단어들과 그 의미, 단어 조합에는 보편적인 특성이 있다. 모든 아동들은 언어 습득의 일반적이고 예측 가능한 순서를 따라서 언어의 특정한 문법적 구조를 익혀간다.

아동은 생후 몇 해 지나지 않아 모국어의 기본 구성요소, 즉 음운론, 형태론, 구문론, 의미론, 화용론을 습득한다. 학령 전기에는 음운론과 의미론에서 많은 발달을 보이다가 학교 교육을 시작으로 다양한 사람들과 접촉하게 되면서 아동들은 복잡한 문법 지식을 보다 공고히 하고 다양한 사회적 환경에서의 언어 사용을 학습한다. 게다가 이제 구두 언어보다는 문자 언어를 통해 정교하고 세련된 다양한 어휘들을 학습한다.

언어 발달은 전 생애에 걸쳐 계속된다. 십대들은 그들만의 독특한 개인적 언어스타일을 발달시키며, 성인들은 직장생활에 필요한 전문적인 어휘와 언어스타일을 습득한다. 게다가 지역적 및 사회문화적인 차이에 의해 다양한 방언이 생겨나고, 다문화사회가 형성되면서 이중언어 사용자가 생겨 개인 간에 언어 차이가 일어난다. 그러나 발달 기간에 감각, 인지, 신체, 사회성에 장애를 입게 되면 언어장애를 갖게 된다.

참고 문헌

권도하 (2011). **언어치료학 사전**. 대구: 물과 길.

권도하, 신후남, 이무경, 전희숙, 김시영, 유재연, 신명선, 황보명, 박선희, 신혜정, 안종복, 남현욱, 박상희, 김효정 (2010). **언어치료학 개론**. 대구: 한국언어치료연구소.

김영태 (2003). **아동언어장애의 진단 및 치료**. 서울: 학지사.

석동일 (2005). **조음음운장애 치료**. 대구: 대구대학교출판부.

신후남 (2008). 학령기 언어 발달. **제37회 언어치료 연수회: 한국어 문법 기초와 학령기 아동의 치료 실제**, 61-74. 대구: 한국언어치료학회.

오현선 (2009). 소통과 공존을 지향하는 다문화 사회를 위한 제안. **제2회 세계인의 날: 다문화 정책 토론**, 11-30.

정옥분 (2009). **아동발달의 이해**. 서울: 학지사.

한유미, 김혜선, 권희경, 양연숙, 박수진 (2009). **영유아 언어교육의 이해**. 서울: 학지사.

Berk, L. E. (2009). **아동 발달**[Child development(7th ed.), 2006], (이종숙, 이옥, 신은수, 안선희, 이경옥 역). 서울: 시그마프레스.

Bialystok, E. (2001). *Bilingualism in development: Language, literacy and cognition*. UK: Cambridge University Press.

Brown, H. G. (2008). **성공하는 여성들의 일곱 가지 비결**, (박종규 역). 서울: 기원전.

Clay, M. (1991). *Becoming literate: The construction of inner control*. Portsmouth, NH: Heinemann Educational Books.

Gray, J. (2004). **화성에서 온 남자, 금성에서 온 여자**[Men are from Mars, women are from Venus, 1992], (김경숙 역). 서울: 친구미디어.

Hegde, M. N. (1996). *A coursebook on language disorders in children*, CA: Singular Publishing Group.

Hoff, E. (2007). **언어 발달**[Language development (3rd ed.), 2006]. (이현진, 박영신, 김혜리 역), 서울: 시그마프레스.

Machado, J. M. (2010). *Early childhood experiences in language arts* (9th ed.), CA: Wadsworth Cengage Learning.

McLaughlin, S. (1998). *Introduction to language development*. CA: Singular Publishing Group.

McLaughlin, S. (2006). *Introduction to language development* (2nd ed.), NY; Thomson Delmar Learning.

Nelson, N. W. (1998). *Childhood Language Disorder in Context.* Boston: Allyn & Bacon.

Nicoladis, E., & Genesee, F. (1997). Language development in preschool bilingual children. *Journal of Speech-Language Pathology and Audiology, 21*, 258-270.

Owens, R. E. (2005). **언어 발달**[Language development: An introduction(6th ed.), 2005], (이승복, 이희란 역). 서울: 시그마프레스.

Pence, K. L., & Justice, L. M. (2010). **언어 발달: 이론에서 실제까지**[Language development from theory to practice, 2008], (김성수, 김화수, 이상경, 황보명 역). 서울: 학지사.

Paul, R. (2007). *Language disorders from infancy through adolescence: Assessment and intervention* (3rd ed.). Louise: Mosby.

Spivak, L. (2000). In G. Cowley, For the love of language [Special Edition]. *Newsweek*, 12-15.

Sternberg, R. J. (2005). **인지심리학**[Cognitive psychology(3rd ed.), 2003], (김민식, 손영숙, 안서원 역). 서울: 박학사.

Van Riper, C. C., & Emerick, L. (2004). **언어치료학 개론**[Speech correction, 1996], (권도하 역). 대구: 한국언어치료학회.

Woods, B. (2000). **언어 발달**[Children & communication; Verbal & nonverbal, 1976], (권도하 역). 대구: 한국언어치료학회.

제2장

언어 발달의 생리학적 기초

대부분의 사람들이 외국어를 배울 때는 사물 또는 대상의 이름을 익히면서 언어를 배운다. 이는 아기들이 모국어를 습득할 때도 똑같은 현상이다. 사물이나 대상의 이름을 먼저 배우는 것은 사물이나 대상의 이름이 수많은 어휘들 중에서 가장 의사소통 효율성이 높기 때문일 것이다. 아기들이 태어났을 때는 세상의 대상이나 지식을 알지 못하는 백지 상태이지만, 태어난 그 시각부터 매일 매시간 많은 양의 구어를 듣게 된다. 엄밀히 말하면 태어난 후부터 소리를 처음 접하는 것은 아니다. 아기의 청각 기관은 임신 25주가 넘으면 외부 소리 자극에 반응할 정도로 발달하기 때문에 실제로는 소리 자극의 입력이 태내에서부터 이루어진다고 해도 과언은 아니다. 그래서 청각장애 아동의 경우 소리 자극의 입력이 태내에서부터 제한되었다고 볼 수도 있다. 아기는 세상에 태어나면서부터 낯설고 복잡한 소리들의 세계에 놓이게 되고, 많은 소리 중에서 말소리를 선택하여 의미를 알아가게 된다. 놀라운 것은 아기들의 신체 구조나 인지 발달이 이 복잡한 소리를 이해할 수 있을 정도로 완전하게 이루어지지 않은 상태인데도 이러한 과정이 이루어진다는 것이다.

초기 언어 습득 과정에서는 일부 단어와 그 단어의 의미를 배우는 것이 고작이지만 시간이 지날수록 많은 소리와 단어에 대한 정보를 기억해야 하고 분류하고 저장해야만 한다. 그리고 문장을 산출하기 위해서는 이 축적된 어휘들을 결합하고 인출하는 능력도 요구된다. 이렇게 습득된 언어 지식은 생각의 폭을 넓혀주고 그 생각들을 표현하기 위해 단어들을 조합하고 문장을 만들어 낸다. 또한 이 문장들을 상황에 맞게 산출하게 만드는 동시에 맥락적인 요소를 파악하여 상대방의 의도를 이해할 수 있도록 한다. 이처럼 언어가 매우 고도의 정교한 기능이기 때문에 학습의 상황에서 체계적으로 습득되어야 될 것 같지만 실은 매우 자발적, 자동적이면서도 신속하게 이루어진다. 이 사실을 증명하는 예로서, 아동은 6세까지 13,000개 정도의 표현 어휘를 습득하는데(권도하 외, 1994; Pinker, 1994), 이는 아동이 잠자는 시간을 제외하고는 깨어 있는 시간 중에서 두 시간에 한 단어씩 배워나가는 셈이다(Whitney, 1999). 학습만으로는 이렇게 빠른 언어 성장 속도를 나타낼 수가 없다. 이에 대한 열쇠가 유전자이다. 인간의 유전자는 신체적, 생리학적, 해부학적, 심지어 심리적 특징 등에 대한 정보를 이미 가지고 있어서 정해진 청사진에 따라 발달할 수 있도록 한다. 그래서 인간에게 선천적으로 언어 습득 기제가 있다고 하는 Chomsky의 주장의 근거가 되기도 하지만 언어발달을 연구하는 모든 학자들이 이 이론에 동조하지는 않는다.

언어 습득 과정이 놀라운 것은 사실이다. 언어 발달 및 아동 발달을 연구하는 많은 학자에게는 경이로움을 던져주는 동시에 풀리지 않는 수수께끼이기도 하다. 이 경이로움과 수수께끼는 언어가 극적으로 변화할 때가 유아의 뇌와 신체 구조의 기능이 완전하지 않은 상태, 즉 미완성의 상태라는 것이다. 발달의 핵심적 영역인 인지, 언어 및 운동의 통제에 중추적 역할을 하는 뇌의 기능은 아기의 출생과 동시에 급격한 성장을 하게 된다. 뇌 기능의 발달 과정은 특정 정보를 처리하도록 뇌의 영역을 분화시키고, 새로운 연결망을 만들어 정보의 처리를 동시다발적이면서도 효율적으로 이루어지도록 도와주면서, 신경 충동의 전달 속도는 증가시켜 가는 것이다. 그런데 이러한 뇌의 발달이 급속하게 이루어지는 시기는 태내 발달을 제외한다면, 출생에서부터 만 5세까지로 보고 있다(Whitney, 1999). 또한, 이 시기는 유아들이 대부분의 언어 능력을 습득하는 시기와 일치한다. 따라서 언어 발달을 공부하거나 유아의 언어를 교육하거나 치료를 하기 위해서는 뇌와 뇌의 발달을 이해하고 있어야 한다. 다음은 언어산출에 관련된 신체 구조와 신경계를 살펴보면서 언어 발달과의 관계를 알아보도록 하겠다.

1. 말 생성 구조

구어 산출은 언어, 사고 및 행동을 통제하는 뇌, 즉 신경계와 그 말을 생성하는 하부 구조들로 구성된다. 구어 산출에 관련되는 신체 구조들은 수백 개의 근육과 수백만 개의 신경들이 동시적·복합적으로 기능하며 상호 통제하고 협응하여 이루어진다. 말을 생성하는 신체 기관에서는 호흡, 기도 확보, 삼킴과 같은 기능과 말 생성이라는 두 가지 기능을 담당하고 있는데 중요도를 따지자면 말은 부차적 기능이다.

구어 산출 과정

구어는 호흡, 발성, 조음, 공명이라는 네 가지의 과정을 거쳐서 산출되고 구어와 관련된 기관들은 뇌의 통제를 받아 말을 생성해 내기 위하여 거의 동시에 작용을 한다. 다음은 말 생성의 과정에 따라 호흡 구조, 후두 구조, 조음 및 공명 구조로 나누어 살펴보도록 할 것이다.

호흡

호흡의 주 기능은 생존이지만 구어 산출 과정에서는 동력의 역할을 한다. 호흡 과정은 코나 입에서 시작해 구강, 비강, 인두, 후두, 기관(trachea)을 지나서 기관지(bronchus)를 통해 폐로 들어가게 된다. 폐 안은 세기관지(bronchiole)와 폐포로 빽빽하게 채워져 있고, 이 **폐포**는 모세혈관과 호흡점막을 형성하면서 가스를 교환하여 생명을 유지시킨다(**그림 2.1** 참조).

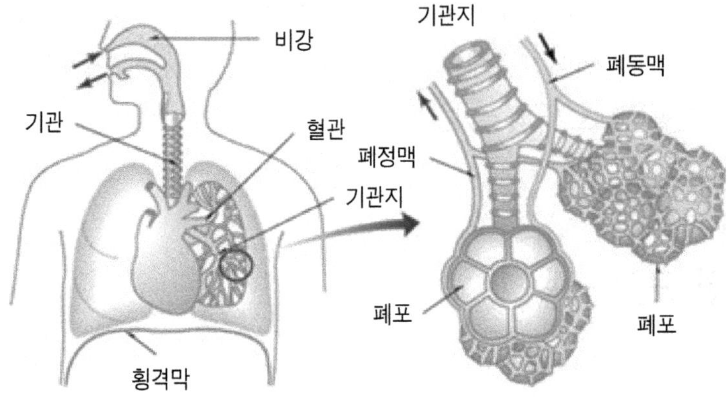

그림 2.1. 호흡기관

출처: http://lg-sl.net

그런데 소리를 형성하기 위해서도 공기가 필요하다. 말소리는 공기의 흐름과 압력이 변형된 것이라고 할 수 있다. 폐 속의 공기가 폐를 빠져나와 성대를 통과하고 성도를 지나게 된다. 이때 성도, 즉 인두강, 구강 및 비강은 소리의 특성에 맞게 형태가 변형되고 기류는 변형된 성도를 지나 배출되면서 산출된다. 호흡은 일반적으로 짧은 흡기와 이보다는 긴 호기의 시간 비율로 구성되지만, 안정시의 호흡과 발화시 호흡의 패턴은 다르다. 안정 시의 호흡에서 **흡기**와 **호기**의 시간 비율은 40:60이지만, 말을 할 때의 호흡은 더 유동적이고 소리가 산출되는 호기의 시간이 흡기 때보다 길다(90:10). 안정 시의 호흡에 작용하는 흉곽, 폐, 횡격막의 구조들은 흡기에서 확장되었다가 호기에서 탄성 작용에 의해서 제자리를 찾아가지만 말할 때는 흉곽, 폐, 횡격막, 복부 근육이 호기에서도 적극적이고 복합적인 작용을 함으로써 한 호흡당 구어길이를 조절할 수 있다.

호흡 시 작용하는 근육 중에서 주요 흡기 근육인 횡격막은 공기의 유입에 관련하며, 이때 외늑간근(external intercostal muscles)을 비롯한 흉부 근육들과 흉쇄유돌근(sternomastoid muscle)과 같은 경부 근육은 흉곽을 올려주고 흉강을 확장시키는 작용을 한다. 이는 **그림 2.2**에 나타나 있으며 안정 시 호기는 흡기 근육이 이완되면서 폐와 흉곽의 탄성 작용과 거상된 늑골에 작용하는 중력 등에 의해서 제자리

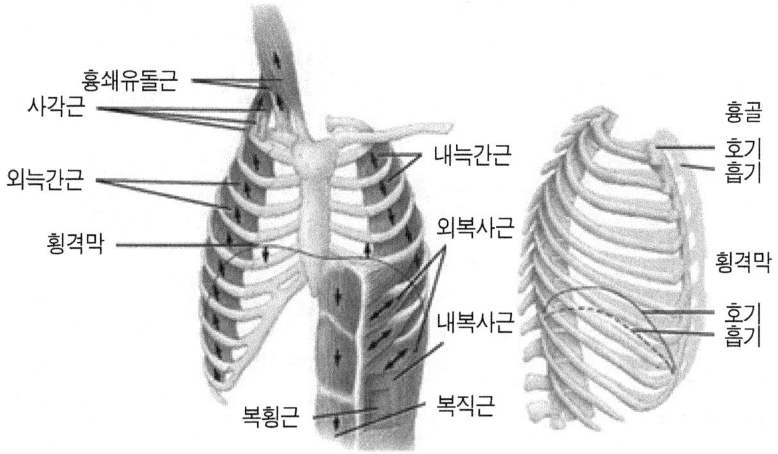

그림 2.2. 호흡 시 구조의 변화

출처: http://paramedicine101.com

를 찾아간다. 그러나 발화 시의 호기는 이보다 훨씬 복잡하다. 외복사근(external oblique muscles), 내복사근(internal oblique muscles), 복횡근(transverse abdominis muscles), 복직근(rectus abdominis muscles) 등과 같은 복부 근육들이 복부의 내장을 지지하고 압축함으로써 호기를 조절한다. 이와 같은 과정을 통해서 호흡은 발성의 원동력이 되는 동시에 음성 강도를 변화시키는 성문하압을 형성한다.

후두

후두는 호흡로를 확보하고 기도에 이물질 흡입을 방지하는 기도 보호와 같은 일차적인 생리학적 작용을 함으로써 생존에 중요한 역할을 한다. 또한 부차적인 기능이지만 발화에서는 주요 기능인 음성을 산출한다. 후두의 구조는 1개의 뼈인 설골(hyoid bone)과 5개의 주요 연골인 갑상연골(thyroid cartilage), 윤상연골(cricoid cartilage), 1쌍의 피열연골(arytenoid cartilage), 후두개(epiglottis)로 구성된다(**그림 2.3** 참조). 이러한 연골들은 후두의 외형을 유지하고 후두를 변화시키는 근육을 지지한다.

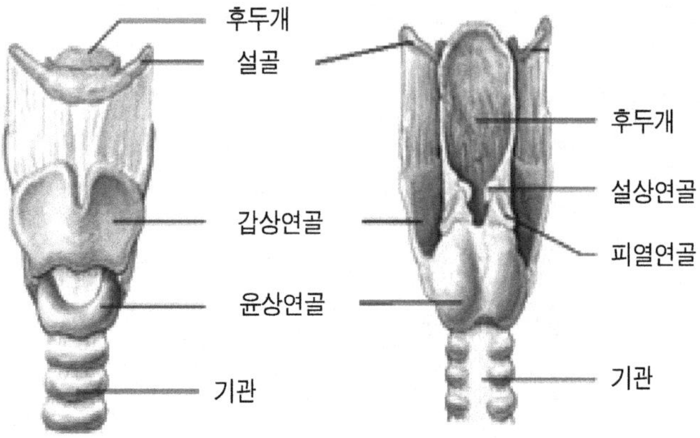

그림 2.3. 후두의 구조

출처: http://www.cedars-sinai.edu, http://faculty.stcc.edu

후두 구조에서 유일한 뼈인 설골은 발성, 조음, 삼킴 등에 관여하는 후두조직 근육, 혀와 두개골, 턱의 여러 근육들을 지지하고 있다. 갑상연골은 위로는 설골, 아래로는 윤상연골 사이에 위치한 가장 큰 연골이고, 갑상연골의 안쪽에는 음성을 산출하는 성대가 붙어 있다. 성대의 다른 쪽 끝은 피열연골에 붙어 있으며, 피열연골은 윤상연골 위에 부착되어 있다.

성대를 구성하고 있는 근육인 갑상피열근(thyroarytenoid muscle) 및 성대근(vocalis muscle)과 갑상연골, 윤상연골, 피열연골에 부착된 근육들은 성대의 내전,

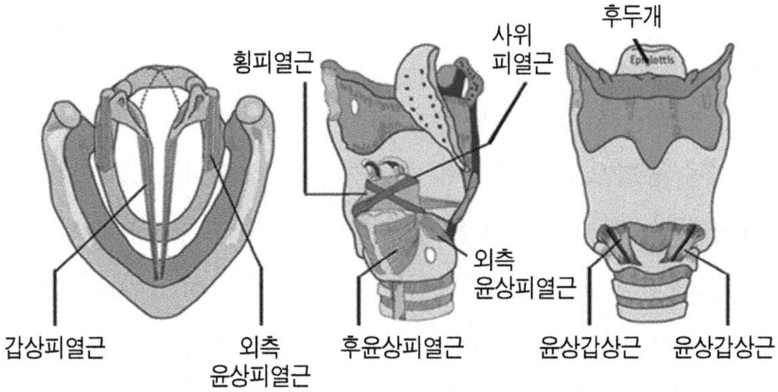

그림 2.4. 성대 및 성대 내부 근육

출처: http://www.ohsu.edu

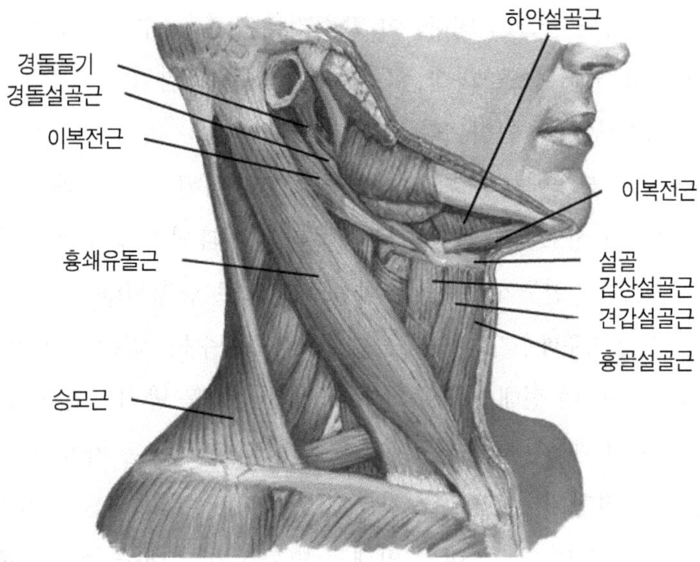

그림 2.5. 성대 외부 근육

출처: http://app1.unmc.edu

외전, 긴장 및 이완 작용을 하고, 이들의 작용을 통해 기도 보호, 발성, 호흡, 음도 변화가 이루어진다(**그림 2.4** 참조). 이복근(digastric muscle), 경돌설골근(stylohyoideus muscle), 하악설골근(mylohyoid muscle) 등의 후두 외부에 위치한 근육들은 후두의 위치를 변화시켜 삼킴 시 후두를 거상시킴으로써 후두를 보호하고 발성에도 관여한다(**그림 2.5** 참조).

발성은 성대의 내전 시 성문하압이 형성되어 성대가 열리고 이렇게 벌어진 성대의 좁은 틈새를 빠져나갈 때 증가되는 기류 속도와 압력의 감소로 성대는 다시 닫히게 된다(**베르누이 효과**). 성대가 닫히는 이 과정은 베르누이 효과 이외에도 근탄성의 원리도 작용하게 된다. 이처럼 성대가 열리고 닫히는 내외전으로 성대가 진동하고, 이로 인해 음성이 산출되는 것이다.

조음 및 공명

성대를 통과한 기류는 인두강과 구강 또는 비강을 거치면서 인간이 일반적으로 지각할 수 있는 말소리를 만들어 낸다. 이 말소리들은 후두 수준의 음성에서 **조음** 및 **공명** 과정을 거치고 구어 속도, 화술, 표정, 제스처 등 복합적인 요소들이 가미되어 한 사람의 개성적인 구어로 인식된다.

조음 및 공명은 성대에서 주기적인 진동으로 생성된 기본 주파수와 배음이 인두강, 구강 및 비강의 성도를 통과하면서 증폭되고 여과되어 정제된 것이라고 할 수 있다. 성도는 하악, 혀, 연구개, 인두 등의 움직임으로 변형된다. 이렇게 변형된 성도의 특성에 따라 **공명주파수**가 나타나는데, 공명주파수는 성도의 길이와 횡단면적에 따라 결정되는 것이며 성대진동 주파수에 의해 영향을 받지는 않는다.

인두강은 인두벽과 인두 괄약근에 의해 변형되고 구강은 치아, 혀, 입술, 경구개, 연구개에 의해 변형된다(**그림 2.6** 참조). 그 중에서 혀와 입술은 가장 능동적인 조음기라고 할 수 있으며, 혀는 혀의 형태를 변화시키는 내부 근육과 위치를 변화시키는 외부 근육의 상호작용으로 양순음과 성문마찰음을 제외한 말소리들을 만들어 내는 역할을 한다. 또한, 입술은 안면 표정 근육과 저작근 등의 활동으로 양순음 및 모음을 산출한다. 그리고 연인두 주변의 근육들은 연인두 밸빙 작용에 관여

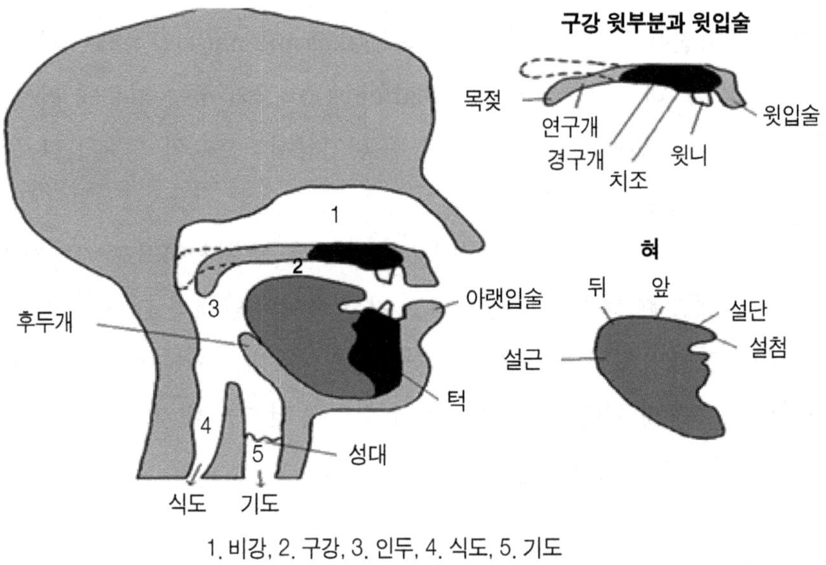

그림 2.6. 조음 및 공명 기관

출처: http://clas.mq.edu.au

하여 비강음과 구강음의 특성이 나타나도록 한다. 이처럼 조음 및 공명계의 변형은 각각의 말소리 특성이 나타나도록 하기 때문에 말소리의 변별 자질을 분류할 수 있는 것이다.

예를 들면, 혀의 위치는 전후와 고저의 이차원으로 변화하는데(Kent & Vorperian, 2006), '발'의 /a/ 모음은 후설 저모음이고 이때의 혀는 조음 시 입 뒤쪽의 낮은 위치에 있다는 것이다. 그리고 '비'의 /i/는 전설 고모음으로 혀가 입 앞쪽의 높은 위치에 있을 때 조음된 것이다.

2. 언어의 신경해부학

인간의 대뇌는 대체로 두 개의 반구가 대칭적으로 존재하는 것처럼 보이지만 실제로 특정 영역과 기능은 대칭적이지 않다. 다시 말하면 한 쪽 반구에 특정 기능이 편재되어 있고, 그 기능이 편재된 영역은 크기 면에서도 비대칭적이다. 또한, 두 대뇌반구 모두 각각의 기능을 가지고 있지만 각 반구의 정보는 뇌량과 피질하 구조를 통해서 전달되어 서로 상보적인 역할을 한다. 엄밀히 말하면 어느 쪽 반구도 특정 기능에 대해 우세할 수는 있지만, 그렇다고 해서 독립적으로 기능하지는 않으며 혼자서 자료를 분석하고 처리할 수 없다. 언어의 경우, 일반적으로 오른손잡이는 언어에 대해 좌반구가 우세하다고 알려져 있으며 대부분의 사람이 그러하다(약 95%). 그런데 왼손잡이의 약 70%도 언어에 대해 좌반구의 우세성을 나타낸다. 언어에 대해 양측 반구의 지배성을 나타내는 사람의 비율은 매우 낮고(약 15%), 이들은 반구의 **편재화**가 확립되지 않은 것이다. 이 사실들이 언어에 대한 대뇌 반구의 편재화를 의미하는 것이라고 볼 수 있지만, 편재화를 이것 아니면 저것이라는 딱 떨어지는 개념이 아니라 정도의 문제라고 보기도 한다.

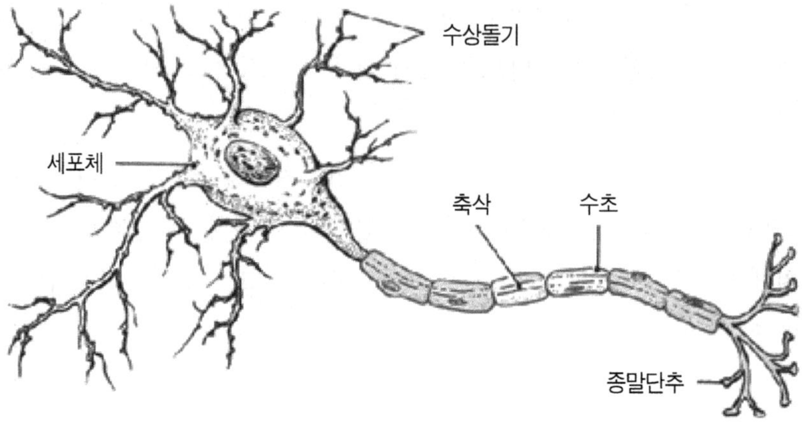

그림 2.7. 뉴런

출처: http://www.mindcreators.com

대뇌 생리

신경계는 인간의 모든 생리, 사고와 행동뿐만 아니라 구어 산출 구조의 모든 운동을 통제하고 조절하는 중추이다. 더 자세히 말하면, 신경계는 인간의 신체 및 정신적 성장 및 성숙으로 이끌어가고, 사고, 언어, 인격, 사회성, 적응, 문제 해결 등 인간을 인간답게 살아갈 수 있도록 하는 가장 중요한 구조임에 틀림없으며, 인간 그 자체라고 해도 과언은 아니다. 신경계를 이루는 기본 단위인 **뉴런**(neuron)은 신경계 내에 약 1,000억 개가 있다. 각 뉴런은 세포체, 세포체에서 신경충동을 전달하는 긴 축삭(axon), 그리고 다른 뉴런에서 오는 충동을 수용하여 이를 세포체에 전달하는 수상돌기(dendrities)로 구성된다(**그림 2.7** 참조). 뉴런의 수는 일반적으로 출생 후부터 계속 감소하지만, 뇌의 발달과 기능은 뉴런의 연결, 즉 시냅스의 형성으로 이루어진다. 신경계는 중추신경계와 말초신경계로 구분되는데, 신경계의 뉴런은 대부분 중추신경계에 집중되어 있다(거의 85%).

중추신경계는 뇌와 척수로 나뉘고 뇌는 위치에 따라 전뇌, 중뇌, 후뇌로 구분한다(**그림 2.8** 참조). 전뇌(forebrain)는 대뇌의 가장 큰 부분으로서 고등적인 사고 및 언어, 운동을 처리하는 대뇌 피질과 피질의 정보를 전달하는 섬유다발, 피질에서 처

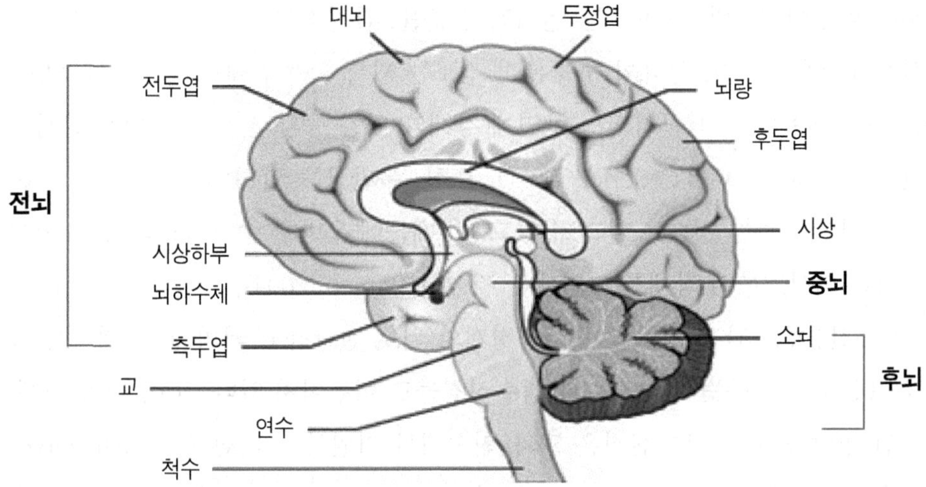

그림 2.8. 뇌의 영역

출처: http://www.nervoussystem.depressiontreatmentsite.com

리되는 정보를 모니터링, 조절 및 중계 역할을 하는 시상과 기저핵 등 피질하 구조들로 구성되어 있다. 중뇌(midbrain)는 전뇌와 후뇌의 운동 경로를 이어 주고 시각 및 청각 반사를 처리하며 도파민이라는 주요 신경전달물질을 생성한다. 후뇌(hindbrain)는 연수, 뇌교 등과 같은 뇌간과 소뇌 구조들로 이루어져 있고 호흡, 삼킴, 각성, 그리고 운동 경로이자 운동의 균형 및 협응을 담당한다. 후뇌는 동물 및 신생아에게서 가장 먼저 발달하는 구조이기 때문에 뇌의 이 부분을 가장 원시적인 뇌라고도 한다.

두 개로 쪼개진 대뇌는 **뇌량**(corpus callosum)이라고 불리는 신경섬유다발에 의해 연결되어 있다. 각 반구에는 전두엽, 두정엽, 측두엽, 후두엽 등 4개의 엽이 존재하고 대뇌의 각 반구와 반구 내 엽들은 고유의 기능을 가지고 있다. 일반적으로 **좌반구**는 논리적·추론적·언어적 정보 처리에 우세하고 **우반구**는 예술적·음악적·공간적 정보 처리에 우세하다고 한다. 그렇다고 우반구가 전혀 언어에 관여하지 않는 것은 아니다. 음운 부호화, 어휘 및 문장의 의미, 문법적 해석, 음운 및 어휘의 표상과 운동적 산출, 문법적 요소의 결합 등과 같은 핵심적인 언어 처리는 좌반구에서 대부분 이루어지지만, 우반구는 언어적인 운율, 감정적인 운율, 그리고 정서 등을 해석한다. 예를 들면, 청각의 구문론적 정보는 좌측 측두엽에서 주로 처리되고 일부는 좌측 전두엽에서 처리되는 반면에 강세와 억양 등과 같은 준언어적 단서들은 우반구에서 해독된다(Friederici, 2001). 또한, 우반구는 담화(discourse)와 추론에 중요한 역할을 하는 것으로 알려져 있고, 이 때문에 우반구 손상자들의 경우 언어장애보다는 의사소통의 장애를 나타내는 것이다(Banich, 2004).

말초신경계는 감각 정보를 중추신경계의 뇌로 전달하고 뇌의 운동 정보를 몸의 각 근육들로 중계하는 뇌신경들과 척수신경들로 이루어져 있다. 구어 및 언어에 직접적인 영향을 주는 말초신경은 교와 연수에서 기원하는 뇌신경(cranial nerve)으로, 이들은 뇌에서 눈, 귀, 코, 입으로 직접 연결되고 시각, 청각, 구어 산출, 삼킴, 호흡 등 안면 두경부의 감각 및 운동의 기능을 담당한다. 삼차신경(뇌신경 V), 안면신경(뇌신경 VII), 청각신경(뇌신경 VIII), 설인신경(뇌신경 IX), 미주신경(뇌신경 X), 설하신경(뇌신경 XII)은 구어의 입력 경로, 호흡, 발성, 조음, 공명의 기능을 담당하기 때문에 언어 처리에 있어서는 중요한 뇌신경이라고 할 수 있다. **표 2.1**에 자세한 내용이 나타나 있다.

좌반구에는 언어 처리에 있어서 핵심적인 두 영역이 있는데 브로카 영역과 베르니케 영역이다. 이 두 영역은 각각 언어의 산출과 이해를 담당하고 있으며, 손상 시 이해와 표현 등 언어에 직접적이면서도 치명적인 영향을 주는 것으로 알려져 있다. **브로카 영역**(Broca's area)은 전두엽 내의 하단, 실비언 종렬(Sylvian fissure) 또는 외측열(lateral fissure)의 바로 위에 위치해 있고, 이곳은 말 산출에 필요한 복합적 운동에 대한 정보가 내장되어 있어 이 운동의 절차가 조직화되는 곳이다. **베르니케 영역**(Wernicke's area)은 측두엽 내의 상단, 실비우스 열의 바로 아래의 후부에 위치해 있으며, 언어의 이해에 관여하는 영역이다. **그림 2.9**에서도 보면 알 수 있듯이 이 영역들은 실비언 종렬을 중심으로 배열되어 있고, 실비우스 주위 피질 또는 실비우스 주위 영역(perisylvian cortex 또는 perisylvian area)은 대뇌의 언어 기능을 담당하는 영역들이라는 의미로 통하기도 한다. 이 영역의 손상 시에 나타나는 독특한 언어장애를 **실어증**(aphasia)이라고 한다.

출생 시 뇌는 완전히 발달되어 있지 않은 상태이며 언어를 이해하고 사용하는

표 2.1. 구어 및 언어 관련 뇌신경

뇌신경	분류	위치	기능
삼차신경(V)	감각/운동	교, 연수	• 조음: 조음 시 자극 감지(비강, 비인두강, 경구개, 연구개), 혀 앞 3분의 2의 일반감각(조음 시 혀의 촉각, 압각), 하악의 움직임 • 삼킴: 구강 내 자극 감지, 하악의 움직임, 저작(저작 근육의 움직임) • 공명: 구개긴장근 움직임
안면신경(VII)	감각/운동	교, 연수	• 조음: 조음 시 얼굴 근육 움직임(예 양순음, 원순모음 조음 시 입술 둘레근의 움직임) • 삼킴: 씹기 시 구강폐쇄, 볼 근육 유지, 설골 근육 움직임, 침 분비, 음식 맛 감지
와우-전정신경(VIII)	감각	교, 연수	• 청각자극 감지
설인신경(IX)	감각/운동	교, 연수	• 호흡 • 조음: 조음 시 자극 감지(혀의 뒤 3분의 1 감각, 연구개음 조음 시 감지) • 삼킴: 음식덩어리 운반 시 구강 뒤 및 인두강 내 자극 감지, 구토반사, 음식 맛 감지 • 공명: 경상인두근의 수의적 움직임(연인두폐쇄)
미주신경(X)	감각/운동	연수	• 호흡 • 발성: 성대 내부 근육 움직임으로 성대 내외전, 긴장 및 이완 • 삼킴: 인두에서 자극 감지, 후두 밸빙, 상부식도에서 음식덩어리 감지, 후두에서 이물질 감지, 구토반사의 운동 요소, 윤상인두근 개방 • 공명: 인두와 연구개 근육, 구개설근의 수축으로 연인두 폐쇄
부신경(XI)	운동	척수	• 호흡: 구어 호흡(승모근, 흉쇄유돌근 조절)
설하신경(XII)	운동	연수	• 조음: 혀의 내부 근육과 외부 근육(구개설근 제외) 움직임 조절 • 삼킴: 음식덩어리 형성 및 운반

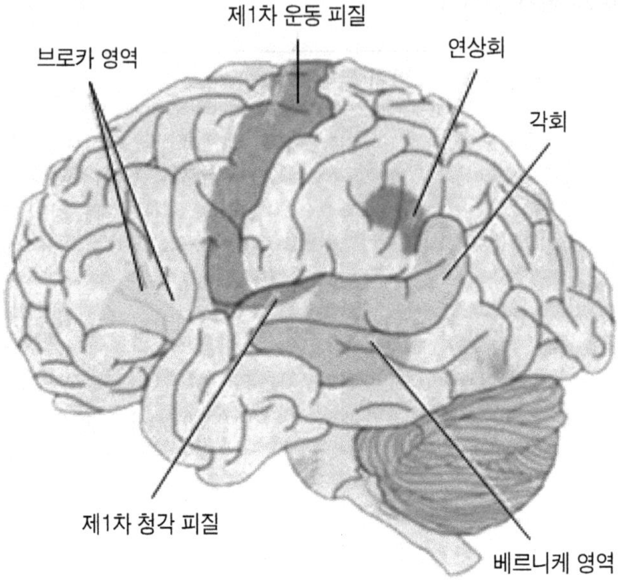

그림 2.9. 언어 기능과 관련된 뇌 영역

출처: http://brainmind.com

능력은 백지 상태이다. 출생 후에 뇌는 생리학적 성장과 경험이 상호작용을 하여 계속 발달하면서 더 정교하고 고등적인 기능을 갖춰 나간다. 그러나 뉴런의 측면에서 보면 뉴런의 수는 출생 전후 급격하게 감소한다. 이것이 뇌의 발달이라는 측면에서는 모순될 수 있는 요소이지만, 뇌의 발달과 성장이 뉴런의 선택과 연결, 즉 시냅스라는 것은 앞에서도 잠깐 언급하였다. 출생 전후로 나타나는 뉴런의 대량 죽음 이후에도 뉴런은 새로 생산되지 않고 계속 감소하지만, 대규모 뉴런의 죽음 후반에 시냅스는 급속도로 풍부하게 형성된다(Swaguchi, 1999). 이러한 변화를 가능하게 하는 것이 **뇌의 가소성**이다. 뇌의 가소성은 사회 환경에 적응하기 위해 신경계가 변화하는 것을 말하는데, 여기에 주요 역할을 하는 것이 시냅스이다. Swaguchi(1999)는 시냅스의 증가가 생후부터 8세까지 증가하다가 감소해 15세에는 어른의 밀도와 비슷해지는데, 이는 언어 발달의 시기와도 유사하다고 하였다. 위의 사실을 보면, 사춘기 이후에도 모국어를 완전히 습득하지 않았다면 모국어의 습득 및 사용은 제한될 것이 분명하다. 사춘기 이후에는 뇌 발달이 급격하게 느려지고 뇌의 가소성이 낮다는 것은 뇌손상 아동보다 뇌손상 성인의 언어 기능 회복이 더 느린지에 대한 이유를 설명해 준다. 따라서 언어와 뇌 발달의 시간적 결정성과 속도는 언어병리학을 전공하는 전문가들에게 조기 중재에 대한 중요성을 다시 한 번 깨닫게 하는 부분이다.

대뇌 발달

언어 발달은 뇌의 발달 및 편재화와 상당히 밀접하게 관련되어 있다. 이 관련성이 특정 구조의 성숙에 근거하는 것인지, 아니면 특정 인지 능력의 발달에 근거하는 것인지는 아직 모른다.

일반적으로는 신경발달에 대해 전체 뇌 무게를 고려하는데, 뇌 무게는 2세까지 급격하게 변화하며, 이즈음에는 태어날 당시 무게의 3배가 되고(Owens, 2005) 성인 뇌의 75%에 달한다(**표 2.2**, **표 2.3** 참조). 이와 동시에 화학적인 변화도 일어나면서 뇌의 여러 부분들을 연결해 주는 내부 연결망이 조직화된다. 12세가 되면, **그림 2.10**에서 보이듯이 뇌의 발달 곡선이 평이해지고 뇌는 완전히 성숙한 무게에 이른다. 뇌의 발달은 수상돌기와 축삭이 자라나 서로 연결되면서 복잡한 연결망을 이루면서 그 크기가 커지지만 뉴런의 수와는 무관하다. 연결망이 조밀하게 구성되어 있어도 질병이나 영양 부족, 감각 결핍으로 인해 연결 밀도는 엉성해질 수도 있다

표 2.2. 연령에 따른 뇌의 무게

연령	남성 뇌 무게(g)	여성 뇌 무게(g)
신생아	380	360
1세	970	940
2세	1,120	1,040
3세	1,270	1,090
10~12세	1,440	1,260
19~21세	1,450	1,310
56~60세	1,370	1,250
81~85세	1,310	1,170

출처: http://www.psy.cmu.edu

표 2.3. 유아기 뇌 무게의 성장 비율

연령	성인의 뇌 무게 비율
신생아	25%
6개월	50%
2세	75%
4~6세	90%

출처: http://www.psy.cmu.edu

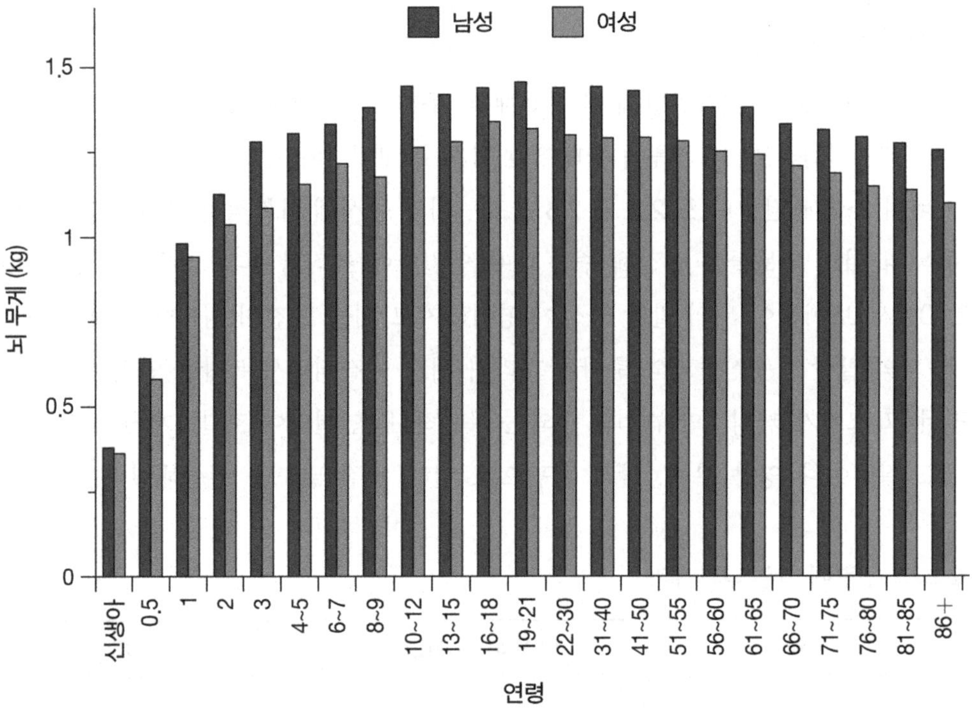

그림 2.10. 언어 기능과 관련된 뇌 영역

출처: http://faculty.washington.edu

(Owens, 2005).

또한, 많은 발달장애 아동들은 정상적으로 발달하는 아동들에 비해 수초화의 발달이 더 느린 것으로 나타났다(Pujol et al., 2004). **수초화**란 신경 아교 세포가 축삭을 감싸서 절연되는 현상이며, 이때의 전기적 전달은 펄스가 점핑하는 방식으로 이동하기 때문에 빨라진다. 수초화의 시기는 뇌의 영역과 나이에 따라 다르다. 생존과 밀접한 영역은 태아 때부터 수초화되고 제1차 감각 영역, 제1차 운동 영역 등의 감각 영역과 운동 영역은 연합 영역보다 수초화가 빠르다. 연합 영역 중에서도 고등적인 사고, 즉, 판단, 개념적 사고, 비교, 예측의 기능을 하는 전전두 연합 영역은 수초화가 느리게 진행된다. 나이에 따라서 보면, 간뇌는 1세까지 수초화가 이루어지고 대뇌는 15세까지 수초화가 이루어지지만 전전두엽은 나이가 들수록 수초화가 계속 이루어지기 때문에 십대의 청소년보다 50 또는 60대가 더 포괄적이고 종합적인 사고를 할 수 있게 된다(박문호, 2008).

Bates(1999)는 국소적 뇌손상 성인들과 유아들에 대한 자료를 통해서 뇌의 영역과 기능에 대한 견해를 밝혔으며 이는 다음과 같다.

- 언어 지식은 유아나 성인에게나 명확하고 단순한 형태로 배치되지 않는다.
- 좌반구 뇌손상이 유아기에 발생한다면 실어증과는 관련되지 않는다. 유아의 뇌는 가소성이 매우 높기 때문에 언어에 대한 대안적인 '뇌 기능 분화'가 가능하다.
- 유아의 뇌는 빈 서판과 같은 상태가 아니다. 출생 시에 뇌는 이미 매우 분화가 되어 있고, 언어에 대한 표준적인 뇌 기능의 분화가 이뤄져(국소적 뇌외상이 없을 시) 특정 영역들이 언어에만 작용하는 정보 프로세싱을 가동할 수 있도록 되어 있다.
- 뇌 프로세싱은 선천적으로 '표준적 뇌 기능 분화'가 이루어지도록 기능의 위치가 정해져 있는데, 이는 언어 이외의 기능에도 적용된다.

또한 뇌손상 성인에 대한 연구에서 뇌의 영역과 기능에 대해 살펴보면 몇 가지 결론에 도달하게 된다(Bates, Wulfeck, & MacWhinney, 1991). 첫 번째 결론은 특정 언어 영역이 있음에도 언어 지식이 성인의 뇌 안에서 광범위하게 분포되어 있다는 것이다. 실어증 관련 연구에 근거할 때 다음과 같은 사실들이 이를 뒷받침한다. (a) 소위 실문법성 환자이지만 문법성에 대한 판단력은 좋을 수 있다는 놀라운 결과도 있었으며, (b) 성인 실어증의 경우 실시간 프로세싱에서 심각한 결함이 있음에도 불구하고 표현과 수용 언어 능력 둘 다에서 세부적인 특정 언어 지식이 보존되어 있기도 하였다. 또한, (c) 표현과 수용 실문법성이 특정 실어증 집단이나 특정 병변 위치에 국한되지 않았다는 것을 나타내는 연구들이 점점 증대하고 있다. 스트레스 상태에서 언어를 처리하도록 강요받을 때는 정상 청자들에게서도 많은 문법적 결함들이 나타날 수 있다. 이러한 결과들은 문법에 대한 '뇌 영역'의 국소화에 반대되는 주장이기도 하다.

위의 내용을 요약하면 행동과 뇌의 분화가 일대일 관계로 표상된다고 가정할 수는 없다. 언어를 포함한 뇌 영역들이 훨씬 복잡하게 얽혀 있다. 그러나 출생 후부터 편재화가 이뤄진다는 주장과 반대되는 견해들도 있다. 아기에게 실시한 전기 생리학적 연구를 보면 특정 능력이 발달하기 훨씬 전에 이미 편재화가 되어 있었다는 것이다. 또한, 태내 발달에서 부터 이미 편재화가 이루어져 있고, 나이가 들면서 환경이 편재화에 미치는 영향은 생각보다 적어진다는 견해도 있다.

3. 언어 처리

언어 처리는 특정 영역에 위치해 있지 않은 경우가 있으므로 이 처리 과정을 특정한 피질 부위와 연결하는 것을 모든 사람에게 일반화하기는 어렵다. 이 처리 과정들은 서로 겹치기도 하고 하나의 특정 영역에서 입력 정보와 출력 정보 모두를 담당하고 있을 수도 있다. 또한 언어 처리는 광범위한 기능을 요구하는 아주 복잡한 과정이다. 뇌는 전체적으로 기능하는 것이지 별도의 개별적이고 동떨어진 단위로 기능하는 것이 아니며, 단 하나의 부위에서만 이루어지는 처리는 거의 없다(Goldman-Rakic, 1987).

이해와 산출의 언어 처리는 개별적으로 저장된 단어의 어휘 사전이나 자주 사용되는 구 사전, 그리고 순차적이고 위계적인 언어 규칙에 의존한다. 이해와 산출 체계는 부분적으로 중복된다. 현대의 뇌 영상 촬영기법은 단어에 대한 지각이 양반구의 측두엽 후부에서 이루어진다고 밝히며, 좌반구의 이 영역은 이해와 산출 양쪽 모두에 연관되어 있다고 한다(Hickok, 2001). 단어 이해는 아동이 초기 언어 습득 시기 동안 배워야 하는 기본적인 발달 단계의 하나이다. 단어 이해는 다양한 프로세싱 단계에서 다음의 기술들을 필요로 한다. 첫째, 음향-음운 프로세싱은 언어 및 음운 범주의 습득에 기본이 된다(Werker & Lalonde, 1988). 둘째, 어휘 프로세싱은 나열된 단어의 형태를 탐색하고 적절한 단어를 선택한다(Swingley, 2007). 셋째, 1차 의미 프로세싱은 단어와 관련된 의미 정보의 활성화이다(Friedrici & Friederici, 2008). 넷째, 일반적으로 단어들은 특정 의미 맥락에서 인식되기 때문에, 2차 의미 프로세싱 단계는 다양한 단어들을 결합시키고 특정 상황적 맥락에서 단어를 이해하기 위해 필요하다(Friederici, 2010). 이러한 프로세싱은 입력되는 청각 자극에 주의를 기울이는 일로 시작하는데, 이 역할을 하는 것이 망상체(reticular formation)이다. 망상체는 뇌간 구조에 길게 자리 잡고 있으며, 입력되는 어떤 양상과 자극에 주의를 기울일지 결정한다. 뇌는 입력되는 모든 자극에 대해 처리할 수 있는 용량이 제한되어 있기 때문에 효율적으로 필요한 자극을 처리하려면 특정 자극에만 주의를 집중시키고 다른 자극들은 무시하게 하거나 억제를 하여 프로세싱에 대한 노력을 할당해야 한다.

청신경을 통해서 들어오는 청각 신호는 대부분 감각 신호의 중계소인 시상으로 가고, 시상은 이를 제1차 청각피질인 헤슬회(Heschl's gyrus)로 보낸다. 여기에서 우선적으로 소리를 판별하고, 의미 있는 구어 신호는 의미 해석을 위해서 청각피질의 각 영역으로 보내진다. 의미 있는 소리와 의미 없는 배경 소음에 대한 구분은 이미 저장된 어휘 지식을 근거로 하여 이루어진다. 부호화된 입력 언어 신호는 좌반구 측두엽에서 처리되며, 준언어 요소(억양, 강세, 운율, 속도)는 우반구 측두엽에서 처리된다. 언어 요소와 준언어 요소는 분리되어 처리되면서 개별적으로 저장되지만 서로 연관되어 저장되기도 한다(Gow & Gordon, 1993).

언어 분석은 병렬적, 계열적으로 처리되면서 순간적으로 이뤄진다. 긴 문장이나 텍스트의 경우는 분석 및 해석이 진행되는 동안 각각의 구어 단위를 기억해 놓았다가 다른 구어 단위와 연합할 수 있도록 정보를 유지시키는 단기 저장이 필요하다. 이것을 **작업 기억**(working memory)이라 하고 이는 거의 대부분 좌반구 전두엽의 브로카 영역 가까이에 위치한다(Caplan, 2001; Fiebach, et al., 2001; Newman, et al., 2001).

작업 기억에서 정보가 유지되는 동안, 구두 언어 자극에 대한 분석은 좌반구 측두엽의 베르니케 영역에서 이루어지고, 각회(angular gyrus)와 연상회(supramarginal gyrus)는 시각, 청각, 촉각 정보와 언어적 표상을 통합함으로써 이 과정을 돕는다. 일반적으로 각회는 단어의 회상을, 연상회는 문장 같은 긴 구문 단위를 처리하는 데 관여한다. 이 두 영역은 베르니케 영역과 같이 언어 규칙에 근거하여 구두 언어 또는 문자 언어의 전반적인 의미를 처리한다고 본다. 문자 언어의 처리에서는 문자 언어의 자극이 시각 피질을 통해 각회로 가고, 여기에서 그 문자 언어의 청각적 어휘 정보(음운적 정보와 의미적 정보)와 통합하게 된다. 이 정보는 이후 베르니케 영역에서 분석된다. 우반구는 이전에 언급했던 상위언어적 정보 처리에 관여하면서 단어의 표상과 의미 해석을 돕는다(Friederici, 2001; Goodglass, et al., 2000).

구두 언어나 문자 언어를 이해하려면 단어와 개념 모두가 기억에 저장되어 있어야 한다. 그러나 의미론적 해석을 위해서 그 정보를 처리하는 방식, 즉 해석에 필요한 단어의 의미 처리 방식은 각 개인마다의 수의적인 문제 해결 책략이다.

유아 뇌

언어는 많은 노력 없이 습득되며 뇌의 성숙에 따라 발달한다. 정상 언어 발달의 이정표에서의 행동 특성은 다음과 같다. 태어나자마자 유아들은 다양한 음소들을 변별할 수 있고, 모국어의 억양(운율)을 다른 언어의 것과 구별할 수 있다. 9개월 즈음, 그들은 모국어의 특정 강세 패턴과 더불어 음소들의 목록을 습득한다(Jusczyk, 1997). 이즈음 첫 단어를 이해하고 11개월과 13개월 사이에 첫 단어들을 산출하기 시작하며, 16개월경에 50에서 75개의 심상어휘집을 보유하며, 18개월에서 24개월 사이에 어휘폭발기가 나타난다(Bates & Goodman, 1999). 18개월에서 24개월에 두 단어 발화의 첫 산출이 나타나며, 후에 더 많은 단어 산출과 더불어 단어 조합구조가 2세와 3세까지 계속적으로 습득된다. 단어조합 순서의 조건에 대한 기본적인 지식은 2.5세경에 나타난다(Höhle et al, 2001).

언어 발달 검사 시, 또는 언어 발달이 일탈할 때에 언어체계의 복잡성을 종종 깨닫게 되는데, 언어 발달의 장애 형태는 다방면으로 나타난다. 음운적, 의미적, 그리고 구문적 정보의 습득장애(특히, 단순언어장애)(Levy & Schaeffer, 2003), 또는 단순언어장애의 문법적 측면에서의 선택적 장애(Van der Lely, 2005), 읽기장애(dyslexia) (Shaywitz et al., 1990), 또는 타인을 이해하려고 하지 않는 자폐 성향(Baron-Cohen et al., 1997) 등이 있을 수 있다. 다음은 음운 의미, 구문적 습득과 관련하여 유아 뇌의 특성을 설명한다. 또한, 언어의 이 요소들은 초기 언어 발달 및 장애를 설명할 때 세부적인 영역들이기도 하다.

음운 처리

유아가 언어에 처음 노출되는 방식은 음향-음성학적 그리고 음운론적 정보를 접하는 것이다(Kuhl, 2004). 신생아도 언어를 접했을 때 비구어 소리들에서 구어를 변별할 수 있다. 근적외선 기반 뇌활성 측정기법(near-infrared spectroscopy, NIRS) 실험에서 앞으로 재생된 구어와 뒤로 재생된 구어를 비교했을 때, 잠자는 신생아들은 앞으로 재생한 구어에 대해 좌반구 측두엽의 대뇌 혈류량이 더 많이 증가하였다(Pena et al., 2003). 3개월 유아에 대한 기능적 자기공명영상(functional magnetic resonance imaging, fMRI) 실험에서 Dehaene-Lambertz 등(2002)은 앞으로 구어 재생, 뒤로 구어 재생, 침묵과 비교하여 측정하였을 때 구어 소리에 대해 상측두회에서 뚜렷한 좌반구 활성화가 일어났다는 것을 발견하였다. 이 활성화에는 헤슬회에서 상측두구와 측두극으로 확장되었다. 앞으로 구어 재생과 뒤로 구어 재생 간의 차이는 좌반구 각회와 쐐기전소엽에서 발견되었다. 쐐기전소엽(precuneus)은 자아-인식, 기억 소스 저장(일화적 기억), 운동 협응(서로 다른 공간 위치의 표적에 대해 주의집중을 변경하는 데 요구되는 심상적 운동과 주의집중 변경의 통합), 각성, 두정엽과 전전두 영역 간 연결망으로서의 기능이 있다. 두 연구들은 초기 유아기의 구어에 대한 좌반구 우세가 성인의 것과 유사하다는 것을 지지한다. 정상 구어와 평이한 단음조의 구어에 대한 직접적인 비교를 통해 우반구 측두 두정엽 피질의 기능이 밝혀졌으며, 문장 운율(음도 정보)의 프로세스에 대한 우반구 우세가 이미 3개월에 성인과 유사하게 나타나는 것을 시사하였다(Meyer et al., 2004). 이와 유사한 연구로 뇌파 검사(event-related brain potentials, ERP)에서 억양 구절 경계들에 대한 성인 뇌 반응에서 확인되었던(Pannekamp et al., 2005) 특정 ERP 요소가 8개월 유아에서도 나타났다.

요약하면, 음향-음성학적 요소와 음운적 정보들에 대한 변별이 신생아에서부터 나타난다는 것은 많은 배경 소음들 중에서 모국어를 선별하고 습득할 수 있는 뇌의 기능을 이미 보유하고 있다는 것을 의미한다.

의미 및 구문 처리

11개월 유아에게 실시한 ERP검사는 알고 있는 단어와 알지 못하는 단어들에 대한 차별적인 대뇌 반응을 보였고(Thierry et al., 2003), Mills 등(2004)은 14~20개월 유아에게서 알지 못하는 단어보다 아는 단어에 대해 차별적인 반응을 나타내는 것을 발견하였다. 그 분포는 13개월에 양반구 반응으로 나타나던 것이 20개월에 좌반구 우세로 변화하는 듯하다(Mills et al., 2004). 이러한 자료는 유아들이 출생 후 1년 말이 되면 친숙한 단어와 비친숙한 단어들 간에 변별이 가능하다는 것을 보여 주지만, 이 연령의 유아들이 성인과 유사하게 단어들에 대한 의미를 처리하는지는 명확하지 않다. 14개월과 19개월 유아에서 ERP 검사를 성인과 비교했을 때, 의미적 처리에서 나타나는 N400 효과는 뚜렷하게 더 나중에 도달하고 더 길게 지속되며, 성인과 비교했을 때 전두엽에 더 많이 분포되었다(Friederci, 2006). 이 잠복기의 차이는 성인보다 아동에서 어휘-의미적 프로세싱이 더 느리다는 것을 시사하며, 아동의 의미 프로세스는 성인이 그림을 처리할 때처럼 이미지에 근거한다는 것을 의미한다(West & Holcomb, 2002).

아동을 대상으로 단어 수준에서 의미적 프로세싱을 조사한 fMRI 연구에서 다음과 같은 결과들이 도출되었다. 9세에서 15세 아동들을 대상으로 두 개의 청각 단어들의 의미적 관련성에 대한 평가를 요구하는 의미 판단 과업 연구에서 양측 측두회(BA 22), 좌반구 중측두회(BA21), 양측 전두회(BA 47/45)에서의 활성화를 밝혔다.(Chou et al., 2006; **그림 2.11** 참조). 좌반구의 BA 47은 의미 처리와 음운 처리에

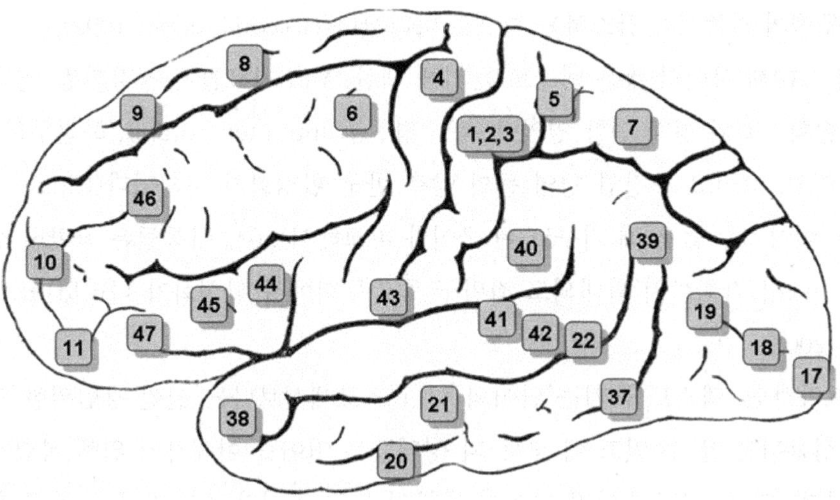

그림 2.11. 대뇌 피질의 Brodmann 영역

출처: http://www.brainybehavior.com

관여하며 우반구의 BA 47은 운율 처리에 관여한다. 그리고 좌반구의 BA 45는 기능적으로 브로카 영역의 일부이며 우반구의 BA 45는 연속적인 지각 과업에서 모방 반응과 과도하게 학습된 반응의 자발적인 억제를 위해 활성화된다(Schubotz & von Cramon, 2004). 좌반구 BA 22는 베르니케 영역이 속해 있으며, BA 21은 언어 청각 기억에 관여하고 언어 습득 과정에서 익히게 되는 단어를 저장하는 어휘 저장소의 역할을 수행한다(김향희, 2009). 5세와 10세 아동을 대상으로 의미 범주 과업에 대한 최근 fMRI 연구에서 좌반구의 전두 영역, 좌반구의 방추회(fusiform gyrus)인 BA 37과 측두 영역인 BA 20에서 활성화가 나타났으며, 이는 5세 초기에 이미 언어가 좌반구 편재화됨을 시사한다(Balsamo et al., 2006). BA 20은 BA 21과 같은 기능을 하며 방추회는 시각 기억기능과 관련이 있다.

1세와 26세에서 다양한 문장 구성을 사용한 검사를 통해 단어가 통합된 문장 문맥의 의미적 프로세스 양상을 밝혔다. (a) 19개월과 2세 사이 아동들과(Friedrich & Friederici, 2005) 5세와 15세 아동들 사이에서(Holcomb et al., 1992) 연령에 따라 통합 처리가 더 빠르다는 것으로 나타났다. (b) 5세와 15세에서 나이가 많을수록 문장 문맥의 의존성이 감소하는 것으로 나타났다(Holcomb et al., 1992).
6세에서 10세 사이의 짧은 텍스트 듣기에 대한 fMRI 자료들은 청각피질, 상측두회와 헤슬회, 그 외 청각 연합 영역인 측두 평면(planum temporale), 하전두회, 전대상회 영역, 그리고 두정엽 영역 등의 양측 반구 활성화가 나타났다(Ulualp et al., 1998). 이야기를 들을 때(거꾸로 된 구어와 비교해서), 6세 아동들은 좌반구 상측두회와 구에서 각회까지 확대되고 좌반구 중측두회에서 활성화가 나타났다(Ahmad et al., 2003).

요약하면, 텍스트 듣기는 단어의 의미 프로세싱보다는 훨씬 광범위한 영역들이 활성화됨을 알 수 있고 이 모든 뇌 영역들은 언어를 이해하기 위해 복합적으로 작용한다. 또한, 연령에 따라 단어의 통합인 문장 처리가 빨라지며, 문장문맥 의존성이 감소함으로써 문장 처리는 더욱 빠르고 다양한 의미 처리가 가능해진다.

fMRI를 사용하여 구문 처리를 조사하는 연구들은 하전두회(브로카 영역 그리고/혹은 전두덮개를 포함)와 마찬가지로 상측두엽 활성화(전방과 후방 부분을 포함)를 보고하였다(Friederici, 2002). 따라서 상측두회의 앞 부분과 전두덮개는 구문구조 형성 처리와 관련있다는 것을 지지한다(Friederici et al., 2000, 2006).

4. 단순언어장애의 신경생리학적 증거

단순언어장애(specific language impairment, SLI)는 언어 처리영역에 선택적으로 결함이 있는 발달장애로 정의된다. SLI 아동들은 정상 지능과 적절한 학습 환경 하에 있고 말초 청각 문제 또는 감정 문제가 없음에도 불구하고(Bishop, 1992) 음운, 의미 또는 구문 정보의 처리를 요구하는 언어 과업에 대해 연령 이하의 수행을 나타낸다(Levy & Schaeffer, 2003).

SLI의 결함에 대한 다양한 관점들을 보면 다음과 같다. 첫째, SLI 아동은 언어 영역에 특정 결함 또는 하위 영역 즉, 문법 등에 문제가 있다(Rice & Oetting, 1993; Van der Lely, 1994). 또 다른 견지는 SLI가 언어에 국한된 처리 결함뿐만 아니라 측두엽의 청각 처리에서 결함 혹은 전반적인 처리 능력 감소 때문이거나(Merzenich et al., 1993; Tallal et al., 1993), 절차적 기억 체계의 문제와 같은 전반적 결함 때문(Ullman & Pierpont, 2005)이라고 주장한다. 이러한 관점들은 모두 실험적 자료 즉, 행동 연구에서 근거되었다. 다음은 SLI의 언어 처리에 대한 설명이 이어질 것이다.

언어 처리에 대한 신경생리학적 측면

신경 생리학적으로 SLI에 대한 위험군 가족의 2 개월 유아들은 지속시간이 다른 두 모음 음절의(장모음 대 단모음) 변별에 대한 대뇌 반응이 매우 지연된 것으로 나타났다(Friederici et al., 2004). 음절에서 장모음 대 단모음에 대한 변별 반응은 난독증(dyslexia) 위험군의 신생아들조차 변별하였다(Pihko et al., 1999).

4~5개월경에 대뇌 반응의 감소가 관찰된 아동이 4세에 언어장애로 진단된 것과 상호관련이 있다는 것을 장기 연구에서 밝혔다(Weber et al., 2004). 4~5개월경에 관찰된 대뇌 반응의 감소가 4세에 진단된 아동의 언어장애 능력과 상호관련이 있다는 장기 연구가 나타났다(Weber et al., 2005). 이러한 결과는 지속시간 정보 처리에 대한 조기 결함이 후에 산출과 이해에 대한 언어장애로 나타날 수 있다는 것을 시사한다.

Hugdahl 등(2004)은 SLI(10~70세) 가족 중 선정된 다섯 명과 연령을 맞춘 6명의 통제집단에게 청각 fMRI 실험을 수행하였다. 모음, 비단어, 단어에 대해 통제집단은 상측두회와 중측두회에서 양반구의 대뇌 활성화가 나타났고, 좌반구에 경미한 편재화가 있었으며, 이 영역들은 대체로 청각, 음운, 단어 처리에 관련된 영역이었다. 기억과 주의집중 기능을 지원하는 우반구 하전두엽에도 활성화가 약간 있었다. SLI 가족의 양측 반구 측두엽에서 활성화가 나타났지만 통제집단보다 더 적거나 약하였다. 구어 지각 및 음향-음운 단서를 어휘 표상으로 연결하는 능력 감소와 상측두회/중측두회에서 활성화 감소는 비단어와 단어의 음운론적 구조를 해호화하는 데 있어서의 결함과 관련 있다(Scott & Johnsrude, 2003).

구문 처리에 관해, Van der Lely(2005)는 SLI의 특정 하위집단이 핵심 언어체계에서 구문 처리 요소의 선택적 장애가 특징이라고 하였다. 다른 연구자들은 문법적 장애가 절차적 기억의 결함에서 기인한다고 주장하기도 한다(Ullman & Pierpont, 2005). SLI는 다른 어떠한 특별한 요인이 없이 발생하는 언어장애라고 알려져 있지만 대뇌에서 언어를 처리하는 기능은 정상과는 다르다는 연구가 증가하고 있다. 이는 단순언어장애 선별 및 치료와 같은 임상적 측면에서는 매우 중요한 일일 수밖에 없다.

언어 처리의 신경 해부학적 측면

9세의 SLI 아동들에 대한 조사에서 Gauger 등(1997)은 브로카 영역의 부분으로서 좌반구 삼각부(pars triangularis, BA45)에서 대뇌 혈류량의 감소를 발견하였고, Jernigan 등(1991)은 좌반구 측두엽 영역 후부에서 혈류량의 감소를 보고하였다. 게다가 SLI 아동들이 전두엽과 측두엽의 언어 관련 영역들에 대해 좌반구로의 구조적 비대칭성이 낮다는 것으로 나타났고, SLI 아동들의 하전두 영역에서 비정상성이 몇몇 연구들에서 보고되었다(Gauger et al., 1997; Jernigan et al., 1991). 성인들의 하전두회(브로카 영역)는 기능적으로 음운 처리(배측 부분)와 의미 처리(전방 복측 부분), 구문 처리(후방 복측 부분)를 지원한다(Friederici, 2002). 일반 아동들의 정밀 fMRI 연구들이 없으므로 관찰된 구조적 비정상성이 어떤 기능적 측면들과 연관될 것인지에 대해 명확하지는 않지만, 전두엽 비정상성이 절차적 기억에서 결함이 있다는 주장을 지지하는 최근 연구들이 있다(Ullman & Pierpont, 2005).

이 신경학적 구조에 대해 Leonard 등(2002)은 SLI 아동들과 난독증 아동들의 신경해부학적 측면을 비교하였다. SLI 집단의 측두평면에서 좌반구로 비대칭성이 감소하였다고 보고하였다. 대부분 다른 해부학적 연구들도 이 연구의 결과와 일치하였다. 성인에게서 이 영역은 시간에 따른 스펙트럼 정보를 담고 있는 음향학적 정보와 구어에서 소리 패턴의 구분 및 확인과 관련 있는 것으로 알려져 있다(Griffiths & Warren, 2002). 또한 학습장애도 구어와 비구어 자극에 대한 단순 또는 연속적인 청각 단서들이 빠르게 발생할 때 청각 처리에 근본적인 문제가 있다고 밝힌 연구들이 있다(Tallal, 2004).

SLI나 난독증이 있는 사람들의 기본적인 청각 처리를 조사하는 연구는 두 가지 이상 빠르게 제시된 순간음 요소들과 관련된 청각 자극에 대한 지각과 변별 장애가 정상 언어와 읽기 능력의 발달을 방해한다고 밝혔다(McAnally & Stein, 1997). 또한 효율적인 청각 처리 능력이 언어 능력 발달에 중요하며, 유아기 청각 처리 과업에 대한 수행이 정상적으로 발달하는 유아와 언어장애의 가족사를 가진 사람들 모두에게 장차 언어수행과 관련된다는 것으로 밝혀졌다(Benasich & Tallal, 2002). 청각 정보에서 빠른 변화를 탐지하는 능력은 언어 해호화에 중요한데, 이는 음운으로 구성된 말 중에서 자음은 소위 음형대 변이라고 불리는 빠른 주파수 변화들에 의해 특징되기 때문이다. 따라서 단순언어장애의 언어 처리는 많은 연구에서 대뇌의 기능적인 측면에서는 정상 언어 처리와는 차이가 있는 것으로 나타나고 있으며 이 기능의 차이는 구조적인 비대칭성까지 나타나게 함을 알 수 있다.

요약

정상 언어 발달에 대한 신경학적 기초에 관한 연구들은 언어 처리에 기저하는 대뇌 체계들이 조기 발달 과정에서 이미 배선되어 있다고 밝혔다. 이렇게 발달 중인 대뇌 체계들에 의해 지지된 처리 과정은 시간이 흐르면서 양적으로도 변화한다. 언어 발달장애는 건강한 성인 뇌에서 언어 처리를 지지하는 것으로 알려진 영역들의 구조적 비정상성과 언어 프로세싱의 다양한 측면에서 신경생리학적 패턴들의 비정상성과 상관이 있다.

언어 처리는 대부분의 성인 뇌의 좌반구에서 이루어진다. 두 반구 사이의 해부학적 차이가 태아에게서는 눈에 띄지 않지만, 유아가 자라나면서 언어에 대한 전문화로 기능이 편향된다. 주요 언어 처리기능은 해부학적으로 보면 대부분 뇌에 위치하지만 그 정확한 위치와 기능이 모두 밝혀진 것은 아니다. 하지만 인지 또는 뇌의 자원을 이용하는 능력은 각 개인의 전반적인 언어 수준과 밀접하게 관련 있다.

뇌는 출생 후 급격하게 시냅스 형성과 수초화가 이루어지면서 성숙된다. 시간이 흐를수록 환경의 자극과 경험으로 뇌의 시냅스는 풍성해지고, 처리할 정보가 많아질수록 유아는 그 정보에 접근하기 위해 정보를 조직화하는 법을 배우게 된다. 정보의 조직화가 더 향상되고 반복해서 사용되면 언어에 대한 뇌의 전반적인 기억 능력과 작업 기억 능력이 증가하게 되고, 유아는 언어의 사용을 더 잘 할 수 있게 된다. 뇌의 발달과 더불어 호흡, 발성, 조음 및 공명의 구조의 기능이 더 정교해지고 통합이 잘 이루어지면 단순한 옹알이 발성에서 진화하여 문장과 담화를 산출할 수 있게 된다. 구어 산출에 대한 구조도 뇌의 발달과 따로 떼어서 생각할 수 없으며, 뇌는 이러한 구어 산출의 모든 과정을 조절 및 통합하여 조화롭게 이루지는 역할을 하기 때문이다.

참고 문헌

권도하, 석동일, 김영태, 정옥란, 강수균. (1994). **언어진단**. 대구: 한국언어치료학회.

김향희. (2009). **언어병리학의 신경해부**. 서울: 시그마프레스.

박문수. (2008). **뇌 생각의 출현**. 서울: 휴머니스트.

Ahmad, Z., Balsamo, L. M., Sachs, B. C., Xu, B., Gaillard, W. E. (2003). Auditory comprehension of language in young children-Neural networks identified with fMRI. *Neurology*, *60*, 1598-1605.

Balsamo, L. M., Xu, B., Gaillard, W. D. (2006). Language lateralization and the role of the fusiform gyrus in semantic processing in young children. *Neuroimage*, *31*, 1306-1314.

Banich, M. T. (2010). **인지 신경과학과 신경심리학**[Cognitive neuroscience and neuropsychology, 2004], (김명선, 강은주, 강연옥 역). 서울: 시그마프레스.

Baron-Cohen, S., Baldwin, D. A., Crowson, M. (1997) Do Children with Autism Use the Speaker's Direction of Gaze Strategy to Crack the Code of Language? *Child Development*, *68*(1), 48-57.

Bates, E. (1999). Language and the infant brain. *Journal of Communication Disorders*, *32*, 195-205.

Bates, E., & Goodman, J. C. (1999). *On the emergence of grammar from the lexicon*. In Emergence of Language, B. McWhinney, ed. (Hillsdale, NJ: Lawrence Earlbaum

Associates), 29-80.

Bates, E., Wulfeck, B., & MacWhinney, B. (1991). Cross-linguistic studies of aphasia: An overview. Special issue on cross-linguistic studies of aphasia (E. Bates, Ed.). *Brain and Language*, *41* (2), 123-148.

Chou, T. L., Booth, J. R., Burman, D. D., Bitan, T., Bigio, J. D., Lu, D., Cone, N. E. (2006). Developmental changes in the neural correlates of semantic processing. *Neuroimage*, *29*, 1141-1149.

Caplan, D. (2001). Functional neuroimaging studies of syntactic processing. *Journal of Psycholinguistic Research*, *30*, 297-320.

Dehaene-Lambertz, G., Dehaene, S., Hertz-Pannier, L. (2002). Functional neuroimaging of speech perception in infants. *Science*, *298*, 2013-2015.

Fiebach, C. J., Schlesewsky, M., Friedrichi, A. D. (2001). Syntactic working memory and the establishment of filler-gap dependencies: Insights from ERPs and fMRI. *Journal of psycholinguistic Research*, *30*, 321-338.

Friederici, A. D. (2006). The neural basis of language development and its impairment and its impairment. *Neuron*, *52*, 941-952.

Friederici, A. D. (2001). Syntactic, prosodic, and semantic processes in the brain: Evidence from event-related neuroimaging. *Journal of Psycholinguistic Research*, *30*, 237-250.

Friederici, A. D., Friedrich, M., Weber, C. (2002). Neural manifestation of cognitive and recognitive mismatch detection in early infancy. *Neuroreport*, *13*, 1251-1254.

Friederici, A. D., Gunter, T. C., Hahne, A., Mauth, K. (2004). The relative timing of syntactic and semantic processes in sentence comprehension. *Neuroreport*, *15*, 165-169

Friederici, A. D., Bahlmann, J., Heim, S., Schubotz, R. I., Anwander, A. (2006). The brain differentiates human and non-human grammars: Functional localization and structural connectivity. *Proc. Natl. Acad. Sci. USA*, *103*, 2458-2463.

Friederici, A. D., Wang, Y., Herrmann, C. S., Maess, B., Oertel, U. (2000). Localization of early syntactic processes in frontal and temporal cortical areas: A magnetoencephalographic study. *Hum. Brain Map*, *11*, 1-11

Friedrich, M., Friederici, A. D. (2005). Semantic sentence processing reflected in the event-related potentials of one-and two year-old children. *Neuroreport*, *16*, 1801-1804.

Friedrich, M., Friederici, A. D. (2008). Neurophysiological correlates of onlineword learning in 14-month-old-infants. *NeuroReport*, *19*(18), 1757-1762.

Friedrich, M., Friederici, A. D. (2010). Maturing brain mechanisms and developing behavioral language skills. *Brain and Language*, *114*, 66-71.

Gauger, L. M., Lombardino, L. J., Leonard, C. M. (1997). Brain morphology in children with specific language impairment. *Journal of Speech, Language, and Hearing Research, 40,* 1272-1284.

Goldman-Rakic, P. (1987). Development of cortical circuity and cognitive function. *Child Development, 58,* 601-622.

Goodglass, H., Lindfield, K. C., Alexander, M. P. (2000). Semantic capacities of the right hemisphere as seen in two cases of pure word blindness. *Journal of Psycholinguistic Research, 29,* 399-422.

Gow, D. W., Gordon, P. C. (1993). Coming to terms with stress: Effects of stress location and sentence processing. *Journal of Psycholinguistic Research, 22,* 545-578.

Griffiths, T. D., Warren, J. D. (2002). The planum temporale as a computational hub. *Trends Neuroscience, 25,* 348-353.

Hickok, G. (2001). Functional anatomy of speech perception and speech production: Psycholinguistic implications. *Journal of Psycholinguistic Research, 30,* 225-235.

Höhle, B., Weissenborn, J., Schmitz, M., Ischebeck, A. (2001). *Discovering word order regularities: The role of prosodic information for early parameter setting.* In Approaches to Boot strapping: Phonological, Lexical, Syntactic and Neurophysiological Aspects of Early Language Acquisition, J. Weissenborn and B. Höhle, eds. (Amsterdam: John Benjamins), 249-265.

Holcomb, P. J., Coffey, S. A., Neville, H. J. (1992). Visual and auditory sentence processing: A developmental analysis using event related brain potentials. *Developmental Neuropsychology, 8,* 203-241.

Hugdahl, K., Gundersen, H., Brekke, C., Thomsen, T., Rimol, L. M., Ersland, L. (2004). fMRI brain activation in a Finnish family with specific language impairment compared with a normal control group. *Journal of Speech, Language and Hearing Research, 47,* 162-172.

Jernigan, T. L., Hesselink, J. R., Sowell, E., Tallal, P. A. (1991). Cerebral structure on magnetic-resonance-imaging in language impaired and learning-impaired children. *Archives of Neurology, 48,* 539-545.

Jusczyk, P. W. (1997). *The Discovery of Spoken Language.* Cambridge: MIT Press.

Kent, R. D. Vorperian, H. K. (2006). *The biology and physics of speech.* In N. B. Anderson & G. H. Shames (Eds.), Human communication disorders; an introduction (7th ed.). Boston: Allyn & Bacon.

Kuhl, P. K. (2004). Early language acquisition: Cracking the speech code. *Nature Reviews Neuroscience, 5,* 831-843.

Levy, Y., Schaeffer, J. (2003). *Language competence across populations: Toward a definition of specific language impairment*. Mahwah, NJ: Lawrence Erlbaum Associates, Publishers.

McAnally, K. I., Stein, J. F. (1997). Scalp potentials evoked by amplitude-modulated tones in dyslexia. *Journal of Speech, Language and Hearing Research*, *40*, 939-945.

0Meyer, M., Steinhauer, K., Alter, K., Friederici, A. D., von Cramon, D. Y. (2004). Brain activity varies with modulation of dynamic pitch variance in sentence melody. *Brain and Language*, *89*, 277-289.

Mills, D. L., Prat, C., Zangl, R., Stager, C. L. (2004). Neville HJ, et al., 2004. Language experience and the organization of brain activity to phonetically similar words: ERP evidence from 14-and 20-month-olds. *Journal of Cognitive Neuroscience*, *16*, 1452-64

Newman, A. I., Pancheva, R., Ozawa, K., Neville, H. J., Ullman, M. T. (2001). An event-related fMRI study of syntactic and semantic violations. *Journal of Psycholinguistic Research*, *30*, 339-364.

Owens, R. E. (2005). **언어 발달**[Language development: An introduction, 2005], (이승복, 이희란 역). 서울: 시그마프레스.

Pannekamp, A., Toepel, U., Alter, K., Hahne, A., Friederici, A. D. (2005). Prosody-driven sentence processing: An event-related brain potential study. *Journal of Cognitive Neuroscience*, *17*, 407-421.

Pannekamp, A., Weber, C., Friederici, A. D. (2006). Prosodic processing at sentence level in infants. *Neuroreport*, *17*, 675-678.

Pena, M., Maki, A., Kovacic, D., Dehaene-Lambertz, G., Koizumi, H., Bouquet, F., Mehler, J. (2003). Sounds and silence: An optical topography study of language recognition at birth. *The Proceedings of the National Academy of Sciences of the United States of America*, *1000*, 11702-11705.

Pihko, E., Leppänen, P. H. T., Eklund, K. M., Cheour, M., Guttorm, T. K., Lyytinen, H. (1999). Cortical responses of infants with and without a genetic risk for dyslexia: I. Age effects. *Neuroreport*, *10*, 901-905.

Pinker, S. (1994). *The language instinct: How the mind creates language*. New York: William Morrow & Co.

Pujol, J., Lopez-Sala, A., Sebastian-Galles, N., Deus, J., Cardoner, N., Soriano-Mas, C., Moreno, A., Sans, A. (2004). Delayed myelination in children with developmental delay detected by volumetric MRI. *Neuroimage*, *22*(2), 897-903.

Shaywitz, S. E., Shaywitz, B. A., Fletcher, J. M., Escobar, M. D. (1990). Prevalance of reading-disability in boys and girls—results of the Connecticut Longitudinal Study. *Journal of the American Medical Association*, *264*, 998-1002.

Schubotz, R. I., von Cramon, D. Y. (2004). Sequences of abstract nonbiological stimuli share ventral premotor cortex with action observation and imagery. *Journal of Neuroscience, 24*, 5467-5474.

Scott, S. K., Johnsrude, I. S. (2003). The neuroanatomical and functional organization of speech perception. *Trends in Neuroscience, 26*, 100-107.

Sawaguchi, T. (2008). **유아교육과 뇌**[Infant education and brain, 1999], (이현숙, 심홍임, 고도홍 역). 서울: 한국 문화사.

Swinglely, D. (2007). Lexical exposure and word-form encoding in 1.5-year-olds. *Developmental Psychology, 43*, 454-464.

Tallal, P., Miller, S., Fitch, R. H. (1993). Neurobiological basis of speech-a case for the preeminence of temporal processing. *Annals of the New York Academy of Sciences, 682*, 27-47.

Ullman, M. T., Pierpont, E. I. (2005). Specific language impairment is not specific to language: The procedural deficit hypothesis. *Cortex, 41*, 399-433.

Ulualp, S. O., Biswal, B. B., Yetkin, F. Z., Kidder, T. M. (1998). Functional magnetic resonance imaging of auditory cortex in children. *Laryngoscope, 108*, 1782-1786

Thierry, G., Giroud, A., Price, C. (2003). Hemispheric dissociation in access to the human semantic system. *Neuron, 38*, 499-506.

Van der Lely, H. K. J. (1994). Canonical linking rules: Forward vs Reverse linking in normally developing and specifically language impaired children. *Cognition, 51*, 29-72.

Van der Lely, H. K. J. (2005). Grammatical-SLI and the Computational Grammatical Complexity hypothesis. *Frequences, 17*(3), 13-20.

Weber, C., Hahne, A., Friedrich, M., and Friederici, A. D. (2005). Reduced stress pattern discrimination in 5-month-olds as a marker of risk for later language impairment: Neurophysiological evidence. *Brain Res. Cogn. Brain Res., 25*, 180-187.

Werker, J. F., Lalonde, C. (1988). Cross-language speech perception: Initial capabilities and developmental change. *Developmental Psychology, 24*, 672-683.

West, W. C., Holcomb, P. J. (2002). Event-related potentials during discourse-level semantic integration of complex pictures. *Cognitive Brain Research, 13*, 363-375.

Whitney, P. (2003). **언어 심리학**[Psychology of language, 1999], (이승복, 한기선 역). 서울: 시그마프레스.

제3장

언어 습득 이론

인간과 동물을 구별 짓는 가장 확실한 기준은 아마도 언어일 것이다. 언어의 습득은 사람에게만 가능한 일이며, 언어를 습득하고 나서야 비로소 사람이 될 수 있다. 인간이 언어를 가지고 있지 않다면 물건으로 취급된다. 우리말에서 '꿔다놓은 보릿자루'는 이를 잘 표현해 준다. '스와힐리어'를 사용하는 아프리카 동부 지방에서는 말을 하지 못하는 신생아를 'kuntu'(물건)라 부르고, 신생아가 말을 하게 되면 비로소 'muntu'(사람)라고 부른다고 한다(임지룡, 2007). 영어에서는 남자와 여자를 가리키는 3인칭 대명사에 'he'와 'she'가 있지만, 말을 못하는 유아에게는 물건을 가리키는 3인칭 대명사 'it'을 사용한다. 그리고 'infants(유아)'의 어원이 라틴어 '말을 하지 못하는'이라는 뜻의 'infans'에서 유래되었다(Owens, 2005)는 등의 일련의 예들은 언어가 인간에게 차지하는 중요성과 종 특정성(species specificity)을 보여 준다고 할 수 있다.

물론 일부 새와 동물들도 소리와 신호를 흉내 낼 수 있으며 서로 간에 의사소통하는 것으로 여겨진다. 기계 장치와 플라스틱 토큰을 사용한 어떤 연구에서는 침팬지들이 그들의 언어 능력으로 연구자들을 깜짝 놀라게 하였다. 어떤 침팬지는 두 살 난 아기에 필적하는 상징어휘들을 사용하고 정교한 언어학적 규칙을 따르는 법을 배웠다. 하지만 인간과 다른 종들 간에는 기본적인 차이가 있다. 인간은 언어 구조에 대한 가설을 분석하고, 특정한 언어 규칙을 발달시키고, 그것을 기억하며, 이러한 규칙들을 사용하여 적절한 언어를 생성하는 특별한 능력을 가지고 있다. 반면에 최고로 명석한 동물이라고 할지라도 복잡하고 새로운 문장을 이해하고, 생성할 수 있다는 증거는 없다(Berk, 2009).

일반적으로 아이는 생후 11개월경에 생애 첫 어휘를 표현하다가, 5세경에 이르면 약 2,200개의 어휘를 표현한다. 이렇게 많은 어휘를 4~5년이라는 짧은 시간에 습득한다는 것은 참으로 놀라운 일이 아닐 수 없다. 언어학, 사회학, 심리학, 인류학, 언어병리학, 심리언어학, 동물학과 같은 여러 학문 분야의 학자들과 연구자들은 언어와 언어 발달에 관심을 가지고 각기 다양한 초점과 연구 문제로 연구를 해 왔다. 따라서 제안된 이론들은 광범위한 철학들에 걸쳐 있으며, '-주의(-ism)'는 처음에 혼란스러울 수 있다. 하지만 철학 및 관련 개념들을 알아가게 되면 관련된 이론들을 이해하는 데 도움이 될 것이다.

많은 학자들과 연구자들은 언어가 학습되는 방법을 정확하게 집어내려는 시도를 해 왔다. 하지만 본질적으로 다양한 언어 습득 이론의 양극단에는 구태의연한 '본성(nature) 대 양육(nurture)' 내지 '환경(environment) 대 유전(inheritance)'의 논쟁이 있다. 한쪽 극단에 있는 이론가들은 유아가 오직 환경에서 주어진 여러 개인적인 경험을 통해 언어를 습득한다고 주장하고 있는 반면에, 반대 측의 이론가들은 아기가 태어날 때 이미 언어 습득을 위해 사전에 프로그램화되어 있다고 주장한다.

그러나 최근 학계에서는 더 이상 이러한 이분법적 사고에 흥미를 갖지 않으며, 본성과 양육을 서로 상반된 개념이 아니라 상호작용 개념으로 받아들이고 있다. 예를 들면, 전 세계의 유아들은 이전에 들어본 적도 없고 모국어에서 사용되지도 않을 음소들을 재잘거리다가 부모를 통해 모국어를 자주 접하면서 모국어에 없는 음소는 더 이상 사용하지 않고 결국 모국어 음소만을 사용하게 된다. 이러한 행동은 모든 유아가 어떠한 세계 언어라도 학습할 수 있는 잠재력을 가지고 태어나지만 구체적인 언어 경험에 의해 재구성될 수 있음을 암시한다(조숙환, 2009; Machado, 2010).

이 장에서는 행동주의(behaviorism)와 생득주의(nativism)를 포함하여 가장 대표적인 언어 발달이론을 인지주의(cognitism), 사회적 상호작용주의(social interactionism) 등 네 가지 이론으로 보고 여기에 대해서 좀 더 구체적으로 살펴보고자 한다. 각 이론들은 언어가 발달되는 방법을 서로 다르게 설명하고 있으며 언어학습을 촉진시키기 위해 어떤 절차를 사용해야 하는지에 대해서도 다르게 말하고 있다. 따라서 이론들을 공부해 가면서 일부 혼란스러울 수도 있겠지만, 이 장을 마칠 즈음에는 언어 습득에 대한 자신만의 관점이 생길 것이다.

1. 행동주의 이론

조작적 조건화 모델

행동주의 심리학자에 의하면 인간은 태어날 때 백지상태이지만 점차 환경에서 주어진 경험 자료를 통해 지식을 쌓고 연상과 반복으로 언어를 습득해 간다(정동빈, 1994). 언어는 인간의 다른 행동들과 마찬가지로 환경으로부터 학습된 행동 내지 조작된 행동이다. 따라서 이 언어 습득 이론은 인간의 모든 지식은 경험을 통해 획득된다고 보는 일종의 **경험주의 이론**(empiricist theory)이라고 할 수 있다.

Pavlov, Watson, Skinner는 언어가 경험이나 훈련을 통해 습득된다고 본 학자들이다. 생물학자인 Pavlov는 개를 이용한 실험에서 조건반사 학습이론을 발견한 후 동일한 실험을 인간에게 적용하였다. 연구 결과, 그는 아기에게 과자를 줄 때마다 'cookie'라는 조건 자극을 주면 이후에는 아기가 과자를 실제로 보지 않고도 상대방의 'cookie'라는 말 자극만으로도 침을 발생시킨다는 조건화 학습이론을 제시하였다. 행동주의 초기 이론자로서 Pavlov의 이론은 Watson의 단어 형성이론에 영향을 주었다.

Watson은 원숭이가 우연히 장치를 눌러 먹이를 구하는 행동이 반복되면 학습이 된 것으로 보았다. 마찬가지로 우연히 산출한 'ma'라는 발성에 엄마가 껴안거나 뽀뽀 등의 보상을 주면 아기가 반복 과정을 거쳐 결국 'mama'라는 단어를 습득한다는 것이 단어 형성이론이다. 행동주의 학습이론은 아기가 우연히 자신의 발성에 보상이나 강화를 받게 되면 그것을 기억하고 반복하게 되면서 강화를 받는 것과 자신의 발성을 일치시키며, 이 순간 단어를 습득한다고 본다(하길종, 2001).

Watson 이후, 동물에 대한 호기심으로 가득했던 Skinner는 1957년 일명 'Skinner 상자(Skinner's box)'라는 장치를 고안한 뒤 쥐 실험을 통해 독창적인 언어 습득 이론을 주장하였다(**그림 3.1** 참조). 상자 속에 굶주린 쥐를 집어넣으면 먹이를 찾아 상자를 탐색하는 중에 우연히 지렛대를 건드려 음식물을 먹게 된다. 이러한 반응과 결과의 반복된 경험으로 쥐는 지렛대를 누르는 행동과 음식물과의 관계를 점차 학습하게 되고 이제 배가 고플 때마다 의도적으로 지렛대를 누른다. 지렛대를 누르는

그림 3.1. B. F. Skinner와 Skinner 상자

출처: http://cau.ac.kr

행위가 음식물에 의해 강화된 것이다. 지렛대를 눌렀을 때 음식물이 나오지 않는다면 지렛대를 누르는 행위는 나타나지 않을 것이다. 쥐 실험 이후, Skinner는 모든 유기체는 강화에 의해 행동을 반복하며, 강화되지 않은 행동은 소거된다는 **조작적 조건화**(operant conditioning) 이론을 주장하였다. 이처럼 아기 역시 자신의 발성에 대해 양육자로부터 우연히 강화를 받으면 그것을 기억하고 강화와 발성을 연결시킴으로써 단어를 습득하게 된다(**그림 3.2** 참조).

그는 문법규칙에 대한 의도나 내재적 지식과 같은 정신적 과정은 쉽게 정의할 수도 없고 측정할 수도 없기 때문에 **구두 행동**(verbal behavior)을 심리적으로 설명하려 하거나 정신적 체계 혹은 인지적 체계라고 부르는 것을 거부하였다. Skinner의 행동분석 체계는 구두 행동의 습득을 잘 설명해 주고 있는데, 그에 의하면 구두 행동은 구두 공동체(verbal community) 행위에 의해 유지되는 사회적 행동 형태로서 자극, 반응, 강화 메커니즘에 의한 조작적 조건화 과정을 통해 습득된다.

'구두 공동체의 구성원에 의해 형성되고 유지되는 사회적 행동'이라는 Skinner의 정의에서 볼 수 있듯이, 구두 행동은 그것의 사회적 특성을 강조한다. 게다가 이 정의에는 타인의 행동을 바꾼다면 쓰기, 타이핑, 제스처, 심지어 손가락으로 가리키기와 같은 인간의 광범위한 의사소통 행동까지도 포함한다. 그러나 행동주의는 주로 구어적 구두 행동, 즉 구두 언어(spoken language)에 초점을 맞추고 있다

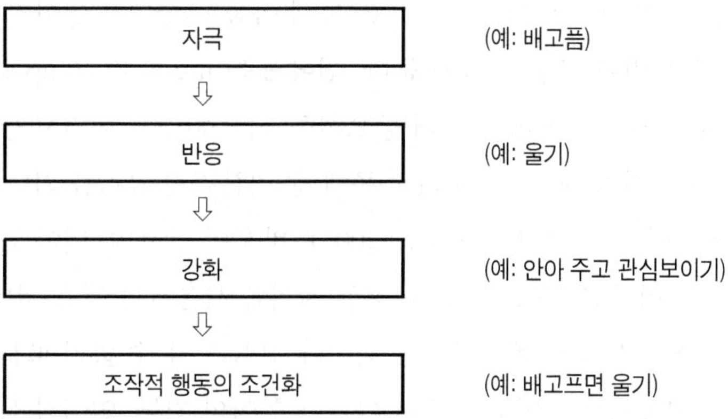

그림 3.2. 조작적 조건화의 예

출처: 조숙환(2009). 촘스키 & 스키너: 마음의 재구성, p. 58.

(McLaughlin, 2006).

Skinner는 아기가 태어나서 문장을 말할 수 있게 되기까지의 과정을 다음과 같이 설명하였다. 아기가 내는 음과 음의 결합은 패턴이나 의미가 없으면서 부분적으로는 모방으로서 발화되고 부분적으로는 임의적 혹은 충동적으로 발화되는 것이라고 여겨진다. 아기는 초기에 이처럼 비교적 불수의적인 발성 과정에서 부모에 의해 모국어에 사용되는 소리는 강화를 받고, 반대로 무시되는 말소리는 자연스럽게 소거되면서 생후 9개월경에는 모국어 소리만 발성하게 된다(Owens, 2005). 이후에 아이는 자라면서 자신들이 직접 경험한 사물들에 대해 그것들의 공통된 특성과 해당 단어를 연결하면서 계속적으로 언어를 배워간다. 이 과정에서 심각한 사회적 박탈은 언어적 박탈도 야기할 수 있으므로 행동주의자들에게 아이의 환경 내 사건들은 매우 중요한 역할을 한다. 구두 행동은 사회적 자극 하에 산출되므로, 이때 아동에게는 언어 모델이 되고 강화를 제공해 주는 청자가 반드시 필요하다. 사실상 모든 형태의 구두 행동은 경험적으로 증가하거나 감소할 수 있는데 예를 들면, 사회적 강화가 옹알이, 단어, 문장, 문법자질의 산출을 증가시킬 수도 있다. 따라서 행동주의자들은 아이가 언어를 습득하는 데 있어 환경이 거의 도움을 주지 않는다는 생득주의자들의 가설에 의문을 제기하고, 치료에서는 아이들이 정확한 반응을 모방하게 하고 아이의 정확한 산출을 강화하도록 함으로써 아이에게 구두 행동을 지도할 것을 강조한다.

행동주의자들은 환경과의 상호작용을 통해 아동이 산출한 언어의 관찰 가능하고 측정 가능한 측면에 보다 초점을 둔다. **언어 능력**(linguistic competence)보다는 **언어수행**(linguistic performance)을 더 중요시한다는 것이다. 여기서 능력이란 개인적 언어 지식 혹은 언어 행동으로부터 추론해 낸 기본적인 규칙을 의미하며, 수행은 실제적인 언어 사용을 뜻한다(Gleason, 2005). 바꾸어 말하면, 언어 능력이 개인의 추상적 언어 지식이라면 언어수행은 이러한 지식을 사용하는 것을 의미한다. 사실, 관찰 가능한 행동과 별도로 존재하는 능력이나 지식은 알 수 없기 때문에 행동주의자들은 언어적 행동에서 언어의 구조가 아니라 언어의 기능, 언어적 행동을 유발시키는 자극, 그리고 언어수행의 결과를 강조한다(권도하 외, 2010).

기능적 단위

Skinner는 행동주의 심리학자들이 언어학적 단위라는 전통적인 분류법을 받아들일 것이 아니라, 다른 행동들처럼 언어를 평가하고 행동이 자연스럽게 일어난 후, 그 기능적 관계를 발견하였을 때 기능적 단위(functional units)에 대한 조사를 해야 한다고 주장하였다. 행동분석에서 기능적 단위는 원인-결과 관계인 것이다. 그는 맨드, 접촉, 반향, 내적 언어, 자동 접속과 같은 기능적 단위의 측면에서 구두 행동을 분석하였다.

맨드

맨드(mands)는 박탈과 싫어하는 상태에 의해 조정되는 구두 행동이다. 돌려서 말하자면 맨드의 기능은 원하는 바를 요청하거나 얻는 것인데, 요구(demand), 명령(command), 요청(request)과 같이 과거에 사용되어 오던 용어들이 이에 상통한다(McLaughlin, 2006). 어떤 경우에는 목마름, 배고픔, 소변이나 대변 등과 같은 생리학적 욕구가 발화를 자극한다. 예를 들면, 아이가 "과자"라고 말하면서 하나의 요구 기능을 하고 있다면 이것은 아이가 그 과자를 요청하고 있음을 의미한다.

이와 같이 맨드는 동기에 의해 유발되어 다양한 유형의 명령 및 요청하기 행동을 일으키고, 음식물이나 기타 생물학적으로 만족을 주는 사건들에 의해 강화된다. 그리고 이러한 정적 강화는 나중에 그 행동이 보다 잘 일어나게 하는 경향이 있다. 맨드는 아이의 동기에 기초하고 있기 때문에 일반적으로 언어 지도에서 첫 번째 단계이며, 요구에 대한 하나의 결과로 전달된 정적 강화(주로 1차 강화제)를 통해 아이는 자신의 말소리를 긍정적 결과와 관련지으면서 언어를 발달시킨다.

접촉

통상적인 용어로 명명하기(naming)에 해당하는 **접촉**(tacts)은 Skinner가 'contact'라는 단어에서 가져와 의도적으로 만들어 낸 엉터리 용어이다. 그에 따르면, 접촉은 주변 사물과의 접촉 과정에서 그것을 설명하고 언급하는 일련의 구두 행동이다. 접촉은 환경적 사건과 사물이 자극이 되며, 맨드와는 기능적으로 매우 다르다. 예를 들면, 아이가 밥이나 과자를 잔뜩 먹은 직후나 과자에 신물이 난 상태에서 과자를 보고 "과자"라고 말한다면, '과자'라는 아이의 말은 맨드, 즉 요구의 기능이 아니라 접촉으로서의 기능을 하고 있다고 해석된다. 따라서 치료사가 아이에게 접촉을 가르치고자 한다면 맨드와 정반대로 아이가 그 자극에 대한 동기가 낮은 상황에서 가르치는 것이 좋을 것이다.

반향

부모가 모방 없이 아이에게 무엇인가를 가르친다는 것은 거의 불가능하며, 아이에게 있어서도 어떤 기술을 배우려면 반드시 모방이 필요하다. **반향**(echoics)은 구어적 모방 행위로 다른 사람의 말이 자극이 된다. 따라서 치료 장면에서 치료사는 아이가 모방할 목표 반응을 모델링하고 아이의 반응이 제시된 자극과 얼마나 유사한가에 따라서 강화를 달리 한다. 예를 들면, 엄마가 "과자"라고 말할 때 아이가 "과자"라고 따라하면, 엄마는 그에 대해 강화를 함으로써 장차 "과자"라고 말할 가능성을 증가시킨다. 따라서 반향은 다른 언어적 조건화를 가르치는 데 핵심이라고 할 수 있다.

내적 언어

'intra+verbal'에서 짐작할 수 있듯이, **내적 언어**(intraverbals)는 화자 자신이 앞서 한 구두 반응이 원인이 되어 나타내는 구두 행위이다(Hegde, 1996). 화자가 앞서 한 말이 그 다음의 말을 자극한 것이다. '숟가락'하면 '젓가락', '해'하면 '달'이라는 단어가 연상되어 산출되듯이, 우리가 말한 어떤 것이 우리로 하여금 좀 더 말을 하게끔 하는 자극제일 때 내적 언어를 가지고 있다고 할 수 있다. 내적 언어의 다른 예로 속담, 알파벳, 수 세기 등이 있다. 한 단어나 구가 말을 더 많이 하게 하므로, 유창한 말은 내적 언어 때문이라고 할 수 있다.

자동 접속

모방과 강화가 학습의 핵심이라면 아동이 어떻게 완전한 문장을 말하는 법을 배울 수 있을까? Skinner의 구두 행동이론은 복잡한 언어 행동을 **자동 접속**(autoclitics)으로 설명한다. 그에 따르면, 아이는 문장에서 단어가 나열되는 순서를 습득하게 되는데, 각 단어는 다음 단어를 이끌어내기 위한 자극이 된다(Owens, 2005). 예를 들면, '나는'은 '사과를'에 대한 자극이 되고 다음에는 '먹는다'를 자극하는 방식으로 서로 연결됨으로써 아이는 문장을 학습하게 되고 이 틀에 다른 단어를 계속 대치시켜 나간다. 예에서 주어인 '나' 대신에 '너', '엄마'로 대치하고 목적어 자리에 '사과' 대신에 '우유', '바나나'로 대치한다. 초기에는 명사, 동사, 형용사 등의 문장의 기본을 배우고, 여기에 '은/는', '을/를' 등과 같은 기능어를 덧붙임으로써 문법적인 문장이 되는 것이다. 하길종(2001)은 유아가 이처럼 대체 가능한 어휘와 기능어의 관계를 습득하는 것이 곧 언어를 습득하는 과정이라고 하였다.

이상으로 요약하면, 행동주의 이론은 언어 습득을 구두 행동의 발달로 설명한 Skinner에 의해 제안되었다. 그에 의하면, 구두 행동은 관심, 인정, 애정, 복종 등과 같은 강화제에 의해 학습된 화자와 청자의 행동이다. 아동들의 언어는 아이의 환경에서 사람들이 제공하는 다양한 강화와 벌을 통해 발달하는 것이다. 아동의 발화는 다른 사람들의 피드백에 따라서 향상할 수도 있고, 가만히 정체되어 있기도 하고, 억제될 수도 있다.

조작적 조건화 모델 평가

Skinner는 언어를 경험의 산물이라고 보았다. 즉, 그에 의하면 언어는 조작적 조건형성과 모방에 의해 습득된다는 것이다. 이 이론은 언어 습득에서 환경의 중요성을 인정하고 있으며, 성인과의 상호작용을 통해 모국어를 습득한다는 견해를 지지하는 장점을 가진다. 반면에 다음과 같은 단점을 가지고 있다.

이론의 한계

학습 이론의 개척자인 Skinner가 제안한 조작적 모델은 이후 많은 학자들부터 재검토되었다. 조작적 모델의 한계는 언어를 다른 관점에서 바라보는 학자들, 특히 행동주의 언어 습득 이론에 철저하게 반대하는 입장에 있는 Chomsky의 서평에 많이 나타나 있다.

첫째, Skinner 이론에 의하면 아동에게서 풍부한 어휘와 복잡한 문장 구사능력을 기대하려면 먼저 부모들이 지속적으로 모델링과 강화를 주어야 한다. 하지만 자녀에 대해 무한한 애정으로 언어를 지도하는 부모라고 하더라도 이것은 물리적으로 불가능하다. 실제로 부모들은 3~5%만을 강화하며 또한 대개 문법적 오류는 무시한 채 의미론적으로 정확할 경우에만 보상하거나 칭찬을 한다. Brown과 Hanlon (1970; Gleason, 2005에서 재인용)은 부모들이 문법적으로 정확한 발화에 대해 분명하게 칭찬하지도 않고 비문법적인 말을 산출하더라도 벌을 하지 않는다는 것을 발견하였다. 대신에 부모들은 아동의 발화가 구문적으로 어찌되었든 간에 발화의 내용과 의미가 바르면 "그래."나 "맞았어."와 같은 말로 칭찬하고 그렇지 않을 경우 "아니야."나 "틀렸어."라고 말하였다.

둘째, 아동은 듣는 모든 말을 모방해야 하나 실제로는 그렇지 않다. 설령 모방한다 하더라도 성인의 말은 매우 비문법적이기 때문에 언어 습득 책략으로서 훌륭한 모델이 되지 못한다. 성인 간의 대화에는 너무나 많은 깨어진 말, 불완전한 문장, 머뭇거림 등이 있으며, 더욱이 성인들의 "맛이가 없어." 혹은 "집 가"와 같은 말은 아동 발화에 필요한 모델을 제공해 주지도 않을 것이기 때문이다.

셋째, 모방이 초기 구문습득은 일부 설명해 주지만 구문 발달을 설명하기에는 충분하지 못하다. 왜냐하면 아동이 모든 문장을 듣고, 모방하고, 강화를 통해 배울 수는 없기 때문이다. Chomsky는 문장에서 각 단어가 선행 단어에 따라서 결정된다는 Skinner의 견해를 비난하였다. Skinner는 연쇄가 문법적인 행위를 뒷받침하는 메커니즘이라고 제시하지 못하였다(McLaughlin, 2006).

넷째, 이 이론에 따르면 우리의 언어 지식이 축적되고 오류가 수정되는 데는 환경과 경험이 중요하다. 반면 Chomsky는 질적으로 심각하게 빈약한 자극 속에서 성장하는 인간이 복잡하고 추상적인 언어 구조를 습득하는 것은 경험론만으로 설명될 수 없다고 주장하였다(조숙환, 2009). 게다가 아동들은 매우 수동적인 존재로서 양육자로부터 들어본 것만 말해야 하지만, 실제 아동은 새로운 문장을 생성해 내는 창조성이 있다. 예를 들면, 영어권 아동들은 성인들로부터 들어본 적이 없는 'goed' 나 'eated' 단어를 사용하고 있으며, 우리말에서 아동들은 '별이가'나 '선생님이가'와 같은 표현을 하면서 아동 나름의 언어 규칙을 적용하는 모습을 보인다. 이렇듯 Skinner의 이론은 두 단어 이상을 발화하는 시기가 되면 아동들이 문법과 어휘 습득에서 나타내는 창의적 활용성을 설명해 줄 수 없다는 한계가 있다(권민균 외, 2005).

다섯째, Skinner의 이론은 모방과 훈련에 의한 언어 습득 과정에 일정한 공통성과 보편성이 있다는 사실을 설명해 주지 못한다. 모방과 훈련에 의한 언어 습득은 양육자의 특성이나 문화적 환경에 따라 습득 시기나 발달 형태가 달라질 수 있으나 실제로는 그렇지 않다(하길종, 2001).

여섯째, 이 모델의 가장 큰 결점은 분류 체계에 대한 설명이 제한되어 있다는 것이다. 예를 들면, 접촉이 발생한 환경과 그 결과에 대한 정보를 제공할 때 발화 설명에서 그것이 대상, 행위, 수여자에 대한 반응인지 당장 그 관계가 분명하지 않다. 적어도 매일 특정 발화를 임상적으로 다루고 있는 전문가의 경우, 연구나 중재 시에 관찰한 실제 형태를 표현하기 위해서는 명사, 동사, 부사, 전치사 등과 같은 보다 특정한 용어가 필요하다.

마지막으로 이 이론은 밖으로 드러난 산출을 극히 강조함으로써 이해 및 거기에 내재된 인지과정을 최소화하였다는 한계를 가지고 있다.

이론의 공헌

Skinner의 모델에 의하면, 환경은 언어 발달에 결정적인 것이며 아동들의 개별 언어행동은 맨드, 접촉, 반향, 내적 언어, 자동 접속의 언어 기능을 한다. 그의 이러한 이론은 다음과 같은 점에서 기여하였다.

첫째, 사회적 행동으로서 언어의 기본 관점은 언어 행위에 대한 화용론적 관점과 사회언어학적 관점에 영향을 미쳤다. 조작적 모델 내에서 기능적 단위는 화용론에서 강조하고 있는 의사소통 기능과 일치한다. 조작적 모델은 의미(자극과 반응 간의 상황적 관계)와 단어순서(자동 접속 행위)의 근원을 설명해 주기도 한다.

둘째, 조작적 모델의 사회적 기초는 특히 상황 사건들, 양육자 모델과 피드백, 모방, 후속결과(consequence) 관계 측면에서 환경과의 상호작용의 중요성을 강조하였다. 이러한 측면은 행동 과학자와 사회언어학자 등에 의해 연구가 계속되고 있다.

끝으로 조작적 모델은 오늘날 언어지체나 장애 아동을 위한 중재 기법의 토대가 된다. 어떤 기능적 결과, 즉 후속결과에 따른 어떤 반응을 불러일으키기 위해 맥락 내지 자극 상황을 제공하지 않는다는 것은 상상하기 어렵다.

2. 생득주의 이론

구조적 모델

비록 습득의 속도에서 개인마다 조금씩 차이가 있기는 하나 사람들은 비슷한 발달 과정을 거쳐 언어를 습득하며, 별도의 체계적인 언어교육을 받지 않고서도 생후 4~5년이라는 비교적 짧은 기간 내에 성인들의 문장 수준에 도달한다. Pinker는 이처럼 아이가 자연스럽게 언어를 습득시켜 나가는 것이 마치 거미가 처음부터 집 짓는 법을 아는 것과 비슷하다고 말하면서 언어의 생물학적 성숙을 주장하였다(권도하 외, 2010).

대도시 필라델피아에 살면서 히브리어 문법학자인 아버지와 사회-정치적 문제에 관심을 많은 이웃 친척들의 영향을 받은 Noam Chomsky는 모든 아이가 유전적으로 언어 습득 능력을 가지고 태어난다고 가정한 가장 대표적인 인물이다(**그림 3.3** 참조). 그는 주변의 환경과 경험이 자극이 되어 인간의 지식 습득을 촉진한다고 주장한 행동주의에 정면으로 도전하였다. 그에 따르면, 환경에서 듣는 언어만으로

그림 3.3. Noam Chomsky

출처: http://www.nndb.com

그렇게 복잡하고 무한히 새로운 언어 구조를 빨리 습득할 수 없다. 예를 들면, 의미론적으로 다소 어색한 표현이기는 하지만 영어 원어민들은 'Colorless green ideas sleep furiously(색깔 없는 녹색 사상이 분노에 떨며 잔다)'와 같이 이전에 한 번도 들어본 적이 없는 문장을 접해도 이 문장의 문법성이나 적합성을 판단할 수 있는 창의적인 능력이 있다(조숙환, 2010). Chomsky에 따르면 세계 모든 언어에 보편적으로 존재하는 문법, 즉 내적 언어(internal language)가 아동들의 마음에 있기 때문에 별 노력 없이 언어를 발달시키는 것이 가능하다. '사탕(을 먹어)'이라고 말하는 아이의 내적 언어에는 명사, 목적어, 단수와 같은 어휘 정보를 포함하고 있을 것이다. 그러나 이러한 어휘 정보는 볼 수도, 들을 수도, 만질 수도 없는 매우 추상적인 것이므로 경험적 자극에만 의존하여 습득할 수 없다.

나아가 Chomsky는 인간의 모든 언어는 **언어학적 보편성**(linguistic universal)에 근거를 두고 있다고 주장하였다. 예컨대, 모든 언어에는 단순한 능동태의 평서문과 그것을 부정하는 방법이 있으며, 모든 언어의 문장에는 반드시 주부와 술부가 있다. 인간의 모든 언어에 있는 이러한 특성의 보편성으로 인해 Chomsky는 언어가 인간의 타고난 종-특정적(species-specific) 능력이라고 보았다(McLaughlin, 2006).

다른 생득론자인 Lenneberg도 이 생물학적 토대를 뒷받침하는 수많은 주장을 제기하였다. 첫째, 아동들의 언어 발생 시기는 다른 생물학적 성숙과 상관이 있다. 예를 들면, 네 발 기기와 옹알이 발성 시기가 비슷하다. 또한 인간의 언어는 '**결정적 시기**(critical period)'가 있어서 이 시기에 언어를 학습하지 않으면 심각한 결함을 가지게 된다. 이러한 주장은 정신질환을 앓는 아버지에 의해 생후 18개월부터 13세까지 감금되어 어떠한 언어자극도 받지 못한 미국 소녀 Genie가 발견된 이후 오랜 훈련에도 불구하고 결국 정상 수준의 언어를 발달시키지 못하였다는 연구에 의해 뒷받침되었다. 둘째, 언어 발달은 정해진 순서를 따른다. 다시 말해서, 모든 아동들이 동일한 순서로 언어를 습득한다. 셋째, 인간에게 언어는 억제될 수 없다. 따라서 제한된 정신능력을 가진 사람들까지도 어떤 수준에서 언어를 발달시킨다. 넷째, 모든 인체조직은 언어 습득에 적합하게 형성되어 태어났으며, 이러한 신경 및 인체조직의 우수성 때문에 인간만이 언어를 습득할 수 있다(한유미 외, 2006). 따라서 인간 이하의 종에게 언어를 지도할 수 없다.

Chomsky에 의하면 아이는 **언어 습득 장치**(language acquisition device, LAD)라는 생득적이고 생물학적인 언어장치를 가지고 태어나며, 어떤 특정한 언어 환경에 노출되기만 하면 이것이 작동함으로써 스스로 주위의 언어자료를 분석하여 새로운 문장을 이해하거나 창조해 낼 수 있다. LAD는 언어 처리를 위해 인간의 뇌에 '사전에 배선된(pre-wired)' 특별한 조직체로 여겨질 뿐, 그 장치가 뇌의 어디에 위치하며 어떻게 작동하는지 등에 대해서는 알려진 바가 거의 없다(McLaughlin, 2006). 따라서 LAD 존재의 가설만으로 언어 습득을 명쾌하게 설명할 수 없다는 한계가 있다. 그럼에도 불구하고 Chomsky와 같은 심리언어학자들은 LAD의 작동 특성을 **그림 3.4**와 같이 추측하였다.

기본적으로 LAD는 언어학적 입력을 받고 거기에서 생성문법(generative grammar)을 추출해 낸다. 수용한 데이터에는 말이 들리는 거리 내에 있는 언어학적 정보의 표본, 즉 말뭉치(corpus of speech)가 들어 있다. LAD는 이 표본에서 규

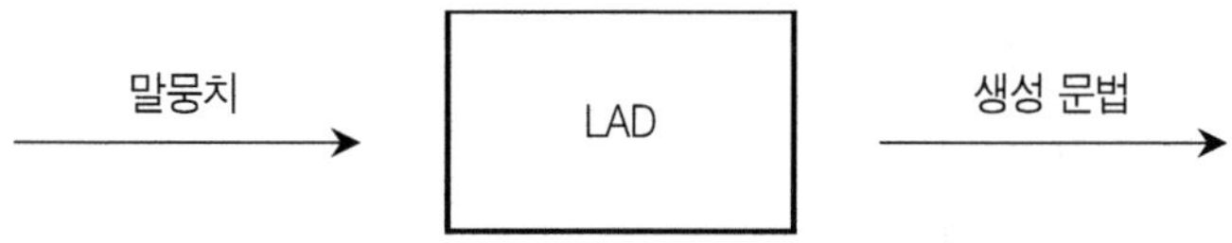

그림 3.4. LAD 도식

출처: McLaughlin(2006). Introduction to Language Development, p. 146.

칙성을 뽑아낸 다음, 그에 대한 가설들을 형성한다. 보다 많은 표본들을 받을수록 반복적으로 일어나며, 이 규칙성은 문법규칙으로 굳어지거나, 아니면 거부되고 사라진다. 이러한 과정을 거쳐 아동들은 자신들 주변의 언어에 대해 문법 규칙을 찾아내게 된다. 주목해야 할 중요한 특징은 LAD가 작동하기 위해서는 입력만이 필요하다는 것이다. LAD는 언어의 생성 문법을 끌어내기 위해 부수적인 상호작용이 필요하지 않다(McLaughlin, 2006).

Chomsky는 최근에 보편문법(Universal Grammar)이라는 개념으로 수정 보완하였다. 이 이론에 따르면 보편문법은 대뇌 구조의 일부분이기 때문에 생득적이고 모든 인간에게 공통적이다. 따라서 아이는 처음에 모든 문장조직에 내재되어 있는 보편적 문법규칙, 즉 구절구조규칙(phrase-structure rule)을 사용한다. 그런 후에 언어 환경에서 받은 한정된 몇 가지 예로부터 내재된 규칙에 대한 가설을 세우고, 실제로 언어를 사용하는 과정에서 영어든 우리말이든 사용하는 언어의 특수한 규칙, 즉 변형규칙(transformational rule)을 통합함으로써 한 번도 들어본 적이 없는 문장도 만들어 낸다(Owens, 2005).

Chomsky는 또한 심층구조와 표면구조를 포함한 언어 처리 모형을 제시하였다. **심층구조**(deep structure)는 인간이 선천적으로 가지고 있는 언어 능력으로 뇌 수준에 있는 것이며, 문장의 기본 의미를 포함하고 있다. 이러한 기본적인 문장 형식에다가 단어의 생략, 대치, 첨가, 재배열 등의 문법적 변형이 이루어지면 우리들이 실제 듣고 말하는 **표면구조**(surface structure)가 된다. 아래 예문은 내재적 구절구조인 '종수가 공을 찬다.'를 변형시켜 보다 정확하게 의미를 인식할 수 있도록 해 준 문장들의 일부이다.

- 종수가 공을 찼다.
- 종수가 공을 차고 있다.
- 종수가 공을 차지 않는다.
- 종수가 공을 차니?
- 누가 공을 차니?
- 종수가 무엇을 차니?

이들 각 예문에는 단어의 첨가, 생략, 대치, 재배열 등의 변형이 들어가 있어 창조적인 언어의 특성을 보여 준다. Chomsky는 이러한 문장 형식의 창조적 변형이 언어의 본질이라고 여겼으며, 그러한 그의 이론을 변형생성문법(Transformational Generative theory of Grammar)이라고 부른다.

이제까지 Chomsky의 주장을 요약하면, 아이는 언어를 습득하는 데 필요한 기본적인 문법규칙에 대한 지식을 출생 시에 이미 가지고 있어서 그것을 변형하여 무수히 많은 문장을 생성할 수 있다. 따라서 앞서 행동주의자들의 견해와는 상반적으로 언어는 환경적인 자극이나 강화를 통해 가르칠 필요가 없는 것이며, 인간의 경험은 단순히 생득적인 언어 능력이 제대로 발휘할 수 있도록 해 주는 촉매의 역할을 한다.

구조적 모델 평가

언어 습득에서 후천적인 경험을 강조하고 관찰 가능한 행동을 연구대상으로 해야 한다고 주장한 Skinner와 달리, Chomsky는 언어의 구조와 마음의 구조에 역점을 둔 선험론을 펴서 언어 습득 연구에 많은 공헌을 하였다. 그러나 다음과 같은 연구의 한계가 있다.

이론의 한계

첫째, 이지연 등(2004), 장유경 등(2003, 2007)에 의하면 아동의 초기 어휘 성장속도는 어머니의 의해 입력되는 어휘의 수와 다양성이 높을수록 증가하고, 어휘를 습득하는 순서도 입력의 빈도에 의해 예측된다. 특히, 표현 어휘는 부모가 책을 읽어 주거나 부모와 아동이 함께한 활동에 대해 자주 대화를 나눌 때 빠르게 증가한다. Hart와 Risley(1995)는 아동들이 가정에서 듣는 어휘의 총량이 아동의 어휘 크기에 직접적으로 영향을 미친다고 주장한 바 있다. 언어 습득은 투입된 언어에만 의존하지 않으며, 아동들이 가정이나 유치원 같은 일차 양육환경에서 겪은 언어 경험, 사회 문화적 배경, 지능과 심리적 요인, 교육적 배경 등의 변수가 복합적으로 작용하여 이루어진다. 이렇듯 초기 언어 발달에 미치는 외부 환경의 영향에도 불구하고 Chomsky의 이론은 외부에서 들어오는 언어자극의 역할을 과소평가하고 초기 사회 인지적 발달의 중요성을 간과하고 있다.

둘째, Chomsky의 이론은 언어 형식이 따르고 있는 언어의 내재적 의미구조를 고려하지 않음으로써 '남자 엄마는 자동차를 운전하였다', 심지어 '의자는 자동차를 운전하였다'와 같은 문장이 무의미한 문장임을 설명해 주지 못한다.

셋째, Chomsky의 이론은 새로운 문장을 이해하고 산출하는 언어 사용의 창조적 능력을 강조하였다. 하지만 단일 단어나 두 단어 수준의 발달을 설명하기에는 부적합하다. 예를 들면, '아기 침대'라는 아이의 말은 생득주의 이론에서 '명사+명사'로만 구문 분석이 가능하다. 하지만 동일한 표면 구조라도 아이가 말한 당시의 언어적 맥락과 비언어적 맥락에 따라 '행위자-장소(아기가 침대에서 자요)', '행위자-대상(아기가 침대를 흔들어요.)', '소유자-실체서술(아기의 침대예요)' 등의 다양한 해석이 가능하다. 따라서 Chomsky 이론은 한두 단어 시기의 아동의 지식이나 능력을 과소평가한다고 볼 수 있다.

넷째, 결정적으로 장치(device)라는 용어에도 불구하고 LAD는 뇌에서 확인할 수 있는 물리적인 구조를 제시하지 못했다. LAD는 일종의 '블랙박스'로 여겨지고 있으며(McLaughlin, 2006) 장치의 물리적 구성, 체계, 위치 등에 대해 알려진 바가 거의 없어 존재 그 자체까지도 모두 가설적이다.

이론의 공헌

Chomsky는 Skinner와는 다르게 인간을 심리적으로 능동적이고 언어적으로는 창조적인 존재로 보면서, 특히 문법의 생성적인 측면을 잘 설명하였으며(Owens, 2005) 생애 초기에 일어나는 언어 능력의 급격한 변화를 효과적으로 설명해 주었다. 게다가 그는 아동의 언어수행과 언어산출의 측면이 아니라 언어 능력과 언어 처리과정에 보다 관심을 이끌었다.

이러한 그의 이론은 심리학과 구어-언어 병리학(speech-language pathology)을 포함하여 다른 분야에까지 의미 있는 영향을 미쳤다. 그리고 아동 언어에서는 구조적인 측면, 즉 음소와 형태소 그리고 문장 발달을 체계적으로 분석하는 학문적인 토대를 마련해 주었다.

3. 인지주의 이론

인지 결정 모델

Piaget, Bloom, Brown, Schlesinger 등으로 대표되는 1970년대 전반기의 인지 이론가들은 아이의 학습 규칙 및 행동의 내재적 국면에 관심을 가졌다. 인지주의 이론에 따르면 언어는 인지적 성취가 어느 특정수준으로 이루어진 후에야 밖으로 표현되는 것으로, 다시 말해 언어는 아이의 내재적 인지 발달을 드러내는 한 증후이다. 따라서 아이는 단어를 산출하기에 앞서 우선적으로 개념을 습득해야만 한다. 예컨대, '개'나 '동그라미'를 모르는 아이는 이 단어들을 말하지 못한다는 것이다. 이 절에서는 인지 발달을 설명하는 가장 대표적인 이론이라고 할 수 있는 Piaget의 이론을 중심적으로 소개하고 인지 발달과 언어 발달과의 관계를 살펴보도록 한다.

아동을 매우 수동적인 존재로 바라본 Skinner와 달리 Piaget는 아동을 능동적인 학습자로 보았다(**그림 3.5** 참조). 그에 의하면 인지 발달이란 인간의 지적 능력이 환경과의 상호작용을 통하여 변화되어 환경에 보다 잘 적응하도록 하는 과정과 변

그림 3.5. Jean Piaget

출처: http://ignatiawebs.blogspot.com

화의 양상이다(성현란 외, 2006). 다시 말해서, 적응과 조직화의 두 상호보완적인 과정의 결과가 인지 발달이라는 것이다.

Piaget는 모든 유기체가 환경에 적응하려는 경향성이 있다고 가정하고, **적응**(adaptation)이 동화와 조절이라는 두 상보적인 과정을 통해 이루어진다고 말한다. **동화**(assimilation)는 이미 가지고 있는 도식이나 인지구조를 사용하여 새로운 외부 자극을 받아들이는 통합의 과정이라고 할 수 있다. 예를 들면, 자신의 치아 상태에 맞게 단단하거나 부드러운 음식을 받아들이는 것이라고 하겠다. 반면에 **조절**(accommodation)은 자신의 치아 상태로 받아들이지 못할 경우 씹는 방식이나 강도를 바꾸거나 새로운 효소를 분비하는 것과 같이 외부 자극에 맞게 자신이 현재 가지고 있는 도식을 수정시키거나 새로운 도식을 발달시키는 과정이다.

조직화(organization)는 유기체가 자신이 가지고 있는 여러 도식들을 하나의 통합된 체계로 만드는 경향을 말한다. 각각의 도식을 통합하여 하나의 인지구조로 만드는 것뿐만 아니라 도식들을 서로 연결하는 과정도 조직화에 의해 이루어진다. 예를 들면, 8~12개월 사이에 있는 아이는 발달이 진행되면서 '보기' 도식과 '(손으로) 치기' 도식을 함께 결합하여 더 높은 단계의 인지 도식을 만들어 낸다.

Piaget는 모든 유기체는 사회적 및 물리적 환경에 적응함에 있어 이미 습득한 지식과 새로운 정보 간에 균형을 유지하려는 **평형화**(equilibrium) 경향을 가지고 있다고 보았다. 시간에 따라 유기체와 환경은 변하기 때문에 현재의 인지구조와 환경 간의 균형상태가 무너지게 된다. 이때 유기체는 이를 바로 잡아서 다시금 새로운 평형 상태를 이루려고 하게 되는데, 이러한 해결의 과정에서 부정확한 사고를 수정하게 되고 새로운 인지구조를 발달시키게 된다는 것이다.

인지와 언어

자신의 세 자녀를 세심하게 관찰한 Piaget는 아이들이 거쳐야만 하는 인지 발달 단계를 크게 감각운동기(sensory-motor stage), 전조작기(preoperational stage), 구체적 조작기(concrete operational stage), 형식적 조작기(formal operational stage) 단계로 구분하였다(**그림 3.6** 참조). 모든 아동들은 동일한 순서로 동일한 발달단계를 거치며 어떤 단계를 뛰어넘고 다음 단계로 건너갈 수 없다. 이 단계를 거치는 속

그림 3.6. Piaget의 인지 발달 단계

도와 도달하는 최고단계는 영재, 평재, 지적장애를 구분하는 방법이 된다(Engalls, 1994). 예를 들면, 경도의 지적장애를 가진 아동의 경우 각 단계에 도달하는 데 더 많은 기간이 필요하고 구체적 조작기에 도달하지만 형식적 조작기에는 도달하지 못할 수 있다.

그의 주장에 따르면 출생에서 2년 동안에 아동은 언어가 사물을 상징하며 그 언어를 사용하면 자신의 의사를 손쉽게 전달할 수 있다는 것을 인지적으로 깨닫게 된다. 이 시기에 성공적인 인지적 성취가 되어야만 보다 높은 언어 발달을 하게 되며, 인지 발달 단계에서 그 다음 단계로 진행하기 위해서는 아이가 한 단계의 특징을 완전히 숙달해야만 한다.

감각운동기

출생에서 2세까지는 감각과 운동이 행동의 중심이 되는 시기로 반사기(0~1개월), 1차 순환반응기(1~4개월), 2차 순환반응기(4~8개월), 2차 순환협응기(8~12개월), 3차 순환반응기(12~18개월), 정신적 결합기(18~24개월) 등의 6단계로 구분된다. 이 시기에 아이는 처음에는 빨기, 잡기, 울기 등의 반사 행동으로 자극에 반응하지만 환경과의 접촉을 통해 점차적으로 목적이 있는 행동으로 바뀌게 된다. 그리고 무엇보다도 감각운동기의 가장 큰 특징이라고 할 수 있는 **사물의 영속성 개념**(object permanence)이 이 시기에 습득된다. 아이는 처음 1~2차 순환반응기에서는 사물이 보이지 않으면 존재하지 않은 것으로 인식하지만, 2차 순환반응기에서 부분적으로 가려진 사물을 찾는 행동을 보이다가, 2차 순환협응기가 되면 완전히 사라진 대상을 찾아낸다. 하지만 아직 자신이 눈으로 옮기는 것을 보았음에도 여전히 사물이 원래 있었던 곳에서 찾으려는 오류를 보인다. 3차 순환반응기에는 맨 마지막으로 자기 눈앞에서 옮겨진 곳에서 사물을 찾게 되고 감각운동기가 끝나가는 정신적 결합기에는 사물의 위치를 안보이게 변화시켜도 표상의 과정을 거쳐 찾을 수 있게 된다.

이러한 감각운동기에서의 사물의 영속성 개념 획득은 일부 인지 능력과 언어 능력 간에 인과관계가 있음을 보여 주는 하나의 증거라고 할 수 있다. 예컨대, '없다', '또', '다시'와 같은 말이 나타나는 시기와 사물의 영속성 개념이 형성되는 시기가 서로 관련 있다. 한편, 두 단어 문장은 사람과 사물 간의 의미적 관계에 대한 아이의 지각을 반영해 준다. 아이는 움직이는 생물체(사람)가 행위의 주체가 될 수 있다는 것을 깨닫고 '아빠 차'처럼 무생물체(사물)를 뒤에 놓는다. 또는 '아빠 던져'와 같이 생물체 다음에 수행하는 행위를 나열한다. 이러한 조합은 아이의 인지가 정교화되면서 세 단어 이상으로 확장되고, 이러한 원시적인 의미범주를 재조직화함으로써 명사구, 동사구 등의 추상적인 문법 범주들이 나타나게 된다(성현란 외, 2001).

전조작기

2세에서 7세의 학령 전기 아동들은 행동에서의 직접적인 감각운동 활동에 대한 의존이 감소하고 정신적 표상에 의한 사고가 가능해진다. 이제 아이는 실제로 존재하지 않는 대상을 머릿속에 떠올리고 그 대상을 이야기를 할 수 있게 된다. 하지만 Piaget가 '전(pre-)'조작기라고 한 것처럼 아직 정신적 조작이 불가능하며 논리적 추리보다는 비논리적 추리가 우세하다. 이 시기 아이들의 인지구조는 자기중심적 사고, 직관적 사고, 중심화, 물활론이 특징적이다.

자기중심적 사고(egocentric thought)란 타인의 생각, 감정, 관점 등이 자신과 동일하다고 생각하여 다른 사람의 관점을 이해할 수 없는 것을 말한다(신명희 외, 2003). Piaget는 '세 개의 산 모형' 실험을 통해 이 시기 아동이 자신의 반대편에서 세 산의 모형을 보고 있는 사람이 자신이 보는 것과 다른 것을 본다는 것을 이해하지 못한다는 것을 발견하였다.

한편 **직관적 사고**(intuitive thinking)를 보여 주는 한 예는 중심화(centration) 경향이다. 이러한 특징은 액체 보존실험을 통해 분명하게 나타난다(**그림 3.7** 참조). 예를 들면, 아이가 똑같은 두 개의 컵에 같은 양의 액체가 들어 있는 것을 본 후 한쪽 컵의 액체가 더 길고 좁은 컵으로 옮겨지는 것을 보게 되면 이제 액체가 더 많다고 생각하게 된다. 이것은 아이가 사물이나 사건의 눈에 띄는 한 측면, 즉 넓이는 무시하고 높이라는 시각적 인상에만 주의를 기울이기 때문에 나타난 것이다.

그림 3.7. Piaget의 액체보존실험

출처: http://www.homepage.ntlworld.com

자기중심성의 한 형태인 **물활론**(animism)은 무생물이 사람처럼 감정이나 의도를 가지고 있다는 생각하는 것이다. 대표적인 예로, 이 시기의 아동은 탁자에 부딪혔을 때 탁자가 일부러 자신을 넘어뜨렸다고 여겨서 "때찌" 하고 탁자를 때리는 행동을 보인다.

구체적 조작기

전조작기의 아이들이 지각적 현상을 기준으로 판단하는 것과는 달리 구체적 조작기의 7~11세 아이들은 논리적 조작에 따른 판단이 가능하게 된다. 따라서 이제 액체 보존과제를 성공적으로 수행할 수 있을 뿐만 아니라 수, 질량과 길이, 무게, 마지막으로는 부피에서도 보존 개념을 습득한다. 이 외에도 구체적 조작기에 있는 아동들은 자아중심성을 탈피하여 다른 사람들의 관점을 이해할 수 있게 되고 **탈중심화**(decentering)가 되면서 몇 가지 사실을 동시에 고려할 수 있게 된다. 하지만 여전히 논리적 조작은 구체적이고 친숙하며 개인적 경험에 한정되어 있다.

형식적 조작기

형식적 조작기는 아이들이 추상적이고 가설적인 수준에서 체계적인 사고 능력을 발달시키는 시기라고 할 수 있다. 11세 이후의 아이들은 성인의 사고 수준에 거의 도달하게 되는데, 모든 문제에 대해 논리적이고 과학적으로 사고하며 복잡한 언어 문제를 해결한다. 특히 이 시기는 네 개의 컵에 담긴 액체와 한 개의 컵에 담긴 화학 물질을 섞어서 노랗게 만드는 실험에서 구체적 조작기의 사고와 확실히 차이를 나타낸다(Ingalls, 1994). 구체적 조작기의 아이가 우선 두 개의 컵으로 만들 수 있는 모든 조합을 다 시험한 후 네 개의 컵을 모두 섞고 그런 다음에 세 개의 컵을 섞게 되면서 어떤 조합은 중복하고 어떤 조합은 빠뜨리기도 한다. 반면에 형식적 조작기의 아이는 모든 가능한 조합에 대해 사전에 체계적으로 계획을 세운 후에 중복이나 빠뜨림 없이 수행한다. 이제까지 설명한 내용을 요약하면 **표 3.1**과 같다.

인지 결정 모델 평가

Piaget에 의하면 언어는 생득적인 것이 아니라 인지적 성숙의 결과로 획득되는 능력들 중의 하나이다. 바꾸어 말하면, 언어는 인지 능력의 발달에 기초하여 발달하는 것이다. 이러한 그의 이론은 다음과 같은 장단점을 가지고 있다.

이론의 한계

Piaget의 인지주의 이론은 다음과 같은 점에서 비판을 받고 있다.

첫째, 인지 능력에 결함이 없는 아동이 언어를 습득하지 못할 수도 있다. 게다가 초기발달에서는 인지가 언어에 선행하지만 3~4세경에는 풍부해진 언어로 논리적인 사고를 하는 것으로 보인다.

둘째, Piaget가 각 단계의 특징을 상세하게 설명해 주었지만 어떻게 각 단계가 발생하는지 그리고 왜, 어떻게 다음 단계로 넘어가는지에 대해서는 자세히 설명해 주지 못하고 있다. 게다가 각 단계들이 그리 명확하게 구분되는 것은 아니라는 점이다.

셋째, 인지 발달에서 아동 간에 존재하는 사고의 차이에 충분히 주의를 기울이지 않았을 뿐만 아니라 사회문화적 및 역사적 영향을 과소평가하였다(정옥분,

표 3.1. Piaget의 인지 발달 단계

감각운동기(0~2세)

일반적으로 6단계로 구분된다. : 아이들은 자신들의 환경을 통해 향상된 조절력을 얻는다.

- 반사적인 소리 및 감각운동적 행동을 한다.
- 상징놀이(예: 티슈를 인형의 이불로, 블록을 자동차로 사용한다)를 한다.
- 손-눈의 움직임 및 손-입의 움직임을 협응한다.
- 원인이 되는 사물을 움직이기 시작한다.
- 소리를 모방한다: 옹알이를 한다.
- 사물의 영속성이 나타난다: 시야에서 사라진 물건을 찾는다.
- 12개월경에 첫 단어가 나타난다.
- 현재 상황에 없는 사람이나 사물에 대해 말을 한다.
- 수단-목적 행동을 보인다(예: 줄을 당겨 장난감을 갖는다.)

전조작기(2~7세)

흔히 전개념적 단계(2~4세)와 직관적 단계(4~7세)로 구분된다.

- 자기중심적이며 다른 사람의 관점을 취하지 못한다.
- 단어의 의미를 과잉 확대시킨다(예: 모든 사람을 "아빠"라고 부른다.).
- 단어 의미를 과소 확대시킨다(예: 자신의 집에 기르는 애완견에 대해서만 "개"라고 부른다.).
- 구체적인 사고를 보인다.
- 보존 개념이 결여되어 있다(예: 찰흙 공을 굴려 뱀 모양으로 만들었으나 여전히 같은 찰흙이라고 생각하지 못한다.)
- 분류 기술에 어려움이 있다.

구체적 조작기(7~11세)

- 보다 덜 자기중심적이며 다른 사람의 관점을 보는 능력이 증가한다.
- 대화 기술을 습득한다.
- 논리적 인과성을 사용한다.
- 효과적인 분류기술을 사용한다.

형식적 조작기(청소년~성인)

- 자기중심성이 없으며 다른 사람의 관점을 보는 능력을 보인다.
- 추상적인 사고를 하고 복잡한 언어문제를 해결한다.
- 귀납적 및 연역적 사고 과정을 사용할 수 있다.
- 언어적 추론을 사용할 수 있으며 "만일 …다면" 말을 한다.
- 가설적 추론을 사용할 수 있다.

출처: Hegde(2000). An advanced review of speech-language pathology, p. 160.

2010; Berk, 2009).

넷째, 학령 전기 아동들의 능력을 과소평가하였다는 비판을 받는다. Piaget는 전조작기의 아동에 대해 그들이 논리적 사고를 하지 못하고 보존 개념도 없다는 등 매우 부정적으로 서술하고 있지만, 난이도를 낮추고 일상 경험과 관련된 과제로 연구한 학자들은 Piaget가 보는 것보다 아동들이 더 높은 이해력을 가지고 있다고 주장하였다.

이론의 공헌

Piaget 인지 발달 이론에서 가장 중요한 공헌은 인간 발달에서 인지의 중심적 역할을 강조하였다는 점이다(정옥분, 2010). 이 이론은 생득주의 이론이 기술해 주지 못했던 초기 언어 습득의 현상을 잘 설명해 주며, 언어 습득과 인지 발달을 관련시켜 설명하고 있다는 점에서 기여한 바가 크다. 게다가 그의 이론은 인지 발달 분야 외에도 기억, 학습, 언어, 사회인지 분야의 연구에도 많은 영향을 주었다. 예를 들면, Piaget는 치료사들에게 어린 아동의 발달을 관찰하고, 이해하고, 강화하는 새로운 방법들을 제시하였다.

4. 사회적 상호작용주의 이론

사회적 상호작용 모델

사회적 상호작용주의 이론은 선천적인 언어 능력이나 특정한 강화원리에 별로 관심을 갖지 않는다. 오히려 이 이론은 아이들이 의사소통을 보다 잘 하거나 다른 사람들과의 사회적 관계를 더 잘 유지하기 위한 하나의 도구로서, 다시 말해 다른 사람들과 의사소통을 하고자 하는 동기로 언어를 습득한다고 주장한다. 이 이론은 언어가 본질적으로 사회적 현상이고, 언어 발달은 사회적 과정이라는 가설로부터 출발한다(Hoff, 2006). 따라서 언어 발달은 아이가 어떠한 사회적 상황에서 얼마나 노출되었느냐에 달려 있다고 할 수 있다.

Bruner는 아동의 언어 발달을 이해하는 데 있어서 사회문화적 맥락의 중요성을 강조한 상호작용 이론가들 중 한 명이다. 그는 아동의 언어 발달에 기여하는 부·모의 역할을 **언어 습득 지원체계**(language acquisition support system)라고 하였다(정옥분, 2009). 예를 들면, 아기의 옹알이에 대해 부모가 반응해 주면 아기는 더 많은 옹알이를 하지만, 반대의 경우 아기의 옹알이는 점차 줄어들게 된다. 까꿍 놀이와 같은 사회적 놀이도 마찬가지이다.

러시아의 심리학자 Lev Vygotsky의 이론은 초기발달에서 인지가 언어보다 먼저 발달한다는 점에서는 앞서 Piaget의 인지 이론과 견해가 비슷하지만 몇 가지 점에서 서로 다른 의견을 가지고 있다. Piaget는 언어와 사회 상호작용적 맥락은 비교적 독립적이며, 아이는 자기중심적인 구어나 혼잣말을 우선 발달시키고 난 후 자신의 환경에 이름을 붙이는 등의 사회적 상호작용에 참여한다고 주장하였다(Owens, 2005). 반면에 Vygotsky는 언어는 사회적 상호작용적 맥락 내에서 학습된다고 주장하였다(**그림 3.8** 참조). 그에 의하면 처음에는 언어가 다른 사람들과의 상호작용을 하기 위해 필요하지만 나중에는 내적인 언어로 전환되어 내적 사고과정이 진행되면서 아동들의 사고가 발달한다(신명희 외, 2003; Owens, 2005).

그림 3.8. Lev Vygotsky

출처: http://www.phillwebb.net

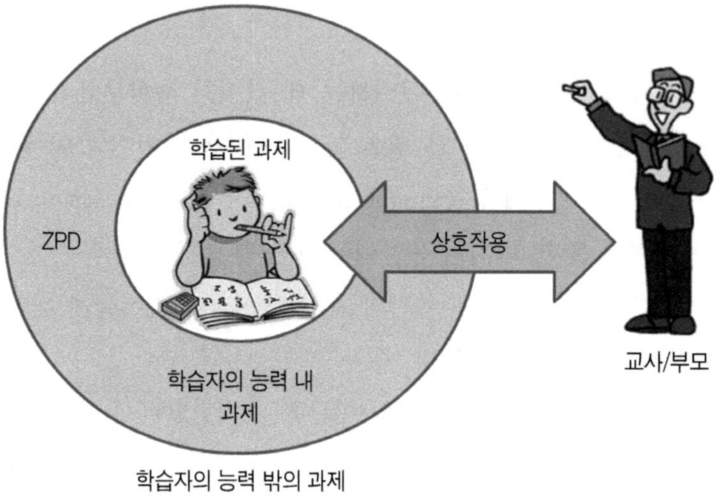

그림 3.9. 근접발달영역(ZPD)

그는 저서 『사고와 언어(Thought and Language)』에서 아이는 부모나 교사 혹은 자신보다 조금 앞선 또래와의 의미 있는 사회적 상호교류를 통해 사고와 언어를 통합함으로써 '**구두적 사고**(verbal thought)'가 이루어진다고 제안하였다. 따라서 그의 이론에 의하면 부모를 포함하여 아이의 문화에 대해 많은 경험을 가진 대화 상대자가 아이의 언어 습득 과정에 중요한 역할을 한다. 그들은 아이들이 제한된 의사소통 기술에도 불구하고 의사소통을 하도록 해 주는 비계설정(scaffolding)이나 **근접발달영역**(Zone of Proximal Development)에서 필요한 의사소통적 구조를 제공해 줌으로써 도움을 준다(**그림 3.9**). 아동 발달은 아이가 독립적으로 해결할 수 없지만 교사나 부모, 혹은 좀 더 유능한 또래가 도와주고 지도해 주면 해결할 수 있는 과제의 범위인 ZPD에서 일어나며, 성인은 콘크리트가 굳을 때까지 지지하는 거푸집처럼 활동이 아이의 사고 속으로 내재화되도록 돕는 역할을 한다.

일반적으로는 엄마가 아이의 언어 발달에 적절한 환경적 경험을 제공하고 거푸집의 역할을 하는데, 이때 내지 '**아동 지향적 구어**(Child-Directed Speech)'라는 특수한 자질이 아동의 언어 습득을 촉진하는 역할을 한다. CDS는 차별적인 운율 강세를 통해서 중요한 음운적인 차이를 단순화시키고 부각시킨다(Gleason, 2005). 유아기에 엄마는 아이의 얼굴을 마주보는 사회적 상호작용에 많은 시간을 보내는데, 이

때 엄마는 다른 대화 상대자에게 와는 달리 과장된 억양과 몸짓, 긴 모음의 지속시간, 발화 사이의 긴 쉼, 적은 수의 핵심어휘를 포함한 짧은 발화를 사용하여 아기에게 말을 한다(권도하 외, 2010). 게다가 "안녕", "빠이빠이"와 같은 인사, "그래.", "응."과 같은 반응, "맘마 먹을래?", "딸랑이 줄까?"와 같은 질문을 아기에게 자주 하고 어떠한 아기의 반응이든 의미 있는 반응으로 받아들여 다시금 반응한다.

사회적 상호작용 이론가들은 아기 말(baby talk)의 과장된 소리 특성이 산출되는 것을 바라봄으로써 아기가 자신의 발성기관을 조절하는 능력을 향상시킬 수 있다고 생각한다(Field et al., 1982). 문법적인 형식을 지도하는 데 일부 분명한 실패가 있기는 하지만 부모가 "빠이빠이"와 같은 사회적 대화와 공손함의 의례화(politeness routines)를 아이에게 가르칠 수 있다. 게다가 엄마와 아이 간의 사회적 놀이의 상호작용패턴은 대화 주고받기(turn-taking)와 같은 후기 대화 패턴의 토대가 된다. 적절한 엄마의 지속적인 반응은 아기의 언어 형식이나 내용보다는 초기 의사소통의 의도나 기능에 초점을 두고 아이가 장차 사회에서 타인들과 관계를 맺는 데 언어를 사용하도록 돕는다. 엄마는 아이의 발달 수준에 맞추어 보다 복잡한 구조의 문장을 들려주어 언어 발달을 촉진시키고, 아이가 말을 알아듣지 못하면 보다 쉬운 단순한 언어로 수정하거나 반복하여 들려준다. 아이 또한 엄마와의 언어적, 비언어적 상호작용에 대한 욕구를 가지고 엄마의 말에서 보다 복잡한 문장을 이해하고자 노력하며, 충분한 언어적 노출과 감각 수용체계를 가동시켜 '부호'를 해독하는 과정을 거쳐 마침내는 유창한 화자가 된다.

Zukow-Goldring(2001)은 초기 의사소통에서 제스처의 중요성을 강조하였다. 유아기에 첫 단어 개시를 강하게 예측할 수 있는 아동의 한 가지 행동은 가리키기이다. **가리키기**(pointing)는 사물과 의사소통 상대를 번갈아 쳐다보는 행동과 함께 8~10개월경에 나타나는 의도적 의사소통(intentional communication)의 지표이다. 가리키기는 명령적 가리키기와 서술적 가리키기 두 가지 유형으로 나눌 수 있다. 초기 가리키기 제스처인 명령적 가리키기(imperative pointing)는 마치 원하는 사물을 향해 팔을 뻗는 형태처럼 나타난다. 반면에 서술적 가리키기(declarative pointing)는 사물에게로 성인의 주의를 끌거나 사물을 설명하기 위해 사용하는 제스처로서 명령적 가리키기보다 발전된 유형이다(Doniec, Sun, & Scassellati, 2006;

Gleason, 2005; Pence & Justice, 2010).

사회적 상호작용주의 이론에 따르면 구두 언어와 문자 언어의 발달은 모두 일생 동안 지속된다. 예컨대 청소년기의 아동들은 성숙해 가면서 비유 언어를 습득하고 화용론적 측면에서 자신들의 능력을 계속적으로 정교화시킬 것이며, 성인들은 직장, 지역사회 등이 바뀔 때마다 새로운 상황에서 어휘를 배운다.

사회적 상호작용 모델 평가

상호작용 이론(interaction theory)은 아동의 언어적 및 인지적 능력과 그들의 사회적 언어 환경 간의 상호작용으로 인해 언어가 출현하였다고 바라보는 절충적 특성을 가지고 있다.

Vygotsky에 의하면 사회적 상호작용, 특히 아동과 성인 간의 대화는 아동이 특정 문화에 적절하게 사고하고 행동하는 법을 습득하는 데 필수적이다. 바꾸어 말하면, 아동의 사고는 아동에게 사회적으로나 문화적으로 중요한 과제를 수행하도록 격려해 주는 보다 유능한 사람과의 사회적 대화를 통해 향상될 수 있는 것이다(정옥분, 2009; Berk, 2009). 따라서 아동발달을 정확히 이해하기 위해서는 그 아동이 속한 문화적 배경을 우선 고려해야 한다.

이론의 한계

여느 이론들처럼 언어 습득을 완전하게 설명해 주지 못한다는 한계와 함께 다음과 같은 점에서 비판을 받고 있다.

첫째, 문화적 및 사회적 경험을 강조하면서 상대적으로 생물학적 측면을 소홀히 하였으며, 다른 이론가에 비해서 아동 스스로 발달을 이루는 능력을 덜 강조하였다(Berk, 2009).

둘째, 아동들이 사회적 경험을 어떻게 내면화시키고 자신의 정신적 기능을 향상시켰는지에 대해 알려 주지 않았다.

셋째, 7세 이하의 아동은 Vygotsky 연구의 대상이 아니었다. 그에게 중요한 것은 학령기 아동들, 즉 7세 이후 아동의 사고였다. 그에 의하면 어린 아동의 사고는 많은 측면에서 주로 기억에 의존하는 것이므로 더 성숙한 아동의 사고와는 다르다(Lambart & Clyde, 2008). 어린 아동을 대상으로 한 그의 연구는 언어 발달과 관련되긴 하였으나 학령기 아동의 언어와 사고 간의 관계에 대한 이론의 전조에 불과하였다.

이론의 공헌

Vygotsky 이론은 무엇보다도 그 발화의 원인, 즉 다른 사람들과 대화를 하는 의도나 기능, 그리고 중요성을 일깨워 주었다. 따라서 사회적 상호작용 이론은 Skinner의 기능적 분석과 마찬가지로 환경적인 언어입력이나 양육자의 모델링과 피드백을 강조한다고 볼 수 있다. 게다가 현재 아동이 독립적으로 수행할 수 있는 능력뿐만 아니라, 타인의 어떠한 종류와 양의 촉구나 단서를 통해 무엇을 얼마만큼 할 수 있을지 그 발달 잠재력을 평가하는, 즉 **역동적 평가**(dynamic assessment)의 중요성을 강조하였다.

요약

언어 습득 이론들은 언어장애를 가지고 있는 아동들의 평가 및 치료를 위한 기초적인 토대를 제공해 준다. 임상훈련에 영향을 끼친 핵심 이론들로는 행동주의 이론, 생득주의 이론, 인지 이론, 사회적 상호작용주의 이론이 있다.

행동주의 이론은 언어 습득을 언어적 행동의 발달로 설명한 Skinner에 의해 제안되었다. 그는 언어 습득 기제와 같은 타고나고 측정할 수 없는 기제가 아니라 학습이 언어 발달에서 중요한 역할을 한다고 주장하였다. 그는 언어학습에서 환경의 중요성을 강조하였다.

Chomsky가 제안한 생득주의 이론에 따르면, 아동들은 보편적 언어규칙을 포함하고 있는 언어 습득 기제를 가지고 태어난다. Chomsky는 언어 능력 및 언어수행에 대한 개념뿐만 아니라 표면구조와 심층구조를 설명하였다.

인지 이론을 지지하는 사람들은 인지 및 지적 과정이 언어 습득을 가능케 한다고 말한다. 인지 가설을 강력히 지지한 Piaget는 아동들이 감각운동기, 전조작기, 구체적 조작기, 형식적 조작기 등 4개의 중복되는 발달적 인지단계를 거친다고 말하였다.

Vygotsky에 영향을 받받은 사회적 상호작용주의자들은 언어 구조를 넘어서 언어의 기능을 강조하였다. 그들은 언어가 아동과 환경 간의 사회적 상호작용의 기능으로서 발달한다고 보았다. 동기는 언어를 사용하는 데 핵심이 된다.

참고 문헌

권도하, 신후남, 이무경, 전희숙, 김시영, 유재연, 신명선, 황보명, 박선희, 신혜정, 안종복, 남현욱, 박상희, 김효정 (2010). **언어치료학 개론**. 대구: 한국언어치료연구소.

권민균, 권희경, 문혁준, 성미영, 신유림, 안선희, 안효진, 이경옥, 천희영, 한유미, 한유진, 황혜신 (2005). **아동발달**. 서울: 창지사.

김영태 (2003). **아동언어장애의 진단 및 치료**. 서울: 학지사.

박경자 (1997). **언어 습득연구방법론**. 서울: 고려대학교 출판부.

성현란, 이현진, 김혜리, 박영신, 박선미, 유연옥, 손영숙 (2006). **인지 발달**. 서울: 학지사.

신명희, 박명순, 권영심, , 강소연 (2003). **교육심리학의 이해**. 서울: 학지사.

이지연, 이근영, 장유경 (2004). 어머니의 책읽기 상호작용 유형이 영아의 초기 어휘 발달에 미치는 영향. **한국심리학회지: 발달**, 17(1), 131-146.

임지룡 (2007). **국어 의미론**. 서울: 탑 출판사.

장유경, 이근영, 곽금주, 성현란 (2003). 어머니의 언어적 입력이 영아의 초기 어휘 발달에 미치는 영향. **한국심리학회지: 발달**, 16(4), 227-241.

장유경, 홍세희, 이근영 (2007). 어휘 습득에서 어머니의 언어적 입력의 양과 상호작용 유형의 영향: 다층 모형의 적용. **한국심리학회 연차학술대회 논문**, 106-107.

조숙환 (2009). **촘스키 & 스키너: 마음의 재구성**. 서울: 김영사.

하길종 (2001). **언어 습득과 발달**. 서울: 국학자료원.

한유미, 김혜선, 권희경, 양연숙, 박수진 (2006). **영유아 언어교육의 이해: 이론과 실제**. 서울: 학지사.

Berk, L. E. (2008). **아동발달**[Child Development(7th ed.)], (이종숙, 이옥, 신은수, 안선희, 이경옥 역). 서울: 시그마프레스.

Doniec, M. W., Sun, G., & Scassellati, B. (2006). Active learning of joint attention. *Humanoid Robots, 2006 6th IEEE-RAS International Conference*, 34-39.

Engalls, R. P. (1994). **정신지체아 교육의 원리와 실제**[Mental retardation: The changing outlook], (김정휘 역). 서울: 교육과학사.

Fey, M. E. (1986). *Language intervention with young children.* Boston: College-Hill Press.

Field, T., Woodson, R., Greenberg, R., & Cohen, D. (1982). Discrimination and imitation of facial expressions by neonates. *Science, 218*, 179-181.

Gleason, J. B. (2005). *The development of language* (6th ed.). MA: Pearson education.

Hart, B., & Risley, T. (1995). *Meaningful difference in the everyday experience of young American children.* Baltimore: Brooks.

Hegde, M. N. (2000). *An advanced review of speech-language pathology.* Texas: pro-ed.

Hoff, E. (2007). **언어 발달**[Language development(3rd ed.)], (이현진, 박영신, 김혜리 역). 서울: 시그마프레스.

Lambert, E. B., & Clyde, M. (2009). **비고츠키 유아교육 이론의 재고찰**[Re-thinking early childhood theory and practice], (신현기, 이병혁 역). 서울: 학지사.

Machado, J. M. (2010). *Early childhood experiences in language arts* (9th ed). CA: Wadsworth Cengage Learning.

McLaughlin, S. (2006). *Introduction to language development* (2nd ed). NY: Tompson Delmar Learning.

Owens, R. E. (2005). **언어 발달**[Language development: An introduction, 6th ed.]. (이승복, 이희란 역). 서울: 시그마 프레스.

Pence, K. L., & Justice, L. M. (2010). **언어 발달: 이론에서 실제까지**[Language development from theory to practice], (김성수, 김화수, 이상경, 황보명 역). 서울: 학지사.

Pinker, S. (1994). *The language instinct: How the mind creates language.* NY: Morrow.

Zukow-Goldring, P. (2001). Perceiving referring actions: Latino and Euro-American infants and caregivers comprehending speech. In K. Nelson, A. Aksu-Koc, & C. Johnson, *Children's language, 11*, 140-163. Mahwah, NJ: Erlbaum.

제 4 장

음운 발달

구어(speech)는 사람의 조음기관을 통해 산출되는 언어학적으로 의미 있는 소리들이다. 아동이 언어학적으로 의미 있는 구어를 산출하기 위해서는 의미론, 구문론, 화용론 등 언어영역의 발달과 함께 모국어의 음운 규칙을 습득하여야 한다. 아동이 성인의 음운규칙을 습득하는 과정은 다양한 음운과정을 통해 이루어지고, 이러한 현상은 아동이 구어를 발달시키는 과정에서 경험하는 보편적인 현상이다. 아동은 이 과정을 통해 성인의 복잡한 구어 산출 과정을 아동의 능력에 맞게 단순화하고 재조직화하는 과정을 거치게 된다. 이 장에서는 우리말의 음운을 구성하는 요소들과 아동들이 언어학적으로 의미 있는 음운을 습득하는 과정 및 음운 발달에 관하여 기술하고자 한다.

1. 구어 습득 과정

구어는 조음기관을 통해 산출되는 언어학적으로 의미 있는 음성언어를 통해 의사소통을 실현하는 가장 효과적인 체계이다. 말소리의 뜻을 구분해 주는 최소의 단위는 음운으로, 이 소리들의 체계와 배열 규칙을 다루는 학문이 **음운론**(phonology)이다. 구어는 인간의 생명 유지를 위한 호흡기관인 폐에서 조달된 기류를 성대의 조절 작용에 의해 발성되고, 성도를 통과하면서 조절된 기류가 의미 있는 음성언어로 생성되는 것이다. 생성된 구어는 기류가 성도에서 방해를 받으면서 나는 자음과 성도에서 아무런 방해를 받지 않고 나는 모음으로 구분된다. 이와 같이 구별되는 일련의 구어를 추상적으로 표상하는 것이 **음소**(=음운, phoneme)이다. 음소는 의미를 구분하는 소리의 가장 작은 단위이다. 유아들은 성인의 지식이나 사고체계로는 잘 이해가 되지 않는 독자적이면서도 특이한 방법이나 절차로 음운 체계를 습득한다. 이러한 일련의 과정을 통해 음운 습득의 마지막 단계에서는 아동의 음운조직이 성인의 것과 동일해 지는 것이다. 한편 선험적으로 지니고 있는 능력인 자질이 어떤 것이냐에 관계없이 엄마를 위시한 주변 사람들이 선험적으로 제공해 주는 모형이 없다면 음운 습득은 제대로 이루어지지 않을 것이라는 것도 분명한 사실이다. 그렇지만 성인이 보통 생각하듯이 아동들은 엄마나 주변 사람들이 제공하는 모형을 그대로 복사하듯이 모방하지는 않는다고 한다(이상배, 2006).

지구상에 살아가는 인류는 각 언어마다 대략 40개 정도의 음운을 사용하고 있고 사용되는 구어에는 서로 차이가 존재한다. 인간은 생후 18개월경 모국어의 음소를 표상하는 서로 상이한 음운체계가 출현하기 시작한다. 이때 아동들은 구어 산출에 있어 조음기관의 미성숙으로 인한 제한을 받게 되며, 한편으로 성인과 동일한 방식으로 산출하기도 하지만 다른 한편으로 어떤 음소들은 아동의 조음능력에 맞도록 변화되어 산출되기도 한다. 아동들이 자신의 조음능력에 맞게 발음하는 방법은 체계적이고 예측 가능한데, 이와 같이 변화시키는 방식을 **음운처리과정**(phonological processing)이라고 부른다. 이러한 음운처리과정은 아동 언어 습득의 기초가 된다. 아동이 처음 단어를 발화하기 시작할 때에는 자기 나름의 음운처리과정을 적용하여 음운을 습득하지만 발달하면서 성인과 같은 음운구조를 갖게 된다(조명한 외, 2003).

보통의 아동들이 나타내는 음운처리과정은 음절구조과정, 동화과정, 대치과정을 사용하여 성인의 목표음과 다른 발음의 어휘를 생산하게 된다. 예를 들면 음절구조과정은 소리 및 음절을 생략하는 현상으로 강세가 없는 음절 생략, 자음 생략, 음절 반복, 동화과정은 어떤 소리가 인접한 소리의 영향을 받아서 닮아가는 현상으로 순행동화, 역행동화, 첫 음절 반복이 있다. 대치과정은 폐쇄음화, 경음화, 활음화가 있다(유숙영, 2002).

일반 아동은 성인과 같은 음운의 습득을 대략 8세경에 완성한다. 이 시기 아동의 음운 습득 과정에서 개별적인 차이가 많이 나타나기는 하지만 다음과 같은 일반적인 발달 패턴이 관찰된다. 자음의 조음방법에서는 비음과 파열음, 그리고 전이음이 일반적으로 먼저 습득되고, 마찰음과 파찰음, 그리고 유음은 나중에 습득된다. 오조음의 분석 결과, 초기에 습득된 자음이 후기에 습득된 자음을 대치한다는 사실이 밝혀졌다. 예를 들면, 조음방법에서 마찰음이나 파찰음을 파열음으로 대치하는 파열음화가 나타나기도 한다. 또한 자음의 조음위치에서는 가장 일반적인 습득 패턴은 전설 자음을 후설 자음보다 먼저 습득한다는 것이다. 양순음, 치조음, 경구개음, 연구개음 순으로 습득하고 먼저 습득된 자음 역시 늦게 습득되어지는 자음을 대치하기도 한다. 예를 들면, 연구개음을 치조음으로 대치하는 연구개음의 전설음화가 나타나기도 한다(이현복 외, 1995). 음절 형태에 있어서 보편적인 유형은 자음 하나와 모음 하나만으로 구성된 **개음절**(open syllable)인 CV 음절이다. 이 음절 유형은 12개월에서 18개월에 가장 먼저 나타난다. **폐음절**(closed syllable)인 CVC 음절은 일반적으로 CV 음절보다 늦게 나타나는 경향이 있다.

2. 우리말 체계

구어를 산출하는 데 사용되는 신체의 각 부위를 조음기관이라 부르고, 이 조음기관

표 4.1. 한국어의 단모음 체계(10개)

구 분	전설모음		후설모음	
	평순	원순	원순	평순
고모음	이(i)	위(y)	우(u)	으(ɯ)
중모음	에(e)	외(ø)	오(o)	어(ʌ)
저모음	애(æ)			아(ɑ)

을 통해 산출된 언어학적으로 의미가 있는 소리를 음운이라 부른다. 우리말의 가장 대표적인 분류는 자음(consonant)과 모음(vowel)이다. 폐에서 생성된 기류가 성대의 발성과정을 거치면서 조절된 기류가 성도를 통과하면서 변형된다. 인간은 기류가 통과하는 이 공간의 모양을 여러 가지로 변형시킴으로써 다양한 소리를 만들어 낸다. 조음과정을 기준으로 음운은 크게 두 가지 부류로 나뉜다. 기류가 구강 통로의 중앙부에서 방해를 받으면서 나는 자음과 구강 통로의 중앙부에서 아무런 방해를 받지 않고 나는 모음이 있다(김수진, 신지영, 2007).

모음은 조음 시 조음동작의 변화 여부에 따라 단모음과 이중모음으로 나누어진다. **단모음**은 조음동작이 변하지 않는 것을 의미하고 **이중모음**은 조음동작이 변하는 것으로, 표준 발음법이 규정하고 있는 우리말의 단모음 체계는 **표 4.1**과 같다.

우리말에서는 19개의 자음이 사용되고 조음위치와 조음방법에 의하여 다음과 같이 분류된다. 조음위치별로는 양순음, 치경음, 치경경구개음, 연구개음, 성문음의 다섯 가지로 구분되고, 조음방법별로는 폐쇄음, 마찰음, 파찰음, 비음, 유음의 다섯 가지로 구분된다. 우리말의 자음 체계는 **표 4.2**와 같다.

3. 구어 지각

구어 지각(speech perception)은 화자가 의도한 의미와 청자가 지각하고 이해하는

표 4.2. 한국어의 자음 체계(19개)

구 분		양순음	치조음(치경음)	(치경)경구개음	연구개음	성문음
파열음 (폐쇄음)	평음	ㅂ(p)	ㄷ(t)		ㄱ(k)	
	경음	ㅃ(p*)	ㄸ(t*)		ㄲ(k*)	
	격음(기음)	ㅍ(p^h)	ㅌ(t^h)		ㅋ(k^h)	
마찰음	평음		ㅅ(s)			ㅎ(h)
	경음		ㅆ(s*)			
파찰음 (폐찰음)	평음			ㅈ(tɕ)		
	경음			ㅉ(tɕ*)		
	격음(기음)			ㅊ($tɕ^h$)		
비음		ㅁ(m)	ㄴ(n)		ㅇ(ŋ)	
유음(설측음)			ㄹ(l)			

의미를 모두 포함한다. 이 지각의 목적은 연속적이고, 중복, 분산된 소리의 연쇄에서 화자의 심적 표상, 즉 가장 낮은 수준에서는 음소 표상을, 그 위 수준에서는 단어 표상을 추출하는 것이다. 동시조음, 화자 변산 및 발화 속도 모두는 음향정보로부터 고정된 음소 표상을 추출하는 작업의 어려움을 시사한다(조명한 외, 2003).

구어 지각의 특성은 음향학적 변화를 지각하는 것이 연속적이 아니라 범주적이라는 것이다. 물리적으로 일정한 연속선상의 음들을 인식할 뿐만 아니라 구별할 수 있는 능력, 이 현상을 **범주적 지각**(categorical perception)이라고 한다. 범주적 지각을 증명하는 연구는 판별시험과 변별시험을 통해 진행되었다. 판별시험(identification test)은 피험자들이 주파수, 진폭, 시간 등이 조절된 합성음을 듣고 보기에 제시된 응답을 하는 제한선택시험(forced choice test)과 응답 선택의 자유를 부여하는 자유응답세트(open response set)가 있다. 변별시험(discrimination test)은 제시된 두 자극음을 듣고 같거나 다르다고 응답하는 방식이다. 예를 들면, /p/와 /b/는 음향학적으로 **성대진동시작시간**(voice onset time, VOT)의 차이로 구분되는 음이다. /b/의 VOT는 약 15ms 정도이고 /p/는 100ms 정도를 가진 음이다. 컴퓨터 합성을 통해 VOT 20ms 간격으로 자극음을 생성하여 피험자들에게 판별시험을 실시한 연구에서 VOT가 25ms 이하인 자극음에서는 /b/로 듣고, VOT이 40ms 이상인 자극음에서는 /p/로 판별하는 결과를 얻었다. 변별시험은 VOT를 조절한 /p/와 /b/의 합성음 쌍을 들려주고 자극음의 쌍이 서로 같은지 다른지를 판단하는 시험으로, 피험자들은 /b/ 음소 범주 내의 0ms와 20ms, 그리고 /p/ 음소 범주 내의 40ms와 60ms 사이는 자극쌍을 구별하지 못했지만 다른 음소 범주 내의 20ms와 40ms의 자극음 쌍은 구별하였다. 판별시험은 범주적 지각이고 변별시험은 음소경계효과인데, 일반적으로 이 둘을 모두 범주적 지각이라고 한다. 이러한 범주적 지각은 모국어와 밀접하게 연관되어 있으며, 영유아들도 성인들과 같은 방식으로 구어를 구분할 수 있다(Borden et al., 2000).

이와 같이 인간이 구어를 지각하는 것은 음향물리적인 소리의 변화를 선형적으로 지각하는 것이 아니라 범주적으로 지각하며 영아들에게도 나타나는 선천적인 능력으로 음운 발달에 주요한 능력이다.

아이가 태어나서 한 언어에 지속적으로 노출됨에 따라 구어 지각은 점차적으로 성인의 지각 형태를 습득하게 된다. 영아들은 태어나면서부터 구어나 다양한 청각 자극에 주의를 집중할 수 있는 능력을 갖고 있다. 물론 이 청각능력은 임신기의 태아에서도 발견되는 능력이다. 영아들은 이러한 생득적인 능력에 의해 모국어의 음소들을 범주적으로 지각할 뿐만 아니라 모국어가 아닌 음소들도 범주적으로 지각할 수 있는 능력을 가지고 있다. 하지만 영아들은 모국어에 지속적으로 노출됨에 따라 그 언어에서 대조가 되지 않는 구어 변별 능력은 완전히 사라지게 된다고 한다(Goldinger et al., 1996). 영아들은 언어 습득을 위해 구어를 구별하는 능력을 생득적으로 갖추고 있어야 하며 아울러 모국어에 대한 언어적 경험도 요구된다.

영아들이 성인들과 동일한 지각 능력을 가지는 것은 아니지만, 출생 시부터 구어를 들을 수 있고 임신기간 중에도 외부의 소리에 반응할 수 있으며, 들은 내용을 기억할 수 있다고 한다(Kuhl, 1987). 이러한 영아들의 생득적인 능력을 확인하는 것이 쉬운 일은 아니지만, 가장 많이 사용되는 방법은 고진폭 빨기(high amplitude sucking)와 고개 돌리기이다.

Eimas 등(1971)은 젖꼭지에 빨기 반응을 기록하는 변환기를 부착하는 **고진폭**

빨기를 통해 영아의 구어 변별 능력을 연구하였다. 성대진동시작시간(voice onset time, VOT)을 20ms씩 증가시켜서 [폐쇄음+모음] 음절의 연속 자극이 변화하도록 합성하여 생후 1개월의 영아들이 새로운 자극음에 대해 젖을 빠는 속도가 어떻게 변화하는지 그 반응을 측정하였다. 연구자들은 각 영아의 분당 기본 빠는 속도를 기록하고 빠는 속도의 강도에 따라 청각 자극을 제시하였다. 영아들은 새로운 청각 자극이 제시되면 빠는 강도가 증가되고 지속적으로 같은 소리가 반복되면 잠시 후에는 빠는 정도가 감소하였다. 이처럼 자극음이 반복적으로 제시되어 영아들의 반응속도가 감소하는 것을 **습관화**(habituation)라고 한다. 유아들이 첫 자극음에 습관화되고 새로운 자극음에 다시 반응속도가 증가하는 것을 **탈습관화**(dishabituation)라고 한다. 이러한 연구를 통해 Eimas 등(1971)은 1개월 된 영아들도 성인과 동일한 방식으로 구어를 범주적으로 지각할 수 있다고 하였다. 이는 영아들도 구어를 음소 범주적으로 구별하는 것이 가능하고 특별한 언어적 경험이 필요하지 않음을 보여 주는 것이다. 하지만 구어의 범주적 지각은 인간에게만 국한된 청지각의 특수한 언어적 특징이라기보다는 언어를 사용하는 포유류의 청각 시스템의 특성이다(Kuhl, 1987; Miller & Eimas, 1994). 그러나 이 구어 지각 능력은 영아들이 모국어에서 요구되는 음소 대비 능력을 생득적으로 가지고 태어남으로써 보다 효율적으로 언어를 습득할 수 있는 기전을 가진다는 것을 알 수 있다.

고개 돌리기 방법은 보통 5~12개월 정도의 유아들에게 움직이는 인형을 강화제로 이용한 조건화를 사용하는 것이다. 선행 연구자들은 유아들이 특정 자극에 반응할 때만 인형을 쳐다보도록 조건화하여 음향적으로 유사하거나 다른 소리를 내어 유아가 조건화된 자극에서 자극음의 차이를 구분할 수 있는지를 연구하였다(Trehub, 1976; Jusczyk, 1977; Kuhl, 1992). Trehub(1976)은 영아들의 구어 변별 능력은 범언어적인 현상으로 모국어 이외의 언어에서 나타나는 구어의 대조도 구별할 수 있다고 하였고, Jusczyk(1977)은 유아도 초성, 중성, 종성 위치와 단음절 및 다음절에서도 자음의 대조를 구별할 수 있다고 하였다. Kuhl(1992)은 6개월 된 유아도 음도, 화자, 음성적 맥락이 다른 자극에서 모음과 자음을 구별할 수 있다고 하였다. 그러나 영아의 범주적 지각 능력은 성인의 지각 능력과는 차이가 있으며, 완전한 성숙은 2세경에 이루어진다.

4. 음운 발달

이 장에서는 아동의 언어 발달 단계를 생후 1년까지의 언어 이전 단계와 생후 1년 이후의 언어 이후 단계로 나누어 음운 발달을 기술하고자 한다.

언어 이전 단계의 음운 발달

구어는 생득적인 언어기제와 조음기관의 해부 및 생리학적 발달, 대뇌신경계의 발달, 언어적 경험, 후천적인 학습 등이 상호작용하여 발달하게 된다.

출생 후 영아들의 성도 및 구강 구조는 호흡과 젖을 빨고 삼키기에 적합한 형태를 보이며 성인의 형태와는 차이가 있다. 하지만 신체적인 성숙이 진행됨에 따라 후두의 위치가 보다 아래쪽으로 내려가고 조음기관도 성장하게 된다. 이로 인해 성도의 크기가 성장하고 감각수용기도 발달하게 된다. 영아들은 발성놀이를 통해 자신의 신체 구조를 조절하고 탐색하는 연습 과정을 거치게 된다. 유아는 월령이 증가할수록 발성의 양과 수가 증가하고 다양해진다.

신생아들의 울음과 많은 불수의적 소리는 뇌간에 있는 원시적 구조에 의해 통제된다. 나중에 상위 뇌 구조에서 신경발달이 일어나는 시기에 발성의 변화가 나타난다는 사실은 신경계의 성숙이 영아들의 발성의 변화를 일으킴을 시사한다. 특히 6~8주 사이에 나타나는 목 울리기의 시작 시기와 변연계 일부 영역이 기능을 시작하는 시기가 일치한다. 뇌의 변연계(limbic system)는 인간과 하등동물의 정서표현과 관련이 있기 때문에, 이러한 일치는 뇌 발달과 정서발달이 인과적으로 연관된다는 것을 나타내며, 목 울리기를 할 때에 특정한 정서 상태, 즉 만족감이 나타난다. 변연계의 계속적인 발달로 16주경에는 웃음이 나타나고 더 높은 수준의 뇌, 즉 운동영역이 성숙하는 6~9개월 사이에 표준 옹알이가 가능해지는 것 같다(Hoff, 2007).

구어 발달에 있어서 언어적 경험은 주요한 역할을 한다. 언어 발달 시기에 경험하게 되는 청각적인 경험은 유아의 구어 발달에 결정적인 영향을 미치게 된다.

이 시기에 경험하는 성인의 말은 유아의 발성과 후기 옹알이의 운율적 특징에 반영된다. 다시 말해서, 영아가 듣는 언어에 따라 특정 언어의 자질이 나타나게 된다. 또 하나의 중요한 언어적 경험은 청각적 피드백에 의해 영아들이 자신의 발성을 듣는 것이다. 발성놀이에서 영아들은 자신이 음성장치로 하는 일과 산출되는 소리 사이의 관계를 발견하는 것 같다고 하였다(Kuhl & Meltzoff, 1988). 청각적 피드백에 장애가 있는 청각장애 영아들의 옹알이는 지체되고 발성량도 또래 영아에 비해서 적은 경향이 있다.

아동의 구어 발달은 개인적인 차이가 존재하지만 유사한 발달 단계를 통해 음성 체계를 발달시키고, 음운 발달의 초기 단계에서 산출하는 음성 체계는 모든 언어권에서 공통적으로 나타나며, 그 다음 단계에서는 유아의 모국어에 따른 음성 체계를 산출한다(McNeil, 1970). 생후 1년 정도의 기간을 언어 이전 단계라고 하고 이 시기에 유아들이 내는 소리들을 일반적으로 옹알이라고 표현한다. 이 시기의 유아들은 다양한 발성을 사용하고 성인과 비슷한 속도와 억양을 가진 CV 음절의 긴 연속에 이르기까지 다양한 발성을 사용할 수 있다. 이 발성은 생리적인 울음이나 재채기 등의 반사적 발성과 성인의 언어와 유사한 목 울리기, 옹알이, 소리 지르기 등의 비반사적 발성으로 구분된다(Oller, 1980; Stark, 1978). 언어 이전 단계의 옹알이 단계는 다음과 같다(Mclanhuhlin, 2006; Machado, 2003; Owens, 2003; Stark, 1986).

0~1개월: 반사적 울기와 불수의적인 발성 단계

신생아는 반사적 울기, 트림, 재채기, 딸꾹질, 호흡과 빨기 등의 생리적인 반응에 수반되는 다양한 불수의적인 발성을 산출한다. 구강에서 나는 불수의적인 발성은 대개 소화 활동과 관련되고 모음과 유사한 소리를 발성하지만 불완전한 공명을 사용하여 한숨 같은 소리가 특징적으로 나타난다.

1~4개월: 쿠잉 단계

6주에서 8주경이 되면 영아들은 목 울리는 소리를 사용한다. **쿠잉**(cooing)은 구강의 뒤쪽에서 만들어지는 발성으로 대개 편안함과 만족감을 나타내는 소리이고, 사회적 상호작용에서 많이 사용된다. 월령이 증가됨에 따라 영아들은 목 울리는 소리가 다양해지고 여러 모음 같은 소리가 결합된 소리도 산출하지만 성인의 산출과는 다른 형태이다. 한편 4개월경에는 소리 내어 웃는 행동이 나타나게 된다. Spieker(1987)는 웃음이 유아의 인지 발달을 예측하는 요인이라고 주장하면서 일찍 소리 내어 웃을수록 발달 수준이 높다고 한다.

4~6개월: 주변적 옹알이 단계

주변적 옹알이(marginal babbling)는 유아가 성도 폐쇄와 함께 VC 음절이나 CV 음절에 가까운 모음과 유사한 소리를 산출하는 것으로, 후두와 구강기관의 조절능력이 발달함에 따라 물푸레질, 비명소리, 혀 굴리기 등의 다양한 발성을 산출할 수 있게 된다. 이 옹알이 단계를 발성 놀이기(Stark, 1986) 또는 확장기(Oller, 1980)라고도 하며, 유아들은 보다 다양한 모음과 유사한 소리, 자음과 유사한 소리를 산출한다. 이 시기 유아들은 점점 다양한 소리를 자유자재로 낼 수 있게 되면서 이 소리들을 더 길고 복잡한 흐름으로 연결하게 된다. 이 시기의 유아들이 사용하는 옹알이의 초기 자음은 양순음과 치조음 같은 구강 앞에서 나는 소리를 산출하고 음절성 발음에 가까운 소리 역시 출현하기 시작한다.

6~8개월: 반복 옹알이 단계

주변적 옹알이 단계의 유아가 CV나 VC 구조의 단음절을 산출한다면 이 시기의 유아는 발성놀이(vocal play), 자음과 모음의 동일한 조합이 반복되는 **반복 옹알이**(reduplicated babbling)나 혼합 옹알이(variegated babbling)를 사용할 수 있게 된다. /마마마/와 같은 CV 음절을 반복적으로 사용하는 반복 옹알이는 자기 자극적 옹알이이고 성인과 의사소통할 때는 사용하지 않으나, 비반복적 옹알이(nonreduplicated babbling)라고 부르는 혼합 옹알이는 자기 자극적인 특성은 감소하고 성인의 말을 모방하는 놀이에서 사용하는 경향이 있다.

8~12개월: 반향어/자곤 단계

유아들은 신경계의 발달과 청각적 경험 및 산출의 경험을 통해 보다 더 진어(true speech)에 가까운 발성을 산출하게 된다. 이 시기에 나타나는 유아들의 특징은 타인의 말을 듣고 즉각적으로 모방하는 행위, 즉 **반향어**(echolalia)를 사용한다는 것이다. 이러한 모방이 처음에는 제스처와 억양에 제한되어 나타나다가 점차적으로 자주 사용되는 단어에서 강세가 있는 음절을 모방하는 행동으로 발달한다.

언어 이전기의 마지막 단계는 첫 단어를 사용하는 시기와 중첩된다. **자곤**(jargon)은 성인의 운율 패턴을 가지는 옹알이의 한 형태이다. 유아가 자곤을 산출하는 것을 듣고 있으면 뜻을 이해할 수 있는 단어가 없어도 마치 질문, 감탄, 명령으로 들린다는 착각을 할 수도 있다. 이 시기 유아는 억양, 속도, 강세 등의 준언어적 측면을 언어적 측면보다 쉽게 따라할 수 있으며, 8개월 된 유아도 성인의 발화 시 억양을 모방하는 것으로 나타났다(McLaughlin, 2006). 한편 언어 이전 단계에서 언어 이후 단계로 넘어가는 과도기의 유아들은 자기 스스로 단어를 만드는데(Hoff, 2001; Machado, 2003), 이것을 **음소일관형식**(phonetically consistent forms, PCFs)이라고 부른다. 이 과도기 동안 유아는 소리가 의미를 가지고 있다는 어려운 개념은 습득하지만 새로운 단어를 만드는 대신 이미 존재하고 있는 단어를 알아야 한다는 것은 명확히 알지 못하기 때문에 나타난 것이다.

언어 단계의 음운 발달

출생 후 1년간의 언어 이전 단계를 거치고 나면 성인의 음운체계가 나타나는 음운 발달 단계가 시작된다. 아동이 50개의 단어를 규칙적인 형태로 사용하는 수준이 되면 전체 단어를 표상하는 시기는 사라지고 다양한 유형의 음운들이 산출되며 음절구조 역시 복잡해진다. 아울러 첫 단어가 시작되면서 어휘가 급격히 증가하게 되고, 이 시기 아동의 발음은 좀 더 안정되고 자신의 음운 산출에서 규칙적인 형태를 산출하게 된다. 다음은 초기 단어의 특징과 음운 발달을 구체적으로 기술하고자 한다.

초기 음운 발달

옹알이 단계 이후 첫 단어가 나타나고 어휘 수가 급격히 증가하여 50개 정도의 단어를 산출하기까지의 시기는 대략 1세부터 2세경이다. 이 시기의 아동들은 단어를 분화시키지 못하고 통단어로 습득하기 때문에 어휘들 간에 음운적인 관련성을 알지는 못한다. 또한 자신의 음소목록에 있는 소리로만 된 단어들을 선택하여 산출하며, 단어의 모든 음절을 말하기보다는 자신의 역량에 맞추어 줄여서 말한다(김수진, 신지영, 2007).

대부분의 아동들은 옹알이와 첫 단어가 출현하는 시기에 과도기가 나타난다. 이 시기에 아동들은 성인 수준의 단어를 사용하여 일관적인 의사소통이 어렵기 때문에 제스처를 사용하여 의사소통을 하고 성인의 단어와는 다른 간단한 형태의 여러 발성유형을 산출하게 된다. 이러한 형태를 **원시단어**(protoword)라고 한다. 이러한 원시단어의 사용은 아동이 발성의 의사소통적인 기능을 이해하고 있음을 의미한다고 할 수 있다.

첫 단어는 개인 간에 차이가 있지만 일반적으로 1세경에 나타난다. 첫 단어에 나타나는 특징적인 소리들은 옹알이의 마지막 단계이거나 옹알이와 첫 단어 사이의 과도기에 출현했던 소리들이다. 첫 단어는 음소적으로 성인의 단어와 유사하여야 하고, 특정 상황이나 대상에 의미 있게 일관적으로 사용되어야 한다.

첫 단어로는 '과자(/까까/), 밥(/맘마/), 위험해(/어-버/), 더러워(/지지/), 자(/낸내/)' 등과 같은 1~2음절의 단어들이 주로 출현하고, 음절 구조도 CV, CVCV, CVCV 반복, VCVC 등의 간단한 음절 구조로 되어 있다. 주로 사용되는 음소는 혀를 덜 사용하고 공기조절을 덜 필요로 하는 /p, b, d, t, m, n/ 같은 전설 자음과 /g, k, h/ 같은 후설자음으로, 산출하기 쉬운 음소가 초기 단어에 나타난다고 한다(Gleason, 2005). 정경희 등(2006)은 12, 18, 24개월의 영유아의 음운 발달을 연구한 결과에서 자음은 비음과 파열음이 먼저 사용되고, 발성유형은 경음이 먼저 발달하며, 음절구조는 V, CV, CVC 유형의 산출이 높다고 한다. 특히 12개월 집단의 아동은 초성에서 /ㅁ, ㄷ, ㄱ, ㅈ/, 종성에서 /ㅇ, ㅁ, ㄴ/의 순서로 산출률이 높다고 한다.

초기 단어에서는 단어 전체가 표상되고 분리된 음소분절로 분석되지 않으며 개인차, 성별, 환경에 따라 많은 차이를 나타나기도 한다. 또한 초기 단어는 비일관적으로 사용되기도 하며, 언어학적 맥락이나 상황적 맥락 없이는 단어의 의미를 파악하기 어려운 경우도 있을 수 있다.

후기 음운 발달

아동이 50개의 어휘를 산출할 수 있는 시기가 오면 어휘가 급격히 증가하고, 아동은 자신의 소리와 성인의 소리를 체계적으로 대응시키며 음운을 발달시킨다. 아동은 4세경에 이르면 대부분의 음운 대립을 정확하게 산출할 수 있게 되고, 모국어의 음운들이 거의 나타나게 되며 음운들이 안정적으로 산출될 수 있도록 발음하게 된다. 이 시기 아동들 간의 음운 산출은 서로 변산성이 크다고 할 수 있다. 특히, 출현하는 구어가 나타나는 순서나 형태에서 아동들 간의 차이가 발견된다. 성인과 같은 음운의 완성은 대략 8세경에 이루어진다.

음운의 완전 습득에 관한 기준은 학자들마다 차이가 있다. Sander(1972)는 관습적인 발음 연령을 50%의 발음 정확도를 보이는 연령, 숙달 연령은 90%의 발음 정확도를 보이는 연령으로 정하였으나, Templin(1957)은 75%의 발음 정확도를 보이는 연령이 숙달 연령이라고 한다. 김영태(1996)에 따르면 완전습득 연령은 95~100%의 발음 정확도를 보이는 연령, 숙달 연령은 75~94%의 발음 정확도를 보이는 연령, 관습적 연령은 50~74%의 발음 정확도를 보이는 연령, 출현 연령은 25~49%의 발음 정확도를 보이는 연령으로 이 시기 아동들은 비음과 파열음을 먼저 발달시키고 파찰음, 유음 및 마찰음은 비교적 후기에 발달하는 경향이 나타났다. 석동일 등(2008)은 아동의 음운 발달을 단어 수준에서 음절 수를 1음절, 2음절, 다음절로 구분하고 음소위치 또한 우리말 체계에 적합한 어두초성, 어중초성, 어중종성, 어말종성으로 구분하여 3~6세 아동이 91% 이상, 81~90%, 71~80%, 61~70%, 51~60%, 50% 이하의 발음 정확도를 나타내는 연령을 연구하였고, 그 결과는 **표 4.3**과 같다. 연구 결과, 아동들은 음절 수에 따라 음운 발달에 차이가 나타났고, 일반적으로 비음과 파열음을 먼저 발달시키고, 파찰음과 마찰음을 비교적 늦게 발달시키는

표 4.3. 3~6세 조음음운 발달표

음절 수	1음절		2음절				3음절			
음절 위치 / 정확률	어두 초성	어말 종성	어중 초성	어말 초성	어중 종성	어말 종성	어중 초성	어말 초성	어중 종성	어말 종성
3세	ㄱ, ㄴ, ㅁ, ㅂ, ㅋ, ㅌ, ㅍ, ㅎ, ㄲ, ㄸ, ㅃ	ㄱ, ㄴ, ㄷ, ㄹ, ㅁ, ㅂ, ㅇ	ㄱ, ㄴ, ㄷ, ㅁ, ㅂ, ㅊ, ㅋ, ㅌ, ㅎ, ㄲ, ㄸ, ㅃ, ㅉ	ㄱ, ㄴ, ㄷ, ㄹ, ㅁ, ㅂ, ㅈ, ㅊ, ㅋ, ㅌ, ㅎ, ㄲ, ㄸ	ㄴ, ㄷ, ㄹ, ㅁ, ㅂ, ㅇ	ㄱ, ㄷ, ㄹ, ㅁ, ㅂ, ㅇ	ㄱ, ㄴ, ㄷ, ㅁ, ㅂ, ㅋ, ㅌ, ㅍ, ㅎ, ㄸ, ㅃ, ㅉ	ㄱ, ㄴ, ㄷ, ㄹ, ㅁ, ㅂ, ㅈ, ㅋ, ㅌ, ㄲ, ㄸ, ㅃ	ㄱ, ㄴ, ㄷ, ㄹ, ㅁ, ㅂ, ㅇ	ㄱ, ㄴ, ㄹ, ㅁ, ㅂ, ㅇ
4세	ㄷ, ㄹ, ㅈ, ㅊ		ㅍ	ㅅ, ㅍ, ㅃ, ㅉ		ㄴ	ㅈ, ㄲ	ㅅ, ㅊ, ㅍ, ㅎ, ㅉ		
5세	ㅅ, ㅆ		ㅅ, ㅈ	ㅆ	ㄱ		ㄹ, ㅅ, ㅊ, ㅍ,	ㅈ, ㅋ		
6세			ㅆ				ㄸ, ㅆ			

출처: 석동일 외(2008). 한국어 표준 그림 조음음운 검사.

경향이 나타났다.

5. 음운변동 발달

약 18개월이 되면 아동들은 자신이 산출할 수 있는 음운 레퍼토리에 맞추어 음운을 재조직한다. 이 시기 아동의 산출은 성인과 다르지만 보다 더 일관성을 가지게 된다. 성인들이 보기에 아동의 산출이 단순하고 불규칙적으로 음소를 대치하는 것처럼 보이지만 아동들은 체계적인 규칙 지배 전략에 따라 음운변동을 산출하고 있는 것이다. 이러한 음운변동은 개인 간에 차이가 많이 나타나지만 아동들은 일정한 발

표 4.4. 음운변동 발달

3;0세까지 소거되는 음운변동	3;0세 이후에도 남아 있는 음운변동
비강세 음절 생략	자음군 축소
종성자음 생략	삽입음
자음 동화	활음화
반복	유성음화
연구개음의 전설음화	파열음화
모음 직전의 유성음화	탈(경)구개음화
	종성 무성음화

달 순서에 따라 **음운변동**을 발달시킨다.

Stoel-Gammon과 Dunn(1985)은 3세를 기준으로 사라지는 음운변동과 지속되는 음운변동 과정에 관해 **표 4.4**와 같이 기술하였다. 이 연구에서 3세까지 소거되는 음운변동은 비강세 음절 생략, 종성자음 생략, 자음 동화, 반복 등으로 나타났다.

음절 구조에 관한 음운변동은 음절의 단순한 변동으로 음절의 생략 및 첨가에 관한 변동이 있다. 대치 음운변동에는 음성학적 맥락에 영향을 받지 않는 조음위치와 조음방법의 음운변동이 있고, 한 음소가 그 주변의 음소에 영향을 받아 주변 음소의 특성을 따라 변하는 동화 음운변동이 있다.

대치 음운변동은 조음위치적인 측면에서는 전설음화(fronting), 후설음화(backing), 양순음화(labialization), 치조음화(alveolization), 경구개음화(palatalization), 연구개음화(velarization), 성문음화(glottalization)로 나누어 분석하고, 조음방법적인 측면에서는 폐쇄음화(stopping), 마찰음화(frication), 파찰음화(affrication), 유음화(liquidization), 비음화(nasalization)로 나누어 분석한다. 동화 음운변동은 앞/뒤 중 어떤 음소에 영향을 받는가에 따라 음운변동이 나타난다. 순행동화는 '가방'을 '가강'으로 바꾸는 것이고, 역행동화는 '가방'을 '바방'으로 바꾸는 것이다. 동화 음운변동도 조음위치와 조음방법에 따라 나눈다. 조음위치에 의한 양순음 동화는 '연필'을 '염필'로, 치조음 동화는 '자동차'를 '자던차'로, 경구개음 동화는 '자동차'를 '자종차'로, 연구개음 동화는 '풍선'을 '풍껀'으로, 성문음 동화는 '호랑이'를 '호랑히'로 바꾸는 것이다. 조음방법에 의한 폐쇄음 동화는 '짝짜꿍'을 '따따

꿍'으로, 마찰음 동화는 '책상'을 '색상'으로, 파찰음 동화는 '자동차'를 '자종차'로, 비음 동화는 '못'을 '몬'으로, 기식음 동화는 '깡총'을 '캉총'으로, 긴장음 동화는 '장난감'을 '감난감'으로 바꾸는 것이다. 긴장도 및 기식도에 따른 음운변동은 조음의 긴장도에 따라 긴장음화(tensing)와 이완음화(laxing)로 나눈다. 긴장음화는 긴장음이 아닌 음소에 긴장을 첨가하는 변동으로 '김밥'을 '김빠'로, 이완음화는 긴장음의 긴장성이 상실되는 경우로 '땅콩'을 '강콩'으로 바꾸는 것이다. 기식음화(aspiration)는 기식음이 아닌 음소에 기식성을 첨가하는 변동으로 '나무'를 '파무'로, 탈기식음화(deaspiration)는 기식음들의 기식성이 사라지는 변동으로 '책상'을 '내상'으로 바꾸는 것이다.

김영태(1992)가 제시한 음운변동은 음절의 생략 및 첨가 음운변동과 대치 음운변동으로 나누어 분석하였다. 생략 및 첨가 음운변동은 음절구조와 조음방법 그리고 조음위치에 따라 분류하고, 대치 음운변동은 조음위치, 조음방법 등에 따라 분류하여 음운변동을 분석한 연구 결과, 조음방법 측면에서의 음운변동은 비음 생략과 폐쇄음 생략이 높은 빈도를 나타내었고, 조음위치 측면의 음운변동에서는 연구개음과 치조음 생략이 가장 높은 빈도를 나타내었다. 음절구조 상의 음운변동에서는 종성생략, 초성 생략이 높은 빈도를 나타내었다. 김영태와 신문자(1992)는 음운변동에 관한 대치변동 연구 결과, 조음위치에서 가장 많이 나타난 변동은 모든 연령에서 치조음화와 전설음화였고, 조음방법은 조음위치 변동보다는 낮은 출현 빈도를 나타내었고 폐쇄음화가 가장 높은 빈도를 나타내었다. 동화 음운변동 결과는 치조음 동화, 폐쇄음 동화, 기식음 동화, 폐찰음 동화 등이 자주 나타났다. 긴장도 및 기식도에 따른 분석에서는 긴장음화보다는 이완음화가, 탈기식음화보다는 기식음화가 높은 빈도를 나타내었다. 이 연구 결과는 **그림 4.1**과 **그림 4.2**와 같다.

지각과 산출

일부 아동들은 성인들이 구분할 수는 없지만 자신의 음성을 통해 차이를 지각하는 발화를 하는 경우가 있다. 예를 들면, 자신이 잘못된 발음을 다른 아동들이 모방할

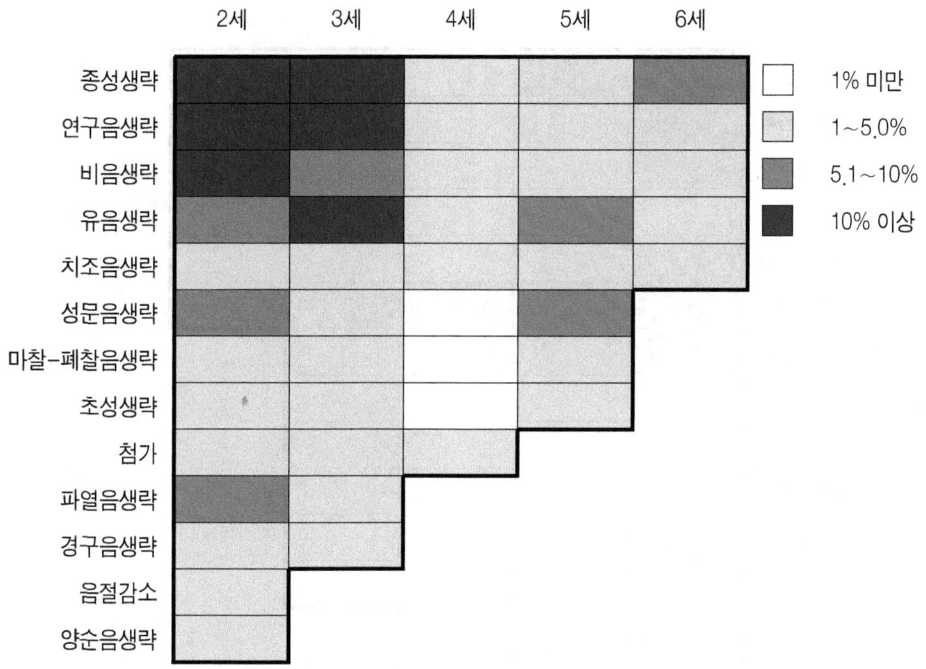

그림 4.1. 2~6세 한국 아동의 음운변동의 변화(생략 및 첨가변동의 출현율)

때 "난 'wabbit'이라고 하지 않았어. 'wabbit'이라고 했어."라고 한다면, 이 현상은 지각이 발성보다 선행한다는 증거로 해석될 수 있다. 아동은 성인의 'wabbit'을 듣고 잘못을 지각하지만 /r/을 산출할 수는 없거나 자신의 실수를 지각하지 못할 수도 있고, 자신의 산출을 성인과 다른 방식을 지각하거나 자신의 발성을 아직 구분하지 못하기 때문에 지각에 혼동이 나타난 것일 수도 있다. 그래서 지각은 발성을 도울 뿐만 아니라 다른 아동들의 음성에 있는 음을 구분하려는 노력을 통해 아동들의 음성생성을 완전하게 하는 데 도움을 준다고 하였다(Borden et al., 2000).

아동들이 음운을 발달시키는 기간 동안 구어의 지각 능력과 산출 능력은 일치하지 않을 수 있다. 지각은 산출에 선행하여 발달하고 이는 산출에 긍정적인 영향을 미치게 된다. 이러한 현상은 성인들이 제2 외국어를 학습할 때 흔히 경험하게 된다. 모국어에 없는 음운을 학습을 통해 지각하기는 하지만 산출은 능숙하지 않고 실수하여 발화할 수 있기 때문이다. 이로써 아동들의 미성숙한 산출이 지각의 미성숙을 의미하는 것은 아니라는 것을 알 수 있다.

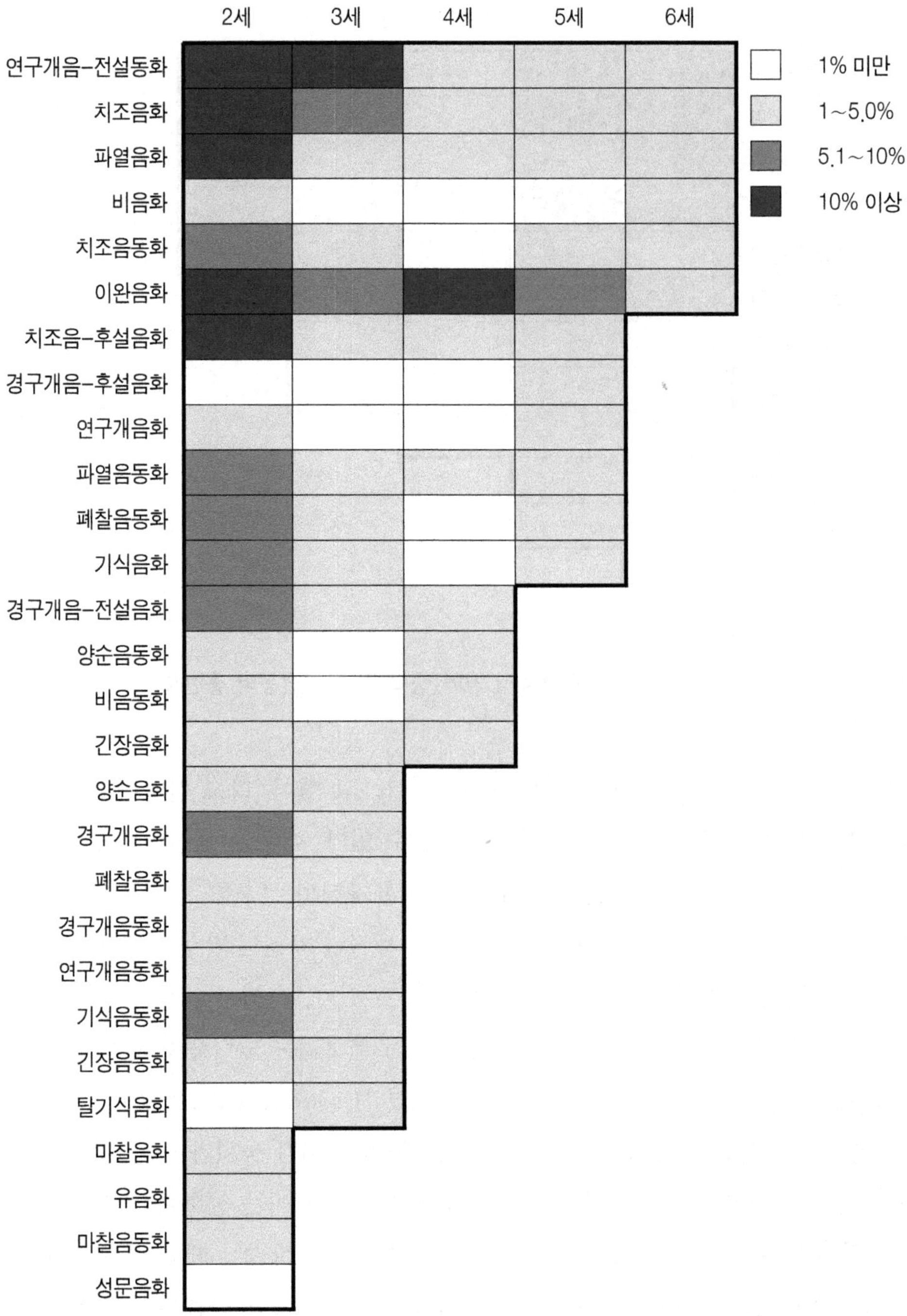

그림 4.2. 2~6세 한국 아동의 음운변동의 변화(대치변동의 출현율)

출처: 김영태(2004). 우리말 조음-음운평가.

음운 발달의 개인차

동일한 언어권에 속하는 아동들도 언어 발달 시기에는 개인 간에 다양한 편차를 나타낸다. 정상적인 아동은 음운 발달 과정에서 일정한 순서성과 규칙성을 가지고 잠재된 발달 패턴을 외부로 표출하게 된다. 물론 성별, 양육자, 언어적 환경, 유전적 요인, 신체 및 운동 발달 등에 의해 영향을 받을 수 있지만 정상 언어 발달의 속도는 매우 다양한 차이를 나타내게 된다. 또한 옹알이 단계에 있는 어떤 아동들은 모국어의 억양 굴곡을 가진 긴 소리패턴으로 옹알이를 사용하고, 다른 아동은 한 번에 하나의 짧은 옹알이를 사용하기도 하며(Dore, 1975), 어떤 아동들은 비음을 많이 사용하기도 하고 어떤 아동들은 비음을 거의 사용하지 않기도 한다. 이러한 차이는 조음능력의 차이 때문에 생기지만 어떤 아동은 특정한 소리를 선호하는 것 같다고 하였다(Vihman, 1993). 이러한 아동 개인의 선호도는 성인의 음운단어를 재구조화하는 과정에도 적용시켜서 사용하기도 한다.

그 외 여아가 남아에 비해서 음운 발달 측면에서 약간 우세하나, 그 차이는 통계적으로 유의한 정도는 아니었다고 하였다(Templin, 1963). 부모의 사회경제적 수준에 따른 영향은 4세까지는 부모의 직업이 영향을 미치는 것 같으나, 8세 정도에는 아동의 조음발달에 거의 영향을 미치지 않는다고 하였다(Templin, 1957). 형제의 영향은 첫째 아이가 둘째 아이보다 더 우수한 음운 능력을 가지고, 형제간의 차이가 클수록 아동의 음운 능력이 우수하다고 하였다(Koch, 1956).

음운인식의 발달

음운인식(phonological awareness)은 언어의 구어 구조에 대한 외현적인 지식이다. 구어의 개별적인 단위와 유형을 인식하는 음운인식 능력은 초기 읽기와 매우 관련성이 높은 것으로 밝혀져 왔다. 즉, 음운인식 능력은 구두 언어와 문자 언어 간의 중요한 연결고리이며, 읽기장애를 예측할 수 있는 요인이다(김선정, 김영태, 2006). 홍성인(2000)은 음운인식 능력은 단어 인식, 음절 인식, 음소인식으로 발전해 나가며, 음소는 6세가 되어야 비로소 발달하기 시작한다고 보고하였다. 반면 과제 종류(탈락, 합성, 변별)와 과제 수준(단어, 음절, 음소) 수행력은 연령에 따라 다르게 나타났다. 단어와 음소수준에서는 변별과제가, 음절 수준에서는 합성과제가 수행률이 가장 높았으며, 4세와 5세는 변별과제가 가장 높게 나타났고, 6세는 다른 과제에 비해 합성과제가 다소 낮게 나타났다. 박향아(2000)는 음소 변별과제만을 이용하여 3, 5, 7세 유아의 음운인식 발달을 연구하였다. 그 결과, 3세부터 음절체(body)와 각운(rhyme)이 유사하게 발달하기 시작하여 5세에 음절체가 거의 완성되고 각운은 7세까지 꾸준히 발달하였다. 또한 음소는 5세에 변별이 가능하고 7세 유아는 초성 변별이 종성 변별보다 더 쉬운 과제 단위라고 보고하였다. 김현자와 조증열(2001)은 4, 5, 6세 아동을 대상으로 음소 변별과제만을 이용하여 박향아(2000)와 유사한 결과를 얻었으며, 또한 음소인식은 4세부터 시작하여 초등학교까지 꾸준히 발달하고 종성 변별과제가 가장 저조하게 나타난다고 하였다. 이와 같은 결과는 음절에 대한 인식 능력은 5세 정도가 되면 갖추게 되지만 음소인식은 6세나 7세 이후 이후에 가능하다는 것을 보여 준다(신지현, 2000).

이상에서 살펴본 바와 같이 아동들의 음운인식 능력은 연령이 증가하면서 음절, 초성-각운(onset-rhyme) 또는 음절체-종성(body-coda), 음소 순서로 발달하고, 음소인식은 6세 정도가 되어야 가능하다.

6. 음운 발달 이론

출생 후 아기들은 놀라운 속도로 모국어의 성인 언어체계를 습득하게 된다. 이 장에서는 이러한 습득 과정에 관한 음운 습득 이론을 구조주의 이론과 행동주의 이론, 인지 이론과 자연음운론, 운율 이론과 생리적 이론 등을 중심으로 음운 습득의 원리와 한계점을 간략하게 다루고자 한다.

구조주의 이론

Jakobson(1941)이 제안한 구조주의 이론(structuralist theory)은 음운 습득 이론 중에서 가장 널리 알려진 것이다. 이 이론은 구어의 산출을 옹알이와 의미 있는 구어 산출의 음운 발달 단계로 구분한다. 옹알이 단계의 구어 산출은 잠시 나타났다가 사라지는 것(ephemeral)이며, 규칙적인 습득 순서를 따르지 않는 광범위하고 다양한 소리로 구성되어 있다고 한다. 의미 있는 구어 산출의 음운 발달 단계는 계층적인 구조법칙에 의해 정의된 보편적이고 생득적인 습득 순서를 따른다고 한다.

이 시기의 아동들은 최대 대조의 원리와 불가역적 영속성의 법칙에 의해 음운을 습득한다고 설명하고 있다. 아동들에 있어 가장 먼저 일어나는 음운대립은 최대 대조의 원리(principle of maximal contrast)에 의한 자음성 대 모음성의 대립이고, 뒤이어 자음대립인 구강 폐쇄음 대 비강 폐쇄음의 대립, 구강 폐쇄음은 다시 양순음 대 치조음의 대립 순으로 음운 습득이 진행된다고 설명하고 있다. 이러한 순서는 아동에 따라 다르게 나타날 수 있지만 음운 습득의 상대적인 순서는 일정하다고 한다. 불가역적 영속성의 원리(law of irreversible solidarity)는 최대 대조의 원리에 의해 음소 체계가 습득되면 함의규칙(implication rule)에 의해서 음운 습득이 이루어진다는 것이다. 예를 들면, 폐쇄음이 마찰음보다 먼저 습득되고 전설자음이 후설자음보다 먼저 습득되며, 이러한 음운 습득은 언어의 보편적인 현상으로 설명하고 있다.

하지만 Locke(1983)이 옹알이 단계와 의미 있는 구어 산출의 음운 발달 단계 사이에 시간적인 연속성과 두 시기 사이의 공통점을 밝힘에 따라 구조주의 이론의 한계점이 나타나게 되었다. 또한 음운 습득 순서와 음운 습득에서 광범위한 개인차가 존재한다는 것은 생득적이고 보편적인 과정을 통해 음운을 습득한다는 이론과는 상반되는 견해이며, 초기 단어 산출에 대한 연구(Ferguson & Farwell, 1975)를 통해 아동들이 음운보다는 전체 단어나 음절을 먼저 습득한다는 것을 알 수 있다.

행동주의 이론

음운 습득에 강화의 역할을 강조한 행동주의 이론(behaviorist theory)은 행동이 강화에 의해 습관화되고 조건화된다고 한다(Mowrer, 1952, 1960; Olmsted, 1966, 1971; Winitz, 1969). 언어도 하나의 행동으로 간주하고 반복 연습과 강화 활동에 의해 언어습관이 형성된다는 것이다. 아동은 새로운 언어적 자극에 적절한 반응을 보이고, 그 반응이 적절한 강화를 받으면 그 언어적 자극을 이해하고 발화하기 시작함으로써 언어를 습득한다고 보았다. 아동은 자신을 양육자와 동일시하고 보살핌을 받음으로써 항상 양육자의 발성에 주의를 기울인다. 아동은 양육자의 말을 음식과 같은 1차 강화와 연결시킨다. 아동의 구어가 양육자와 비슷해지면 2차 강화로 연결된다. 성인의 구어와 유사한 아동의 산출은 양육자와 아동 자신에 의하여 선택적으로 강화된다(Mower, 1952). 이와 같은 단계들을 거치면서 아동의 발성은 주위 환경에 있는 성인의 구어와 유사한 구어를 습득하게 된다. 하지만 이 이론에서 강조하고 있는 구어 습득에 있어 강화의 역할과 아이가 성인의 구어와 유사한 소리를 산출했을 때 양육자가 선택적으로 강화한다는 증거가 사실상 없다는 제한점을 가지고 있다.

자연음운 이론

Stampe(1969)에 의한 자연음운 이론(natural phonology theory)은 음성적 동기에 의한 자연적 음운과정의 개념이 중심이 되는데, 음운과정이란 '하나의 잠재적인 음운 대답을 인간의 발화 능력의 제한을 최소화하는 대립으로 통합하는 정신적 작용'이라고 정의한다. 아동은 선천적 음운과정의 체계를 가지고 태어나고, 이 능력은 본유적, 범언어적, 자연적인 음운체계라는 것이다(Stampe, 1969). 아동의 음운과정은 인간의 발화 능력에 내재한 음성적 힘에 대한 자연스러운 반응을 나타내기 때문에 음운을 습득해 가는 동안 아동은 음운과정들을 억압하거나 제한하거나 재순서화함으로써 음운과정 체계를 성인 언어의 음운체계와 일치할 때까지 수정한다고 한다. 즉, 이 이론은 아동이 음운 습득 과정에 있어서 상당히 수동적인 역할을 하며, 발음은 생득적이고 보편적인 음운과정에 의해 지배를 받는다고 한다. 자연음운론은 아동의 음운 발달을 연구하는 분야에서 상당한 호응을 얻었지만 몇 가지 제한점도 가지고 있다. 이 이론은 음운과정의 오류 유형을 기술하는 데 있어서 유용한 방법을 제공하지만 음운과정이 정신적 과정이라는 확실한 증거를 찾기 어렵고, 어휘선택이나 음운 책략 등에서 증명하듯이 아동이 음운 습득에서 능동적인 역할을 한다는 연구 결과들과 상반되는 주장을 하고 있다.

운율 이론

Waterson(1971a, 1971b)이 제안한 운율 이론(prosodic theory)은 구어 지각이 산출과 마찬가지로 언어 습득의 초기 단계 동안 계속해서 발달한다는 이론이다. 이 이론에 의하면 아동은 발화를 분절음들의 연속체로서가 아니라 분석되지 않는 단위로 지각하는 경향이 있다. 즉, 아동은 어떤 발화를 듣는 즉시 그 발화 중 가장 두드러진 자질들에 주의를 기울여서 이 자질을 재산출하려고 시도한다고 하였다. 이 이론은 목표 음운과 아동의 발음 간에 체계적인 대응이 일치하지 않는 것을 설명할 수 있고, 습득의 초기 단계에 나타나는 아동들 간의 광범위한 차이를 설명할 수 있다는 장점이 있다. 그러나 지각과 성인의 입력을 음운 발달의 주요한 요소로 간주하고 있지만 그 영역이 초기 습득 단계만을 다루고 있으며, 아동의 음운 발달에 관한 일반적인 습득 유형이나 습득 순서, 오류 유형들에 관해서 충분한 설명을 이끌어내지 못하고 있다.

인지 이론

아동의 구어 자료를 기초로 개발된 인지 이론(cognitive theory)은 구조주의 이론과 자연음운론의 '보편주의 언어학'이 동일한 언어를 습득하는 아동들 사이에도 광범위한 개인차가 존재하고 종단 연구 결과에 의해 언어 습득이 나타난 능력이 단선적으로 진행되는 것이 아니라는 점을 들어 아동 자신이 습득하는 소리, 체계에 관한 가설을 스스로 세우고 검증함으로써 습득 과정에서 능동적인 역할을 설명하기 위해 제안된 것이다. 인지 이론은 주로 개인차가 가장 클 때인 음운 발달의 초기 단계에 초점을 맞추고 있으며, 습득 초기의 아동은 단어를 분절음들의 연속체가 아닌 분석되지 않는 전체로 간주하고 있다. 하지만 인지 이론은 발달의 초기 단계에 국한되어 있고 음운의 후기 발달, 지각과 산출과의 관계, 음운 습득의 보편적 현상에 관한 납득할 만한 설명을 이끌어 내지 못하고 있다.

생리적 이론

Loke(1983)가 제안한 생리적 이론(biological theory)은 옹알이 단계 말기의 음운패턴과 의미 있는 말의 초기 단계의 음운 패턴 간의 유사성을 강조하고 있다. 즉, 이 이론은 아동들의 언어 이전 단계의 발성이 어떤 언어적 환경에서든지 매우 유사함을 강조한다. 또한 의미 있는 말의 초기 단계의 음성 목록 및 음운적 패턴은 옹알이 후기 단계의 음성 목록 및 음운적 패턴과 매우 유사하고 옹알이의 패턴이 보편적이기 때문에 첫 단어의 패턴도 보편적이라고 한다.

이들에 의하면 음운 습득에는 세 가지 주요한 단서가 있다. 언어 이전 단계에서 아동은 자신의 말이 기본적인 필요나 욕망에 관한 정보를 전달할 수 있다는 것을 깨닫는다. 두 번째 단계에서 관습적인 단어를 산출하려고 시도할 때는 음성적으로 언어 이전 단계의 산출과 상당히 유사하다. 그러나 음운적으로는 다르다. 세 번째 단계에는 아동의 음운체계에 뚜렷한 변화가 일어난다. 의미 있는 구어 및 소리 패턴은 더 이상 옹알이 단계의 것과 같지 않고 점점 더 성인의 음운 체계와 비슷해진다고 한다.

이 이론은 언어 이전 단계의 음운 발달과 언어적 단계의 음운 발달을 관련시켜서 설명하는 장점이 있고, 지각과 산출의 관계에 대해 부분적이나마 설명하고 있으며, 언어적 환경이 다름에도 불구하고 아동들이 유사한 발달 과정을 보이는 이유를 설명하고 있다. 또한 습득의 음성적 요소와 인지적 요소를 연관시켜 설명하는 장점이 있다. 하지만 음운 발달을 거의 보편적인 발달에만 치중함으로써 음운 습득 초기에 나타나는 광범위한 개인차에 관해서는 거의 설명하지 못하고 있다.

이러한 음운 이론들이 아동의 음운 발달 과정을 완벽하게 설명하지는 못한다. 구조주의 이론과 자연음운 이론은 음운 발달 과정의 생득적인 기제에 관해 강조하고 있으며, 이후 이론들은 음운 발달 과정에서 나타나는 개인차와 아동의 능동적이고 창조적인 역할을 강조한다.

요약

구어는 음성언어를 통해 의사소통을 실현하는 가장 효과적인 방법이다. 아동은 생득적인 언어기제와 조음기관의 해부 및 생리학적 발달, 대뇌신경계의 발달, 언어적 경험, 후천적인 학습 등의 상호작용을 통해 구어를 발달시키게 된다.

아동은 생후 1년간의 옹알이기를 거쳐 성인의 음운체계가 나타나는 음운 발달 단계를 시작하게 된다. 아동이 대략 50개 정도의 단어를 일관적으로 사용할 수 있는 수준이 되면 전체 단어를 표상하는 대신 여러 가지 음운들이 산출되고 복잡한 음절구조를 사용하게 된다. 아동은 의미 있는 첫 단어가 시작되면서 어휘가 급격히 증가하게 되고, 아울러 발음은 더욱 더 안정되고 자신의 소리와 성인의 소리를 체계적으로 대응시키며 음운을 발달시킨다. 4세경이 되면 아동들은 대부분의 음운 대립을 정확하게 산출할 수 있게 되고, 모국어의 음운들이 대부분 나타나기 시작하며 안정적으로 산출할 수 있게 된다. 음운 발달의 초기에는 음운 발달의 출현 순서나 형태 간에 개인차가 나타나지만 연령이 증가할수록 그 차이는 사라지고 일정한 발달 순서에 따라 음운을 발달시킨다. 일반적으로 아동은 비음과 파열음을 먼저 발달시키고, 파찰음, 유음 및 마찰음은 후기에 발달시키는 경향이 있다. 아동이 성인과 같은 음운을 완성하는 시기는 대략 8세경이다.

◎ 참고 문헌

권경안 (1981). **한국유아의 음운 발달(II)**. 한국교육개발원

권경안, 이연섭, 손미령 (1979). **한국유아의 음운 발달(I)**. 한국교육개발원

권순희 (1982). 어린이의 음운 발달에 관하여. **강원대 인문학연구원 제 17집**

김민정 (1997). 기능적 조음장애아동의 음운변동에 관한 연구. **말-언어장애연구**, 2, 155-169.

김선정, 김영태(2006). 음운생략과제를 통한 5-6세 아동의 음운인식 발달 및 음운처리 능력과의 상관도 연구. **언어청각장애연구**, 11(3). 16-28.

김수진, 신지영 (2007). **조음음운장애**. 서울: 시그마프레스.

김영태 (1992 a). 2-6세 아동의 음운변동에 관한 연구(I): 생략 및 첨가 변동을 중심으로. **재활과학연구**, 10(1), 49-58.

김영태 (1992 b). 서울-경기 지역의 2-6세 아동의 발달기적 음운변동에 관한 연구. **말소리**, 21, 3-24.

김영태 (1995). 조음장애아와 정상아의 음운변동 패턴에 관한 연구 비교. **특수교육논총**, 12, 211-235.

김영태 (1996). 그림자음검사를 이용한 취학전 아동의 자음정확도 연구. **말-언어장애연구**, 1, 1-21.

김영태, 신문자 (1992). 아동의 음운변동에 관한 연구(II): 대치 변동을 중심으로. **언어치료연구**, 2(1), 29-51.

김유경, 석동일 (2006). 언어병리학적 측면에서 음운인식의 본질적 특성 고찰. **언어치료학회**, 15(2). 17-23.

김현자, 조증열 (2001). 학령전 아동에서 음운인식, 시각지각 및 한글 읽기와의 관계. **한국심리학회지**, 14(2). 15-28.

박향아 (2000). 아동의 음운인식발달. **한국아동학회**, 21(1). 35-44.

배소영 (1994). 정상 말소리의 발달(I): 1; 4-3; 11세의 아동. 한국언어병리학회(편). **아동의 조음장애치료**. 서울: 군자출판사

백은아 (2003). **음운인식중재가 언어장애유아의 음운인식과 초기 읽기 능력에 미치는 효과**. 대구대학교 대학원 박사학위논문.

석동일, 박상희, 신혜정, 박희정 (2008). **한국어 표준 그림 조음음운 검사**. 서울: 학지사.

신지현 (2005). **조음 및 음운장애 유아와 일반 유아의 음운인식 능력 비교**. 부산대학교 대학원 석사학위논문.

신혜정, 박희정, 장현진 (2009). 4세-6세 아동의 음절 및 음소인식 능력 발달 연구. **언어치료연구**, 18(3).

엄정희 (1986). 3, 4, 5세 **아동의 말소리 발달에 관한 연구: 자음을 중심으로**. 이화여자대학교 대학원 석사학위논문.

유숙영 (2002). **유아의 음운체계 습득**. 금오공과대학교 대학원 석사학위논문.

이상배 (2006). **한국유아의 언어 습득 발달 과정에 관한 연구**. 공주대학교 대학원 석사학위논문.

이현복, 김선희, 김영태 (1995). **어린이 발음의 진단과 치료**. 서울: 교육과학사.

정경희, 배소영, 김기숙 (2006). 12, 18, 24개월 영유아의 음운 발달 특성. **언어청각장애연구**, 11(3), 1-15.

조명한, 이정모, 김정오, 신현정, 이광오, 도경수, 이양, 이현진, 김영진, 김소영, 고성룡, 정혜선 (2003). **언어심리학**. 서울: 학지사.

홍성인 (2000). **한국아동의 음운인식발달**. 연세대학교 대학원 석사학위논문.

Berntal, J. E., & Bankson, N. W. (2007). **조음-음운장애**[Articulation and phonological disorders(5th ed.), 2004], (김영태, 심현섭 역). 서울: 박학사.

Borden, G. J., Harris, K. S. & Raphael, L. J. (2000). **음성과학**[Speech science primer(3rd ed.), 1994], (김기호, 양병곤, 고도홍, 구희산 역). 서울: 한국문화사.

Dale, P. S. (1976). *Language development: Structure and function*. 2nd (ed.), New York: Holt Rinehart and Winston.

Eimas, P. D. (1975). Speech perception in early infancy. *In Infant Perception*. L. B. Cohen and P. Salapatek (Eds.) New York: Academic Press, 193-231.

Eimas, P. D., Siqueland, E. R., Jusczyk, P., and Vigorito, J. (1971). Speech perception in Ferguson, C. A., and C. B. Farwell. (1975). "Words and sounds in early language acquisition": English initial consonants in the first fifty words. *Lnaguage*, *51*, 419-439.

Goldinger, S. D., Pisoni, D B., & Luce, P. A. (1996). Speech perception and spoken word recognition: Research and theory. In N. J. Lass(ed.), *Principles of experimental phonetics* (pp. 277-327). New York: Mosby.

Hoff, E. (2007). **언어 발달**[Language development(3rd ed.), 2006], (이현진, 박영신, 김혜리 역). 서울: 시그마프레스

Ingram, D. (1999). Phonological acquisition. In M. Barrett (Eds.), *The development of language* (73-98). East Sussex: Psychology Press.

Jakobsen, R. (1968). *Child Language, Aphasia and phonological Universals* [Kindersprache, Ahpasic, and Allgemeine Lautgesetze, 1941]. Keiler, A. R. (tr.). The Hague: Mouton,

Jusczyk, P. W. (1977). Perception of syllable-final stop consonants by two-month-old infants. *Percept. Psychophys.*, *21*, 450-454.

Kuhl, P. K. (1987). Perception of speech and sound in early infancy. In P. Salapatek & L.

Cohen (Eds.), *Handbook of infant perception* (275–382). New York: Academic Press.

Kuhl, P. K. (1992). Infant's perception and representation of speech: Development of a new theory. *Proceedings, International Conference on Spoken Language Processing, 1*, 449–456.

Kuhl, P. K., & Meltzoff, A. N. (1988). Speech as an intermodal object of perception. In A. Yonas (Ed.), *Perceptual development in infancy: The Minnesota symposia on child psychology* (Vol. 20, 235–266). Hillsdale, NJ: Erlbaum.

Kuhl, P. K., and Miller, J. D. (1975). Speech perception by the chinchilla: Voiced–voiceless distinction in alveolar plosive consonants. *Science, 190*, 69–72.

Locke, J. L. (1983). *Phonological acquisition & change*. New York: Academic Press.

Machado, J. M. (2003). *Early childhood experiences in language arts*. US: Tompson Delmar Learning.

McLaughlin, S. (2006). *Introduction to language development*. 2nd ed. US: Tompson Delmar Learning.

McNeil, D. (1970). *The development of language: Manual of child psychology*. New York: John Wiley & Sons.

Miller, J. L., & Eimas, P. D. (1994). Observations on speech perception, its development, and the search for a mechanism. In J. C. Goodman & H. C. Nusbaum (Eds), *The development of speech perception: The transition from speech sounds to spoken words* (37–56). Cambridge, MA: MIT Press.

Mowrer, O. H. (1952). Speech development and some clinical applications. *Journal of Speech and Hearing Disorders, 17*, 263–268.

Mowrer, O. H. (1960). *Learning theory and symbolic processes*. New York: John Wiley.

Neils, J., and D. Aram. (1986). "Family history of children with developmental language disorders," *Perceptual and Motor Skills, 63*, pp. 655–658.

Oller, D. K. (1980). *The emergence of speech sounds in infancy*. In: G. Yeni–Komshian, J. A. Kavanagh, and C. A. Ferguson (eds.). Child Phonology, vol. 1, 93–112. New York: Academic Press.

Olmsted, D. (1971). *Out of the mouth of babes*. The Hague: Mouton.

Owens, R. E., Mets, D. E., & Haas A. (2003). *Introduction to communication disorders–A life span perspective*. 2nd ed. US: Pearson Education.

Sander, E. (1972). When are speech sounds learned. *Journal of speech and Hearing Disorders, 37*, 55–63.

Spieker, S. (1987). *Study links tots' smiles*. San Jose Mercury News, 8B.

Stampe, D. (1969). The acquisition of phonetic representation. *Papers from the fifth regional meeting*, Chicago Linguistic Society.

Stark, R. E. (1978). "Features of infant sounds: the emergence of cooing." in *Child Language. 5*, 379-390.

Stark, R. E. (1986). Prespeech segmental feature development. In P. Fletcher & M. Garman (Eds.), *Language acquisition* (2nd ed., pp. 149-173). Cambridge, England: Cambridge University Press.

Stoel-Gammaon, C. & Dunn, C. (1985). *Normal and disordered phonology in children.* Baltimore: University Park Press. 62-71.

Templin, M. (1957). Certain language skills in children. *Institute of child welfare monograph series 26.* Minneapolis: University of Minnesota.

Templin, M. (1963). "Development of speech." *Journal of Pediatrics*, *62*, 11-14.

Trehub, S. E. (1976). The discrimination of foreign speech contrasts by infants and adults. *Child Development*, *47*, 466-472.

Waterson, N. (1971a). Child phonology: A Presodic view. *Journal of Linguistics*, *7*, 179-211.

Waterson, N. (1971b). Some views on speech perception. *Journal of the International Phonetic Association*, *1*, 81-96.

Winitz, H. (1969). *Articulatory acquisition and behavior.* New York: Meredith.

제5장

형태 및 구문 발달

어떤 사람이 과일가게에서 사과를 보고, 가게 주인에게 "저 사과 참 맛있겠네요."라고 말했다고 가정하자. 그 사람은 사과를 보는 것과 동시에 말하겠지만, 그의 머릿속에서는 짧은 시간 내에 적절한 단어를 선택하고 배열하는 과정을 거친다. 화자가 산출한 하나의 문장은 일정한 순서에 따라 배열되는데, 단어 내, 단어 간의 결합 및 배열과 같은 형식적인 측면을 연구하는 분야를 형태론, 구문론이라 한다.

위의 예에서 살펴본 것처럼 '맛있겠네요'라는 단어는 단어 내에서는 '맛있-'(어간)이 어두에 위치하고, '-겠-'(선어말어미)이 어중에 위치하며, '-요'(평서형종결어미)가 어미에 위치하여 '맛있겠네요'라는 단어가 이루어진다. 이처럼 단어나 형태소 수준에서의 결합과 배열을 연구하는 분야를 **형태론**(morphology)이라 한다. 한편, '저 사과 참 맛있겠네요.'라는 문장은 지시관형사 '저'가 '사과'라는 명사 앞에 위치하고, 성상부사 '참'이 '맛있다'라는 형용사 앞에 위치하여 문장이 형성된다. 즉, 관형사는 명사 앞에 위치하고 부사는 형용사 앞에 위치한다는 것과 같은 일정한 순서에 의해서 이루어진다. 이와 같이 구, 절, 문장 수준에서 결합과 배열을 연구하는 분야를 **구문론**(syntax)이라고 한다.

초기 단어의 습득에서부터 일정한 규칙에 따라 점차적으로 단어를 연결하면서 늘려가는 언어 발달기에 일반 아동의 형태 및 구문 발달 과정을 아는 것은 자연스럽게 문법규칙을 습득하지 못하는 언어장애 아동의 진단과 치료에서 매우 중요하다. 특히 한국어는 흔히 언급되는 영어권의 언어와 다른 여러 가지 특징이 있으므로, 한국어 고유의 특징과 관련된 전반적인 형태 및 구문 이론을 살펴보고, 이를 근거로 하여 일반 아동의 형태 및 구문 발달 과정을 살펴보는 것이 필요하리라 본다. 이 장에서는 한국어 형태론의 문법형태소와 단어, 구문론의 구, 절, 문장의 이론적 배경을 고찰한 후, 아동 언어 발달상의 전반적인 형태 및 구문 발달을 살펴보고, 형태론적 측면의 문법형태소 발달, 단어 발달, 평균 발화길이 발달과 구문론적 측면의 복문 발달, 사동문 및 피동문 발달, 부정문 발달, 형태 및 구문 발달상의 실수를 살펴보겠다.

1. 형태 및 구문 발달의 언어학적 기초

언어의 생산성

언어의 여러 특징 중 형태 및 구문 발달과 관련하여 가장 큰 특징은 화자와 청자가 제한된 단어를 가지고 무한한 수의 새로운 문장을 산출하고 이해하는 능력을 지녔다는 것이다. 이를 언어의 생산성(productivity) 또는 생성성(generativity)이라 하며, 창조성이라고도 한다. 예를 들면, '주어+목적어+서술어'로 이루어진 문장이 있다면, 주어 자리에는 '명사+조사', 목적어 자리에도 '명사+조사', 서술어 자리에는 '동사'가 올 수 있을 것이다. 주어나 목적어 자리에 올 수 있는 명사가 약 10,000개가량 되고, 동사가 1,000개가량 된다고 가정하면, 조사를 제외하고도 10,000×10,000×1,000=100,000,000,000개의 문장이 만들어질 수 있을 것이다. 실제로는 훨씬 더 많은 수의 단어가 존재하므로(표준국어대사전에 존재하는 표제어 50만 개), 사람들은 무한한 문장을 만들 수 있다(이봉원, 2008). 형태론과 구문론은 아동의 언어 발달에서 제한된 단어 목록에서 무한한 수의 문장을 산출할 수 있게 하는 생산체계의 구성요소가 된다.

형태론

형태론은 단어의 형태적 특성을 다루는 부분이다. 조사나 어미가 붙어 문법적 관계를 표시하는 것을 굴절법이라 하는데, 어미가 붙는 것을 완전굴절법이라 하고, 체언에 조사가 붙는 것은 준굴절법이라 한다. 한국어는 어근(root)을 중심으로 뜻을 더하거나 품사를 바꾸는 접사 또는 어미가 차례로 여럿이 붙어 단어가 이루어지는 첨가적인 성격을 띤 언어이다. 접사 중에는 더러 어근 앞에 붙는 것도 있지만 뜻을 더해 주는 접사 중의 일부가 그렇고, 대부분은 뒤에 붙으며 어미는 반드시 뒤에 붙는다.

형태소

형태소(morpheme)는 형태론의 기본 단위로 최소의미단위(minimal meaningful unit)이다. 형태소는 자립성의 여부에 따라 자립형태소(free morpheme)와 의존형태소(bound morpheme)로, 실질적 의미의 유무에 따라 실질형태소(full morpheme)와 형식형태소(empty morpheme)로 나뉜다. 실질형태소는 구체적인 대상이나 동작, 상태와 같은 어휘적 의미를 표시하므로 어휘형태소(lexical morpheme)라 부르며, 형식형태소는 말과 말 사이의 관계나 기능을 문법적으로 표시해 주므로 문법형태소(grammatical morpheme)라 부른다(남기심, 고영근, 1993).

한국어의 문법형태소는 **표 5.1**, **표 5.2**에서와 같이 기능(function), 의미(meaning), 형태(form)에 따라 분류될 수 있으며 조사, 어미, 접사가 이 범주에 속한다. 조사는 크게 격조사와 보조사로 분류되며, 어미는 선어말어미와 어말어미로 나누어진다. 어말어미는 종결어미와 비종결어미로, 비종결어미는 연결어미와 전성어미로

표 5.1. 한국어의 형태소 분류

분류기준	종류	의미 기능	주요 대상
자립성 유무	자립형태소	다른 형태소와 결합하지 않고도 홀로 자립해서 쓰이는 형태소	명사, 대명사, 수사, 관형사, 부사, 감탄사
	의존형태소	홀로 자립해서는 쓰이지 못하고, 다른 형태소에 기대어서만 쓰이는 형태소	용언(동사, 형용사)의 어간, 어미, 조사, 접사
실질적 의미 유무	실질형태소	실질적 의미를 지니고 있으면서 구체적 대상이나 상태, 동작을 표시하는 형태소	명사, 대명사, 수사, 관형사, 부사, 감탄사, 용언의 어간
	형식형태소	실질형태소에 붙어 문법적 관계나 형식적 의미를 더해 주는 형태소	용언의 어미, 조사, 접사

표 5.2. 한국어의 문법형태소 분류

조사	격조사	주격조사		이/가/께서
		목적격조사		을/를
		보격조사		이/가
		서술격조사		이다(활용에 따라 다양한 형태가 나올 수 있음)
		관형격조사		의
		부사격조사	처소격	에/에서/로/부터/까지
			도구격	로(써)
			비교격	만큼/보다/처럼
			시간격	에
			변성격	으로
			수여격	에게/한테/보고
			동반격	와/과/하고/랑
			인용격	라고
		호격조사		아/야
	보조사			은/는/만/도/밖에

표 5.2. 한국어의 문법형태소 분류 (계속)

<table>
<tr><td rowspan="20">어미</td><td rowspan="3">선어말 어미</td><td colspan="3">시제</td><td colspan="2">-았, 었-/-는(ㄴ)-/-겠-/-더-</td></tr>
<tr><td colspan="3">높임</td><td colspan="2">-시-</td></tr>
<tr><td colspan="3">추측</td><td colspan="2">-겠-</td></tr>
<tr><td rowspan="17">어말 어미</td><td rowspan="5">종결 어미</td><td colspan="2">평서형 종결어미</td><td colspan="2">-다/-아, 어(요)/-지(요)/-는데(요)/
-ㄹ께(요)/-ㄹ래(요)/-ㅂ니다</td></tr>
<tr><td colspan="2">감탄형 종결어미</td><td colspan="2">-구나/-군(요)/-네(요)</td></tr>
<tr><td colspan="2">의문형 종결어미</td><td colspan="2">-니, -나(요)/-데(요)/-아, 어(요)/-지(요) /
-는데(요)</td></tr>
<tr><td colspan="2">명령형 종결어미</td><td colspan="2">-아, 어라/-아, 어(요)</td></tr>
<tr><td colspan="2">청유형 종결어미</td><td colspan="2">-자/-아, 어(요)</td></tr>
<tr><td rowspan="12">비종결 어미</td><td rowspan="10">연결 어미</td><td rowspan="3">대등적 연결 어미</td><td>나열관계</td><td>-고/-(으)며/-(으)면서</td></tr>
<tr><td>대조관계</td><td>-(으)나/-지만</td></tr>
<tr><td>선택관계</td><td>-거나/-든지</td></tr>
<tr><td rowspan="7">종속적 연결 어미</td><td>인과관계</td><td>-니까/-아, 어서/-가지고</td></tr>
<tr><td>조건관계</td><td>-면/아, 어야</td></tr>
<tr><td>목적관계</td><td>-(으)러/-(으)려고</td></tr>
<tr><td>결과관계</td><td>-도록</td></tr>
<tr><td>첨의관계</td><td>-ㄹ수록</td></tr>
<tr><td>전환관계</td><td>-다가</td></tr>
<tr><td>배경관계</td><td>-는데</td></tr>
<tr><td rowspan="2">전성 어미</td><td>명사형</td><td colspan="2">-ㅁ/-음/-기</td></tr>
<tr><td>관사형</td><td colspan="2">-는/-ㄴ/-ㄹ</td></tr>
<tr><td rowspan="2">접사</td><td colspan="4">사동접사</td><td colspan="2">-이-/-히-/-리-/-기-/-우-/-구-/-추-</td></tr>
<tr><td colspan="4">피동접사</td><td colspan="2">-이-/-히-/-리-/-기-</td></tr>
</table>

세분화될 수 있다. 접사는 위치상으로 어두에 위치하는 접두사와 어미에 위치하는 접미사로 나눠지며, 접두사는 일반적으로 뜻을 더하는 역할을 하고 접미사는 품사를 바꾸는 기능을 한다.

Brow(1973)는 문법형태소가 일차적으로는 구조를 특징짓고 이차적으로는 내용어와 관련되어 어휘적 의미를 특징짓는다고 지적하면서, 첫째 음성적으로 최소의 형태이고, 둘째 문장에서 약강세를 받으며, 셋째 명사나 동사와 달리 한정된 자격을 가진 층에 속하며, 넷째 다른 단어들의 문법적 및 음성적 자질들과 다르며, 다섯째 천천히 발달하며, 여섯째 다중 언어적으로 부수적인 형태에 존재한다고 제시하였다.

단어

단어(word)는 자립할 수 있는 말이나 자립형태소에 붙으면서 쉽게 분리되는 말, 즉 최소자립어를 말하며 품사와 일치한다. 국어 단어의 정립기준은 자립성과 분리성이다. 단어는 어떠한 구실과 형태를 가지느냐에 따라 **표 5.3**에서 제시한 것처럼 아홉 가지의 품사로 분류될 수 있다. 품사란 단어를 문법적 성질의 공통성에 따라 몇

표 5.3. 한국어의 품사 분류

구분	품사	정의	예
체언	명사	사람이나 사물의 명칭을 나타낸다.	책, 바위, 해, 지구, 별, 사랑, 우정
	대명사	사람이나 사물의 명칭을 대신해 가리킨다.	나, 너, 우리, 그, 이, 이것, 저것, 그것
	수사	사물의 수량이나 순서를 나타낸다.	하나, 둘, 셋, 첫째, 둘째, 셋째
관계언	조사	다른 단어 뒤에 붙어서 문법적 관계를 나타내거나, 뜻을 더해 주거나, 단어와 단어를 연결해 주는 역할을 한다.	이/가, 을/를, 이다, 에, 로, 도, 만, 와/과
용언	동사	사람이나 사물의 움직임이나 작용을 나타낸다.	가다, 먹다, 돌아가다, 하다, 알다
	형용사	사람이나 사물의 성질과 상태를 나타낸다.	높다, 예쁘다, 크다, 없다, 아니다
수식언	관형사	체언 앞에서 다음 말의 뜻을 꾸민다.	새, 헌, 모든, 이, 아무
	부사	용언이나 다른 말 앞에서 그 뜻을 한정하거나 문장을 접속시킨다.	자주, 가장, 너무, 매우, 빨리, 참
독립언	감탄사	사람의 감정을 직접 나타내거나 부르고 대답하는 데 쓰인다.	하하, 그래, 아아, 음

갈래로 묶어놓은 것으로, 의미, 형식, 기능이 분류기준이다. 의미는 형식적인 의미로 어떤 단어가 사물의 이름을 나타내느냐 그렇지 않으면 움직임을 나타내느냐 하는 것이고, 기능은 한 단어가 문장 가운데서 다른 단어와 맺는 관계를 나타내며, 형식은 단어의 형태적 특징을 말한다.

구문론

한국어는 '주어+목적어+서술어'의 문장 구성을 갖는 언어로 한국어의 특징을 요약하면 아래와 같다.

첫째, 모든 문법형태소는 반드시 어근이나 어간 뒤에 온다. 접사에 있어서도 뜻을 더해 주는 것 중에는 어근 앞에 오는 일이 있으나 문법적 기능을 보이는 접사는 반드시 어근 뒤에 온다. 둘째, 문장구성요소의 자리 옮김이 자유스럽다. 부사도 문장부사의 경우 문장 내에서 마음대로 옮길 수 있다. 셋째, 체언을 꾸며주는 관형어는 단어든 절이든 반드시 꾸밈을 받는 체언 앞에만 온다. 또한 관계대명사가 없어 반복되는 체언이 생략된다. 넷째, 주어가 잇달아 나타나는 문장 구성이 빈번하다(예: 영희가 키가 크다). 다섯째, 목적어가 잇달아 나타나는 일이 많다(예: 생선을 한 마리를 사 오너라). 여섯째, 주어가 없는 문장이 많이 쓰인다. 화자와 청자 모두 주어가 무엇인지 알고 있으면 흔히 주어를 생략한다. 일곱째, 조사와 어미가 매우 발달하여 다른 유형의 언어에서 부사나 기타 독립된 어휘로 나타내야 할 의미가 조사나 어미로 나타날 수가 있다. 조사는 체언에 문법적인 자격을 부여하는 격조사와 말뜻을 더하는 보조사가 있다. 또한 용언의 종결어미와 연결어미가 매우 다양하게 발달되어 있다(남기심, 고영근, 1993).

구

구(phrase)는 중심이 되는 말(head, 핵어)과 부속되는 말(attributive, 부속어)을 한데 묶어서 일컫는 말로 둘 또는 그 이상의 어절이 어울려서 이루어진다.

명사구는 체언이 핵이 되며, 그 앞에는 관형어가 임의로 나타난다. 명사구는 조사와 결합하여 문장에서 주어, 목적어, 보어의 기능을 한다. 관형어는 (a) 관형사(예: 이 꽃), (b) 체언+관형격조사 '의'(예: 동생의 모자), (c) 용언의 관형사형(예: 예쁜 동생)으로 이루어진다. 동사구는 용언이 핵이 되며, 부사어의 수식을 받는다. 부사어는 (a) 부사+용언(예: 너무 빠르다), (b) 체언+부사격조사(예: 엄마한테 줘), (c) '-게'에 의한 용언의 활용형+용언(예: 즐겁게 노래해)으로 이루어지며, 용언 앞에서 그것을 한정하는 역할을 한다.

절

절(clause)은 주어와 서술어의 구조는 갖추어졌으나, 독립해서 쓰이지 못하고 문장의 한 성분으로 쓰인다. 각 절은 복문표지가 붙어서 한 문장성분으로 사용된다. 즉, 명사절은 명사형 전성어미 '-(으)ㅁ, -기' 또는 '-ㄴ/는 것'이 붙어서 이루어지며, 관형절은 관형사형 전성어미 'ㄴ/는, -ㄹ'이 붙어서 이루어진다. 부사절은 부사파생접사 '-이'가 표지가 되며, 보조적 연결어미인 '-게'가 붙어서 이루어진 것도 있다. 인용절은 '-라고, -하고'가 표지가 된다. 한편, 서술절은 보문이 서술절이 되어 주문의 서술어가 되는 것으로, 개별적인 표지가 없는 것이 특징이다. 한국어 절의 분류는 **표 5.4**와 같다.

문장

문장(sentence)은 주어와 서술어 또는 그것을 수식하는 단어나 문법요소들이 일정

표 5.4. 한국어의 절 분류

절	예
명사절	영주가 나쁜 거 아니야. 민규가 잘 되기 바래.
서술절	코끼리는 코가 길어. 나는 수박이 좋아요.
관형절	아기가 예쁘다는 생각이 들어. 빨간 꽃이 좋아요.
부사절	비가 소리도 없이 내려요. 동생은 형과 달리 명랑하네.
인용절	민규가 "엄마 사랑해"라고 했다. 돈 없다고 인형 안 사줘요.

한 순서로 결합되어 일정한 의미를 드러내는 언어구조로, 문법의 가장 큰 단위이며 하나의 사상이나 감정이 완결된 단위이다. 한국어에서의 문장은 주어와 서술어를 기본구조로 구성되고, 그 기본구조에 관형어와 부사어와 같은 수식성분이 덧붙여 확장된다. 영어권 아동의 경우 MLU가 1.0~2.0 사이일 때 두 단어의 연결이 시작되고, 2.4~3.25에서 간단한 절이 사용되며, 4.0 이상이 되었을 때 복문이나 변형구조를 사용하여 어려운 문장 구조도 이해할 수 있게 된다(Wiig & Semel, 1984).

문장은 결합방식에 따라 단문과 복문으로 나누어질 수 있다(**그림 5.1** 참조). **단문**(simple sentence)은 단일한 주어와 서술어로 이루어진 문장을 말하며, **복문**(multiple sentence)은 주어와 서술어의 결합관계가 두 번이나 그 이상 나타나는 문장으로, 적어도 두 절이 결합한 문장이다.

내포문(문장 속의 문장)은 보문(안긴문장)이 주문(안은문장)의 일부로 내포되어 이루어진 문장으로, 명사절, 서술절, 관형절, 부사절, 인용절 내포문이 있다. **접속문**(이어진 문장)은 대등접속문과 종속접속문으로 나뉜다. 대등접속문에서 선행절과 후행절은 '나열, 대조, 선택' 등의 의미를 가지며, 대등적 연결어미 '-고, -며(나열)', '-지만, -(으)나(대조)', '-거나, -든지(선택)' 등으로 접속된다. 종속접속문에서 선행절과 후행절은 '조건, 인과, 지속, 의도, 목적, 결과, 첨의, 양보, 전환, 배경' 등의 의미를 지니며, 종속적 연결어미 '-면, -아/어야, -거든, -아/어서, -니까, -아/어서(지속), -려고, -러, -도록, -ㄹ수록, -ㄹ 뿐더러, -어도, -ㄹ지라도, -더라도, -다가, -는데' 등으로 접속된다. 각 문장의 예는 **표 5.5**, **표 5.6**과 같다.

문장의 유형은 문장 종결법에 따라 평서문, 감탄문, 의문문, 명령문, 청유문으로 나뉘며, 구성상 사동문과 피동문, 긍정문과 부정문으로 나눈다.

평서문은 화자가 청자에 대하여 특별히 요구하는 일이 없이 자기의 생각만을

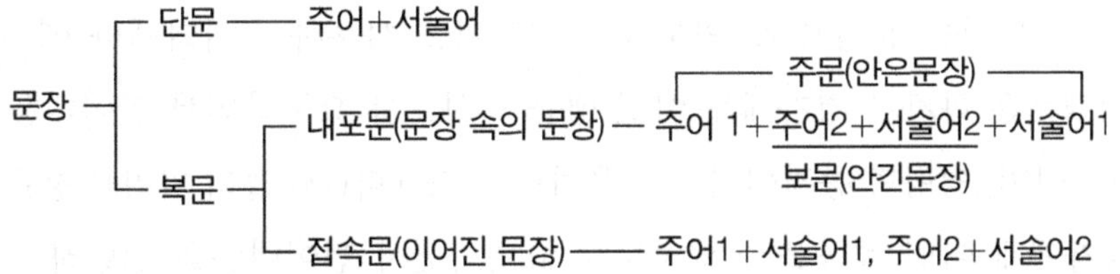

그림 5.1. 문장의 짜임새에 따른 갈래

표 5.5. 대등접속문의 예

의미	문법형태소	예
나열	-고, -며	엄마는 밥 먹고 아빠는 잠잔다. 언니는 공부하며 노래 듣는다.
대조	-지만, -(으)나	민규는 잘 생겼지만 마음씨가 나쁘다. 더우나 국물을 먹는다.
선택	-거나, -든지	엄마가 오시거나 아빠가 오신다. 집에 가든지 학교에 가든지 해라.

표 5.6. 종속접속문의 예

의미	문법형태소	예
조건	-면, -아/어야	비 오면 우산 써야지. 밥 많이 먹어야 키가 크지.
인과	-아/어서, -니까	사탕 많이 먹어서 이빨 썩었어. 빨리 달리니까 넘어지지.
지속	-아/어서	집에 가서 쉬어야지.
의도	-려고	공부하려고 방에 들어갔다.
목적	-러	어서 밥 먹으러 가자.
결과	-도록	밤새도록 책을 본다.
첨의	-ㄹ수록	벼는 익을수록 고개를 숙인다.
	-ㄹ 뿐더러	민규는 잘 먹을 뿐더러 잘 웃는다.
양보	-어도, -더라도	하늘이 무너져도 솟아날 구멍이 있다. 바쁘더라도 꼭 밥 챙겨먹어.
전환	-다가	밥 먹다가 어디 가니?
배경	-는데	공부하는데 전화벨이 울렸다.

단순하게 전달하는 문장으로, 평서형 종결어미를 사용하여 나타낸다(예: 아빠 자동차 타요). 감탄문은 화자가 청자를 별로 의식하지 않거나 거의 독백하는 상태에서 자신의 감정을 나타내는 문장으로 감탄형 종결어미를 사용하여 나타낸다(예: 우리 아기 너무 예쁘네). 의문문은 화자가 청자에게 질문하여 그 대답을 요구하면서 언어내용을 전달하는 문장으로, 의문형 종결어미를 사용하여 나타낸다(예: 이거 뭐야?). 명령문은 화자가 청자에게 어떤 행동을 하도록 요구하면서 언어내용을 전달하는 문장이며, 명령형 종결어미를 사용하여 나타낸다(예: 빨리 가라). 청유문은 화자가 청자에게 어떤 행동을 함께하도록 요청하면서 언어내용을 전달하는 문장으로, 청유문 종결어미를 사용하여 나타낸다(예: 같이 먹자).

표 5.7. 사동사의 예

구분	사동사
자동사 → 사동사	죽다 → 죽이다, 속다 → 속이다, 줄다 → 줄이다, 녹다 → 녹이다, 익다 → 익히다, 앉다 → 앉히다, 날다 → 날리다, 울다 → 울리다, 웃다 → 웃기다, 남다 → 남기다, 숨다 → 숨기다, 깨다 → 깨우다, 비다 → 비우다, 새다 → 새우다, 자다 → 재우다, 솟다 → 솟구다
타동사 → 사동사	먹다 → 먹이다, 보다 → 보이다, 잡다 → 잡히다, 입다 → 입히다, 읽다 → 읽히다, 업다 → 업히다, 물다 → 물리다, 듣다 → 들리다, 안다 → 안기다, 뜯다 → 뜯기다, 속다 → 속이다, 벗다 → 벗기다, 감다 → 감기다, 지다 → 지우다, 차다 → 채우다
형용사 → 사동사	높다 → 높이다, 좁다 → 좁히다, 넓다 → 넓히다, 밝다 → 밝히다, 낮다 → 낮추다, 늦다 → 늦추다

출처: 남기심, 고영근(1993). 표준국어문법론, p. 290.

한편, 어떤 행위나 동작을 자기 스스로 행한 것을 주동이라 하며, 남으로 하여금 동작을 행하도록 하는 것을 사동이라 한다. 주동을 나타내는 문장을 **주동문**, 사동을 나타내는 문장을 **사동문**이라 한다. 예를 들면, '민규가 옷을 입었다.'는 주동문이며, '엄마가 민규에게 옷을 입혔다.'는 사동문이다. 사동문에는 사동사에 의한 파생적 사동문(예: 아이들이 팽이를 돌린다)과 '-게 하다(예: 아이들을 놀게 해라)'에 의한 통사적 사동문이 있다. 사동사는 주동사 어간에 사동 접미사 '-이-, -히-, -리-, -기-, -우-, -구-, -추-'를 붙여 만들며, 구체적인 예는 **표 5.7**과 같다.

또한, 어떤 행위나 동작이 스스로의 힘으로 행해지는 것을 능동이라 하고, 남의 행동에 의해 이루어지는 것을 피동이라 한다. 능동을 나타내는 문장을 **능동문**, 피동을 나타내는 문장을 **피동문**이라 한다. 예를 들면, '고양이가 쥐를 물었다.'는 능동문이며, '쥐가 고양이한테 물렸다.'는 피동문이다. 능동문이 피동문으로 바뀔 때는 능동문의 주어가 피동문의 부사어가 되고, 능동문의 목적어는 피동문의 주어가 된다. 피동문은 피동사에 의한 파생적 피동문(예: 도둑이 경찰관한테 잡혔어)과 '-어지다'에 의한 통사적 피동문(예: 사실이 밝혀졌어)이 있다. 피동사는 능동사 어간에 피동 접미사 '-이-, -히-, -리-, -기-'를 붙여 만들며, 구체적인 예는 **표 5.8**과 같다.

표 5.8. 피동사의 예

구분	사동사
능동사 → 피동사	보다 → 보이다, 쓰다 → 쓰이다, 놓다 → 놓이다, 섞다 → 섞이다, 잡다 → 잡히다, 박다 → 박히다, 묻다 → 묻히다, 얹다 → 얹히다, 듣다 → 들리다, 물다 → 물리다, 풀다 → 풀리다, 누르다 → 눌리다, 안다 → 안기다, 끊다 → 끊기다, 감다 → 감기다, 찢다 → 찢기다

출처: 남기심, 고영근(1993). 표준국어문법론, p. 296-297.

부정문은 긍정문의 내용을 부정하는 문장으로, 부정을 나타내는 부사 '아니(안)', '못'을 쓰거나 '아니다', '않다', '못하다', '말다'라는 용언을 사용한다. '아니(안)', '못'과 같은 부정부사를 사용한 부정문을 짧은 부정문(예: 밥 안 먹어)이라 하고, '-지 않다(아니하다), -지 못하다'처럼 보조적 연결어미 '-지'와 부정을 나타내는 용언을 결합하여 사용하는 부정문을 긴 부정문(예: 휴지 버리지 않았어)이라고 한다. 또한, 명령문과 청유문은 '-지 말다'를 사용하여 부정문을 만들며(예: 하지 마라, 먹지 말자), 체언+서술격조사 '-이다'에 대한 부정문은 형용사 '아니다'를 이용하여 만든다(예: 나는 학생이야, 나는 학생이 아니야). '없다, 모르다' 등은 부정의 의미를 지닌 어휘이며(엄마는 책이 없다, 나는 아저씨 몰라), '不, 非, 無' 등은 부정의 뜻을 지닌 접두사로 이러한 어휘가 들어간 문장을 부정문이라고 하지는 않는다.

2. 아동 언어의 형태 및 구문 발달

전반적인 형태 및 구문 발달

아동들은 첫 돌을 전후하여 첫 말을 하고, 18개월 무렵이 되면 보통 50~100개의 단어를 표현하며, 두 단어를 연결하여 말하기 시작한다. 2세 무렵에는 활발한 두 단어 연결이 이루어진다.

한 단어 사용 시기에 아동은 한 단어만으로 의문, 청유, 명령, 부정의 뜻을 나타낼 수 있으며, 주로 억양을 통해 이러한 뜻을 나타낸다. 두 단어 연결의 시작은 아동이 일상적으로 사용하는 명사에 명사가 결합되거나(예: 엄마 물), 명사에 동사가 결합되는 것(예: 물 줘)이 일반적이며, 두 단어 연결 시기에는 평서문, 의문문, 감탄문, 청유문, 명령문의 문장 유형이 모두 나타난다. 구의 측면에서는 명사와 명사가 결합된 명사구(예: 아기 눈)와 나타나며, 명사에 동사가 결합된 동사구(예: 밥 먹어)가 나타난다. 2세 후반기에 명사구나 동사구가 빈번하게 사용되고, '거'를 중심으로 한 절이 출현하기 시작하며(예: 먹는 거), '곰이가, '삼촌가'에서처럼 주격조사의 과잉 일반화가 나타나기도 한다(배소영, 1998).

한국어를 습득하는 아동들의 초기 문장들은 주로 명사, 동사, 형용사 등과 같은 내용어들이 연결되고 조사, 연결어미, 접사와 같은 문법형태소들은 생략되는 경우가 많다. 생략된 문법형태소들은 문법적인 관계를 나타내고, 주요한 의미를 전달하지 않기 때문에 산출되지 않을 가능성이 있다. 문법형태소들이 생략되고 내용어로만 연결된 초기 단계의 문장들은 성인이 전보를 보낼 때 사용하는 문장과 유사하기 때문에 **전보문식 구어**(telegraphic speech)라고 한다. 세 단어의 연결이 시작될 무렵에 문법형태소들이 나타나면서 아동들은 전보문식 구어에서 점진적으로 벗어나게 된다.

이러한 두세 단어 연결기의 구문 발달은 의미 발달과 깊은 관련성을 지니므로, 의미관계와 더불어 살펴보는 것이 요구된다. 아래 **표 5.9**, **표 5.10**에서는 구문 발달과 의미 발달을 동시에 고려해 두 단어, 세 단어 연결기에 주로 나타나는 의미관계와 구문구조를 살펴보았다.

3세 무렵에는 세 단어 연결이 활발해지고 더 나아가 복문이 발달된다. 세 단어의 연결은 기본 형태인 '주어+목적어+서술어'(예: 아기 우유 먹어) 형태 외에도, '주어+주어+서술어(예: 코끼리 귀가 길어)와 같은 내포문이 발달한다. 특히 한국어의 경우 표면적으로 주어가 두 개 나타나는 것처럼 보이는 서술절이 자주 출현하는 것이 특징이다. 구의 측면에서는 명사와 명사가 결합된 명사구 외에도 관형어와 명사가 결합된 형태(예: 노란 나비)가 나타나며, 동사구 역시 다양한 부사어와 결합한다(예: 빨리 와). 절의 측면에서는 의존명사 '것(거)'의 사용이 활발하여 명사절이 높은 빈도로 관찰된다(예: 맛있는 거 사오세요).

표 5.9. 두 단어 시기에 나타나는 의미관계 및 구문구조

의미관계	구문구조	예
행위자-행위	주어-서술어	엄마 일어나, 아빠 부바
목적-행위 행위자-목적	목적어-서술어 주어-목적어	차 타, 사탕 줘 아빠 밥, 누나 응가
장소-행위 행위자-장소	부사어-서술어 주어-부사어	여기 있어, 회사 가 아빠 방, 오빠 저기
소유자-소유	관형어-체언	엄마 가방, 아기 우유
실체-수식 실체-서술	주어-서술어 주어-서술어	엄마 좋아, 주사 아파 이거 뭐야? 이거 과자
공존-행위	부사어-서술어	엄마하고 가, 엄마랑 먹어
수여자-행위	부사어-서술어	엄마 주세요, 아빠 줘

출처: 조명한(1982). 한국 아동의 언어 획득 연구: 책략모형, p. 70.

표 5.10. 세 단어-네 단어 표현 시에 자주 나타나는 의미관계 및 구문구조

의미관계	구문구조	예
행위자-목적-행위	주어-목적어-서술어	아찌 흙 파
행위자-장소-행위	주어-부사어-서술어	아빠 학교 가
장소-목적-행위	부사어-목적어-서술어	아빠 전화 하야?
행위자-공존자-행위	주어-부사어-서술어	엄마 야 같이 가
공존자-목적-행위	부사어-목적어-서술어	애기야 호미 찾자
공존자-장소-행위	부사어-부사어-서술어	아빠 요 가자
행위자-수여자-목적	주어-부사어-목적어	엄마 아야 하나
수여자-목적-행위	부사어-목적어-서술어	엄마 물 주까?
행위자-수여자-목적-행위	주어-부사어-목적어-서술어	엄마 아가 종이 줘
행위자-장소-목적-행위	주어-부사어-목적어-서술어	고모 요기 코피 놔

출처: 조명한(1982). 한국 아동의 언어 획득 연구: 책략모형, p. 78.

4세 무렵에는 다양한 구의 사용과 더불어 복문의 발달이 두드러진다. '것(거)' 명사절 이외에도 '것(거)' 명사절을 수식하는 관형절이 완전하게 갖추어진 형태가 눈에 두드러진다(예: 아빠 맛있는 사탕 사 오세요). 또한 다양한 연결어미가 발달하여 접속문(예: 날씨가 좋아서 소풍 갔어)이 다양하게 산출된다.

5세 무렵에는 다양한 연결어미를 사용하여 접속문을 많이 산출한다. 또한, 구의 중심어를 수식하는 단어도 다양해지고 전반적으로 발화길이도 길어지며, 사동문과 피동문이 나타난다.

표 5.11은 배소영(1995)의 한국어 발달이정표로, 1세에서 5세 아동의 문법형태소와 구문구조의 발달에 대해 전반적으로 제시해 놓았다.

형태 발달

문법형태소 발달

영어권에서는 아동의 문법형태소 발달이 여러 연구자들에 의해 연구되었다(Brown, 1973; Dulay & Burt, 1973; de Villers & de Villers, 1973, 1978; Balley & Krashen, 1974; Hakuta, 1974; Larsen-Freeman, 1975; Rosansky, 1976; Emslie & Stevenson, 1981; Miller, 1981). Brown(1973)은 세 명의 아동을 대상으로 아동들의 문법형태소 발달을 현재진행형(-ing), 장소(예: in, on), 복수형(-s), 불규칙 과거형(예: went), 소유격(-'s), 비축소계사(예: are, was), 관사(the, a), 규칙 과거형(-ed), 3인칭 규칙형(-s), 불규칙 3인칭(예: has), 비축약조동사(예: is, were), 축소계사(-'s, -'re), 축약조동사(-'s) 순으로 습득한다는 사실을 보고하였다.

한국어의 문법형태소 습득에 관한 연구는 주로 습득 순서와 관련된 발달연구 중심으로 이루어져 왔다(배소영, 1997; 서희선, 이승환, 1999; 이순형, 2000; 이승희, 황민아, 2002; 정분선, 1999; 조명한, 1982; 하은진, 1999). 한국어는 조사와 어미 같은 문법형태소가 발달한 첨가어로 어순에 의한 정보전달보다는 문법형태소의 결합으로 내용어가 분명히 전달되는 것이 특징이다(이익섭, 2005).

한국어 문법형태소는 조명한(1982)에 의해 폭넓게 연구되었는데, 구체적인 발

표 5.11. 한국어 발달이정표

연령 \ 영역	문법형태소	구문구조
1세	종결어미(-야, -자)	한 단어+억양
2세	의존명사(거) 주격조사(가) 주제보조사(는) 보조용언(줘)	두 단어 결합 (행위자, 행위, 수식, 실체, 지시, 장소, 도구, 의문사, 부정개념 중심)
3세	연결어미(-고) 종결어미(다양)	세 단어 연결 한국어 기본구조 주어+서술어+서술어 주어+부사어+서술어 주어+주어+서술어(서술절) 주어+부사어+서술어
4세	높임(-요) 의존명사(수) 목적격(를) 인용(-고) 관형사형+과거(-는)	구 확대 활발 (명사구, 동사, 형용사구) 다른 두 동사 사이에 다른 단어 삽입
5세	연결어미 다양	피동(-지다) 사동(-게 하다) 복문 다양한 절 삽입

출처: 배소영(1995). 우리나라 아동의 언어 발달: 언어 발달 진단의 일차적 자료

달 순서는 **표 5.12**, **표 5.13**과 같다. 10개월에서 1세 7개월의 5명의 아동들을 각각 8개월에서 2년 2개월 동안 관찰한 결과, 문장어미 '-야, -거, -자'가 가장 먼저 발달하고, 공존격, 장소격 조사가 비교적 이른 시기에 발달하며, 목적격, 도구격 조사가 비교적 늦은 시기에 출현함을 보고하였다. 문법형태소 산출의 결정 요인으로 사회적 소통의 기능, 인지 발달, 지각의 현저성, 문법적 복잡성 및 의미 복잡성을 들었다. 사회적 소통 기능은 격조사의 발달에서 공존격이 가장 먼저 발달하고 목적격이

표 5.12. 문법형태소 출현순위

순위	Brown(1973)	조명한(1982)
1	진행(ing)	문장어미(야, 거, 자 등)
2	장소(in, on)	공존(랑, 하고, 도, 같이)
3	복수(-s)	장소(에, 로, 한테)
4	불규칙과거(went 등)	과거(었)
5	소유(-'s)	미래(ㄹ)
6	비축소 계사(are, was 등)	주격(가)
7	관사(the, a)	진행(ㄴ, ㄴ다)
8	규칙 과거(-ed)	수동(이, 히)
9	규칙 삼인칭(-s)	주어(는)
10	불규칙 삼인칭(has, does 등)	목적(을, 를)
11	비축소 조동사(is, were)	도구(로)
12	축소 계사(-'s, -'re 등)	
13	축소 조동사(-'s, -'re)	

표 5.13. 격조사 및 동사 형태소의 평균 출현순위

순위	격조사	동사 형태소
1	공존	문장어미
2	장소	과거
3	주격(가)	미래
4	주어(는)	수동
5	목적	진행
6	도구	

출처: 조명한(1982). 한국 아동의 언어획득 연구: 책략모형. p. 117.

가장 늦게 발달함에서 찾았다. 또한, 아동은 인지 발달에서 감각 및 동작 지능의 기본 요인일수록 일찍 발달하는데, 아동의 말에서 '여기-지금'과 관련된 장소격 조사가 일찍 발달하며, 과거형 형태소가 미래형보다 일찍 발달하는 것에서 인지 발달과의 관련성을 찾았다. 지각의 현저성과의 관련은 문장 어미가 가장 먼저 출현하는 것에서 찾았고, 수동형 형태소와 진행형 형태소의 뒤늦은 출현에서 문법적 복잡성 및 의미 복잡성과의 관련성을 설명하였다.

영어와 한국어는 구문규칙이나 구조가 다르기 때문에 직접 비교한다는 것은 무리가 있겠지만 Brown(1973)과 조명한(1982)의 문법형태소 출현순위를 비교해 보면, 공통점은 장소격이 이른 시기에 발달한다는 것이며, 한국어에서는 문장종결어미가 빨리 출현하고, 영어에서는 진행형이 일찍 나타나는 것이 큰 차이점이라 할 수 있다.

또한 김영태(1994)의 연구는 **표 5.14**와 같이 문장종결어미, 공존격조사, 장소격조사가 가장 이른 시기에 발달하며, 이유/원인형어미, 양보형어미 등의 복문 연

표 5.14. 연령별 문법형태소 발달

발달 연령	문법적 의미	형태소 종류	예
2세	문장종결어미	–야	엄마야
		–자	먹자
		–다	좋다
		–라	해라
	공존격조사	–랑	엄마랑
		–하고	오빠하고
	장소격조사	–에	집에
	과거형선어말어미	–았/었	갔다
	주격조사	–가/이	오빠가
3세	진행형어미	–ㄴ/는다	간다
	피동형어미	–이/히	잡힌다
	목적격조사	–을/를	밥을
4세	도구격조사	–로	칼로
5세	이유/원인형어미	–아/어서	예뻐서
		–니까	좋으니까
	양보형어미	–도	아파도
		–지만	싫지만
	가정형어미	–면	먹으면
	의도/목적형어미	–러	하러
	시간형어미	–에	잘 때에

출처: 김영태(1994). 구어–언어진단검사.

결어미가 가장 늦은 시기에 발달함을 제시하고 있다.

배소영(1997)은 2세에서 7세 아동 60명을 대상으로 조사 '가, 이, 는, 도, 를' 이해에 관한 실험연구를 통해 2세에서 3세 사이에 '가, 이, 는'이 발달하고, 3세에서 4세 사이에 '를'이 발달하며, 4세에서 7세 사이에 '도'가 발달함을 보고하였다.

정분선(1999, 2000)은 170명의 아동을 대상으로 문법형태소 조사와 어미발달을 폭넓게 연구하였는데, 구체적인 내용은 **표 5.15**, **표 5.16**과 같다. 가장 먼저 80%의 출현율은 나타내는 조사는 서술격조사 '이다'로, 2;6~2;11의 연령대에 이미 80%의 출현율을 보인다. 처소부사격조사인 '에'도 2;0~2;5의 시기에 50% 이상의 출현율을 보이며, 3;0~3;5의 연령대에 80% 이상의 출현율을 나타낸다. 주격조사 '가'는 2;6-2;11에서 50%, 3;0~3;5에 80% 이상의 출현율을, '이'는 3;0~3;5에서 50%, 3;6~3;11에서 80% 이상의 출현율을 나타낸다. 처소부사격 '에서'는 3;0~3;5의 시기에 50% 출현율을 나타내지만 이후 넓은 연령대에 걸쳐 출현율이 꾸준히 증가하여 5;5~5;11의 시기에 이르러서 80% 이상의 출현율을 나타낸다. 처소부사격 '로', 수여부사격 '한테', 인용부사격 '라고', 보조사 '만'도 유사한 양상으로 발달한다. 이들 조사

표 5.15. 한국 아동의 조사 발달

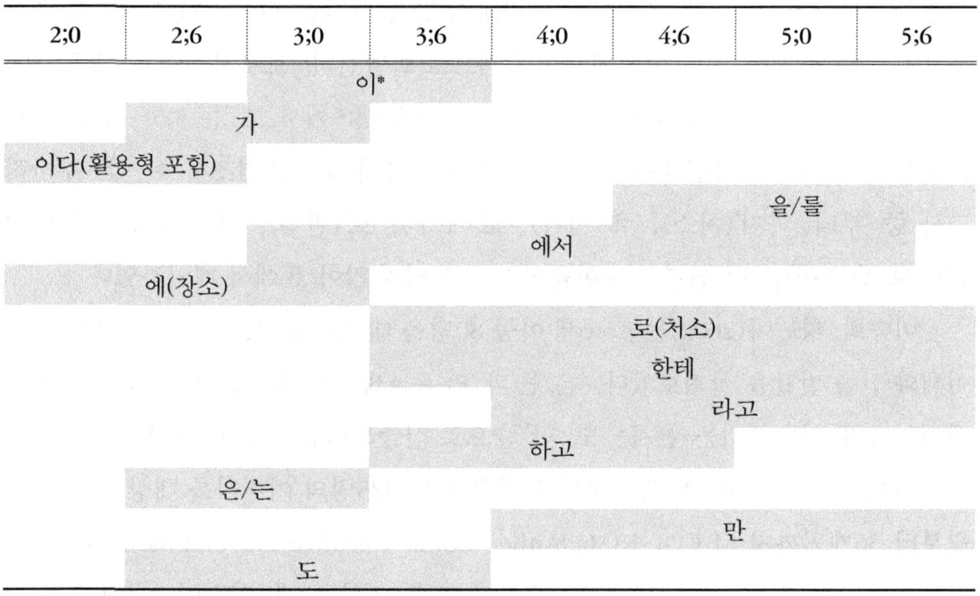

*해당 조사의 왼쪽 끝은 그 나이의 50% 아동이며, 오른쪽 끝은 80% 아동이 산출한 것을 나타낸다.

표 5.16. 한국 아동의 연결어미 발달

2;0	2;6	3;0	3;6	4;0	4;6	5;0	5;6
-고							
		-면					
				-아/어야			
					-아/어서(인과)		
				-아/어서(지속)			
						-니까	
						-려고	
					-는데		
							-가지고
							-러
							-다가

*해당 연결어미의 왼쪽 끝은 그 나이의 50% 아동이며, 오른쪽 끝은 80% 아동이 산출한 것을 나타낸다.

들은 각각 3;6~3;11, 4;0~4;5에 50%의 출현율을 나타내지만, 5;6~5;11의 연령이 되어도 80%의 출현율을 나타나지 않는다는 공통점을 지닌다. 목적격 조사인 '을/를'은 위에서 언급된 다른 조사들보다 비교적 늦은 시기인 4;6~4;11에 50%의 출현율을 나다내며, 5;6~5;11 이후에도 지속적으로 발달한다. 보조사 '은/는', '도'는 2;6~2;11에 50%의 출현율을 나타내고, '은/는'은 3;0~3;5에서, '도'는 3;6~4;0의 연령대에서 80% 이상의 출현율을 나타낸다. 관형격 조사 '의', 호격조사 '아/야', 부사격 조사 중 '부터, 까지'(처소), '에'(시간), '로'(도구), '로'(변성), '처럼, 만큼, 보다'(비교), '보고'(수여)는 각 연령별 출현율이 50%를 넘지 않아 표에서 제외하였다.

이승희, 황민아(2002)는 3~6세 아동 80명을 대상으로 보조사 '은/는, 만, 도'의 이해와 산출 발달을 살펴보았다. '은/는'과 '만'은 4세에 이해되었고, '도'는 6세에 이해되었으며, 산출에서는 '은/는, 도, 만' 순으로 산출되었음을 보고하였다.

이희란 등(2008)은 18개월에서 36개월 아동 323명의 어머니를 대상으로, 18개월부터 36개월까지 M CDI-K(MacArther Communicative Development Inventory-Korean)의 문법형태소 30개, 즉 종결어 15개, 조사 12개, 연결어 3개에 대한 종

단 연구를 수행하였다. 이들 아동들은 18개월에는 평균 종결어미 0.41개, 조사 0.17개를 사용하고 연결어미를 거의 사용하지 않았으나, 36개월에는 평균 종결어미 12개, 조사 9.67개, 연결어미 2.15개를 사용하였다고 보고되었다.

연결어미와 관련하여, 이정민(1997)은 문장종결어미를 연구하여 1세 무렵에 요청의 '-어', 주장의 '-어', 서술의 '-다', 청유의 '-자', 의문의 '-어', 감탄의 '-구나' 순으로 출현함을 보고하였다. 서희선과 이승환(1999)은 2~5세 일반 아동 160명을 대상으로 두 개의 그림카드를 제시한 후 연결어미를 사용하여 그림을 설명하도록 하여 연결어미에 대한 산출연구를 하였다. 그 결과 나열의 연결어미 '-고'와 이유의 연결어미 '-서'가 2세에서 2세 5개월, 대립이나 동시 연결어미들은 2세 후반에 출현하는 것으로 보고되었다.

정분선(1999, 2000)의 연구에서는 대등적 연결어미는 나열관계를 나타내는 '-고'가 가장 먼저 발달하고, 종속적 연결어미는 조건관계의 '-면, -아/어야'의 발달이 가장 먼저 이루어지며, 목적관계 '-러'와 전환관계 '-다가'가 가장 늦게 이루어짐을 보고하였다.

그 외 김순란과 김정미(2004)는 3~4세 아동 32명을 대상으로 연령에 따른 문장종결형의 유형을 살펴보았다. 평서형의 경우 3세 아동들은 '-어/아, -대, -래, -ㄹ걸', 4세 아동들은 '-ㅂ니다, -댄다, -ㄴ걸, -답니다' 등을 산출하였고, 의문형의 경우 3세 아동은 '-냐, -나, -어/아', 4세 아동은 '-ㄹ까'를 산출하였으며, 명령형에서는 3세 아동에게서 '-어/아'가 출현됨을 보고하였다.

단어 발달

단어와 관련된 아동의 언어 발달은 주로 단어 의미와 관련하여 의미론적 측면에서 다루어지고 있으며, 형태론적 측면에서는 각 연령의 아동이 사용하는 단어의 품사 수와 전체 다른 단어 수(number of different words, NDW), 전체 단어 수(number of total words, NTW)에 대해 간단히 언급하고자 한다.

어휘 다양도(type of token ratio, TTR)는 어휘 사용 능력을 측정하기 위한 지수로서, 언어샘플에 얼마나 다양한 어휘가 포함되었는지를 반영하는 것이다. TTR은

NDW를 NTW로 나눈 것으로, 산출된 비율은 아동이 사용하는 어휘의 다양성을 드러낸다. Templin(1957)은 3세에서 8세의 일반 아동 480명을 대상으로 50개 발화 샘플에서 어휘 다양도를 분석하여 0.45~0.50의 어휘 다양도를 나타낸다고 보고하였으며, Retherford(1993)는 0.50을 어휘 다양도 표준 지수로 삼을 것을 제안하였다. 어휘 다양도에 관한 최근의 연구들은 TTR이 아동의 어휘 발달 정도를 잘 나타내지 못함을 지적하면서, 생활연령과 강한 상관관계가 있는 NDW와 NTW를 발달 지침으로 삼을 것을 권고하였다(Miller, 1991; Owens, 1995; Watkins et al., 1995). 한국 아동들의 어휘 다양도, 전체 다른 단어의 수, 전체 단어의 수에 대한 구체적인 연구는 제한적이며, 아래 **표 5.17**을 참고하기 바란다.

Nelson(1973)과 Benedict(1973)는 18명의 아동들이 초기 습득한 50개의 단어

표 5.17. 한국 아동의 전체 다른 단어의 수, 전체 단어의 수

연령 \ 척도	전체 다른 단어의 수	전체 단어의 수	어휘 다양도
3;0~3;5	84.33	159.84	약 0.51~0.62 사이로 연령별 유의한 차이가 없음
3;6~3;11	99.24	181.33	
4;0~4;5	107.96	213.18	
4;6~4;11	121.09	218.24	
5;0~5;5	136.13	252.73	
5;6~5;11	158.98	287.96	

출처: 정분선(2000). 언어샘플 수집방법 간 문법형태소, 평균 발화길이, 어휘 다양도 비교 연구, p. 12-14.

표 5.18. 사용 어휘 품사별 빈도 (단위: %)

연령 \ 품사	체언			용언		수식언		관계언	독립언
	명사	대명사	수사	동사	형용사	관형사	부사	조사	감탄사
2세	54.8	3.1	1.2	21.0	5.4	0.6	3.6	2.2	3.1
3세	28.9	14.7	0.9	24.3	6.0	2.2	9.8	8.7	4.5
4세	32.6	10.4	1.7	25.5	6.4	2.7	7.1	10.4	3.2
5세	33.7	8.9	1.6	24.8	6.4	3.3	7.3	11.9	3.2

를 분석하여, 일반명사(65%), 특정명사(14%), 동사(14%), 형용사(9%), 사회관계용어(8%), 기능을 나타내는 어휘(4%)라고 보고하였다. 한국어의 경우 이인섭(1986)이 18명의 아동을 분석하였으며, 그의 연구에 따르면 2세 아동의 경우 명사와 동사가 전체에서 사용하는 비율이 높고 기타 품사의 비율은 낮으나, 연령이 증가할수록 명사의 비율은 낮아지고 문법형태소 조사의 비율이 높아진다(**표 5.18** 참조).

평균 발화길이

평균 발화길이(mean length of utterance, MLU)는 아동이 습득한 일정한 문장 수에서 각 문장에 쓰인 어휘들의 형태소 수를 조사하여 평균한 것으로, 언어 발달에 중요한 정보를 제공하며 언어 발달지체나 장애를 평가하는 데 중요한 기준이 된다(Brown, 1973; Shipley, 1998). 또한 대략적이지만 아동의 문법적인 발달을 평가하는 데 유용하며, 특히 4~5개 정도의 형태소를 사용하는 아동의 언어 발달을 평가하는 데 있어서는 매우 좋은 평가 지수가 된다(Bernstein & Tigerman, 1989; Brown, 1973). 평균 발화길이는 평균단어길이(mean length of utterance in words, MLU-w), 평균형태소길이(mean length of utterance in morphemes, MLU-m)로 나누어 분석한다.

영어권 아동의 MLU 분석은 여러 연구자들(Templin, 1957; Darley & Moll, 1960; Braine, 1963; Lord & Novick, 1968; Bloom, 1970; Bowerman, 1970;

표 5.19. 평균 발화길이에 따른 발달 단계

단계	목표치		획득된 근사치	
	MLU	최장발화길이	MLU로부터 최대값	형태소 수 최대한계치로부터 최대값
I	1.75	5	0.31	2
II	2.25	7	0.05	1
III	2.75	9	0.25	1
IV	3.50	11	0.20	1
V	4.00	13	0.06	1.67

출처: Brown(1973). *A first language: The early stages.*

표 5.20. 평균 발화길이와 생활연령과의 관계

연 령	평균 발화길이	연 령	평균 발화길이
1;6	1.31	3;6	3.78
1;9	1.62	3;9	4.09
2;0	1.92	4;0	4.40
2;3	2.23	4;3	4.71
2;6	2.50	4;6	5.02
2;9	2.85	4;9	5.32
3;0	3.16	5;0	5.63
3;3	3.47		

출처: Miller & Chapman(1981), *The relation between age and mean length of utterance in morphemes.*

Brown, 1973; Rondal & Defay, 1978; Miller, 1981; Miller & Chapman, 1981; Rondal et al., 1987)에 의해 실시되었으며, 이들 연구자들은 MLU와 생활연령의 사이의 상관도가 높음을 지적하면서 대략 1단계를 1;0~2;2, 2단계를 2;3~2;6, 3단계를 2;7~2;10, 4단계를 2;11~3;4, 5단계를 3;5~3;10로 보았다(**표 5.19**, **표 5.20** 참조). 한국의 평균 발화길이에 대한 연구로는 이상금 등(1972, 1973), 이연섭 등(1979), 이순형과 유안진(1982), 김영태(1997)의 연구가 있다(**표 5.21** 참조).

표 5.21. 한국 아동의 평균 발화길이

연구자 / 연령	김영태(1997)		정분선(2000)	
	평균단어길이	평균형태소길이	평균단어길이	평균형태소길이
2;0~2;5	2.27	3.01		
2;6~2;11	2.67	3.75		
3;0~3;5	2.99	4.20	3.15	4.41
3;6~3;11	3.35	4.95	3.65	5.14
4;0~4;5	3.84	5.46	4.13	5.59
4;6~4;11	4.39	6.31	4.41	6.28
5;0~5;5			5.22	7.16
5;6~5;11			5.76	7.85

구문 발달

복문 발달

두 돌 무렵 이후의 언어 발달은 기하급수적으로 이루어져 다양한 의미관계를 나타내며, 단어들 간의 기능적인 관계를 나타내는 문법형태소가 점차적으로 사용되고 세 단어로의 연결이 이행되면서, 두 돌 무렵부터는 불완전하지만 두 관념을 연결하는 복문을 산출한다(조명한, 1982; Slobin & Welsh, 1973). 복문을 사용하는 것은 아동의 사고 작용이 활발해짐을 나타내므로 언어학자들은 복문의 발달시기와 형태에 대해 활발한 연구를 하였다(김영주, 1987, 1992a, 1992b; 이귀옥, 1990; 조명한, 1982; Bloom, 1970; Brown, 1973; Limber, 1973; Slobin, 1973; Strohner & Nelson, 1984; Clancy, Jacobson & Silva, 1976; Clancy, 1976; Bowerman, 1979; Schlesinger, 1982; Pinker, 1984; Wiig & Semel, 1984; Flavell, 1986; Lahey, 1988; Radford, 1991; Lund & Duchan, 1993).

영어권의 복문 출현 시기에 관해서는 약 2;6～3;6까지 비교적 긴 기간에 걸쳐서 다양하게 주장되고 있다. Limber(1973)는 2;5～3;0세 사이에 복문이 나타나기 시작하는 것을 관찰했으며, Bowerman(1979)은 접속문 산출 시기는 약 3;6세경이라고 보고했다. 아동 언어 발달의 지표로 중요하게 인식되고 있는 MLU와 문장 발달 사이의 관계를 살핀 Wing과 Semel(1984)의 초기 문장 습득 단계에서 MLU 2.4～3.25 기간에 단문을 습득하고, MLU 4.0 이상이 되었을 때 비로소 복문을 사용할 수 있다고 제시하였다.

한국 아동의 복문 출현 시기에 관해서는 조명한(1982)이 5명의 아동 발화를 종단 연구한 것이 대표적이다. 그는 한국 아동에게서는 약 2세 0개월부터 '고' 등의 간단한 연결어미에 의해 복문이 최초로 출현하고, 2세 6개월경부터는 '-어서', '-면'과 같은 연결어미를 좀 더 활발하게 사용하여 복문의 빈도수가 점차적으로 증가한다고 보고하면서, 우리나라 아동의 복문 출현 시기가 영어권 아동의 출현 시기보다 다소 빠름을 지적하였다.

한편, 복문 발달 형태를 고찰한 연구에서는 복문을 내포문과 접속문으로 나누어 살피거나 둘 중 하나를 중점적으로 연구한 결과물들이 제시되었다. Limber (1973)는 아동의 언어를 관찰하여 초기 복문의 형태는 'one', 'thing'과 같은 공백명사(empty noun)가 나타난 내포문임을 보고했고, Clancy 등(1976)은 영어, 독일, 터키어와 이탈리아어에서 아동 언어에 나타내는 접속문을 비교 검토하여, 접속문의 출현 초기에 접속사가 생략되어 산출되는 경우가 흔함을 발견했다. Clancy(1976)는 유아의 접속문의 출현 순서를 관찰하여, 대등(coordination), 대립(antithesis), 시간적 연속(sequence), 원인(causality), 한정조건(temporal condition), 동시성(simultaneity)의 순으로 발달함을 보고하였다.

이영옥(1979)은 5세에서 11세에 이르는 아동 163명의 관계절 구문 습득에 관한 연구에서 주어에 관계절이 포함된 것이 목적어에 관계절이 포함된 것보다 많으며, 관계절을 따로 떼 놓으려는 경향이 아동의 복문 발달에서 나타나는 주요한 특징으로 보고하였다. 이순형과 유안진(1982)은 2;8~2;11의 한 아동을 종단 관찰하여 얻은 자료를 접속 구성과 내포 구성으로 분류하여 분석하였다. 이들은 접속문을 Clancy(1976)의 분류에 따라 고찰하여 한정조건(16회), 대립, 시간적 연속, 원인, 동시성(8회), 대립(4회)의 순으로 나타남을 보고하였고, 내포문은 '때, 거, 수, 데'의 불완전 명사에 관형절이 포함된 관계절문(relativization)과 보문(complemtization)이 대부분임을 제시하였다. 김영주(1987, 1992a, b)와 이귀옥(1990)은 한국 아동들이 '것'을 포함하는 관계절 구문을 시작하고 2~3개월 후에 일반명사를 핵으로 하는 관계절 구문을 산출한다고 보고하였다.

정분선(1999)의 복문 발달 연구를 살펴보면, 연령이 증가함에 따라 내포문은 전반적으로는 출현빈도가 증가하나 '것' 명사절은 특정 연령대를 기점으로 하여 그 출현빈도가 감소하며, 접속문의 경우는 연령 증가에 따라 출현빈도가 꾸준히 증가한다는 것이 특징이다.

명사절은 주로 '-는 거'라는 표지에 의해 나타나고(예: 내가 좋아하는 거 사탕), 명사절은 2;6~3;11까지는 50개의 문장 발화에서 출현빈도가 증가하다가 4;0을 기점으로 감소한다. 이는 아동의 초기 복문의 발달에서 '것'과 같은 공백명사가 나타났다가 일정한 시기에 의미상으로 확정된 일반명사로 대치된다는 Limber(1973)와 김영주(1987)의 견해와 일치한다. 일반명사를 수식하는 절을 규범문법에서는 관형절로 범주화시키고 있으며, '-는 거'라는 표현이 현저하게 감소하는 것을 살펴볼 수 있다. 또한 같은 맥락에서 명사절은 감소하지만 관형절이 감소하지 않는 것은 관형절이 '것'을 대신하는 다른 명사를 수식하기 때문이다. 관형절과 부사절은 연령의 추이에 따라 꾸준히 증가하며, 인용절도 연령의 변화에 따라 감소하지만 그 변화의 폭이 완만하다.

접속문의 발달은 내포문의 발달과 시기적으로 유사하며, 내포문과 달리 평균 출현빈도가 연령의 추이에 따라 꾸준히 증가한다. 대등접속문은 주로 나열관계의 '-고'를 중심으로 발달하며, '-고'는 2;0 아동들에서부터 나타나서 증가폭이 커진다. 대조나 선택관계보다 나열관계의 '-고'가 이른 시기부터 출현하고 그 빈도가 높은 것은 조명한(1982)이 지적한 것처럼, 아동의 인지 능력과 공동체적 의식의 결과라고 볼 수 있을 것이다. 종속접속문은 조건관계의 '-면', '-아/어야'의 발달이 가장 먼저 이루어지며, 목적관계 '-러'와 전환관계 '-다가'가 가장 늦게 이루어진다. 종속접속문에서 조건의 '-면', '-아/어야'가 다른 관계를 나타내는 연결어미보다 빨리 발달하는 것은 의사소통의 기초가 되는 화자의 의도와 직접적인 관련이 있을 것이다.

사동문과 피동문 발달

아동이 두세 단어를 결합하여 문장을 사용하게 되면서 점차 문법적인 단서를 활용하여 문장을 이해하는 경향이 나타난다. 사동문과 피동문은 문장 내에서 행위자와 대상자 간에 이루어지는 행위관계를 명료화시키는 문법적 기능을 하고, 상대방과 언어적인 관계를 확립시켜 주므로(Brown, 1973) 언어 발달의 중요한 지표가 된다. 아동이 특정 맥락에서 사동문과 피동문을 사용하였다면 동사의 기본적인 의미뿐만 아니라 각 대상 간 관계를 파악하고 있다고 할 수 있다. 예를 들면, 아동이 '엄마 빨리 업어 줘'라고 말하는 경우 아동은 '엄마'라는 행동주와 '나'라는 피동주 간의 관계를 인식하고 있으며, '행위'의 주체자가 '엄마'라는 것을 파악하고 있다고 볼 수 있다.

영어권 연구에서 사동문 및 피동문과 관련된 선행 연구를 살펴보면, Bowerman(1982)은 4세 6개월에서 6세 2개월 아동을 대상으로 아동이 사동형을 완전히 이해하려면 어형변화(suppletive form) 과정과 자동사와 타동사의 관계를 인식해야 가능하다고 하였다. 피동문 이해 능력과 관련해서는 어순전략이 피동문 이해에 영향을 주고, 어린 아동들은 생물체를 문장 주어로 인식하는 경향이 나타나며, 인지발달과 관련하여 Piaget의 구체적 조작기에 해당하는 6~7세 아동들의 양의 보존개념 및 계산법의 수행정도와 관련하여 피동문의 이해가 이루어진다고 하였다(Chapman & Kohn; 하은진, 1999에서 재인용).

영어의 사동문과 피동문은 어순의 이동과 주어에 따른 동사의 변화, 특정 동사의 의미변화 등 한국어와는 다른 형태로 사동문과 피동문이 이루어지며, 한국어의 사동문과 피동문 형성 방법은 주로 접사 '이, 히' 등의 첨가에 의해 이루어지고 어순의 이동을 요구하지 않는다. 따라서 영어권 아동들의 사동문과 피동문의 발달은 문법의 복잡성과 의미의 다양성으로 인해 상대적으로 한국 아동들의 사동문과 피동문의 발달보다 늦게 출현한다(조명한, 1982).

대체적으로 선행 연구들은 영어권 아동들의 사동문과 피동문 발달 연구에서 주로 만 4~9세 아동들을 대상으로 하였으며, 우리나라 아동의 사동문과 피동문의 종단적 연구는 만 4세 전후의 아동들을 대상으로 하였다.

이연섭 등(1979)의 연구에서는 '때리다'와 같이 아동이 직접 행하는 단어는 4세 이전에 습득하지만, '맞다'와 같이 동작상 상대방에 의해 이루어지는 단어는 6세까지도 습득하지 못한다고 하였다. 또한 이 연구에서는 아동들이 '차 봤어'라는 능동문을 먼저 습득하고 나중에 '차가 보여'라는 피동문과 '차를 보여 줘'라는 사동문을 습득한다고 하였다.

조명한(1982)은 동사와 관련된 문법형태소가 문장어미, 과거형, 미래형, 피동형, 진행형 순서로 발달한다고 하였다. 사동형의 예를 들면, 1세 11개월 아동에게서 사동형 '히'(예: 내가 입혀줄게), 2세 5개월 아동에게서 사동형 '이'(예: 꼬이 아가 먹여)가 나타난다고 하였다. 영어권 아동들이 5세가 되어서야 피동문을 산출하는 것에 비해, 한국 아동들의 출현이 매우 빠르다고 하였다.

정동빈(1994)도 영어권 아동들은 5세 이후에 피동문을 완전히 습득한다고 하였다. 특히 연령이 낮을수록 의미론적 반전의 실수가 빈번히 나타났고, 주로 5세를 전후로 피동문의 이해가 점차 이루어진다고 하였으며, 학령기 이후 3~4학년이 되어서야 비로소 완전히 문장 형태를 갖춘 피동문을 산출할 수 있다고 하였다.

배소영(1995)은 사동문과 피동문의 발달에서 행위주와 피동주 및 목적격 조사 '을, 를'을 습득하고 있어야 사동문과 피동문의 문장형태를 사용할 수 있다고 하였다. 4세 이전 아동들은 '붙이다, 끼우다' 사동사, '먹히다' 등의 제한된 어휘의 피동사를 사용하고, 4세에 피동형 '-어지다'에 대한 활발한 탐색이 이루어지며, 5세에 '-게 하다'라는 사동형 표현이 가능하다고 하였다. 즉, 4세 무렵에 사동형과 피동형 개념이 형성되고, 사동과 피동에 대한 정확한 개념은 5~6세가 지나서야 이루어진다고 하였다.

하은진(1999)의 연구에서는 4~9세 아동을 연령별로 30명씩, 180명을 대상으로 사동문 '-이-, -히-, -리-, -기-, -우-', 피동문 '-이-, -히-, -리-, -기-' 문법형태소들을 사용하여 연구하였으며, 사동문과 피동문 이해 및 표현이 연령에 따라 증가함을 보고하였다(**표 5.22** 참조). 연령별 발달 패턴은 대체로 모든 연령에서 사동표현, 피동이해, 피동표현, 사동이해 순으로 나타났으며, 사동문과 피동문 이해 및 표현 능력에서 문법형태소 발달을 연구해 본 결과 사동문 이해 능력에서는 '우, 기, 히, 이, 리', 표현 능력에서는 '우, 리, 이, 기, 히' 순으로 나타났다. 피동문의 이해 능력은 '리, 히, 기, 이', 표현 능력에서는 '리, 히, 이, 기' 순서로 나타났다. 즉, 사동문과 피동문 모두 가장 어려운 문법형태소는 '기'가 들어간 표현으로 나타났다(**표 5.23** 참조).

표 5.22. 사동문과 피동문의 연령별 정확률(%)

연령 \ 사동/피동	사동문		피동문	
	이해	표현	이해	표현
4세	40.0	45.3	46.5	31.3
5세	52.8	71.3	75.1	57.7
6세	56.5	74.8	74.7	66.5
7세	68.3	85.0	80.9	76.5
8세	76.7	90.7	89.3	87.9
9세	80.7	88.7	91.8	86.5

출처: 하은진(1999). 사동문과 피동문의 이해 및 표현발달에 관한 연구, p. 29.

표 5.23. 사동문과 피동문의 문법형태소별 이해 및 표현 정반응률(%)

연령 \ 사동/피동	이해					표현				
	이	히	리	기	우	이	히	리	기	우
사동문	58.0	60.5	49.8	70.5	73.5	72.0	72.0	78.5	70.0	86.8
피동문	70.7	73.5	87.0	72.8	—	54.3	67.3	78.3	54.0	—

출처: 하은진(1999). 사동문과 피동문의 이해 및 표현발달에 관한 연구, p. 30-35.

표 5.24는 학령 전기 아동의 언어 발달 수준을 평가하기 위해 한국에서 가장 일반적으로 사용되고 있는 취학 전 아동의 수용 언어 및 표현 언어 발달 척도(Preschool Receptive-Expressive language Scale, PRES, 김영태, 성태제, 이윤경, 2003)에 제시된 사동문과 피동문에 대한 항목이다.

부정문 발달

영어권 아동의 부정표현의 발달에서 Bellugi와 Klima(1966)는 통사적인 접근에서 부정문을 발달시키는 과정을 세 단계로 나누어 설명하였다. 단계 1에서는 부정소인 'no'나 'not'을 문장의 맨 앞에 놓아 다른 명제와 조합하는 형식의 부정문을 사용하

표 5.24. PRES에 나타난 사동사 및 피동사 관련 문항

영역	연령	문항
사동사	46~48개월	"떼쟁이 곰돌이가 있었어요. 곰돌이는 배가 고프면 엄마한테 가서 '밥 먹여줘' 했어요." ① 곰돌이가 옷을 입고 싶으면 뭐라고 할까요? (입혀줘) ② 곰돌이가 신을 신고 싶으면 뭐라고 할까요? (신겨줘)
피동사	67~72개월	"선생님이 말하는 것을 잘 듣고 빠진 부분을 채워서 말하는 거예요." 연습문장) 엄마가 아기를 업었어. 아기는 엄마한테 (업혔어) ① 개가 고양이를 물었어. 고양이는 개한테……(물렸어) ② 경찰이 도둑을 잡았어. 도둑은 경찰한테……(잡혔어) ③ 괴물이 공주를 성에 가뒀어. 공주는 성에……(갇혔어)

고(예: No sit there), 단계 2에서는 과도기적 단계로 부정소가 문장의 내부에 들어가는 방식과 단계 1의 방식이 공존하며(예: No pinch me/ He no bite you), 단계 3에서는 영어의 부정법 체계에 숙달되어 부정소를 바르게 사용한다(최은경, 2003에서 재인용).

이승복(1987)은 두 명의 아동을 대상으로 초기 부정 표현의 발달을 연구하였다. 단계 1에서는 앞서 제시된 명제에 대해 '아니다' 또는 '없다'라는 부정어를 첨가시켜 앞서 제시된 명제 전체를 부정하였고(예: 맞어 아니야, 여기 아빠 없네), 단계 2는 과도기적 단계이며, 단계 3은 부정소가 문장 내부에 위치하여 문장 전체를 부정하는 것이 아니라 일부가 부정된 것으로 단계 1의 부정과는 구분된다고 하였다(예: 엄마가 야단을 치면서 "이거 누가 그랬니?"라고 하자 "내가 안 그랬어. 나쁜 아이가 그랬어."라며, 주어인 '나'를 부정함). 옥종석(1992)은 한 아동의 대화를 6개월 걸쳐 분석하여 한국어의 부정어 습득 과정에서 나타나는 구문적 특성을 분석하였으며, 부정문에 사용하는 '아니야'와 '안'의 위치를 분석한 결과, 명사 뒤의 '아니야', 동사의 앞이나 합성동사의 중간에 나타나는 '안', 동사의 뒤에 나타나는 '안'이 단계적으로 쓰임을 관찰하였다.

정동빈(1994)은 조성연의 '한국 아동의 언어 습득과 그 발달 과정에 관한 고찰'이라는 논문에서 2세 2개월과 3세 2개월 아동의 발화를 추출하여 부정문을 세 가지 유형으로 나누었다. 1유형은 Bellugi와 Klima(1966)의 1단계에 해당하며, 부정문 '아니'를 따로 사용하거나 긍정문과 함께 '아니다'를 사용하는 유형으로(예: 아니, 쥐 아냐), '없다, 싫다, 모르다' 등의 부정표현을 사용할 수도 있다고 하였다. 2유형은 부정소 '안'이 용언 앞에서 동사나 형용사가 지닌 어휘 내용을 부정하는 것으로(예: 아파서 안 할래.), 비문법적인 문장이 관찰되기는 하나(예: 엄마는 안 일곱), 성인의 부정 기술이 적용된다. 3유형은 부정이라기보다는 금지의 의미를 지닌 '-지 말-'이 붙는 유형이라 하였다. 또한, '-지 아니하다', '-지 못하다'처럼 부정소 이동 변형은 4세 이후에 습득됨을 제시하였다.

최영주(2003)는 3~5세 아동 60명을 대상으로 부정문 표상 방식을 알기 위해 새로운 정보와 주어진 정보, 어순에 따른 주어 부정 선택과 목적어 부정 선택으로 나누어 실험연구를 하였다. 세 집단의 아동 모두 새로운 정보에 대한 부정 선택이

표 5.25. SELSI에 나타난 부정문 관련 문항

영역	연령	문항
수용 언어	6~7개월 10~11개월 14~15개월 20~21개월	• "안 돼"라는 강한 어조에 하던 행동을 멈추거나 주춤한다. • "안 돼" 이외의 부정적 명령(예: "하지 마", '만지지 마" 등)에 하려던 행동을 멈춘다. • "없다"의 의미를 이해한다(*부정문은 아니지만 부정어임). • 유아의 행동을 금지시키는 것 이외의 부정 서술문(예: "엄마 안 먹어", "아가 안 울어" 등)을 이해한다.
표현 언어	12~13개월 22~23개월	• 제스처(예: 고개 젓기) 또는 낱말(예: "아니야", "싫어" 등)을 사용하여 아니라거나 싫다는 표현을 한다. • 두 낱말 문장에서 부정어를 사용한다(예: "아빠 아니야", "안 뛰어", "안 먹어").

주어진 정보에 대한 부정 선택보다 높았으며, 정상 어순의 부정문에서는 세 집단 모두 행위자 정보에 해당하는 주어를 목적어보다 더 부정하였음을 보고하였다.

표 5.25는 36개월 이전 영유아의 언어 발달 수준을 평가하기 위해 한국에서 가장 일반적으로 사용되고 있는 영유아 언어 발달 검사(sequenced language scale for infants, SELSI, 김영태 외, 2003)에 제시된 부정문과 관련된 항목이다.

아동의 형태 및 구문 발달에서 나타나는 실수들

아동들은 형태 및 구문 발달을 하면서 정상적인 **발달상의 실수**들을 한다. 그 중 가장 대표적인 실수로 형태 발달 측면에서 주격조사 과잉일반화, 동사 어간과 어미 연결 시 매개모음 '으'의 사용, 구문 발달 측면에서 어순, 특히 부정부사의 어순 실수, '것' 명사절의 과도기적 사용 등을 들 수 있다.

아동이 문법의 규칙을 습득하면서 문법형태소와 관련하여 과잉일반화 규칙이 가장 두드러진 것은 주격조사 '가'의 사용이다. '가'는 2세 초에 출현되는 문법형태소로 중반 이후 활발하게 사용되기 시작하고, 2세 후반에서 3세 사이에 '이'가 출현한다. 이 과정에서 아동들은 '아빠이가 밥 먹어.', '선생님이가 자동차 타.'에서처럼

'가'를 과잉일반화하여 사용하기도 한다. 또한 3세 무렵 아동들은 '밥 먹으고 있어.', '고양이가 살으고 있는데' 등에서 살펴볼 수 있는 것처럼, 동사의 어간과 어미를 연결할 때 '-으-' 매개모음을 과잉삽입하여 사용하는 경향이 나타나기도 한다.

구문 발달에서 2~3세의 아동들은 부정어와 관련된 어순 실수가 종종 눈에 띄며(예: 밥 안 다 먹었다.), 구문적 특징을 완전히 이해하지 못해 부적절한 결합(예: 안 공부해, 안 모른다)을 하기도 한다. 또한, 상대방에게 내용을 잘 전달하기 위해 꼭 필요한 문장성분을 빼고 말하거나 어순을 무리하게 바꾸기 때문에 상대방이 이해하기 어려운 경우도 많다(배소영, 2006). 한편, 이 시기의 아동들은 '엄마가 먹는 거 수박'에서처럼 완전한 관형절로 나아가기 전 단계의 과도기적인 양상인 '것' 명사절을 빈번하게 나타낸다.

정상적인 언어 발달 과정의 실수들은 아동들이 문법을 발달시켜 성인들의 언어에 근접해 가는 과정에서 나타나는 현상으로 더 많은 연구가 필요하리라 본다. 아래의 M-B CDI-K(MacArthur-Bates Communicative Development Inventory-Korean: Words and Sentences, 배소영 외, 2006) 유아용 검사지는 유아기 아동의 의미와 의사소통 발달을 살필 수 있는 체크리스트로, 기존의 어휘 항목 이외에도 '문법과 문장'의 측면에서 문장표현정도, 조사와 어미, 문법적으로 불완전한 표현, 복잡한 문장 표현 시 정상적인 실수들의 네 가지 항목이 수록되어 있으므로 도움이 될 것이다.

M-B CDI-K 유아용

문법과 문장

III. 아이들은 자라면서 문법적으로 불완전한 표현을 합니다. 아래 내용을 읽고 [1 | 2] 중 우리 아이가 하는 표현과 가장 비슷한 번호에 동그라미 표시해 주십시오. 아직 이런 수준의 문장표현을 하지 않는 경우라면 어느 쪽에도 표시하지 마십시오.

1	큰 거 꽃		1	집에 만들어
2	큰 꽃		2	집에서 만들어
1	언니 꺼 까까		1	엄마가 아빠가 좋아해
2	언니 까까		2	엄마가 아빠를 좋아해
1	아빠 꺼 시계		1	아파 병원 가
2	아빠 시계		2	아파서 병원 가
1	먹어 아니야		1	먹어 안돼
2	안 먹어		2	먹으면 안돼
1	안돼 아니야		1	여기 넣으자
2	해도 돼		2	여기 넣자
1	안 다 먹었다		1	부으는 건데
2	다 안 먹었다		2	붓는 건데
1	안 책 봐		1	많이 먹은다
2	책 안 봐		2	많이 먹는다
1	컵을 부어		1	아가 울은다
2	컵에 부어		2	아가 운다

IV. 아이들은 보다 복잡한 문장 표현을 습득하면서 때로 정상적인 실수를 보이기도 합니다. 아래 내용을 읽고 [1 | 2] 중 우리 아이가 하는 표현과 가장 비슷한 번호에 동그라미 표시해 주십시오. 아직 이런 수준의 문장표현을 하지 않는 경우라면 어느 쪽에도 표시하지 마십시오.

1	아빠가 타는 거 차야	1	미안하다 해
2	아빠가 타는 차야	2	미안하다고 했어

1	이렇게 하는 거 문 있어	1	피나고 울고 있네
2	이렇게 하는 문 있어	2	피나서 울고 있네
1	방이잖아	1	신어줘요
2	방에 있는 거잖아	2	신겨줘요
1	바람이 씽 날아갔는데	1	타줘
2	바람이 빠져서 씽 날아갔는데	2	태워줘
1	엄마는 꽃을 깨져서	1	다쳤어
2	엄마가 꽃을 만지는데 창문이 깨져서	2	다치게 했어
1	한 번 그런 비디오 본 적 있는데	1	안 열은데 어떡하지
2	그런 비디오 본 적 있는데	2	안 열리는데 어떡하지
1	내가 헬리콥터 소리가 하늘 높이에서 들었어	1	아팠는 거야
2	내가 헬리콥터 소리가 하늘에서 나는 거 들었어	2	아팠던 거야
1	아파서 아기서 사랑해	1	이건 열은 거야
2	아프지만 아기니까 사랑해	2	이건 여는 거야

요약

아동들은 일반적으로 첫 돌 무렵에 의미 있는 단어를 사용하기 시작하고, 18개월 무렵에 단어를 연결하기 시작한다. 두 돌 경에는 두 단어를 활발하게 연결하여 사용하고, 만 3세가 되면 세 단어를 활발하게 연결할 뿐만 아니라 다양한 복문을 산출하기 시작한다. 만 4, 5세 이후에는 복문, 사동문과 피동문과 같은 다양한 구문구조를 구사하여 다른 사람과 의사소통할 수 있다. 이와 같이 일정한 규칙에 따라 점차적으로 단어를 연결하면서 늘려가는 문법규칙을 다루는 영역을 형태론과 구문론이라고 한다.

아동의 언어 발달을 다룰 때 초기 단어의 습득에서부터 문법규칙에 따라 단어를 연결하면서 문장을 만들어가는 형태 및 구문 규칙과 그 발달을 아는 것은 매우 중요하다. 특히, 한국어는 흔히 언급되는 영어권 언어와 문법규칙이 여러 측면에서 다르므로, 한국어에 대한 정확한 형태 및 구문 규칙을 이해하고 아동들의 언어 발달 과정을 다루는 것이 필요하다. 이러한 필요성에 근거하여 이 장에서는 한국어 형태론의 문법형태소와 단어, 구문론의 구, 절, 문장의 언어학적 기초를 살펴본 후, 아동 언어 발달상의 전반적인 형태 및 구문 발달을 고찰하였다. 즉, 형태론적 측면의 문법형태소 발달, 단어 발달, 평균 발화길이 발달과 구문론적 측면의 복문 발달, 사동문 및 피동문 발달, 부정문 발달, 형태 및 구문 발달상의 실수로 세분화하여 살펴보았다.

참고 문헌

강범모 (2005). **언어: 풀어 쓴 언어학 개론**. 서울: 한국문화사.

권경안 (1981). **한국 아동의 언어 발달 연구: 음운 발달 및 어휘 발달을 중심으로**. 서울: 한국교육개발원.

권재일 (1994). **한국어통사론**. 서울: 민음사.

김순란, 김정미 (2004). 3-4세 일반 아동의 종결어미 발달. **언어청각장애연구**, 9(3), 22-35.

김영태(1994). **구어-언어진단검사**. 대구: 언어치료학회.

김영태 (1997). 한국 2-4세 아동의 발화길이에 관한 기초 연구. **말-언어장애연구**, 2, 5-26.

김영태 (2002). **아동언어장애의 진단 및 치료**. 서울: 학지사.

김영태, 성태제, 이윤경 (2003). **취학전 아동의 수용 언어 및 표현 언어 발달척도(PRES)**. 서울: 서울장애인복지관.

김진우 (2001). **언어 습득의 이론과 실상**. 서울: 국문화사.

남기심, 고영근 (1993). **표준국어문법론**. 서울: 탑 출판사.

박경자 (1997). **언어 습득연구방법론**. 서울: 고려대학교 출판부.

배소영 (1995). 우리나라 아동의 언어 발달: 언어 발달 진단의 일차적 자료. **언어치료전문요원교육**. 서울: 한국언어병리학회.

배소영 (1997). 한국아동의 문법형태소 습득에 관한 연구: 조사 "가, 이, 도, 를". **말-언어장애연구**, 2, 27-42.

배소영 (1998). 언어 발달. 학령기 아동의 말-언어장애 진단 및 치료교육. 38-59.

배소영, 김광선, 성경훈, 성진아 (1998). 컴퓨터와 언어 능력 진단평가: Korean Computerized Language Analysis 1.0. **언어청각장애연구**, 3, 123-137.

배소영(2005). 학령기 언어장애의 평가. 2005년 한국언어치료학회 겨울 연수회. 대구: 대구대학교.

배소영 (2006). 한국어 발달 특성과 학령 전기 문법형태소. **한국어학**, 31, 31-45.

배소영, 곽금주, 장유경, 성현란 (2006). **M-B CDI-K 유아용.**

배소영 (2007). M-B CDI-K의 임상활용. **제36회 한국언어치료학회 연수회**, 47-66.

서정수 (1996). **국어문법.** 서울: 한양대학교 출판원.

서희선, 이승환(1999). 2-5세 정상 아동의 연결어미 발달. **언어청각장애연구**, 4, 167-185.

옥종석 (1992). Developmental aspects in the acquisition of Korean negation: A study form one Korean child. **세명논총**, 2, 61-72.

이관규 (1999). **학교문법론.** 서울: 도서출판 월인.

이관규 (2005). **국어교육을 위한 국어문법론.** 서울: 집문당.

이봉원 (2008). **언어치료사를 위한 한국어문법.** 나사렛언어청각센터.

이상금, 정세화, 이은화, 이정환 (1972). 3, 4, 5세 아동의 회화에 나타난 어휘 조사. **이화여대 한국문화연구소 논총**, 19, 337-427.

이상금, 정세화, 이은화 (1973). 유아기 언어의 성격 및 기능에 관한 연구. **이화여대 한국문화연구소 논총**, 22, 345-373.

이순형 (2000). 한국 아동이 초기에 획득한 문법적 형태소의 종류 및 획득 시기. **아동학회지**, 21(4), 51-68.

이승복 (1987). **어린이 언어에서 부정문의 이해.** 서울대학교 대학원 박사학위논문.

이승복, 이희란 (2006). **아이와 함께하는 신기한 언어 발달.** 서울: 정담미디어.

이승희, 황민아 (2002). 3-6세 한국 아동의 보조사 발달에 관한 연구: 은/는, 만, 도. **언어청각장애연구**, 7(2), 24-45.

이연섭, 권경안, 김성일 (1979). **한국아동의 구문 발달(I)**, 서울: 한국교육개발원

이연섭, 권경안, 정인실 (1980). **한국아동의 어휘 발달연구(I)**, 서울: 한국교육개발원

이영옥, 안승신, 이영숙 (1982). **한국 어린이의 언어 발달 연구.** 서울: 재단법인 언어교육.

이익섭 (2005). **한국어문법.** 서울: 서울대학교 출판부.

이정민 (1997). **서법(Mood)/양상 표지의 습득: 언어학 이론과 한국어 구조 습득.** 서울: 민음사.

이희란 (2004). 2세 한국 아동의 주어 발달 특성. **언어청각장애연구**, 9(2), 19-32.

이희란, Hubert Haider (2004). 2세 한국 아동의 보조사 '은/는' 산출에 관한 종단 연구: 용언 형태를 중심으로. **언어청각장애연구**, 9(3), 36-50.

이희란, 김영태, 이상복 (2007). 고기능 자폐 아동의 부정문 이해. **언어청각장애연구**, 12(4), 643-661.

이희란, 장유경, 최유리, 이승복 (2008). 부모보고를 통해 종단 관찰한 한국 아동의 초기 문법형태소 습득. **언어청각장애연구**, 13(2), 159-173.

이희정 (1999). **정상 아동과 언어 발달지체 아동의 발화길이와 어휘 다양도 비교.** 이화여자대학교 대학원

석사학위논문.

정경희, 배소영 (2010). 초등저학년 단순언어장애 아동의 문법형태소 판단능력. **언어청각장애연구**, 15(4), 619-631.

정동빈 (1993). **언어 습득론**. 서울: 한신문화사.

정동빈 (1994). **언어 발달지도**. 서울: 한국문화사.

정분선 (1999). 2-5세 아동의 복문 발달 연구. **언어치료연구**, 8(1), 157-173.

정분선 (2000). 2-5세 아동의 조사발달 연구. **언어치료연구**, 9(1), 139-163.

정분선 (2000). **언어샘플 수집 방법 간 문법형태소, 평균 발화길이, 어휘 다양도 비교 연구**. 대구대학교 대학원 석사학위논문.

조명한 (1982). **한국 아동의 언어 획득 연구: 책략 모형**. 서울: 서울대학교 출판부.

최은경 (2003). **3-5세 아동의 부정문 표상 방식**. 단국대학교 대학원 석사학위논문.

하은진 (1999). **사동문과 피동문의 이해 및 표현발달에 관한 연구**. 이화여자대학교 대학원 석사학위논문.

허 웅 (1995). **20세기 우리말의 형태론**. 서울: 샘 문화사.

황민아 (2003). 언어 발달장애 아동의 문법형태소 산출. **음성과학**, 10(3), 47-64.

Bernstein, D. K. & Tiegerman, E. (1989). *Language an communication disorders in children* (2rd Ed.). Clombus, OH: Merrill.

Bloom, L. & Lahey, M. (1978). *Language development and language disorders*. New York: John Wiley & Sons.

Brown, R. (1973). *A first language: The early stages*. Cambridge, MA: Harvard University Press.

Chomsky, N. (1969). *Language and responsibility*. Brighto: Harvester Press.

Dale, P. S. (1976). *Language development*. New York: Holt, Rinehart Winston.

De Villier, J. G. & de Villiers, P. A. (1973). A cross-sectional study the acquisition of grammatical morphemes in child speech. *Journal of Psycholingustic Research*, *2*, 267-278.

De Villier, J. G. & de Villiers, P. A. (1978). *Language acquisition*. Cambridge, Mass. : Harvard University Press.

Flavell, J. H. (1986). *Cognitive development*. Englewood Cliffs, N. J. : Prentice-Hall.

Hand, H. H. (1981). The relation between developmental level and spontaneous Behavior: The importance of sampling texts. In *New Directions for Child Development*, *12*. San Francisco: Jbossey-Bass Publishers.

Klee, T. (1985). Clinical language sampling: Analysing the analyses. *Child Language Teaching and Therapy, 1*, 182-198.

Klee, T. & Fitzgerald, M. D. (1985). The relation between grammatical development and mean length of utterance in morphemes. *Journal of Child Language, 12*, 251-269.

Leadholm, B. J., Miller, J. F., Contrucci, V. J., Brittingham, K. V. & Odell, B. C. (1992). *Language sample analysis: The Wisconsin Guide.* Wisconsin Department of Public Instruction.

Lund, N. J. & Duchan, J. F. (1993). *Assessing children's language in naturalistic contexts* (3rd Ed.). Englewood Cliffs, NJ: Prentice-Hall.

Miller, J. F. (1981). *Assessing language production in children.* Baltimore: University Park Press.

Miller, J. F. & Chapman, R. S. (1981). The relation between age and mean length of utterance in morphemes. *Journal of Speech and Hearing Research, 24*, 154-161.

Miller, J. F. & Chapman, R. S. (1990). *Systematic analysis of language transcripts (SALT).* Madison, WI: University of Wisconsin Waisman Center.

Owens, R. E. (1991). *Language disorders: A Functional Approach to Assessment and Intervention.* New York: Merrill.

Owens, R. E. (1995). *Language disorders.* Needham Heights, MA: Simon & Schuster Company.

Rondal, J. A. & Defays, D. (1978). Reliability of mean length of utterance as a function of sample size in early language development. *Journal of General Psychology, 133*, 305-306.

Rondal, J. A., Ghiotto, M., Bredart, S., & Bacheler, J. (1987). Age-relation, reliablity and grammatical validity of measures of utterance length. *Journal of Child Language, 14*, 433-446.

Schlesinger, I. M. (1982). *Steps to language: Toward a theory of native language acquisition.* Hillsdale, NJ: Lawrence Erlbaum Associates.

Shipley, K. G. & McAfee, J. G, (1998). *Assessment in speech-language Pathology* (2rd Eds.). San Diego, Singular Publishin Group. Inc.

Shriberg, L. & Kwiatkowski, J. (1985). Continuos speech sampling for phonologic analysis of delayed children. *Journal of Speech an Hearing Disorder, 50*, 323-334.

Watikins, R. V., Kelly, D. J., Harbors, H. M. & Hollis, W. (1995). Measuring children's lexical diversity: Differentiating typical and impaired language learners. *Journal of Speech and Hearing Research, 38*, 1349-1355.

제6장

의미 발달

언어는 내용, 형식, 사용의 세 가지 성분으로 구성된 복합체이다. 그 중 언어의 내용을 연구하는 분야를 **의미론**(semantics)이라고 하며, 개별 어휘, 구, 절 및 문장의 의미에 대한 규칙을 연구한다. 즉, 어휘와 어휘들 간의 조합에 관련된 규칙을 연구한다. 음운론이나 구문론이 언어의 외형적 특징을 연구한다면, 의미론은 언어의 내적인 측면을 연구하는 분야라고 할 수 있다.

이러한 의미론을 분류기준에 따라 여러 유형으로 나눌 수 있다. 의미를 나타내는 언어단위에 따라 어휘 의미론, 문장 의미론, 담화 의미론, 텍스트 의미론 등으로 나눌 수 있다. 언어단위가 어휘에서 문장, 문장에서 담화(discourse)와 텍스트(text)로 확대되었다. 이와 달리 의미를 어떻게 보느냐에 따라 지시적 의미론, 개념적 의미론, 기호 의미론, 연상적 의미론, 논리적 의미론, 화용적 의미론, 인지적 의미론 등으로 나눈다. 그리고 접근 방법에 따라 일반 의미론, 철학적 의미론, 언어학적 의미론 등으로 나눌 수도 있다(박영순, 2008).

전통적인 의미론 영역에서는 주로 어휘와 문장의 의미에 대하여 연구해 왔다

(Ullmann, 1951). 초기 의미론 연구에서는 어휘의 의미만을 연구하였다. 그러다가 변형문법 이후 문장의 의미를 연구하게 되면서 문장 의미론이 발달되었고, 대조적으로 어휘를 연구하는 분야를 어휘 의미론이라는 용어로 부르게 되었다. 이 장에서도 언어학적 의미론을 다루되, 어휘 의미론과 문장 의미론에 중점을 두고 설명하고자 한다. 담화 및 텍스트는 화용 발달에서 다룰 것이다.

어휘 의미론(lexical semantics)은 주로 어휘의 의미를 연구하는 분야로, 아동들의 어휘 발달 연구에서는 주로 인간이 가지고 있는 어휘집의 발달 특성, 어휘 습득 방법, 어휘 발달에 영향을 미치는 요인, 어휘 사전의 조직 등을 다룬다. 단어와 어휘라는 용어를 사용할 때, 단어는 개별적이고 비체계적이며 절대적인 의미를 가지는 것으로 보고, 어휘는 전체적이고 체계적이며 다른 어휘들과 상대적인 개념을 가진 것으로 다르게 보는 관점이 있다. 그래서 개별 단어의 의미를 체계적으로 논의하는 것이 '어휘 의미론'이 되는 것이다. 이 책에서는 단어 기능을 하는 개별 어휘를 다룰 때 '단어'와 '어휘'를 혼용하여 사용할 것이다.

문장 의미론(sentence semantics)은 문장의 의미를 연구하는 분야로 구문의미론(syntactic semantics)이라고도 한다. 대체로 어휘 의미가 결합된 것으로 문장단위의 의미를 주로 연구한다. 예를 들면, '사과가 꽃을 때렸다.'라는 문장은 문장 어순이나 각 단어의 의미에서는 문제가 없지만 전체 문장에서는 의미가 통하지 않는 비문이다. 문법적으로 적절한 문장이지만 단어의 의미관계가 적절하지 못하므로 이 문장은 비정상적인 것이다. 따라서 문장 의미론에서는 각 문장에서의 의미를 연구하며, 여기서 다루는 문장은 구문론과 차이가 있다. 이 장의 문장 의미론에서는 발달 초기 문장의 의미관계, 문장 유형별 의미, 문장의 의미 속성 등을 다룰 것이다.

1. 어휘 발달

아동들은 언어로 의사소통하기 전에 먼저 제스처, 음성, 공간 등을 이용하여 의사소통한다. 단어를 말하기 시작할 때 제스처를 같이 사용하기도 한다. 단어를 말하는 초기에는 단어와 제스처를 동시에 사용하다가, 점차 어휘가 발달되면서 **제스처**(gesture)는 여분의 정보를 덧붙이는 정도로 사용된다.

영아기에는 정보를 전달하기 위하여 지시적 제스처(deictic gesture)를 사용한다. 영아는 자신의 손에 닿지 않는 물건을 가지고 오도록 하기 위하여 명령적 가리키기(imperative pointing)를 사용한다. 좀 더 발달되면 성인의 주의를 끌고 사물을 설명하기 위하여 서술적 가리키기(declarative pointing)도 사용한다. 아동이 발달하면서 점차 이러한 지시적 제스처보다 보거나 느끼는 물건 혹은 사건을 그대로 흉내 내는 참조적 제스처(referential gesture) 혹은 팬터마임 제스처(pantomime gesture)를 사용하게 된다(Caselli, 1983). 아동이 초기 말을 시작할 때 이러한 제스처들을 동반하여 사용한다. 의사소통에서 단어의 비중이 커지면서 지시적 제스처와 참조적 제스처는 점차 감소한다.

반대로 아동이 성장하면서 점차 증가하는 제스처는 의미적 제스처 및 관계적 제스처이다. 의미적 제스처(semantic gesture)는 크기나 모양 등을 설명하거나 강조하기 위하여 사용하는 제스처이다. 관계적 제스처(relational gesture)는 말하고 있는 사람과의 관계를 나타내는 제스처로 사랑, 적의, 신뢰 등과 같은 감정을 전달한다(Jancovic, Devoe, & Weiner, 1975). 성별에 따라 앉는 자세, 상황에 적절한 안면 표정 등이 여기에 포함된다. 이러한 제스처는 어휘 발달과 함께 꾸준히 증가한다.

아동들은 10~12개월에 어휘를 말하기 시작하고 어휘는 점차 발전한다. 여기에서는 어휘 발달 과정을 초기와 후기로 나누어 그 특성을 살펴보았다. 먼저 아동들의 어휘 발달 특성을 이해하기 위하여 필요한 몇 가지 용어들을 설명하였다.

심성어휘집

성인이 가지고 있는 어휘의 수는 아주 많다. 보통 대학생들은 15만 개의 어휘를 습득하며(Miller, 1977), 초등학교 1학년 아동도 14,000개의 어휘를 습득한다

(Templin, 1957). 성인이 가지고 있는 단어에 대한 지식, 즉 머릿속에 있는 어휘사전을 **심성어휘집**(mental lexicon)이라고 한다. 이 어휘집에는 이해하고 있는 수용 어휘와 말할 수 있는 표현 어휘 모두가 포함된다. 아동의 어휘 발달을 연구한다는 것은 이러한 심성어휘집을 습득하는 과정을 연구하는 것이다. 일반적으로 아동이 이해하고 있는 어휘 수가 표현하는 어휘 수보다 더 많다.

여기서 아동들이 하는 말이 진정한 단어가 되기 위해서는 몇 가지 조건을 갖추어야 한다(Pence & Justice, 2008). 첫째, 아동이 분명한 목적을 가지고 산출하는 단어여야 한다. 아동이 '우유'를 갖다 달라는 뜻으로 '우유'라고 말하였다면 진정한 단어라고 볼 수 있다. 그러나 아동이 앵무새처럼 모방하여 말하는 모든 단어를 진정한 단어라고 볼 수 없다. 둘째, 진정한 단어는 성인의 발음과 같이 유사하게 인식되어야 한다. 아동이 '가방'을 '가바'라고 발음하였다면 성인의 발음과 유사하므로 단어로 볼 수 있지만, '어어'라고 말하였다면 진정한 단어라고 할 수 없다. 아동들이 지속적으로 일관되게 사용하는 단어지만 성인의 조음 형태에 근접하지 않은 특이한 단어를 음소일관형식(phonetically consistent forms, PCSs) 혹은 원시단어(protoword)라고 한다. 이것은 정확한 발음은 아니지만 의사소통을 위하여 일관된 발음을 사용한다는 측면에서 언어 발달상 중요하다. 셋째, 진정한 단어는 초기에 어휘를 습득할 때의 특정 맥락을 넘어 다양한 맥락까지 일반화되어 사용되어야 한다. 예를 들면, 아동이 물을 마시면서 '물'이라는 단어를 배워 그 상황에서만 '물'이라고 말하다가 차츰 개가 물을 마실 때나 엄마에게 물을 가져다주는 상황에서도 '물'이라고 말할 수 있어야 한다.

의미장

의미에 있어서 밀접한 연관이 있는 단어들의 집합을 **의미장**(semantic field)이라고 한다. 예를 들면, '검다', '희다', '붉다' 등은 색깔이라는 의미장을 구성하고, '사자', '호랑이', '사슴'은 동물이라는 의미장을 구성한다. 또 '개나리', '소나무', '수선화' 등은 식물이라는 의미장을 구성한다. 그리고 동물이라는 의미장과 식물이라는 의미

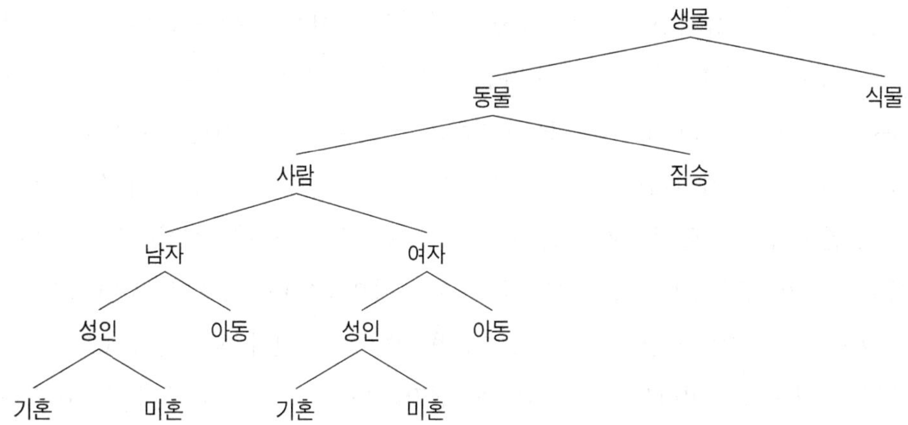

그림 6.1. **의미장의 예**

장은 생물이라는 의미장을 구성한다. 즉, 작은 의미장들이 모여 좀 더 큰 의미장을 구성하게 된다(**그림 6.1** 참조). 보다 더 큰 의미장들의 집합은 하나의 언어를 구성하는 어휘의 집합이 된다. 단어의 의미는 그 단어체계 상의 위치이며, 이러한 위치 관계를 밝히는 것이 어휘 의미론의 과제이다.

의미자질

의미자질(semantic feature)은 그 어휘가 가지고 있는 의미적인 성질 혹은 원소를 말하는 것으로, 다른 어휘와 구별해 주는 특징적인 성질을 말한다. 예를 들면 '총각'이라는 단어는 [사람+], [남자+], [성인+], [결혼−] 자질을 가지고 있고, '처녀'라는 단어는 [사람+], [남자−], [성인+], [결혼−]의 의미자질을 가지고 있다.

단어의 의미자질이 같으면 동의어(synonym)라고 하며, 한 가지 의미자질만 다르고 나머지 의미자질은 같은 단어를 반의어(antonym)라고 한다. 그리고 동일한 단어인데 의미자질의 집합이 두 개 이상이면 다의어(polysemy)라고 한다.

동의어는 형식이 다른 둘 이상의 단어가 한 가지 의미를 가지는 단어이다. 예를 들면, 재주-재능, 걸상-의자, 애인-연인, 기차-열차 등이다. 실제 완전한 동의

어는 드물지만 거의 유사한 의미를 가진 단어들을 동의어 속에 넣는다. 동음이의어(homonym)는 발음은 같으나 뜻이 다른 말로 동의어와는 다르다. 즉, 발음은 같지만 뜻이 전혀 다른 것이다. 예를 들면, '눈'은 '신체부위 눈', '하늘에서 내리는 눈' 등의 뜻이 있는 동음이의어이다. 반의어는 동질성과 이질성을 모두 가지며, 대립어 혹은 상반어라고도 한다. 예를 들면, 희다-검다, 높다-낮다, 찬성-반대, 적다-많다 등이 여기에 포함된다. 다의어는 두 가지 이상의 의미를 가진다. 하나의 '중심 의미'와 여러 가지 의미적 연관성이 있는 '주변 의미'를 가진다(박영순, 2007). 예를 들면, '손'은 '신체기관'이라는 중심 의미와 '생각하는 규모', '교제 관계', '도와주는 사람', '능력이나 권력', '생각하는 규모' 등의 주변 의미를 가진다(**그림 6.2** 참조). 다의어는 단어 수를 증가시키지는 않고 기존 단어에 새로운 의미를 첨가하는 형식으로 발달된다. 이러한 다의어가 문장에 들어가면 맥락에 따라 대부분 한 가지 뜻으로 파악된다. 아동의 어휘 발달에서 아동이 알고 있는 어휘 수가 증가하는 수직적 증가도 있는 반면, 어휘의 중심 의미뿐만 아니라 주변 의미까지 알아가는 수평적 증가도 있다.

- 그 여자는 손이 커서 큰 장갑을 사야 한다. (신체 기관)

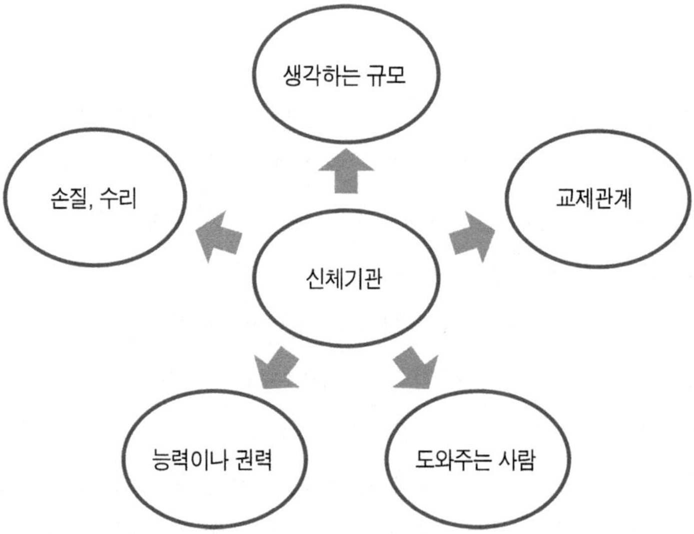

그림 6.2. '손'의 의미자질

- 그 여자는 손이 커서 돈을 헤프게 쓴다. (생각하는 규모)
- 그 여자와 손을 끊었다. (교제 관계)
- 그 여자는 손이 필요하다. (도와주는 사람)
- 그 일은 그 여자의 손이 미치지 못한다. (능력이나 권력)
- 그 여자가 이 옷을 손봐주었다. (손질, 수리)

말하기, 듣기뿐만 아니라 읽기, 쓰기 등의 언어종속행동까지 문제를 보이는 언어학습장애(language learning disability, LLD) 아동들은 어휘 발달 후반기에 습득하는 다의어를 이해하고 표현하는 데 특히 어려움을 보인다. 그리고 이러한 어휘를 정의하는 데에도 어려움이 있다(Paul, 2007).

단어와 마찬가지로 문장도 여러 가지 뜻으로 사용될 수 있다. 예를 들면, '한국사람은 모두 성실하지 않다.'라는 문장은 '한국사람 모두가 성실하지 않다.'라는 뜻일 수도 있지만, '한국사람 중 성실하지 않은 사람도 있다.'라는 뜻일 수도 있다. 문장이 두 가지 이상의 의미로 해석될 경우에는 다의문이라고 하지 않고 중의문(ambiguous sentence)이라고 한다. 문장이 여러 의미로 해석될 경우 의사소통에 방해가 되기 쉬우므로 이러한 문장을 사용하지 않도록 유의하여야 한다. 중의문은 본 장의 후반부에서 좀 더 자세히 다루었다.

초기 어휘 발달

단어 이해

어떤 단어는 이해하기보다 먼저 산출하기도 하지만, 일반적으로 단어를 말하기 전에 먼저 이해한다. 아동은 5개월경에 단어를 이해하여 반응하기 시작한다(Mandel, Jusczyk, & Pisoni, 1995; Vihman, 1988). 아동은 자신의 이름에 먼저 반응한다. 8개월경에는 구를 이해하기 시작한다. 미국에서 1,000명 이상의 아동을 대상으로 어휘 이해력을 연구한 결과, 10개월 된 아동은 평균 11~154개, 16개월 된 아동은 92~321개의 단어를 이해하였다(Fenson, Dale, Reznick, Bates, & Thal, 1994). 매우 어린 아동을 대상으로 수용 어휘력을 측정하는 것이 어렵기 때문에 연구결과들에 차이가 크고 어휘량의 범위가 넓다. 아동이 산출하는 어휘에서는 명사가 대부분을 이룬다는 연구 결과가 많지만 이해하는 어휘 연구에서는 동사가 더 많았다는 결과도 있다(Benedict, 1979).

그리고 아동이 습득한 **맥락 의존적 단어**(context-bound word)는 특정 의사소통 상황에서 맥락적 단서를 참고하여 이해할 수 있는 단어를 말한다. 아동은 성인의 표정, 제스처 등의 비언어적 단서(nonlinguistic cues), 강세와 억양 등의 준언어적 단서(paralinguistic cues), 그리고 화용적 단서(pragmatic cues) 등을 보고 어휘를 이해하게 된다. 이러한 맥락 의존적 단어를 평가할 때의 맥락이 아동이 알고 있는 맥락과 동일하거나 유사할 경우 완전히 이해한 어휘로 잘못 계수하여 아동의 어휘 능력을 높게 평가할 수도 있다.

아동들이 초기에 이해하는 어휘들은 주로 사람이나 사물명, 가족일원, 신체부위, 음식 관련 어휘, 애완동물 등의 자주 접하는 어휘, 즐겨하는 놀이나 행동 등과 관련된 것이다. 차츰 행동어가 확대되어 증가하며 현존하는 이름에서 부재하는 사람이나 사물명으로 확대된다(Benedict, 1979; Frenson & Morikawa, 1993).

첫 단어

아동들은 대개 10~15개월경에 말을 시작한다(Benedict, 1979). 아동의 어휘의 크기는 12개월경에 단지 몇 개를 표현하다가, 24개월경에는 200~300개의 어휘를 표현한다(Aitchinson, 1994; Fenson et al., 1994).

이러한 많은 첫 단어들은 맥락 의존적으로 사용되기도 하고 참조적으로 사용되기도 한다. 맥락 의존적 단어라고 하는 것은 특정 의사소통 상황에서만 그 단어를 사용하는 것이다. 예를 들면, 아파트 베란다에서 주차장을 내려다보며 주차된 차를 '자동차'라고 말하지만, 그림책에 있는 자동차나 장난감 차는 자동차라고 말하지 않는 것이다(Bloom, 1973). 또 다른 예로 12개월 된 아동이 욕조의 노란색 장난감 오리만을 '오리'라고 말하고 오리 동물을 '오리'라고 말하지 않는 것이다(Barrett, 1986). 4명의 아동들이 사용하는 첫 40개 어휘 중 22개는 맥락 의존적이었으며, 14

개의 어휘가 명사류였고(예: car, ball, teddy), 4개가 맥락적으로 유연하게 사용 가능한 비명사류(예: more, no, yes)였다(Harris et al., 1988). 이러한 맥락 의존적 단어를 말할 때 전어휘적(prelexical)이라는 용어를 사용하기도 한다(Behrend, 1988).

아동들마다 맥락 의존적인 단어가 다르며, 특정 단어의 맥락 또한 아동들마다 다르다. 이것은 아동마다 경험이 제한되어 단어에 대한 이해가 부족하기 때문인 것으로 해석하기도 하고, 위험을 감수하는 아동의 성격에 그 요인을 두기도 한다(Harris et al., 1988; Hoff, 2003). 사회적 상호작용에 관심이 있고 말하는 것을 좋아하는 아동들은 의사소통 상황에서 맥락 의존적인 단어를 사용하지만, 사회적 상호작용에 참여하는 것을 즐겨하지 않거나 조심스러워 하는 아동은 단어의 뜻을 정확하게 알 때까지 사용하지 않으므로 맥락 의존적인 단어를 덜 말한다는 것이다. 이러한 맥락 의존적 단어들은 발달 과정에서 점차 처음의 그 특정 맥락에서 벗어나 탈맥락화(decontextualization)된다.

그리고 단어를 특정 맥락뿐만 아니라 특정 기능에서만 제한적으로 사용하기도 한다. 예를 들면, 'more'를 좀 더 요구할 때는 사용하지만, 같은 일이 다시 발생하였을 때는 사용하지 못하는 것이다. 이러한 특정 맥락이나 특정 기능에 제한적으로 사용될 때의 단어는 성인이 사용하는 단어와 다른 것으로 이해하여야 한다.

50개 단어

아동들은 대개 18개월경에 약 50개의 단어를 습득한다(Benedict, 1979; Nelson, 1973). 아동들이 습득한 초기 단어는 아동의 경험과 많은 관련이 있다. 초기 단어의 2/3가 친근한 사람이나 사물이고, 아동이 조작할 수 있거나(예: 공), 스스로 움직일 수 있는 것(예: 동물)이 많다. 아동의 일상생활과 관련된 어휘들로 신체 부위, 옷, 동물, 생활필수품 등에 대한 이름도 많다. 그리고 동사 또한 일상생활의 행동들이 많다(Clark, 1979).

Nelson(1973)은 50개 단어를 범주별로 나누어 발달특성을 연구하였다. 단어를 특정 명사류, 일반 명사류, 행위 단어, 수식어, 개인적-사회적 단어, 문법적 기능어 등의 6개 범주로 나누어 그 양을 비교하였다(**표 6.1** 참조). 그 중 명사류의 비율이

표 6.1. 아동이 초기에 습득한 50개 단어의 범주

단어 범주	정의와 예	발화량(%)
특정 명사류	유일한 사물. 예: Mommy, Rover	65
일반 명사류	일반 사물. 예: car, dog, milk	
행위 단어	행위를 나타내거나 행위에 동반되어 주의를 끄는 단어. 예: go, look, up	13
수식어	사물의 특성이나 속성을 나타냄. 예: big, hot, mine	9
개인적·사회적 단어	사회적 관계나 감정을 나타내기 위해 사용되는 단어들. 예: please, thank you, no	8
문법적 기능어	문법적인 기능을 가진 단어. 예: what, where, is, to, for	4

출처: Nelson(1973). Structure and strategy in learning to talk. *Monographs of the Society of Reacher in Child Development*, 38, pp. 1-135.

65%로 압도적으로 많았다(Hoff, 2006에서 재인용). 단어가 처음 10개에서 50개까지 증가할 때에는 일반 명사류가 가장 크게 증가하였다(**그림 6.3** 참조). 또 다른 연구에서도 영어를 모국어로 하는 아동의 20~50개 어휘 중 동사가 3%인 반면, 명사가 45%를 차지하였다(Caselli et al., 1995; Gentner & Boroditsky, 2001).

아동의 어휘 중 명사가 많은 비중을 차지하는 이유는 인지 발달, 언어 특성, 언어 학습 및 문화적 입력자극 특성 등이 영향을 미친 것으로 볼 수 있다. 인지적으로 명사의 의미를 이해하고 부호화하는 것이 동사보다 더 쉽고 초기에 나타난다(Gentner, 1982). 명사는 사물을 지시하는 것으로, 물리적인 세상을 보고 지각하여 사물들에 이름을 붙이는 것이다. 반면 동사는 사람 혹은 사물들 간의 관계를 나타내는 것으로, 의사소통 상황에서 동사를 사용하는 것을 보고 그 관계를 이해하여야 한다. 예를 들면, '먹다'의 경우 그 행위를 할 때 사람(혹은 동물)과 음식의 관계를 보면서 동사 사용을 듣고 익히게 된다. 그리고 속성을 나타내는 형용사 또한 단순히 대상을 부르는 이름인 명사보다 늦게 발달한다는 것이다.

또 다른 설명으로 명사 편향적 특성은 아동이 배우는 언어의 특성에 영향을 받는다. 동사가 문장의 마지막 단어가 되는 경우, 그 단어가 두드러지기 때문에

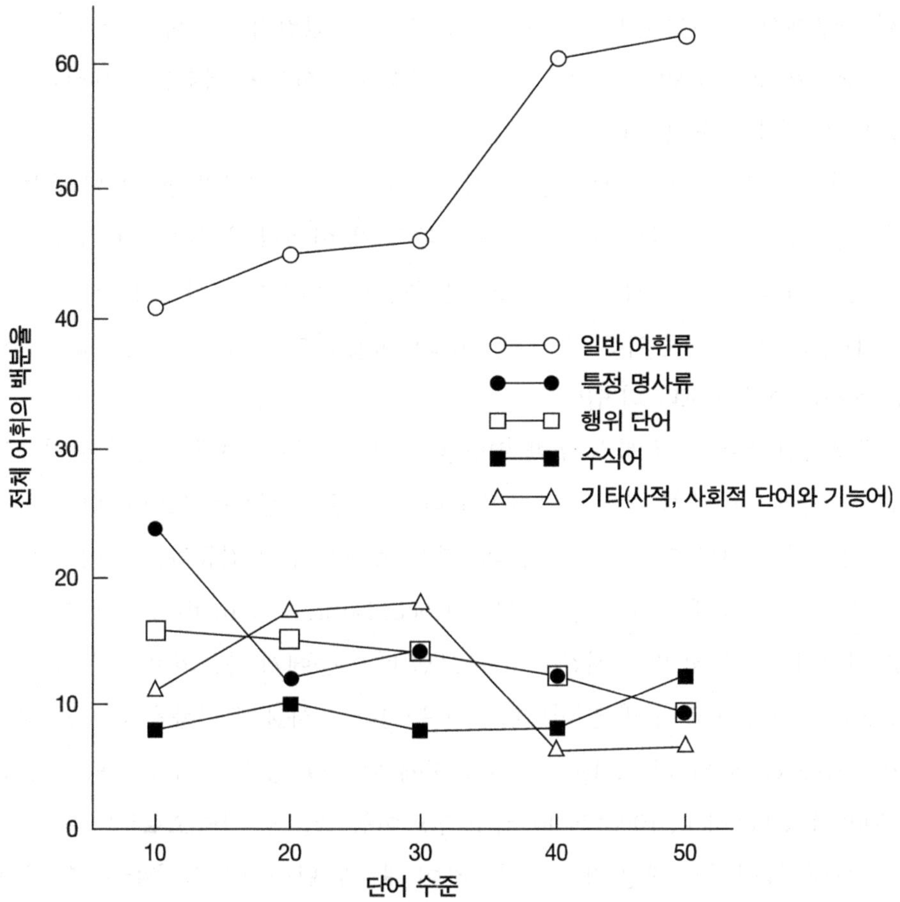

그림 6.3. 10~50개 단어의 범주별 특성

아동이 크게 지각할 수 있다. 한국어를 배우는 아동은 영어권보다 동사가 더 일찍 나타났고(Gopnik & Choi, 1995), 12~19개월 된 미국 아동은 일본 아동에 비해 사물 이름을 더 많이 습득하였다(Fernald & Morikawa, 1993). 언어마다 동사 위치가 다르기 때문에 언어권마다 습득 어휘의 품사에 차이를 나타내는 것으로 해석할 수 있다.

언어뿐만 아니라 언어 학습의 특성 또한 영향을 미친다. 명사는 관찰을 통하여 구체적으로 학습하기 쉬운 단어이므로 다른 단어보다 먼저 배운다고 본다. 아동과 어머니가 상호작용을 하는 녹화 테이프를 보고 특정 부분에서의 단어를 추측하도록 한 연구에서, 성인들도 명사는 45%를 추측할 수 있었지만 동사는 15%만 맞추었다(Gillette et al., 1999). 성인조차도 특정 맥락에서 사용된 어휘를 이해하는 데 명사를 더 잘 이해할 수 있었다.

그리고 현재의 맥락과 관련 없는 어휘를 습득할 때 명사가 동사보다 습득하기 쉽다. 예를 들면, 거실에서 그림을 보는 상황일 때 현재의 맥락(예: 거실)과 상관없이 동물 그림책을 보고 동물이름을 습득할 수 있다. 이러한 맥락에서 들은 어휘(예: 호랑이)와 그림(예: 호랑이 그림)을 연결(mapping)하여 어휘를 학습할 때도 명사가 다른 품사의 어휘들보다 더 쉽다.

문화적인 언어 자극 특성 또한 영향을 미친다고 본다. 3세 아동들은 엄마와의 상호작용에서 엄마에게 영향을 많이 받는다. 아동은 대상물을 보면서 단어를 들으면 그 대상과 단어를 연결할 수 있는데, 이때 엄마가 주의 집중하는 것이나 분명하게 말해 주는 것 등에 영향을 많이 받는다(Rice, Buhr, & Nemeth, 1990). 미국의 중산층 어머니는 아동과 많은 시간을 같이 보낼 때 아동에게 사물의 이름을 말해 주면서 보낸다. 교육을 많이 받은 어머니들이 분명하게 사물에 이름을 붙이는 경향이 있고(Lawrence & Shipley, 1996) 특히, 첫째 아이일 경우 그러한 경향이 있었다(Goldfield & Reznick, 1990; Nelson, 1973). 아동 스스로 맥락으로부터 단어와 관련된 정보를 찾아내고 배경 지식을 이용하여 새로운 단어의 뜻을 추론할 수 있지만, 그 단어를 분명하게 지도하는 것이 더 좋은 방법이라고 본다(Pressley et al., 1987). 교실 수업에서는 어휘를 분명하게 지도하는 학습방법을 사용한다(McKeown & Curtis, 1987).

과대확장 및 과소확장

어휘 습득 과정에서 새로운 단어를 많이 습득하더라도 그 단어들의 의미는 성인들의 것과 다르다. 아동들은 어휘를 과소확장 및 과대확장, 혹은 중복하여 사용한다.

과소확장(underextension)은 단어를 원래의 의미보다 좁은 의미로 사용하는 것이다. 예를 들면, 자기 집의 욕조에 있는 오리 인형만은 '오리'라고 말하는 것이다. **과대확장**(overextension)은 단어 원래의 의미보다 넓은 의미로 단어를 사용하는 것으로 과잉확장이라고도 한다. 자신의 아버지뿐만 아니라 이웃집 아저씨까지 '아빠'라고 부르는 경우가 이에 해당한다. 또 다른 예로 네 발 달린 동물을 모두 '개'라고 하는 것이다. 과잉확장을 다시 범주적, 유추적 및 관계적 과대확장으로 나눌 수 있다. 범주적(categorical) 과대확장은 아동이 알고 있는 단어를 같은 범주에 있는 단어로 확장하는 것이다. 예를 들면 '개'를 아는 아동이 네 발 달린 모든 동물을 '개'라고 말하는 것이다. 유추적(analogical) 과대확장이란 알고 있는 단어를 지각적으로 유사한 다른 단어로 확장하는 것이다. 예를 들면 '공'을 아는 아동이 사과나 귤 등을 '공'이라고 말하는 것이다. 관계적(relational) 과대확장은 알고 있는 단어를 의미적이나 주제적으로 관련된 다른 단어로 확장하는 것이다. 예를 들면, '밥'이라는 단어를 습득한 아동이 밥을 먹는 숟가락이나 밥을 담는 그릇을 '밥'이라고 확장하는 경우이다.

일반적으로 과대확장보다는 과소확장이 많이 나타난다. 12~18개월 아동 6명은 사용한 단어 중 33%를 과대확장하였는데(Rescorla, 1980), 그 중 몇 개 단어를 높은 비율로 과대확장하여 사용하였다. 과소확장은 수용 및 표현 어휘 모두에 공통적으로 나타난 반면, 과대확장은 표현 어휘에 한정되며 개인차가 있었다. 이것은 어휘 발달 과정에서 일반적으로 표현하는 어휘보다 수용하는 어휘 수가 많으므로, 표현보다 이해과제에서는 과대확장이 드물다고 볼 수 있다는 것이다. 또 다른 해석으로, 아동은 표현과제에서 정확한 단어를 모르거나 기억하지 못하지만 어떤 단어로라도 지시하고 싶어서, 자신이 알고 있는 가장 가까운 단어로 표현하게 되고 과대확장이 나타난다는 것이다. 예를 들면, 아동이 말을 보고 '개'라고 말했지만 그 아동은 개와 말이 다르다는 것을 알고 있다는 것이다. 아동이 과대확장을 사용하는 것이 불완전하게 단어 의미를 습득하였기 때문은 아니라는 것이다(Hoek, Ingram, & Gibson, 1986; Huttenlocher & Smiley, 1987). 과대확장이 수용 어휘에서 나타났다면 대부분 지각적으로 유사한 것에서 나타난다(Behrend, 1988). 아동들이 단어를 분화하여 사용하게 되면 점차 과대확장이 감소한다(Rescorla, 1980).

중복(overlap)은 한 단어를 상황에 따라 과대확장하여 사용하기도 하고 과소확장하여 사용하기도 하는 것을 말한다. 예를 들면, 아동이 수박을 보고 '공'이라고 말하고(과대확장), 축구공을 보고는 '공'이라고 하지 않는 경우이다.

이러한 초기 단어를 사용할 때 나타나는 오류를 범주 구성원 오류, 화용 오류, 복구 오류 등으로 나눌 수 있다(Gershkoff-Stowe, 2001). 범주 구성원 오류(category membership error)를 예로 들면 소와 개가 같은 종류의 동물이라고 생각하고 사용하는 것이다. 화용 오류(pragmatic error)란 사물의 이름을 몰라서 자신이 알고 있는 가장 가까운 단어로 말하는 것이다. 예를 들면, 말이 개와 다르다는 것을 알지만 '말'이라는 단어를 몰라서 '개'라고 말하는 것이다. 복구 오류(retrieval error)란, 단어를 알고 있으면서 우발적으로 다른 단어로 말하는 것이다. '말'이라는 단어를 알고 있으면서도 '개'라고 말하는 것이다.

초기 어휘 발달의 개인차

아동들이 산출하는 초기 어휘의 양은 비슷하다고 하더라도 아동들마다 사용하는 어휘의 특성이 다르다. 초기 어휘 특성에 따라 참조적 스타일과 표현적 스타일로 크게 구분할 수 있다(Nelson, 1973).

참조적 스타일(referential style)은 사물의 명칭이 사람이나 사물을 가리키는 명사가 지배적이고 사물을 명명하기 위하여 명사를 많이 사용하며, 지시적 스타일이라고도 한다. 대조적으로 **표현적 스타일**(expressive style)의 아동은 'please', 'hi', 'bye-bye', 'thank you', 'don't', 'stop it' 등과 같은 사회적 상황에서 사용되는 단어를 많이 사용하고 자신이나 타인과의 상호작용을 조절하기 위하여 단어를 사용한다(Nelson, 1981). 두 어휘 스타일의 아동들이 사용하는 어휘의 비율을 **그림 6.4**에 나타내었다. 참조적 아동과 표현적 아동의 차이는 연속선상의 양 끝으로 해석할 수 있다(Hoff, 2003). 대부분의 아동은 연속선상의 어느 지점에 있으며, 그 차이는 정도의 차이로 본다.

이러한 아동의 어휘 스타일의 차이에 영향을 미치는 요인으로 언어학습의 차이, 문화적 차이, 아동 개인의 내적 차이 등이 있다. 언어학습의 경험과 출생 순위를 연관시켜 연구한 결과, 첫째 아동들은 참조적인 스타일인 경향이 있었다. 아동의 명사 비율은 어머니 언어에 영향을 받는데(Pine, 1994), 특히 대학교육을 받은 부모에게서 태어난 첫째 아이가 참조적 스타일인 경향이 있었다(Goldfield & Reznick,

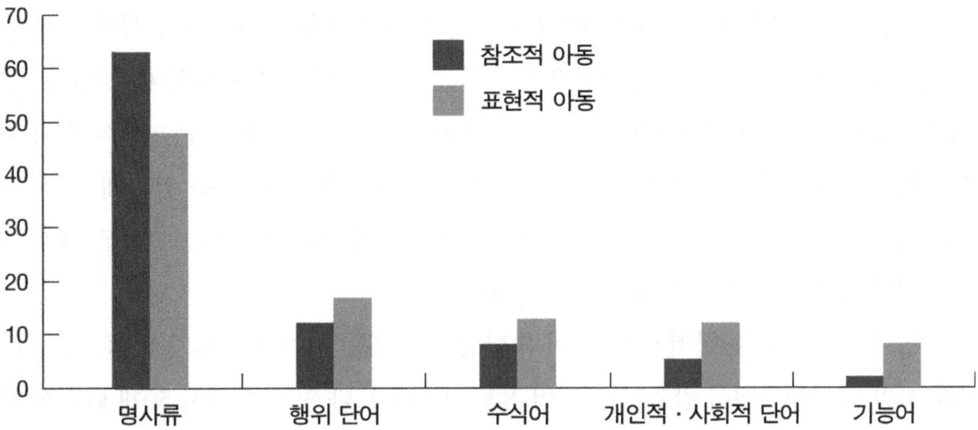

그림 6.4. 참조적 아동과 표현적 아동의 어휘 백분율

1990; Nelson, 1973). 부모가 사물에 대하여 기꺼이 이름을 가르쳐 주고 질문을 해 준 것으로 생각할 수 있다. 둘째나 셋째 아동의 경우, 부모와 대화하는 시간이 적어지고, 대부분의 시간 동안 자신이나 나이든 형제의 행동을 조절하려는 부모의 간단한 말을 듣는다(Event, Maxwell, & Hart, 1999; Pine, 1995). 결과적으로 아동은 사회적인 목적으로 사용하는 말을 많이 듣게 되고 표현적인 스타일을 가지게 되는 것이다(Nelson, 1973).

문화적 차이 또한 아동의 언어스타일에 영향을 미치게 된다. 서구 어머니들은 동물 인형에 대하여 말할 때 사물의 이름을 가르칠 기회로 삼고 참조적인 스타일을 장려하는 반면, 일본 엄마들은 타인에 대한 배려와 사회적 관례를 강조하는 경향이 있어 표현적인 스타일을 강조하게 된다(Fernald & Morikawa, 1993). 일본, 중국, 한국과 같은 아시아권 문화에서는 대인과의 관계를 강조하므로 미국 아동들에 비하여 동사와 개인적-사회적 단어들을 더 빨리 습득한다고 보았다(Gopnik & Choi, 1995; Tardif, Gelman, & Xu, 1999).

또 다른 측면에서 초기 어휘의 개인차를 아동 자신에게서 찾기도 한다. 아동의 관점, 언어에 접근하는 방식 등에 영향을 받는다는 것이다(Bates, Bretherton, & Snyder, 1988; Nelson, 1973; Peter, 1983). 사물의 세계에 관심을 가진 아동은 어머니나 다른 아이들과 단어 놀이 등을 많이 하고, 언어가 사람이나 사물을 지시하는 것이라는 것을 배우면서 명사를 많이 습득할 것이다. 이와 달리 다른 사람과의 사회적 상호작용에 관심을 가진 아동은 언어를 하나의 수단으로 사용하며, 개인적·사회적 어휘를 많이 습득할 것이다. 그리고 아동들이 언어에 접근하는 방식에 따라 분석적으로 접근하는 경우와 전체적으로 접근하는 경우로 나눌 수 있는데, 분석적으로 접근하는 아동은 참조적 스타일이었고, 전체적으로 접근하는 아동은 표현적 스타일이었다(Bates, Bretherton, & Snyder, 1988).

참조적 아동과 표현적 아동의 어휘 발달 과정에는 약간의 차이가 있다. Nelson (1973)의 어휘연구에서 참조적 아동이 표현적 아동보다 첫 단어에서 50개 단어까지 학습시간이 더 적었다. 그러나 참조적 아동과 표현적 아동은 거의 동일한 시기에 50개 단어 어휘에 도달하였다. 즉, 참조적 아동이 표현적 아동보다 첫 단어를 늦게 말했기 때문에 습득 기간이 적게 걸린 것이다. 그러므로 스타일의 차이는 어휘크기를 동일하게 하여 비교하는 것이 타당할 것이다.

어휘 급증

처음 단어를 말한 후 아동은 매달 8~10개의 어휘를 습득한다(Benedict, 1979). 천천히 어휘를 습득하는 이 시기에는 언어에 노출된다고 하여 빠르게 배우지 않는다. 그러나 아동의 어휘가 50개가 되는 시점부터 어휘 습득량이 급증한다. 이 시기에는 한 달에 22~37개의 새로운 어휘를 습득한다(Benedict, 1979; Goldfield & Reznick, 1990). 매일 7~9개 정도의 새로운 어휘를 습득한다(Pence & Justice, 2008). 어휘가 급증하는 이 시기를 어휘 폭발(vocabulary spurt), 단어 급증(word spurt), 명명 폭발(naming explosion) 시기라고도 한다. 이 시기에는 아동이 단어에 한 번만 노출되어도 그 단어를 학습할 수 있을 정도로 어휘습득이 빨라진다.

그러나 모든 아동들에게서 이러한 특성이 나타난다는 것에는 연구자들마다 이견을 보인다. Goldfield와 Reznick(1990)은 18명의 아동들을 대상으로 14개월부터 연구하였다(Hoff, 2006에서 재인용). 연구 결과 네 가지 성장 곡선의 형태를 보였다(**그림 6.5** 참조). 13명은 빠르면 14개월에, 늦으면 21개월에 급증하였다. 그러나 5명은 75개 단어 이상 습득하여도 급증하지 않았다. 그리고 급증한 아동들의 어휘에서

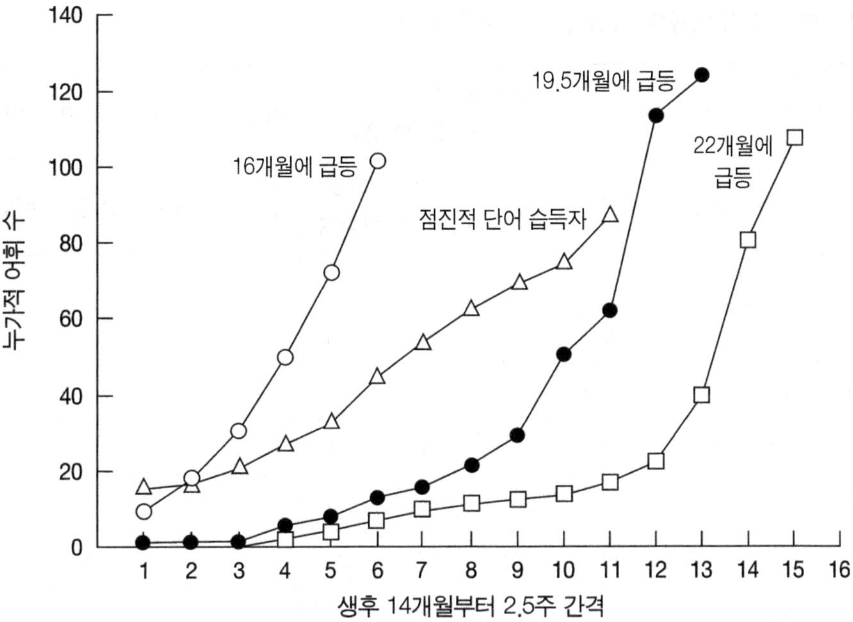

그림 6.5. 아동들의 어휘 성장 양상

는 사물의 이름이 높은 비율을 차지하였지만, 급증하지 않은 아동들의 어휘에서는 그렇지 않았다. 75개 단어 이후 추적 연구가 계속되지 않아 급증을 관찰하지 못하였을 수도 있다(Hoff, 2003).

아동들의 연령별 습득 어휘를 비교한 연구들을 보면 연구 결과마다 차이가 크다(이연섭, 강문희 1997을 수정 보완함). 동일 연령의 아동이라고 하더라도 연령마다 습득된 어휘 수에 차이가 크다(**표 6.2** 참조). 이것은 연구 방법에서 수집 자료의 양과 종류의 차이, 언어의 차이, 연구 시기의 차이 등이 영향을 미친 것으로 생각할 수 있다. 어휘 수가 활발하게 증가하는 시기는 연구에 따라 3~4세, 4세~4세 6개월 사이로 나타났다. 2세에는 200~300개의 어휘를 산출하는 반면, 3세에는 900~1,000개의 어휘를 습득하여 매년 산출할 수 있는 어휘량이 급증하고 있다.

이러한 어휘 급증이 나타나는 이유를 여러 각도에서 설명하고 있다. 첫째, 이 시기에 단어 학습의 여러 제약들을 이해하기 때문으로 해석하기도 한다(Behrend, 1990; Mervis & Bertran, 1994). 구체적인 제약들은 뒤에 있는 단어 학습 과정에서

표 6.2. 학령 전기 아동의 어휘 발달 연구 결과 비교

Smith(1926)		Arkin(1948)		Bühller(Elkonin, 1971에서 재인용)			이상금(1971)		김재은(1974)	
연령	어휘 수	연령	어휘 수	연령	최대 어휘 수	최소 어휘 수	연령	어휘 수	연령	어휘 수
10개월	1									
1세	3	1세	9	1~1;2	58	3				
1.3세	19									
1.6세	22	1.6세	39	~1;5	232	4				
1.9세	118			~1;8	383	44				
2.0세	272	2.0세	300	~1;11	707	27			2세	200~300
2.6세	446			~2.3	1227	45				
3.0세	896			~2.6	1509	171	2~3세	1105	3세	1000
3.6세	1222	3.6세	1110							
4.0세	1540	4.0세	1926	4세 이상	2346	598	3~4세	1595	4세	1500
4.6세	1870									
5.0세	2072						4~5세	2487	5세	2000~2500
5.6세	2289									
6.0세	2589									

다루었다. 다른 견해로는 50개 단어를 습득한 아동은 어휘 사전이 작용하는 원리를 안다는 것이다. 이름 붙이기 통찰력(naming insight)을 가지고 모든 사물에 이름이 있다는 것을 안다는 것이다. 그리고 음운 능력은 초기 어휘 습득과 상관이 있는데(Wihman, 1996), 아동의 음운 능력이 어휘 급증에 영향을 미쳤다고 볼 수도 있다. 마지막으로 인지 발달에 기인한다고 보는 견해도 있다.

그리고 아동이 습득한 초기 어휘들에는 보편적인 특징들이 있다(Clark, 1973). 소극적 관찰보다 적극적으로 직접 조작해 본 사물의 단어, 상태를 나타내는 단어보

다 행동이나 조작과 관련된 단어를 먼저 습득한다. 그리고 변화를 직접 관찰할 수 있거나 조작할 수 있는 단어를 초기에 습득한다. 그리고 의사소통의 기능이 높은 단어, 초기에 습득되는 음소가 들어간 단어를 일찍 습득한다. 의사소통 기능이 높더라도 발음이 어렵고, 발음해도 청자가 알아듣지 못하는 어휘는 습득이 어렵다. 어휘 습득 시 단어가 사용되는 맥락에 영향을 받으므로, 부모가 적절히 반응하거나 칭찬한 단어는 초기에 습득한다. 대부분의 연구에서 명사 비율이 가장 높게 나타났으며, 참조적 아동은 주로 명사를 습득하고 표현적 아동은 다양한 품사의 단어를 습득한다. 상반되는 반의어의 경우 부정적 개념보다 긍정적인 개념의 단어를 먼저 습득한다. 따라서 언어 발달장애 아동을 대상으로 어휘를 지도할 때 이러한 초기 어휘의 특징을 고려하여 어휘를 선정하는 것이 좋다.

한국 아동들의 어휘 습득 특성을 알기 위하여 이연섭 등(1980)은 3세 3개월에서 5세 6개월 아동 26명을 대상으로 어휘 발달을 연구하였다. 아동은 6개월에 24개의 어휘를 습득하였고, 어휘를 가장 많이 획득하는 시기는 4.0세에서 4.5세 사이였다. 그리고 초기 어휘 중 명사가 가장 많은 비율을 차지하였으며 차츰 명사의 비율은 감소하고 동사, 부사 등의 비율이 증가하였다. 대명사는 3세에 거의 모든 것이 습득되었다가 점차 사용 비율이 감소한다. 그것은 지시적 제스처와 함께 대명사를 사용하다가 그 대신에 구체적이고 정확한 어휘로 표현하기 때문이다. 그리고 시간 개념에 대한 어휘 습득을 보면 현재 시점을 기준으로 가까운 시점의 어휘를 먼저 습득하였다. 과거를 나타내기 위하여 '아까', '금방', '어저께', '그때', '옛날' 단어를 사용하였고, 현재를 지칭하기 위하여 '지금', '오늘' 등의 어휘를 사용하였다. 미래를 나타내기 위하여 '내일', '이따가', '다음' 등의 어휘를 3세 3개월에서 3세 6개월 사이에 사용하였다. 5세 6개월까지 '그저께', '모래'와 같은 단어는 나타나지 않았다. '여기', '저기'와 같은 처소대명사는 장소개념을 가진 명사보다 먼저 획득하였다. 장소와 관련된 '이리', '저리', '그리' 등과 같은 어휘는 3세 3개월에 나타나기 시작했고, 4세에 거의 획득되었다. '오른쪽', '왼쪽' 등의 어휘는 5세 6개월에 처음으로 사용되었으며, '동', '서', '남', '북'과 같은 단어는 5세 6개월 이후에도 나타나지 않았다. 위의 연구는 몇 가지 제한점이 있으므로 일반화하기에는 어려움이 있으나 일반적인 흐름을 이해하는 데는 도움이 될 것이다.

단어 학습 과정

단어 분절

아동이 단어를 습득할 때, 먼저 연속된 구어에서 단어들을 분절해서 들을 수 있어야 한다. 실제 의사소통 상황에서 말할 때 어절 혹은 단어 단위로 쉬면서 말하지 않고 연속적으로 말을 한다. 그러나 대부분의 아동들은 연속적인 말 속에서 단어의 경계를 찾아낸다. 7개월에서 10개월 사이 아동들은 모국어의 특성을 알고 말의 흐름을 각각의 단어로 분절할 수 있다(Jusczyk, 1999).

이러한 단어 경계를 나누는 데 강조 또는 리듬은 좋은 지표가 된다. 성인이 아동에게 말할 때 새로운 단어를 강조하고 그 단어를 문장의 마지막 부분에 둔다(Ratner, 1996). 이러한 발화 특성은 아동이 새로운 단어에 주의를 기울이도록 하는 데 도움이 된다. 성인은 또한 아동들에게 말할 때 아동 수준에 맞는 적은 수의 어휘를 자주 사용하고, 아동 수준에 맞춘 짧은 문장을 사용하기 때문에, 아동은 연속적 구어 흐름에서 단어를 분절하기 쉽다. 그리고 성인은 아동에게 말할 때 조금 느린 속도로 말하고, 절 단위로 문장 내, 혹은 문장 간 적절한 위치에서 숨을 쉬며, 매우 과장된 운율로 말한다. 이러한 운율적 특성은 아동이 단어를 분절하여 듣는 데 도움이 된다. 성인들이 아동에게 말할 때의 구어 특성은 아동이 문장에서 단어를 분절하는 데 단서를 제공하고, 아동은 생활 속에서 분절을 연습할 수 있는 기회를 많이 가지게 된다.

음소배열단서(phonotactic cue)도 아동이 단어의 경계를 찾는 지표가 될 수 있다. 예를 들면, 영어의 경우 한 개의 단어에 두 개의 폐쇄음이 인접하여 나타나지 않는다(자음군 제외). 아동들은 이러한 음소배열단서를 이용하여 'topdog'을 두 개의 단어로 이해하는 것이다(Hoff, 2003). 9개월 정도가 되면 외국어보다 모국어에서 음소배열에 맞는 소리의 흐름을 듣기 좋아한다(Jusczyk et al., 1993).

연결

아동은 새로운 단어를 들으면 단어와 단어가 의미하는 것을 연결한다. 아동에게 몇 번 노출되지 않은 단어들도 단어가 의미하는 것과 **빠른 연결**(fast mapping)을 한다. 아동에게 네 가지 사물을 보여 주었을 때 세 가지는 아동이 이미 알고 있는 것이고 나머지 하나는 모르는 것일 때, 아동에게 모르고 있는 사물을 갖다 달라고 지시하면 15개월 된 아동도 그 사물을 가지고 온다(Dollaghan, 1985; Mervis & Bertrand, 1993). 이것은 아동이 새로운 단어를 모르는 사물과 연결하였다는 것을 나타낸다.

아동이 새로운 단어의 의미를 추론하는 과정에 대한 몇 가지 가설이 있다. 단어 학습에 대한 제약(word-learning constraints)으로 전체 대상 가정, 상호배타성 가정 등이 있다(Behrend, 1990; Markman, 1991, 1994). 전체 대상 가정(whole-object assumption, 온전한 대상 가정)은 단어가 대상물의 부분이나 속성이 아니고 대상물 전체를 의미한다고 가정하는 것이다. 예를 들면, '개'라는 단어는 개의 꼬리나 털이 아니고 강아지 전체일 것으로 가정하는 것이다. **상호배타성 가정**(mutual exclusivity assumption)은 사물이 각기 하나의 명칭만을 갖는다는 가정을 말한다. 아동이 새로운 단어를 들으면 기존에 알고 있던 대상물이 아닌 새로운 대상물에 적용시킨다. 18개월 된 아동은 새로운 단어를 들으면 방을 두리번거리며 새로운 단어가 어떤 것인지 찾는다(Markman & Wachtel, 1988). 아동이 사물의 부분이나 특성에 대한 이름을 배우기 위해서 전체 대상 가설을 초월하여야 한다. 엄마가 '컵'을 들고 '손잡이'라고 할 때 아동은 상호배타성 가정에 따라 손잡이와 컵을 동의어로 생각하지 않는다.

단어 학습의 기초가 되는 화용적 원리(pragmatic principle)는 언어가 어떻게 사용되는지에 대한 원리로(Clark, 1993), 관습성 원리와 대비 원리가 있다. 관습성의 원리(principle of conventionality)는 언어공동체 내 모든 구성원이 동의하는 단어를 채택하여야 한다는 것이다. 대비 원리(principle of contrast)는 단어들이 서로 다른 의미를 가진다는 것으로, 상호배타성 원리와 유사하다. 그러나 대비 원리에서는 한 사물에 여러 명칭이 붙여질 수 있다고 본다는 것이 차이점이다. 예를 들면 '개'와 '동물' 등의 명칭이 한 사물에 붙여질 수 있다고 본다. 이 원리를 **새 이름-이름 없는 범주**(novel name-nameless category, N3C) **원리**라고도 한다(Pence et al., 2008).

아동이 단어의 의미를 추론할 때 사회화용적 단서를 이용하기도 한다. 즉, 현재 화자의 의사소통 의도를 고려하여 단어의 의미를 추론한다는 것이다(Diesendruck & Markson, 2001; Tomasello, 2001). 아동들은 화자의 의도를 파악하기 위해 화자의 제스처, 음성, 자세, 표정, 눈길 등을 관찰하고 의도를 파악할 수 있다. 18개월의 아동도 화자의 눈길을 추적하여 단어를 이해하는 단서로 사용할 수 있었다(Baldwin, 1993). 24개월 된 아동은 우연적 행동과 의도적 행동을 이해할 수 있어서, 실험자가 새로운 단어를 말하면서 우연적 행동과 의도적 행동을 했을 때 새로운 단어를 의도적 행동의 뜻으로 추론할 수 있었다(Tomasello & Barton, 1994).

연결을 주의와 학습이라는 일반적 학습과정으로 설명하기도 한다(Smith, 2001). 아동은 여러 사물들 중 새로운 사물이 두드러지게 부각되어 보여서 주의집중하게 되고, 아동은 새로운 단어를 그 사물에 적용하여 이해한다는 것이다.

그리고 구문적 지식을 이용하여 단어의 의미를 추론하기도 한다. 아동이 명사(사물), 동사(행동), 형용사(사물의 속성)를 알 수 있을 정도로 문법을 알게 되면 단어의 의미를 알아내는 단서로 문법을 사용할 수도 있다(Brown, 1957).

언어의 확장을 돕는 언어 특정적 원리로 **분류적 가정**(taxonomic assumption)이 있다. 이것은 단어가 범주를 나타낸다고 보고 그 의미를 추론하는 것이다. 2~3세 아동에게 개 그림을 보여 주면서 다른 개와 개먹이(예: 뼈) 그림 중 고르도록 하면 59%의 아동만이 다른 개 그림을 선택하였지만, 단어를 들려주면서 그림을 고르도록 하면 83%의 아동이 개 그림을 선택하였다(Markman & Hutchinson, 1984). 단어를 듣는 조건에서 동일한 개 그림을 선택하는 분류적 선택을 많이 하였다. 단어가 범주를 뜻한다는 분류적 가정을 이용하여 단어의 뜻을 추론한 것이다. 아동은 단어(예: 개)를 범주적으로 같은 사물들(예: 다른 모양의 개)까지 확장하여 이해한다. 그리고 아동은 범주에 따라 단어의 의미를 확장하게 될 때 사물의 기능이나 외양에 근거한다. 그리고 외양의 다양한 측면 중 재질이나 색깔보다 모양이 확장을 일으킨다고 보았다(Smith, Jone, & Landau, 1992). 2세 아동도 사과 씨 빼는 도구와 국자를 대상으로, 크림과 젤을 물질로 나누어 서로 다른 범주로 생각할 수 있었다(Soja, Carey, & Spelke, 1991). Smith(2001)는 모양을 근거로 단어를 확장한다는 것은 아동들이 50단어 습득 이후 드러나며, 단어들 중 보통 명사들이 유사한 모양의 사물 범주들을 뜻한다고 주장하였다.

아동들이 이러한 제약들 중 상당 부분을 이용하여 단어의 의미를 추론하고 다양한 맥락 속에서 경험하면서 단어의 의미를 정확히 알게 된다. Dale(1965)은 어휘에 대한 지식의 발달 과정을 4단계로 나누어 설명하였다. 1단계는 단어에 대한 지식이 전혀 없는 상태이고, 2단계는 지식의 출현 단계로, 단어를 들어본 적은 있지만 어떤 의미인지 모르는 단계이다. 3단계는 맥락적 지식 단계로 맥락 안에서 그 단어를 이해하는 것이다. 마지막 완전한 지식 단계는 그 단어를 확실히 아는 단계이다.

학령기 어휘 발달

어휘 형성과정과 어휘 발달

학령기 이후에도 어휘는 계속 증가한다. Anglin(1993)의 연구에서 1, 3, 5학년의 어휘 수를 비교하였다(**그림 6.6** 참조). 258,601개 어휘가 나오는 사전 중 434개(1/595)를 선택하고 그 중에서 5학년 아동을 기준으로 196개의 어휘를 선택하였다. 1, 3, 5학년 아동들에게 그 어휘의 정의를 문항 중에서 고르도록 하였을 때, 1학년 평균 어

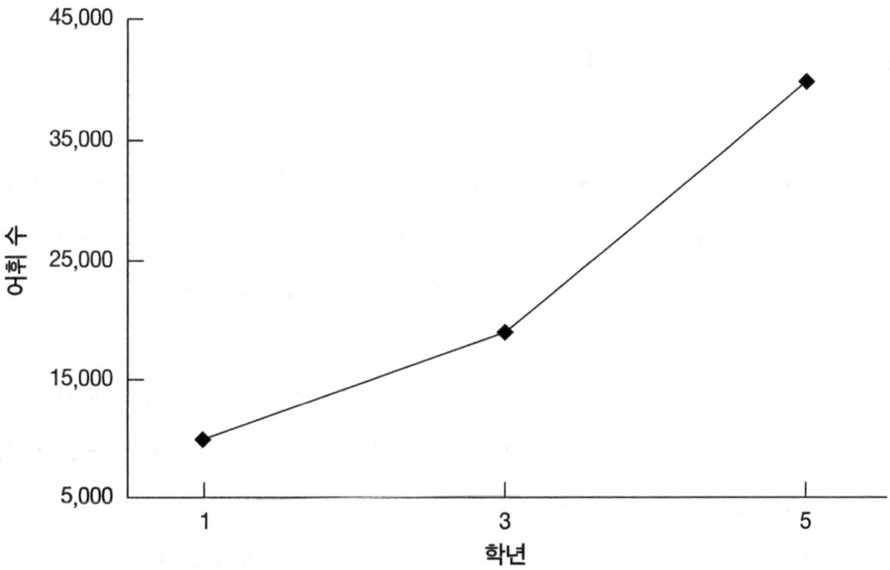

그림 6.6. 1, 3, 5학년의 어휘 크기

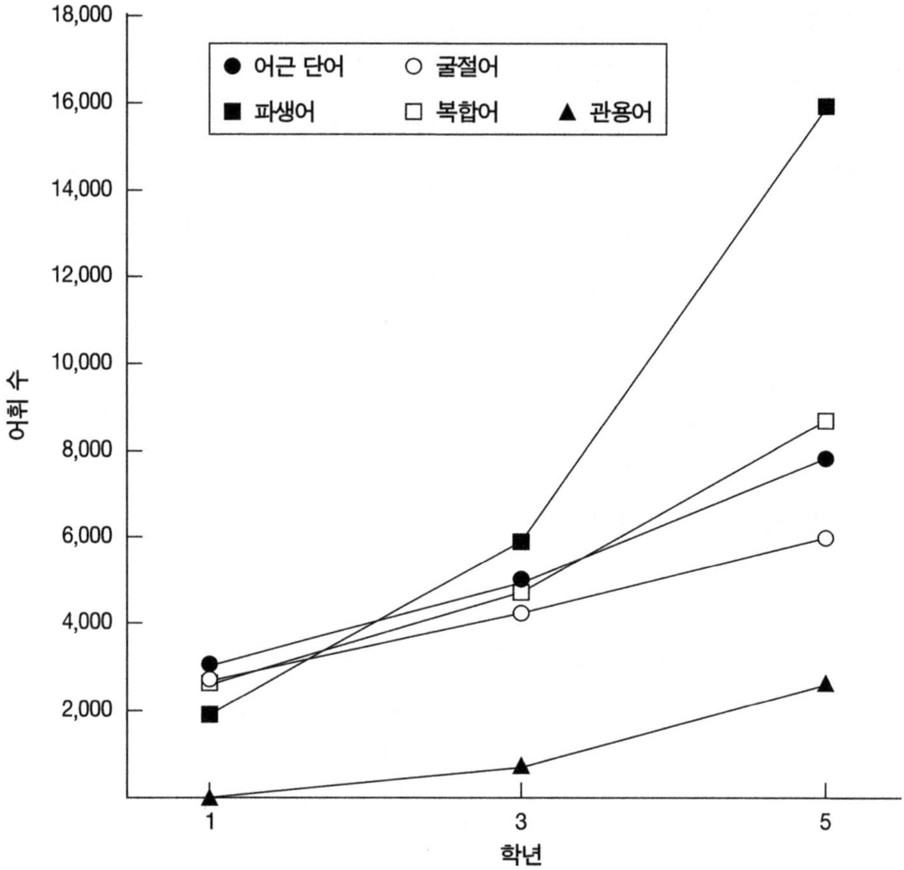

그림 6.7. 학령기 단어 유형별 어휘 증가 양상

휘 수는 17개, 3학년은 32개, 5학년은 67개이었다. 이 개수에 595를 곱하여 알고 있는 어휘 수를 추정하였다. 그 결과, 1학년에서 3학년 사이에 9,000개의 어휘, 3학년에서 5학년 사이에는 20,000개의 어휘가 증가하였다(**그림 6.7** 참조). 3학년과 5학년 사이에 더욱 급증한 것이다.

이러한 어휘 급증의 특성을 어휘 유형별로 나누어 단어형성과정에 대한 지식과 연관시켜 연구하였다(Anglin, 1993). 학령기 아동이 가진 어휘를 다섯 가지 유형, 즉 어근단어(root word), 파생어(derived word), 굴절어(inflected word), 복합어(compound), 관용어(idiom) 등으로 나누어 학년별 어휘량을 비교하였다. 파생어는 '-er', '-ness' 등과 같은 접사가 첨가되어 단어의 뜻이 바뀌는 어휘를 말한다.

굴절어는 복수형 '-s', 과거형 '-ed'와 같은 접사가 첨가되지만 파생어와는 달리 의미에 변화가 없다. 이 접사가 파생어를 만드는 것인지 굴절어를 만드는 것인지 구분하는 방법은 두 접사를 붙이는 순서이다. 굴절접사와 파생접사가 동시에 한 단어에 사용될 때에는 'zibbers'에서처럼 파생접사(-er) 다음에 굴절접사(-s)가 붙어 단어를 형성한다. 복합어는 이미 알고 있는 단어 두 개를 합쳐서 단어를 형성하는 것이다. '책가방', 'payday' 등과 같은 복합어는 단어형성과정 중 가장 초기에 습득하는 것으로 굴절어나 파생어보다 먼저 발달한다. '물건을 주는 사람을 무엇이라고 부르지?'라는 질문에 3세 아동은 'giveman'과 같은 복합어를 사용하여 대답하였고, 5세 아동은 '-er'을 사용하여 'giver'와 같은 단어로 대답하였다(Clark & Hecht, 1982). 그러나 성인이라고 하여도 복합어를 완전히 수행할 수 있는 것은 아니다(Gleitman & Gleitman, 1979).

어휘 범주 증가량을 학년별로 비교한 결과 1학년과 3학년 사이보다 3학년과 5학년 사이에 파생어가 가장 크게 증가하였다(Hoff, 2006에서 재인용). 파생어는 복합어 형성보다 늦게 나타나고 장기간에 걸쳐 발달하는 어휘이다(Derwing, 1976). 아동들이 이러한 접사를 정확하게 사용하는지 그 비율을 학령 전기, 학령기 초기, 학령기 중기, 중고등학교 시기, 성인기로 나누어 비교하였더니, 행위자 '-er'을 사용하는 대상자의 비율이 학령 전기에는 7%, 학령기 초기에는 63%, 학령기 중기에는 80%, 중고등학교 시기에는 86%, 성인기에는 96%로 나타났다. 복합어 형성은 각 시기별로 47%, 50%, 65%, 79% 70%이었고, 형용사 '-y'는 0%, 30%, 55%, 86%, 100%이었다. 도구격 '-er'은 7%, 35%, 45%, 64%, 59%이었으며, 부사격 '-ly'는 0%, 13%, 20%, 79%, 81%, 축소사(dimunitive) '-ie'는 7%, 5%, 10%, 14%, 33%이었다. 파생접사는 학령 전기에 나타나지만 불완전하게 사용되거나 사용 범위가 작은 경우가 많았고, 학령기 이후에는 어근과 접사에 대한 **형태론적 지식**이 더욱 증가하고 단어 의미를 파악하는 능력이 증가하면서 파생어가 급증한 것이다. 또한 학령기 아동은 한자어에 '하다'를 추가하여(예: 세수하다) 어휘를 만드는 능력이 증가한다. 이러한 형태론적 지식은 학령기 아동의 어휘 발달에 크게 공헌한다.

학령기의 단어는 수직적 증가와 수평적 증가를 함께한다. 수직적 증가란 모든 의미를 알고 있는 단어 수가 증가하는 것이다. 예를 들면, '곰'을 습득하고, '여우'라는 단어를 습득해 가는 것이다. 수평적 증가는 자신이 사용하는 단어의 의미에 새로운 의미자질을 덧붙여나가는 것으로 '동물'이라고 알고 있는 '곰'이라는 단어에 '미련한 사람'이라는 의미자질을 덧붙여 알아가는 것이다. 이러한 경우는 어휘 수가 증가하는 것이 아니라 단어의 다양한 의미자질을 알아가는 것이다. 이때 의미자질의 집합이 두 개 이상인 다의어를 습득하게 된다. 다의어가 가지는 다른 의미들은 분명히 다르면서도 관련성이 있다. 중심 의미는 여러 의미들 중에서 기본적이고 핵심적인 의미이며, 주변 의미는 중심 의미가 맥락에 따라 그 쓰임이 확장되면서 의미가 달라진 것이다. 예를 들면, '간다'의 중심 의미는 '공간의 이동'을 뜻하며, 주변의미로는 '흐르다'(예: 시간이 참 빨리 간다), '상하다'(예: 음식의 맛이 갔다), '꺼지다'(예: 갑자기 전깃불이 갔다), '생기다'(예: 유리에 금이 갔다), '필요하다'(예: 그 일에는 손이 많이 간다) 등이 있다. 다의어는 맥락에 따라 의미가 다르지만 의미들 간에 관련이 있어서 하나의 단어로 처리한다. 그렇지만 동음어(homonym)는 의미상 서로 관련이 없으므로 서로 다른 단어로 처리한다. 학령기 아동을 대상으로 다의어를 지도할 때는 의미들을 도식화하기, 사전 찾기 등의 방법들을 이용할 수 있다.

3~4세 아동들이 친근한 주제에 대하여 담화를 많이 하고, 단순한 어휘보다 좀 더 발전된 어휘를 듣고 자란 경우 5세에 어휘 능력이 더 나았다(Tabor, Roach, & Snow, 2001). 학령기의 어휘에 대한 지식은 읽기 능력과 높은 상관이 있는데(Snow et al., 1998), 아동들이 읽기를 잘하면 읽기의 양이 많아지고 어휘도 더 많이 알게 된다고 볼 수 있다. 읽기의 양이 어휘에 영향을 미친 것이다(Stanovich, 1986).

단어 정의하기

단어를 성공적으로 정의하기 위해서는 단어 이해력과 인지적, 언어적, 상위 언어적 능력들이 종합적으로 필요하다. 아동이 먼저 단어를 이해하고, 단어 정의하기가 무엇인지를 알고 탈맥락화된 상황에서 적절한 문장으로 정의하여야 한다. 단어 정의하기에는 그 단어가 자주 사용되는 의미인 일반성이 있어야 하고, 다른 단어와 구별되는 특별성도 있어야 한다(Bierwisch & Keifer, 1970).

단어 정의하기의 발달 특성은 크게 두 가지로 나눌 수 있다. 첫째, 아동은 개인적인 경험에 근거한 정의에서부터 좀 더 관습적이고 사회적으로 공유되는 의미로 발달한다. 어린 아동은 개인 경험이나 특정한 맥락에 밀접하게 관련된 의미를 말한다. 예를 들면, '꽃'을 '교장선생님이 돌보는 거'라고 정의한 경우는 개인적 경험에 근거한 정의라고 볼 수 있다. 조금 더 나이가 든 아동은 참조물에 대해 관찰 가능한 지각적 또는 기질적 특질을 설명하지만 핵심적인 속성을 말하지 못한다. 7세 이후가 되면서 단어의 의미를 정확히 포착하고 핵심적인 특성을 추상적이고 일반화된 표현으로 기술하여 사전적인 정의를 하기 시작한다(Johnson & Anglin, 1995). 11세에는 성인 정의의 특성이 거의 모두 나타난다. 성인의 정의는 'X(명사)는 Y(특성)하는 Z(상위범주)'(Y is a kind of X)라는 형식으로 나타난다. 예를 들면, '영웅'은 '사람의 생명을 구해 주는 사람'과 같은 것이다. 성인의 정의는 아동들의 정의보다 추상적이며, 구체적인 예를 들면 설명하고, 단어의 핵심적 특성을 나타내며, 사적 편견과 경험을 반영하여 정의한다(Snow, 1990). 아동들의 정의는 점차 상위어 등을 포함하여 성인의 정의형태로 근접해 간다. 두 번째로, 아동은 하나의 단어에만 적용되는 정의에서 점차 복잡한 관계를 표현하는 문장 속에서 정의로 정의할 수 있게 된다. 이러한 형식상의 발달적 변화는 대략 학령기 정도에서 나타난다(Wehren, DeLisi & Arnold, 1981).

아동들의 정의하기 능력은 좀 더 구체적인 5단계로 나누어 그 발달특성을 설명할 수 있다(Litowitz, 1976). 1단계는 비언어적 혹은 언어적인 표현을 하는 단계로 몸짓으로 단어를 지적하거나 표현하는 것이 이 단계에 해당된다. 2단계는 단어에 관련된 다른 단어를 연상하여 정의하는 경우로 전보식 발화의 형태이다. 예를 들면, '신발'을 '양말', '모자'를 '머리'라고 정의하는 것이다. 이것은 의미가 애매하기 때문에 청자가 그 뜻을 해석하여야 한다. 3단계는 단어를 자신의 실제 경험에 근거하여 정의하는 것이다. 예를 들면 '자전거'를 개인 특유의 경험에 근거하여 '타구요 넘어져요.'라고 정의하는 것이다. 2단계와 3단계 사이에서는 단어의 속성을 나열하여 정의한다. 예를 들면, '시계'를 '시간, 읽는 시간', '우산'을 '검은색', '자전거'를 '그것을 탄다 길 위에서'라고 말하는 것이다. 4단계는 일반적이고 사회적인 정보가 나타나며 정의하는 문장형식이 성인 정의형식의 일부를 인식하여 'An X is for Y -ing'나 'An X is to Y with' 등의 형태로 나타낸다. 5단계는 성인의 정의형태가 나타나는 시기이다.

아동들의 **단어 연상하기**에서도 문장 완성적-범례적 변경(syntagmatic-paradigmatic shift)이 나타난다(Owens, 2005). 문장 완성적 연상은 통사적 관계에 근거한 것으로 예를 들면, '포도'의 정의를 물으면 '먹는다', '맛있다' 등으로 반응하는 것이다. 범례적 연상은 의미론적인 측면에서 관계한 것으로 '포도'라고 하였을 때 '배', '사과'를 연상하는 방식이다. 이러한 변화는 점진적으로 나타나며, 특히 5세에서 9세 사이에 급격하게 변화하며 성인기까지 계속된다.

아동의 단어 정의하기 발달특성을 정의유형별로 나누어 연구하기도 하였다. Issa(1969)는 단어의 정의를 기능적 정의(예: 개-짖어요), 묘사적 정의(예: 개-꼬리가 있어요), 범주적 정의(예: 개-동물이에요)로 나누어 그 양을 비교한 결과 10세 이전 아동들의 정의에는 묘사적 정의, 범주적 정의, 기능적 정의 순으로 많이 나타났으며, 10세 이후에는 범주적 정의, 기능적 정의, 묘사적 정의 순으로 많이 나타났다. 아동은 성인보다 정의 부분에서 지각적 지식에 의존하여 말하지만 점차 지각적 속성뿐만 아니라 범주적 특성 등을 포함하여 정의하는 것이다. Wehren 등(1980)은 기능적 정의, 구체적 정의, 관계적 정의, 조합적 정의 등으로 나누어 정의의 발달 특성을 살펴보았다. 기능적 정의는 사물의 용도나 움직임에 관한 정의로 예를 들면, '책'을 '읽는다'로 정의하는 것이다. 구체적 정의는 사물을 묘사하거나 지각적 속성에 대하여 정의한 것이다. 예를 들면, '책'을 '종이로 만들었다'라고 말하는 것이다. 관계적 정의는 비유를 사용한 것으로 '숟가락'에 대해 '포크나 칼과 같다'라고 반응하는 것이다. 조합적 정의는 세 가지 종류 이상의 반응을 조합한 것으로, 예를 들면, '책'을 '읽는다', '페이지가 있다', '페이지에는 글자나 그림이 있다'라고 정의하는 것이다. 연구 결과, 아동의 연령이 증가할수록 기능적 정의에서 점차 조합적 정의로 발달하였다.

아동기 후기의 단어 정의하기 능력은 교육수준, 사회경제적 지위, 문화적 배경 등의 영향을 많이 받는다. 도시 중산층 아동의 단어 정의하기 능력은 지방 노동계층 아동의 정의하기 능력보다 더 낫다(Walker, 2001). 4학년 학생이 노동 계층의 자기 부모보다 정의하기를 더 잘하기도 하였다(Kurland & Snow, 1997).

이러한 단어 정의하기 능력은 재생 혹은 재인의 방법으로 평가할 수 있다. 재생(recall)을 이용하는 방법은 아동에게 단어를 제시하고 정확한 정의를 표현하도록 하는 방법이다. 재인(recognition)을 이용하는 방법은 몇 개의 정의를 제시하고 가장 적절한 정의를 선택하도록 하는 것이다(Anglin, 1993). 이러한 평가에서 나이 어린 아동들은 몇 개의 제시된 정의 중에서 정확하게 고를 수는 있더라도, 단어의 의미를 자발적으로 표현하기는 어렵다. 이러한 정의하기 능력은 지능검사나 언어검사에서 발달의 중요한 기준이 되며 학습능력과도 강한 상관이 있다(Snow, 1990; Chall, 1987).

비유 언어

비유 언어는 단어를 문자적 의미가 아니라 상상적 의미로 사용하는 것으로, 단어나 문장의 함축된 의미를 이해하여야 한다. 비유에는 은유(metaphor), 직유(simile), 속담(proverb), 관용어(idiom) 등이 포함된다. **은유**는 '내 마음은 호수요'와 같이 비교적 암시적이다. 그에 비해 **직유**는 '-처럼', '-같이', '-만큼', '닮다, 비슷하다, 비유하다, 유사하다.' 등을 사용하여 두 요소 사이의 어떤 유사성을 표현하는 것으로, 예를 들면, '그의 마음은 호수처럼 넓다.', '그의 마음은 호수를 닮았다.'와 같은 것이다(하길종, 2003). **속담**은 진실, 유용한 생각, 충고를 구체적으로 표현한 짧은 이야기이다. **관용어**는 문법적 분석이 되지 않는 짧은 표현으로, '발이 넓다'가 그 예이며 '아는 사람이 많다'는 뜻을 나타낸다.

학령 전기 아동들은 이미 은유적인 말을 많이 이해하고 산출한다(Gardner & Winner, 1979). 은유를 이해하기 위해서는, 아동은 먼저 문자의 의미가 아니라 이차적인 은유적 의미로 사용된다는 것을 인식하여야 한다. 다음으로 은유가 비교이고 주제어가 매개어와 어떤 유사성이 있으며 연결되어 있다는 것을 인식하여야 한다. 2세경 '몸 전체가 맨발이네.' 등과 같은 은유적 표현이 나타난다(Chukovsky, 1963). 초기 비유 언어는 물리적인 닮은꼴이나 기능적 유사성에 근거한다. '귀마개'를 달라고 표현할 때 '귀장갑'으로 말하는 것이다. 때로는 단어를 정확히 몰라서 그럴 수도 있다. 그러다가 5세가 되면 아동은 비유적인 문장의 의미가 정확하지 않다는 것을 알고 문자 그대로의 의미가 아닌 성인이 의도한 의미를 이해하려고 노력한다. 6세 이후 아동의 자발적인 말에서 은유가 조금 감소한다. 아동의 어휘가 확장되고 학교 교육에서 정확한 어휘 사용을 교육받기 때문일 것이다. 자발적으로 은유를 산출하는 빈도는 감소하지만 이해력은 상당히 증가한다(Winner, 1988). 창조적인 글쓰기에서는 초등학교 고학년이 될수록 은유가 증가한다. 7세까지 아동이 사용하는 은유는 물리적 특성에 관한 것으로 심리적 특성으로 넘어가지 못한다. 예를 들면, '그는 차가운 사람이다.'와 같은 비유문을 7세 아동은 '북극에 산다.'라고 이해할 수 있지만, 8세 혹은 9세 아동은 심리적 차원을 이해할 수 있다. 학령기 후반에는 감각 영역을 바꾸어서도 이해할 수 있다. 예를 들면, 'I feel blue.'에서 시각적 색깔을 심리적 상태를 묘사한 것으로 이해한다(Owens, 2005).

아동의 은유 특성을 연구할 때, 은유 문장을 제시하고 문장의 의미를 설명하도록 하거나, 다지 선택형으로 여러 제시된 문장 중에서 정답을 고르도록 한다. 이러한 다지 선택형의 문제는 설명과제보다 더 정확성이 높다. 그리고 과제를 구두로 제시할 때보다 그림으로 제시할 때 일반적으로 더 성적이 우수하다. 그리고 지각적 은유를 심리적 은유보다 더 잘 이해한다. '윤주의 눈물은 여름에 내리는 소나기이다(윤주는 갑자기 펑펑 운다).', '윤주의 이는 입 속에 있는 옥수수이다(윤주의 이는 가지런하다).'라는 문장은 지각적 은유의 예이고, '웃음은 가장 비싼 화장품이다(웃음은 가장 예쁜 얼굴을 만든다).', '동수는 걸어 다니는 백과사전이다(동수는 매우 똑똑하다).'는 심리적 은유의 예이다. 이러한 심리적 은유는 지각적 은유보다 늦게 발달한다.

속담은 가장 나중에 발달하는 비유 언어로 초등학교 저학년 아동은 이해하기 어렵다. 8세 이하 아동은 속담을 문자 그대로 해석하는 경향을 보이지만, 8~10세 아동들의 속담 이해 능력은 62%로 증가하였다(오소정, 2001). 속담과 관용어의 이해는 학령기 초기부터 발달하고 아동기 후반이나 청소년기 동안에 천천히 증가한다.

이러한 비유 언어를 이해하는 능력은 세상사 지식(world knowledge), 맥락(context), 은유적 투명성(metaphoric transparency) 등에 영향을 받는다(Gibbs, 1987). 세상사 지식이 많은 아동일수록 비유 언어를 이해하기 쉽다. 그리고 비유적 표현을 여러 맥락에서 반복적으로 학습할 경우 추론이 가능하며 그 의미를 이해하기 쉽다. 성취하지 못하고 실패하는 맥락에서 '두 손 들었다'라는 표현을 반복적으로 듣게 되면 '포기하다'는 뜻으로 이해하게 된다. 그리고 문자적 의미와 비유적 의미가 관련성이 있어 투명성이 높을 때 이해하기가 쉽다. 예를 들면, '입 다물어'는 '조용히 해라'라는 뜻으로 은유적 투명성이 높다. '말하기'와 '입'이라는 의미가 관련성이 있어서 이해하기 쉬운 것이다. 좀 더 친숙하고 맥락에 의해 이해가 수월하고 투명할수록 이해하기가 쉽다.

어휘력 평가

아동이 습득하고 있는 어휘능력은 수용 어휘력과 표현 어휘력으로 나누어 평가한다. 검사 도구에 따라 수용 어휘력만을 평가하기도 하고 수용 및 표현 어휘력을 평가하기도 한다.

수용 어휘력을 평가하는 방법으로는 단어를 듣고 그림 지적하기, 물건 조작하기, 지시 따르기, 정오 판단하기 등이 있다(Paul, 2007). 대개 표준화된 검사도구들에서는 어휘를 듣고 몇 개의 그림 중에서 해당하는 그림을 지적하는 방법을 주로 사용한다(김영태 외, 2009; 김영태 외, 1995). 명사뿐만 아니라 동사, 형용사, 부사 등의 다양한 품사의 단어가 제시된다.

표현 어휘력을 평가하기 위하여 대면이름대기, 생성이름대기, 문장완성하기(sentence completion), 설명 듣고 이름대기 등의 방법을 이용할 수 있다. 대부분의 이름대기 검사에서는 아동에게 그림을 보여 주고 그림의 이름을 말하도록 하는 시각적 대면이름대기 검사(visual confrontation naming test)의 방법을 사용한다(김영태 외, 2009). **대면이름대기**(confrontation naming)를 단어 찾기(word-finding), 단어 인출(word retrieval), 어휘 인출(lexicon retrieval)이라고도 한다. 이때 반응의 정확성(%), 반응시간(msec), 오류 유형 등을 분석하여 어휘능력을 평가한다(Goodglass & Wingfield, 1997).

생성이름대기(generative naming)는 제한된 시간 동안 주어진 범주 내의 단어를 산출하도록 하는 검사방법으로, 구두유창성 검사(verbal fluency test), 통제단어 연상 검사(controlled oral word association test)라고도 한다. 생성이름대기에는 의미유창성 검사(semantic fluency test)와 음소유창성 검사(phonemic fluency test) 등이 있다. 의미유창성 검사는 특정 의미 범주에 속하는 단어를 제한된 시간 동안 산출하도록 하는 검사이다. 예를 들면, 1분 동안 '동물', '슈퍼마켓에서 살 수 있는 물건', '채소', '과일' 등의 이름을 말하도록 하는 것이다. 음소유창성 검사는 특정 음소로 시작하는 단어를 제한된 시간 동안 산출하도록 하는 것으로 예를 들면, /ㄱ/, /ㅅ/, /ㅇ/, /ㅂ/, /아/ 등으로 시작하는 단어를 1분 동안 최대한 많이 말하도록 하는 것이다. 단어 산출 시 사용한 전략을 알아보기 위하여 군집과 전환이라는 개념을 이용한다(Troyer, Moscovitch, & Winocur, 1997). 군집(cluster)이란 제시된 의미 또는 글자의 하위범주 중 동일한 범주끼리 단어를 연속적으로 산출하는 것이고(예: /ㄱ/으로 시작하는 단어 중 '아'와 연결된 단어 모음인 '가위', '가지', '가게'), 전환(switch)이란 하나의 하위범주에서 새로운 하위범주로 이동하는 것을 말한다. 하위범주 내에 단어들을 나열하다가(예: '가위', '가지', '가게') 더 이상의 단어 산출이 어려우면 다른 하위범주로 이동하여 산출할 때(예: '거미', '거실', '거지') 인지적 유연성이 필요하다.

의미 및 음소유창성 검사 결과 연령이 증가함에 따라 산출 개수가 증가하였는데, 10세 무렵 성인과 거의 비슷할 정도로 발달하여 발달곡선이 완만해진다는 연구 결과도 있고(Regard et al., 1982), 12세 집단의 단어 산출 개수가 성인 집단보다 적으므로 청년기 이후에도 이름대기 능력은 꾸준히 발달한다는 연구 결과도 있다(Fried-Oken, 1987).

아동들의 어휘 발달 과정에서 이름대기 오류는 일반 아동이나 언어장애 아동 누구나 나타날 수 있다. 이러한 오류를 어휘의 저장 및 산출의 측면에서 해석할 수 있다. 어휘들을 저장할 때 의미기억 속에 잘 구조화하고 정교화하지 못하였거나(McGregor, 1994), 저장된 단어를 효과적으로 인출하지 못하기 때문에 나타날 수 있다(German, 1994). 지적장애 아동들은 단어의 저장과 인출 모두에서 어려움을 보였고(Yoder et al., 1993), 단순언어장애(specific language impairment, SLI) 아동은 단어 찾기에 어려움을 보였으며 반응속도가 늦었다(Lahey & Edwards, 1999; Menyuk, 1997).

이와는 달리 어휘 산출과정을 개념화 단계, 형식화 단계, 조음 단계의 단계로 좀 더 자세하게 나누고 오류 유형과 관련지어 설명하기도 한다. 개념화 단계는 표현 대상과 관련된 여러 정보들이 구조를 형성하고는 있지만 아직 언어적인 형태를 이루지는 않은 단계이다. 형식화 단계에서는 의미 어휘항목(lemmas)과 음운 어휘항목(lexeme)의 두 체계로 구성되는데, 의미 어휘항목 단계에서는 목표 단어의 의미적 정보와 구문적 정보를 표상하고, 음운 어휘항목 단계에서는 음운적 형태를 표상한다. 마지막 조음 단계에서는 이전 단계에 선택된 단어들을 조음적인 측면에서 프로그램 하여 조음기관을 통해 산출하는 것이다(Levelt, 1991).

목표단어를 인출하기 전에 개념화 단계에서 그림을 시각적으로 처리할 때 나타나는 시각적 오류(예: '우표'를 '그림'으로 말함)는 순수한 인출오류로 보지 않을 수도 있지만, 사물의 물리적 특성 또한 그 사물의 의미를 구성하는 성분이므로 분리하여 설명할 수 없다고 하였다(Glaster & Glaster, 1989). 두 번째 형식화, 즉 어휘사전 도입(lexical entry) 단계는 두 가지로 나누어 설명하였다. 의미 어휘항목 단계에서 오류가 발생하면 의미적 오류(예: '가구'를 '책상'으로 말함)가 나타나고, 음운 어휘항목 단계에서 오류가 발생하면 음운적 오류(예: '가구'를 '다구'로 말함)를 보인다는 것이다(McGregor, 1997). 세 번째 조음 단계에서의 오류는 단어인출 단계 후에 발생하는 것으로 순수한 인출오류로 볼 수 없을 수도 있지만, 저장된 음운정보량이 적거나 저장된 음운정보에 효율적으로 접근하지 못한 것이라고 할 수 있다.

이러한 오류 유형 중 일반 아동들은 의미적 오류가 가장 많이 나타났고 다음으로 시각적 오류, 기타 오류, 음운적 오류 순으로 많이 나타났지만, 단순언어장애 아동들에게는 기타 오류(예: '몰라요'라고 말함)가 가장 많았고 다음으로 의미적, 시각적, 음운적 오류 순이었다(이윤경 외, 2002; Lahey & Edwards, 1999). 언어장애 아동에게 기타 오류가 많은 것은 단어의 의미를 정확하게 모르거나 쉽게 포기하기 때문일 수 있다. 기타 오류를 제외하면 일반 아동과 언어장애 아동 모두 의미적 오류가 많았는데, 이것은 아동들이 단어를 인출할 때 의미적 정보에 의존하는 경우가 많다고 해석할 수 있다. 이름대기와 어휘이해 모두 오류가 있는 아동에게는 시각적 오류가 많았는데, 이것은 단어에 대한 지식이 부족하여 시각적 정보에 의존한 것으로 볼 수 있다(김영태, 2002).

언어장애 아동들은 일반 아동보다 이름대기에서 정확률이 낮고 반응속도가 느리며 명사에 비하여 동사의 정확률이 더 낮았다(Fried-Oken, 1987). 그리고 머뭇거리기, 긴 쉼, 둘러말하기(circumlocution), 삽입, 대용어 사용, 모호한 표현 등의 특징이 나타난다(Dockrell et al., 2001; Lahey & Edwards, 1999). 이러한 문제는 지적 능력이나 사회성 능력, 구어 메커니즘 등은 정상이지만 언어 발달에 문제가 있는 단순언어장애(McGregor & Appel, 2002b; Gray, 2003), 지적장애(Yoder et al., 1993), 학습장애(German, 1984; Wiig & Semel, 1982), 주의력결핍 과잉행동장애(Morris et al., 1999), 실어증(Bruyer & Tuyumbu, 1980), 치매(Appell, Kertesz, & Fisman, 1982) 등에게 나타난다. 그러므로 아동들을 대상으로 하는 언어검사(예: Preschool Receptive-Expressive Language Scale)나 신경언어장애인의 언어기능을 평가하는 검사(예: Boston Diagnostic Aphasia Examination, Western Aphasia Battery)들에는 이름대기를 실시하는 하위항목이 있다.

2. 문장 의미 발달

문장의 의미를 주로 연구하는 분야가 문장 의미론(혹은 구문의미론)이다. 문장의 의미는 대체로 단어 의미가 결합하여 이루어지지만 그 이상의 의미를 나타낼 수도 있다. 심성어휘집에서 단어를 찾아 그 뜻을 연결한 것이 문장의 뜻이 아닐 수도 있다는 것이다. 예를 들면, '우리 부모님은 옛날에 죽을 밥같이 잡수셨다.'라는 말은 원래 단어의 의미와 함께 '우리 부모님은 가난하셨다.'라는 뜻을 내포하고 있다. 문장 의미론에서는 문장들을 이루는 단어들의 의미론적 관계, 개별 문장의 의미 등을 다룬다.

여기에서는 초기 구문을 이루는 단어의 의미관계의 특성을 먼저 살펴보았다. 그리고 단어의 의미 결합 이상의 뜻을 나타내는 문장의 의미를 문장 유형별로 알아보았다. 문장의 의미 속성은 문장 내와 문장 간으로 나누어 설명하였다.

의미유형 및 의미관계

아동은 단일어 수준에서 좀 더 발달하여 두 단어, 세 단어 수준의 문장을 산출하게 된다. 이러한 단일어 혹은 초기 단문을 의미론적으로 분석하기 위하여 **의미유형**(semantic role, 의미역)과 **의미관계**(semantic relations)를 사용하였다(Bloom, 1973).

연구자에 따라 의미유형의 수가 다르다. Bloom(1973)은 단일어를 의미유형별로 나눌 때 실명사, 호칭, 기능어로 구분하였다. 실명사는 일반 사물이나 사건을 나타내는 명사들이며, 호칭은 엄마 등을 부를 때 사용하는 어휘이다. 기능어는 부사, 동사, 형용사 등 명사가 아닌 단어들을 말한다. Nelson(1973)은 특정명사, 일반명사, 행동어, 수식어, 개인-사교어, 문법적 기능어로 나누었다.

다단어 문장의 의미를 분석하기 위하여 의미유형을 좀 더 자세하게 분류하였다. 김영태(1998)는 의미유형을 체언부, 용언부, 수식부, 기능적 구성요소의 큰 범주로 나누어 설명하였다. 체언부는 행위자(동작을 하는 주체), 경험자(경험을 하는 자), 소유자(대상을 소유하는 자), 공존자(행위나 상태를 함께 경험하는 자), 수여자(행위의 대상이 되는 자), 대상(행위의 대상이 되는 사람이나 사물, 목적이라고도 함), 실체(서술의 대상), 인용/창조물(행동이나 현상을 인용, 만들어진 것)을 포함하고, 용언부는 행위(움직임이나 활동), 상태서술(마음이나 느낌, 상태), 실체서술('-이다'를 붙일 수 있는 의미유형), 부정서술(부정의 의미가 내포된 단어)로 나눈다. 수식부는 체언수식(체언의 크기, 모양, 질 등을 의미), 용언수식(행위나 서술, 부사를 수식), 배경이 있으며, 배경에는 부정(거부, 거절 등을 의미), 때(행위나 서술과 시간, 방법, 질 등을 의미), 장소, 도구(특정 행위나 상태를 할 때의 사물), 이유(이유, 원인, 의도를 의미), 조건(행위나 서술의 전제), 비교(대조시켜서 표현), 재현(반복되는 것을 의미), 양보(행위나 상태서술을 허용) 등이 있다. 기능적 구성요소에는 주의 끌기, 되묻기, 감탄, 예/아니오 대답, 강조, 동반소리, 인사, 접속, 자동구 등이 해당된다.

서울-경기 지역의 2~3세 아동 78명을 대상으로 의미유형을 분석한 결과(김영태, 1998) 90% 이상의 아동이 체언부의 대상, 실체, 행위자를 사용하였고, 소유자,

경험자, 공존자는 80%의 아동이 사용하였다. 수여자와 인용/창조물은 40% 이하의 아동들만 사용하였다. 용언부의 행위와 서술은 일찍 사용하였다. 행위 상태서술, 실체서술은 97%의 아동에게서 나타났고, 부정서술은 80%의 아동들에게서 나타났다. 수식부는 용언수식이 가장 많았으며, 다음으로 체언수식과 배경이었다. 배경 중에서 장소와 부정이 90% 이상의 아동들에게 나타났다. 도구, 조건은 30% 정도만 나타났으며, 비교, 양보 등은 거의 나타나지 않았다. 대화요소에서는 대답과 주의끌기가 75% 아동들에게 나타났다.

평균 발화길이 1.01~2.49 수준인 아동들의 초기 구문에서 나타나는 의미관계 유형을 연구한 결과(Brown, 1973), 산출 빈도가 높은 의미관계는 행위자-행위, 행위-대상, 행위자-대상, 행위-장소, 실체-장소, 소유자-소유, 실체-수식, 지시하기-실체이며, 산출 빈도가 낮은 의미관계는 도구, 수여자, 간접목적 여격(indirect objective datives, 예: Give me book), 경험자, 공존자, 접속, 분류(classificatory, 예: Mommy Lady)였다. 조명환(1982)은 한국 아동 5명을 대상으로 최소 0개월부터 최대 3세 2개월까지 언어 발달 과정에 대해 종단 연구를 하였다. 그 결과 아동들의 두 단어 문장의 의미관계들 중 '행위자-행위', '목적-행위', '행위자-목적', '장소-행위', '행위자-장소', '소유자-소유', '실체-수식' 등의 의미관계가 5명 모두에게서 나타났다. 1세 7개월에서 2세 2개월 사이에 두 단어 문장을 발화하기 시작하였으며 '행위자-목적-행위', '행위자-장소-행위' 등이 나타났다. 공존격(예: '랑', '같이')과 목적 여격(예: '-에게', '-한테')이 Brown 연구에서는 산출 빈도가 낮은 의미관계 표현이었지만 한국어에서는 자주 표현되는 의미유형이었다. 김영태(1988)는 2~3세 아동의 초기 구문에서 의미관계 유형의 평균 출현순위를 연구하였다. 그 결과 2세 아동에게는 '대상-행위', '실체-서술', '배경-행위', '배경-서술', '대상-배경-행위', '실체-배경-서술', '행위자-대상-행위', '행위자-배경-행위' 등이 나타나고, 3세 아동들에게는 '대상-행위', '실체-서술', '배경-행위', '행위자-행위', '배경-서술', '실체-배경-서술', '대상-배경-행위', '행위자-배경-행위', '행위자-대상-용언수식-행위', '행위자-배경-대상-행위' 등이 나타났다.

위의 연구들을 살펴보면 초기 구문에서 일관성 있게 나타나는 의미관계가 있다(조명환, 1982; Bloom, 1973; Owens, 2005). 언어 특성에 따라 어순과 특정 의미

유형 등에 차이가 있지만 일반적으로 초기 구문에서 '행위자-행위', '대상-행위', '장소-행위' 등의 의미관계가 보편적으로 나타난다.

문장도 어휘와 마찬가지로 정확하게 산출하지는 못하지만 먼저 이해할 수 있다. 문장을 이해할 때도 여러 가지 단서를 이용하여 이해한다(Chapman & Miller, 1975). 2세 아동은 문장의 뜻을 이해할 때 자신의 경험에 비추어 실제 상황에서 있을 만한 일로 이해한다. 예를 들면, 아동이 '차가 사람을 밀어요.'라는 문장을 듣고 '사람이 차를 밀어요.'로 이해하는 것이다. 이러한 전략을 실현 가능성 전략(probable event strategy), 생물체 행위자 전략(animate agent strategy)이라고 한다(McClellan, Yewchunk, & Holdgrafer, 1986; Chapman & Miller, 1975). 생물체를 주어로 이해하고 사물을 목적어로 이해하는 것이다. 어순 전략(word order strategy)을 적용하여 문장을 이해하는 능력은 21개월까지 습득하지 못하였다(Lempert, 1985).

문장 유형별 의미

문장의 의미는 문장을 이루는 단어 의미의 합일 수도 있고, 그 이상일 수도 있다. 그러므로 문장의 의미를 이해할 때에는 문장을 독립적인 의미단위로 이해하여야 한다. 문법에서는 형식 위주로 문장의 유형을 나누는데, 여기에서는 문장 유형별로 의미를 살펴보았다. 평서문, 의문문, 청유문, 명령문, 감탄문 등의 의미를 구체적으로 살펴보았다(박영순, 2007; 윤평현, 2008).

평서문

평서문은 서술어가 문장 주어의 행동이나 상태를 서술한 문장이다. 주체의 생각이나 행동, 일반적인 정보를 자신이나 다른 사람이 발화하는 내용이다. 문장의 끝에 종결어미와 마침표가 있다. 평서문은 논리적으로 진위를 판별할 수 있지만, 예시의 마지막 문장처럼 요청의 의미가 있으면 진위가 성립되지 않는다.

- 비가 온다.
- 겨울이 가면 봄이 온다.
- 너는 무슨 운동을 좋아하는지 말해 주면 좋겠다. (요청)

의문문

의문문은 기본적으로 알고 싶은 내용을 청자에게 언어적으로 표현하는 내용이다. 그 외에도 요청과 심리 상태를 나타내는 의문문도 있다. 의문문을 순수의문문(질문 의문문), 준의문문(요청 의문문), 의사의문문(수사 의문문)으로 나누어 설명하였다 (박영순, 2007).

- 질문 의문문－내일 서울에 가겠어요? (가부)
  몇 시에 가겠어요? (의문사)
  기차로 가시겠어요, 버스로 가시겠어요? (선택)
- 요청 의문문－창문 좀 닫아 줄래? (명령형)
  창문 좀 닫아 주시겠어요? (부탁형)
- 수사 의문문－과연 서울이 복잡하지요? (확인형)
  사람들이 많이 모일까? (의심형)
  영수가 곧 도착하겠지? (추측형)
  비가 왔다고? (반복형)
  어쩌면 이렇게 아름다울까? (감탄형)
  영희에게 전화할까 말까? (주저형)
  나는 왜 이렇게 우울증이 심할까? (한탄형)
  영수가 안 올 수 있어? (강조형)

청유문

청유문은 화자와 청자가 함께 어떤 일을 하자고 제안하는 의미이다. 그러나 단순히 화자가 청자와 함께 어떤 일을 하자는 뜻으로만 이해하면 안 된다. 화자 혼자 혹은 청자 혼자 하는 일을 요청하기도 한다.

- 2인 같이－도서관에 갑시다.
  영화 보러 가자.
- 1인 혼자－조용합시다.
  책 좀 읽자.

명령문

명령문은 화자가 청자에게 어떤 행위를 하도록 강압적으로 요구하는 내용이다. 명령문은 청자에게만 사용되는 것으로 주어가 없어도 의미전달에 어려움이 없기 때문에 주어가 생략될 수도 있다. 일반적으로 손윗사람이 아랫사람에게 말한다. 청자에게 어떤 일을 못하도록 요구할 때에는 '말다'라는 특수조사를 포함시켜 사용되기도 한다.

- 청소를 깨끗이 해라.
- 여기서는 담배를 피우지 말게.

감탄문

감탄문은 화자가 느낀 특별한 감정을 나타낸다. 이 문장은 청자에게 발화하기도 하고 혼자서 독백으로 하는 경우도 있다. 상대가 느낌을 표현한 경우에는 적절히 응해 주면 된다. 그 외에도 청자에게 요구하는 의미로 사용되기도 한다. 그때에는 명령문의 의미를 나타낼 수 있다.

- 꽃이 아름답게 피었구나! (느낌)
- 방이 춥구나! (요청)

이와 같이 한 가지 문장형식이 반드시 한 가지 의미나 기능을 나타내는 것이 아니고, 한 가지 의미가 한 가지 형식으로 표현되지도 않는다. '-다'는 서술, 요청, 희망의 의미를 나타내고, '-냐'는 질문, 요청, 수사의 의미를 나타낼 수 있다. '-라'는 명령, 요청의 의미를 나타내고, '-자'는 청유, 요청의 의미를 나타낼 수 있다. 다시 말하면, 서술의 의미를 지닌 어미는 '-다', '-지', '-구나', '-거야' 등이 있고, 청유의 의미는 '-자', '-지' 등이 있다. 요청의 의미에는 '-라', '-니', '-다', '-자' 등이 있는데, 어미에 따라 요청의 정도가 다르다. 이러한 의미적 차이를 고려하여 정확하게 문장을 사용하여야 한다.

문장의 의미 속성

문장의 의미는 문장 안에 내재하는 의미의 속성과, 문장과 문장 사이에 내재하는 의미의 속성으로 나눌 수 있다. 한 문장의 의미 속성에는 항진성, 모순성, 변칙성, 중의성 등이 있으며, 두 문장 사이의 의미 속성에는 모호성, 동의성, 모순성, 함의, 전제 등이 있다(박영순, 2007; 윤평현, 2008).

항진성(tautology)은 어떤 문장의 내용이 항상 사실이 되는 속성으로, 항상 참이 되는 명제를 항진명제라고 한다.

- 사람은 동물이다.
- 동민이의 형은 동민이보다 나이가 많다.

모순성(contradiction)은 어떤 문장의 내용이 항상 사실이 될 수 없는 의미 속성을 말한다. 모순문은 논리적으로 앞뒤가 맞지 않은 문장을 말한다. 구조적으로는 완전하고 해석도 되지만 이치에 맞지 않아 진정한 의미의 해석이 어렵다.

- 모든 무생물은 살아 있다.
- 영수는 국회의원에 출마하지 않았으나 당선되었다.

통사적으로 선택제약이 지켜지지 않아 문장의미가 변칙적인 의미 속성을 변칙성(anomaly)이라고 한다. 무의미한 단어들이 배열되어 문장의 의미 자체가 성립되지 않는다.

- 찬란한 진실이 유리창을 꿰맸다.

• 나의 구름이 산을 조용하게 쉰다.

중의성(ambiguity)은 한 문장이 여러 가지 의미를 나타낼 때의 의미 속성을 말한다. 그러므로 중의문은 한 문장이 두 가지 이상의 의미를 가지고 있다. 중의문은 어휘, 문장 구조, 논리성, 부정의 범위, 발화상황, 관용어, 은유 등에서 중의성이 있을 수 있다. 모순문은 의미론적으로 비문이지만 중의문은 비문이 아니다. 중의성의 난이도는 어휘적 중의성이 가장 쉽고, 구조적 중의성, 논리적 중의성, 부정에 의한 중의성, 화용적 중의성, 은유적 중의성 순으로 어렵다(박영순, 2007). 중의문 교육에서 이러한 난이도를 고려하여 지도하여야 한다.

• 어휘적 중의성－우리는 내일의 일을 알 수 없다.
  우리는 다음날 일을 알 수 없다.
  우리는 미래의 일을 알 수 없다.
• 구조적 중의성－나는 성실하고 착한 준호를 좋아한다.
  나는 성실하다. 착한 준호를 좋아한다.
  나는 준호를 좋아한다. 준호는 성실하고 착하다.
• 논리적 중의성－한국 사람은 모두 성실하지 않다.
  한국사람 모두가 성실하지 않다.
  한국사람 중 성실하지 않은 사람도 있다.
• 부정에 의한 중의성－인호가 고향 친구들과 테니스를 치지 않았다.
  인호가 테니스를 친 사람은 고향 친구들이 아니었다.
  인호가 고향 친구들과 친 것은 테니스가 아니었다.
• 화용론적 중의성－너 몇 살이니?
  나이도 어린 데 잘하는 구나.
  나이도 어린것 같은데 이렇게 버릇이 없니?
• 관용적 중의성－그들은 손을 잡았다.
  그들은 상대의 손을 잡았다.
  그들은 동업하기로 했다.
• 은유적 중의성－주말에 더욱 찬바람이 부는구나.

주말에 추워서 외출하기 어렵다.
시장 경기가 주말에 나빠진다.

모호성(vagueness)은 어느 한 단어나 문장의 의미가 불분명한 것으로 어휘적 모호성과 구문적 모호성으로 나눌 수 있다. 동음이의어는 문장의 뜻을 모호하게 할 수 있다. 아동들은 4세경 동음이의어에 또 다른 의미가 있다는 것을 인지하지만(Doherty, 2004) 많은 아동들이 10세가 될 때까지도 관련 과제를 완전히 이해하고 수행하지 못한다. 동음이의어와 같은 단어는 잠재적으로 맥락에서 어려움을 유발시키므로 어느 정도의 어휘량과 어휘 지식을 갖추는 연령이 될 때 이러한 단어들을 지도해야 한다(Kidd & Cameron-Faulkner, 2008). 모호성은 대화에서도 사용되는데, '글쎄요.', '그럭저럭요.', '그냥 그래요.' 등의 문장은 청자가 그 뜻을 추측하여 이해해야 한다. 이러한 표현은 화자가 자신의 의견이나 상황을 분명하게 나타내고 싶지 않을 때 의도적으로 사용할 수 있다. 그리고 아동들은 7세경부터 모호성을 이용한 유머들을 이해할 수 있지만, 7~9세 아동들이 유머를 인지하고 그 뜻을 설명할 때는 개인차가 크다(Hirsh-Pasek, Gletiman & Gleitman, 1978). 5세 아동들의 어휘적 모호성과 구문적 모호성 능력을 비교하였을 때 어휘적 모호성을 구문적 모호성보다 유의하게 더 잘 이해하였다(Cairns et al., 2004).

- 엄마는 아주 비싼 차를 사셨다.
- 좋을 대로 하세요

동의성(synonymy)은 동일한 상황을 지시하는 두 문장 사이의 의미 속성을 말한다. 의미가 같은 두 단어를 동의어라고 하듯이 동의성을 갖는 두 문장을 동의문이라고 한다. 하나의 심층구조에 둘 이상의 표면구조로 생성된 문장으로 통사적 언어 습득 이론에서는 심층구조는 타고난 능력이며 표면구조는 언어 발달 과정에서 습득되는 것으로 설명하였다(Chomsky, 1957).

- 영수가 지수를 업었다.
- 지수가 영수에게 업혔다.

함의(entailment)는 문장과 문장 사이의 논리적 관계를 나타내는 것으로 어떤 문장(ㄱ)이 참일 때 자동적으로 나머지 문장(ㄴ)도 사실이면, (ㄱ)은 (ㄴ)을 함의한다고 한다.

- 영희가 유리창을 깨뜨렸다.
- 유리창이 깨졌다.

전제(presupposition)는 한 문장이 의지적으로 정당성을 가지기 위해 이미 사실임이 보장된 다른 문장을 말한다. 이러한 전제는 의미론적 전제와 화용론적 전제로 구분하는데, 학자에 따라 의미론적 또는 논리적 개념으로 전제를 정의하기도 하고 화용론적 개념으로 정의하기도 한다. 예를 들면, '나는 철수가 온 것을 안다.'라고 할 때 '철수가 왔다.'라는 것은 참이고, '나는 철수가 온 것을 모른다.'고 하여도 '철수가 왔다.'는 사실은 참이 된다. 따라서 '철수가 왔다'는 것은 의미론적 전제가 된다(윤평현, 2004; 이종철, 2004). 또 다른 예를 들면, '난 미국에 이민 온 것을 후회해.'라는 문장에서 의미론적 전제는 '나는 미국에 이민을 왔다.'가 되고, 화용론적 전제는 '나는 이민 생활이 너무 힘들어.'가 된다(박영순, 1994). 이러한 전제는 적절한 의사소통을 하는 데 기초가 되며, 특히 자폐 아동들은 이러한 화용론적 전제 능력의 부족으로 의사소통에 어려움이 있다(Twachtman, 2000).

- 내가 먹은 점심식사는 김치찌개였다.
- 나는 점심식사를 하였다.

요약

아동들은 5개월부터 단어들을 이해하기 시작하고, 10~12개월경 첫 단어를 말하며, 18개월경 약 50개 단어를 표현한다. 이때 아동들은 과대확장 혹은 과소확장하여 단어를 사용하므로 성인의 단어와 의미가 다른 경우가 많다. 그리고 아동들마다 습득하는 초기 어휘에는 차이가 있는데, 참조적 스타일의 아동은 명사를 많이 습득하는 한편, 표현적 스타일의 아동들은 사회적 상황에서 사용되는 다양한 품사의 단어를 많이 습득한다. 아동들은 단어학습의 여러 제약들을 이용하여 의미를 파악하고 경험하면서 단어의 의미를 정확하게 알고 단기간 내 많은 어휘를 습득하게 된다. 학령기 이후에는 단어에 대한 형태론적 지식의 증가로 특히 파생어가 급증하고 전체 어휘 수 또한 크게 증가한다. 그리고 은유, 직유, 속담, 관용어 등의 다양한 비유를 이해하고 사용하며 단어 정의하기 또한 사전적 정의로 발달한다.

초기에 습득하는 문장들은 행위자, 대상, 소유자, 행위, 서술, 장소, 부정 등이 의미관계를 이룬 것들이 많다. 그 이후에도 문장의 의미를 이해하고 사용하는 능력이 지속적으로 발달한다. 평서문, 의문문, 청유문, 명령문, 감탄문 등의 문장들이 문맥에 따라 여러 가지 의미를 나타낼 수 있다. 평서문의 '-다'는 서술, 요청, 희망 등의 의미가, '-냐'는 질문, 요청, 수사 등의 의미가 있다. 그리고 문장 내에는 항진성, 모순성, 변칙성, 중의성 등의 의미 속성이 있으며, 문장 간에는 동의성, 모순성, 함의, 전제 등의 의미 속성이 있다. 언어 발달에 문제가 있는 아동의 경우 이러한 문장의 의미를 이해하고 산출하는 능력이 부족하다.

참고 문헌

김영태 (1998). 한국 2~3세 아동 문장의 의미론적 분석: 의미 단위수, 의미유형, 의미관계를 중심으로. **언어청각장애연구**, 3, 20-34.

김영태 (2002). **아동언어장애의 진단 및 치료**. 서울: 학지사.

김영태 (2009). **수용·표현 어휘력검사**. 서울: 서울장애인종합복지관.

김영태, 성태제, 이윤경(2003). **취학 전 아동의 수용 언어 및 표현 언어 척도**. 서울: 서울장애인종합복지관.

박영순 (2007). **한국어 의미론**. 서울: 고려대학교 출판부.

오소정 (2001). **속담 이해 능력의 발달: 학령기 아동, 청소년 및 성인을 대상으로**. 이화여자대학교 대학원 석사학위논문.

윤평현 (2008). **국어 의미론**. 서울: 도서출판 역락.

이연섭, 권경안, 정인실 (1980). **한국 아동의 어휘 발달**(1). 서울: 한국교육개발원.

이윤경, 김영태 (2002). 단순언어장애 아동의 낱말찾기 특성. **언어청각장애연구**, 7(1), 65-80.

이종철 (2004). **국어 표현의 화용론적 연구**. 서울: 도서출판 역락.

이현진 (1997). 아동의 단어 의미 습득. **새국어 생활**, 7(1), 103-123.

조명환 (1982). **한국 아동의 언어획득 연구: 책략모형**. 서울: 서울대학교 출판부.

하길종 (2003). 직유 표현의 유형. **한글**, 261, 149-171.

Aitchinson, J. (1994). *Words in the mind: An introduction to the mental lexicon* (2nd ed.). Oxford, England: Blackwell.

Anglin, J. M. (1993). Vocabulary development: A morphological analysis. *Monographs of the Society for Research in Child Development, 58* (10, Serial No. 238).

Appell, J., Kertesz, A., & Fisman, M. (1982). A study of language functioning in Alzheimer patients. *Brain and Language, 17*, 73-91.

Barrett, (1986). Early lexical development. In. P. Fletcher, & B. MacWhinney (Eds.), *The handbook of child language* (pp. 362-392). Oxford, England: Blackwell.

Bates, E., Bretherton, I., & Snyder, L. (1988). *From first words to grammar: individual differences and dissociable mechanisms*. Cambridge, England: Cambridge University Press.

Behrend, D. A. (1988). Overextensions in early language comprehension: evidence from a signal detection approach. *Journal of child Language, 15*, 63-75.

Behrend, D. A. (1990). Constraints and development: A reply to nelson (1988). *Cognitive Development, 5*, 313-330.

Benedict, H. (1979). Early lexical development: comprehension and production. *Journal of child Language, 6*, 183-220.

Bierwisch, M., & Kiefer, F. (1970). Remarks on definitions in natural language. In F. Kiefer (Ed.), *Studies in syntax and semantics* (pp. 55-79). Dordrecht: Reidel.

Boerwisch, M., & Kiefer (1970). Remarks on definitions in natural language. In F. Kiefer (Ed.), *Studies in Syntax and Semantics*. Dordrecht: Reidel.

Bloom, L. (1973). *One word at a time*. The hague, Netherlands: Mouton.

Bloom, L., & Lahey, M. (1978). *Language development and language disorder*. New York: John wiley and Sons.

Brown, R. (1957). Linguistic determinism and the part of speech. *Journal of Abnormal and Social Psychology, 55*, 1-5.

Bruyer, R., & Tuyumbu, B. (1980). Verbal fluency and lesion of the cerebral cortex. *Encephale, 6*(3), 287-297.

Cairns, H. S., Waltzman, D. E., & Schlisselberg, G. (2004). Detecting the ambiguity of sentences: relationship to early reading. *Communication Disorders Quarterly, 25*(2), 68-78.

Caselli, M. C. (1983). Communication to language: Deaf children's and hearing children's development compared. *Sign Language Studies, 39*, 133–144.

Caselli, M. C., Bates, E., Casadio, P., Fenson, J., Fenson, L., Sanders, L., & Weir, J. (1995). A cross-linguistic study of early lexical development. *Cognitive Development, 10*, 65–80.

Chapman, R. S., & Miller, J. F. (1975). Word order in early two and three word utterance: Does production precede comprehension? *Journal of Speech and Hearing Research, 18*, 355–371.

Clark, E. V. (1973). What's in a word? On the child's acquisition of semantics in his first language. In T. E. Moore (Ed.), *Cognitive development and the acquisition of language.* Orlando, FL: Academic Press.

Clark, E. V. (1979). Building a vocabulary: Words for objects, actions, and relations. In P. Fletcher, & M. German (Eds.), *Language acquisition* (pp. 149–160). Cambridge, England: Cambridge University Press.

Clark, E. V. (1993). *The lexicon in acquisition.* New York: Cambridge University Press.

Derwing, B. L. (1976). Morpheme recognition and the learning of rules for derivational morphology. *The Canadian Journal of Linguistics, 21*, 38–66.

Diesendruck, G., & Markson, L. (2001). Children's avoidance of lexical overlap: A pragmatic account. *Developmental Psychology, 37*, 630–641.

Dockrell J. E., Messer D., & Feorge R. (2001). Patterns of naming objects and sctions in children with word-finding difficulties. *Language and Cognitive Processes, 16*, 261–286.

Doherty, M. (2004). Children's understanding of homonymy: Metalinguistic awareness and false belief. *Journal of Child Language, 27*, 362–392.

Dollaghan, C. (1985). Child meets word: "Fast mapping" in preschool children. *Journal of Speech, and Hearing Research, 28*, 449–454.

Evans, G. W., Maxwell, L. E., & Hart, B. (1999). Parental language and verbal responsiveness to children in crowded homes. *Developmental Psychology, 35*, 1020–1023

Fenson, L., Dale, P. S., Reznick, J. S., Bates, E., & Thal, D. (1994) Variability in early communicative development. *Monographs of the Society for Research in Child Development, 59*(5), 1–173.

Fernald, A., & Morikawa, H. (1993). Common themes and cultural variations in Japanese and American mothers' speech to infants. *Child Development, 64*, 637–656.

Fried-Oken, M. (1987). Qualitative examination of children's naming skill through test a adaptations. *Language, Speech, and Hearing Services in Schools, 18*, 206–216.

Glaster, W. R., & Glaster, M. O. (1989). Context effects in Stroop-like and picture processing.

Journal of Experimental Psychology: General, 118, 13-42.

Gentner, M. (1982). Why nouns are learned before verbs: Linguistic relativity versus natural partitioning. In S. A. Kuczaj (Eds.), *Language development: Syntax and semantics.* Hillsdale, NJ: Erlbaum.

Gentner, D., & Boroditsky, L. (2001). Individuation, relativity, and early word learning. In Bowerman, M., & Levinson, S., *Language acquisition and conceptual development* (pp. 215-256). Cambridge, MA: Cambridge University Press.

German, D. J., & Newman, R. S. (2004), The impact of lexical factors on children's word-finding errors. *Journal of Speech, Language, and Hearing Reachch, 47*, 624-636.

Goldfield, B. A., & Reznick, J. S. (1990). Early lexical acquisition: Rate, content, and the vocabulary spurt. *Journal of Child Language, 17*, 171-184.

Gopnik, A., & Choi, S. (1995). Names, relational words, and cognitive development in English and Korean speakers: Nouns are not always learned before verbs. In M. Tomasello, & W. E. Merriman (Eds.), *Beyond names for things: Young children's acquisition of verbs* (pp. 83-90). Hilldale, NJ: Erlbaum.

German, D. J. (1994). word-finding difficulties in children and adolescents. In G. P. Wallack, & K. G. Butler (Eds.), *Language learning disabilities in school age: Some principles and applications.* New York: MacMillan Colledge Publishing company.

Gershkoff-Stowe, L. (2001). The course of children's naming srrors in early word learning. *Journal of Cognition and Development, 2*, 131-155.

Gillette, J., Gleitman, H., Gleitman, L., & Lederer, A. (1999). Human simulations of vocabulary learing. *Cognition, 73*, 135-176.

Gleitman, H., & Gleitman, L. R. (1979). Language use and language judgement. In C. Fillmore, D. Kempler, & W. S. Wang (Eds.), *Individual differences in language ability and language behavior* (pp. 103-129). New york: Academic Press.

Gray, S. (2003) Word Learning by Preschoolers With Specific Language Impairment: What Predicts Success? *Journal of Speech, Language, and Hearing Research, 48*, 1452-1467.

Harris, M., Barrett, M., Jones, D., & Brookes, S. (1988). Linguistic input and early word meaning. *Journal of Child Language, 15*, 77-94

Hirsh-Pasek, K., Gleitman, L. R., & Gleitman, H. (1978). What did the brain say to the mind? A study of the detection and report of ambiguity by young children. In A. Sinclair, R. J. Jarvella, & W. J. M. Levelt (Eds.), *The Child's conception of language*, 97-132. New York: Springer-Velag.

Hoek, D., Ingram, D., & Gibson, D. (1986). Some possible causes of children's early word overextentions. *Journal of Child Language, 13*, 477-496.

Hoff, E. (2003). Language development in childhood. In R. M. Lerner, M. A. Easterprookers, & J. Mintri (Eds.), *Handbook of psychology, vol. 6. Developmental psychology* (pp. 171-193). New york: Wiley.

Hoff, E. (2006). **언어 발달**[Language development, 3rd ed., 2004], (이현진, 박영신, 김혜리 역). 서울: 시그마프레스.

Huttenlocher, J., & Smiley, P. (1987). Early word meanings: The case of object names. *Cognitive Psychology, 19*, 63-89.

Jancovic, M., Devoe, S., & Weiner, M. (1975). Age-related changes in hand and arm movement nonverbal communication: some conceptualizations and an empirical exploration, *Child Development, 46*, 922-928.

Jusczyk, P. W., Friederici, A. D., Wessels, J. M., & Svenkerud, V. Y. (1993). Infants' sensitivity to the sound patterns of native language words. *Journal of Memory and Language, 32*, 402-420.

Kidd, E., & Cameron-Faulkner, T. R. (2008). The acquisition of the multiple sense of with. *Linguistics, 46*, 33-62.

Kurland, B. F., & Snow, C. E. (1997). Longitudinal measurement of growth in definitional skill. *Journal of Child Language, 24*, 603-625.

Lahey, M., Edwards, J., (1999). Naming errors of children with specific language impairment. *Journal of Speech, Language, and Hearing Research, 42*, 195-205.

Lawrence, V., & Shipley, E. F. (1996). Parental speech to middle and working class children from two racial groups in three settings. *Applied Psycholinguistics, 17*, 233-256.

Lempert, H. (1985). Preschool children's sentence comprehension: Strategies with respect to animacy. *Journal of Child Language, 12*, 79-93.

Levelt, W. (1991). *Lexical access in speech production*. Cambridge(MA): Blackwell.

Mandel, D. R., Jusczyk, P. W., & Pisoni, D. B. (1995). Infants' recognition of the sound patterns of their own names. *Psychological Science, 6*, 314-317.

Markman, E. M. (1991). The whole-object, taxonomic, and mutual exclusivity assumptions as initial constraints on word meanings. In S. A. Gelman, & J. P. Byrnes (Eds.), *Perspective on language and though: Interrelations in development* (pp. 72-106). Cambridge, England: Cambridge University Press.

Markman, E. M. (1994). Constraints on word meaning in early language acquisition. In L. Gleitman, & B. Laudau (Eds.), *The acquisition of the lexicon* (pp. 192-229). Cambridge, MA: MIT Press/Elsevier.

Markman, E. M., & Hutchinson, J. E. (1984). Children's sensitivity to constraints on word meaning: Taxonomic vs. thematic relations. *Cognitive Psychology, 16*, 1-27.

Markman, E. M., & Wachtel, G. A. (1988). Children's use of mutual exclusivity to constrain the meanings of words. *Cognitive Psychology, 20*, 121-157.

McClellan, J., Yewchuck, C., & Holdsgrafer, G. (1986). Comprehension and production of word order by two year old children. *Journal of Psycholinguistic Research, 15*, 97-116.

McGregor, K. K. (1994). Use of phonological information in a word-finding treatment for children. *Journal of Speech and Hearing Research, 17*, 1381-1393.

McGregor, K. K. (1997). The nature of word-finding errors of preschoolers with and without word-finding deficits. *Journal of Speech, Language, and Hearing Research, 40*, 1232-1244.

McGregor, K. K., & Newman, R. M. (2002) Semantic representation and naming in children with specific language impairment. *Journal of Speech, Language, and Hearing Research, 45*, 998-1014.

McKeown, M. G., & Curtis, M. E. (1987). *The nature of vocabulary acquisition*. Hillsdale, NJ: Erlbaum.

Menyuk, P. (1997). Naming disorders in children. In H. Goodglass, & A. Wingfield (Eds.), *Anomia: Neuroanatomical and cognitive correlates*, San Diego: Academic Press.

Miller, G. A. (1977). *Spontaneous apprentices: Children and language*. New York; Seabury.

Mervis, C., & Bertran, E. (1993). Perceptual knowledge, conceptual knowledge, and expertise: Comment on Jones and Smith. *Cognitive Development, 8*, 149-155.

Morris, J. C., Allison M. M., Melanie, V., Cynthia A. R., & John, H. (1999). Verbal fluency in children: developmental issues and differential validity in distinguishing children with attention-deficit hyperactivity disorder and two subtypes of dyslexia. *Arch Chin neuropsychology, 14*, 433-443.

Nelson, K. (1973). Structure and strategy in learning to talk. *Monographs of the Society of Reacher in Child Development, 38*, 1-135.

Nelson, K. (1981). Individual differences in language development: Implications for development and language. *Developmental Psychology, 17*, 170-187.

Owens, R. E. (2005). **언어 발달**[Language development: An introduction, 2005], (이승복, 이희란 역). 서울: 시그마프레스.

Paul, R. (2007). *Language disorders from infancy through adolescence* (ed. 2). St. Louise: Mosby.

Pence, K. & Justice, L. M. (2010). **언어 발달: 이론에서 실제까지**[Language development from theory to practice, 2008), (김성수, 김화수, 이상경, 황보명 역). 서울: 학지사.

Peter, A. M. (1983). *The units of language acquisition.* Cambridge, England: Cambridge University Press.

Pine, J. M. (1994). Environmental correlates of variation in lexical style: Interactional style and the structure of the input. *Applied Psycholinguistics, 15,* 355–370.

Pine, J. M. (1995). Variation in vocabulary development as a function of birth order. *Child Development, 66,* 272–281.

Pressley, M., Levin, J. R., & McDaniel, M. A. (1987). Remembering versus infering what a word means: Mnemonic and contextual approaches. In M. G. MaKeown, & M. E. Curtis (Eds), *The nature of vocabulary acquisition* (pp. 107–128). Cambridge, MA: MIT Press.

Ratner, N. B. (1996). From signal to syntax: But what is the nature of the signal? In J. L. Morgan, & K. Demuth (Eds.), *Signal to syntax: Bootstrapping from speech to grammar in early acquisition* (pp. 135–150). Mahwah, NJ: Erlbaum.

Rechard, B. (1990). *Language development and individual difference: A study of auxiliary verb learning.* Cambridge: Cambridge University Press.

Regard, M., Strauss, E., & Knapp, P. (1982). Children's production on verbal and non-verbal fluency tasks. *Perceptual and Motor Skills, 55,* 839–844.

Rescorla, L. (1980). Overextension in early language development. *Journal of Child Language, 7,* 321–335.

Rice, M. L., Buhr, J., & Nemeth, M. (1990). Fast mapping word-learning abilities of language-delayed preschoolers. *Journal of Speech and Hearing Disorders, 55,* 33–42.

Smith, L. B., Jones, S. S., & Landau, B. (1992). Count nouns, adjective, and perceptual properties in children's novel word interpretations. *Developmental Psychology, 28,* 273–286.

Smith, L. B. (2001). How domain-general processes may create domain-specific biases. in m. Bowerman, & S. Levinson (Eds.), *Language acquisition and conceptual development.* (pp. 101–131). Cambridge, England: Cambridge University Press.

Snow, C. E., Burns, M. S., & Griffin, P. (1998). *Preventing reading difficulties in young children.* Washington, DC: National Academy Press.

Soja, N. N., Carey, S., & Spelke, E. S. (1991). Ontological categories guide young children's inductions of word meaning: Object terms and substance terms. *Cognition, 38,* 179–211.

Stanovich, K. E. (1986). Matthew effects in reading: some consequences of individual differences in the acquisition of literacy. *Reading Research Quarterly, 21,* 360–406.

Tabor, P. O., Roach, K. A., & Snow, C. E. (2001). In D. K. Dickinson, & P. O. Tabors (Eds.). *Beginning literacy with language* (pp. 111–138). Baltimore: Paul H. Brookes.

Tardif, T., Gelman, S. A., & Xu, F. (1999). Putting the "noun bias" in context: A comparison of English and Mandarin. *Child Development, 70*, 620-635.

Templin, M. (1957). *Certain language skills in children*. University of minnesota institute of child welfare monograph series 26. Minneapolis: Minnesota Press.

Tomasello, M. (2000). Do young children have adult syntactic competence? *Cognition, 74*, 209-253.

Tomasello, M. (2001). Perceiving intentions and learning words in the second year of life. In M. Bowerman, & S. C. Levinson (Eds.), *Language acquisition and conceptual development* (pp. 132-158). Cambridge: Cambridge University Press.

Troyer, A. K., Moscovitch, M., & Winocur, G. (1997). Clustering and switching as two components of verbal fluency: Evidence from younger and older healthy adults. *Neuropsychology, 11*, 138-146.

Twachtman-Cullen, D. (2000). More Able Children with Autism Spectrum Disorders: Sociocommunicative Challenges and Guidelines for Enhancing Ablilities. In A. M. Wetherby, & B. M. Prizant (Eds.), *Autism Spectrum Disorders: A transactional Developmental Perespective*. Maryland: Brooks.

Ullmann, S. (1951). *Semantics, An introduction to the science of meaning*. Oxford: Basil Blackwell.

Vihman, M. M. (1988). Early phonological development. In J. Bernthal, & N. Bambson, (Eds.), *Articulation and phonological disorders* (2nd ed., pp. 60-109). New York: Prentice-Hall

Vihman, M. M. (1996). *Phonological development: The origins of language in the child*. Cambridge, MA: Blackwell.

Walker, S. J. (2001). Cognitive, linguistic, and social aspects of adult's noun definition. *Journal of Psycholinguistic Research, 30*, 147-161.

Wehren, A., de Lisi, R., & M, Arnold. (1981). The development of noun definition. *Journal of Child Language, 8*, 165-175.

Wigg, E. H., Semel, E. H., & Nystom, L. A. (1982). Comparison of rapid naming abilities in language-learning-disabled and academically achieving eight-year-olds. *Language, Speech and Hearing Services in the Schools, 13*, 11-22.

Winner, E. (1988). *The point of words: Children's understanding of metaphor and irony*, Cambridge, MA: Harvard University Press.

Yoder, P. J., Kaiser, A. P., Alpert, C., & Fisher, R. (1993). Following the child's lead when teaching nouns to preschoolers with mental retardation. *Journal of Speech, Language, and Hearing Research, 36*, 158-167.

제7장

화용 발달

오늘날 언어 사용에 관하여 우리가 쓰고 있는 '**화용론**(pragmatics)'이라는 용어는 Morris(1938)가 최초로 사용하였는데, 그는 화용론을 '언어기호와 언어 사용자 간의 관계'로 정의하였다. 또 Ellis(1994)는 '화용적 능력'을 '언어의 규범에 적합한 방법으로 의사소통기능을 성공적으로 수행할 수 있는 화자의 지식이나 능력'이라고 하였다. 사회적 상황에 따라 언어적 형식을 적절하게 조합하여 사용할 수 있는 능력이 바로 화용적 능력인 것이다.

인간은 생애 초기에 언어가 갖는 의미와 그 의미를 표현하는 언어의 형식을 습득하고 그와 동시에 언어를 적절하게 사용하는 법에 관하여 배우게 된다. 언어의 사용을 배우기 이전에 먼저 상호작용을 통하여 소통하는 법을 배운다. 생후 1년 동안 아동은 소통의 기초를 다진 후, 첫 단어를 시작하면서 서서히 소통의 수단을 언어로 대체하게 된다. 언어를 사용한다는 것은 아동이 이전의 소통의 수단보다 훨씬 강력한 수단을 획득하였다는 것을 의미한다.

아동의 행동에 대한 양육자의 반응을 통해 아동은 의사소통의 결과를 먼저 경험하게 되고, 자신의 행동에 의사소통의 힘이 있다는 것을 깨달으면서 의도적 의사소통을 시작하게 된다. 외부 세계를 조절하고, 자신의 요구를 관철시키며, 자신을 표현하고자 하는 의도를 습득하게 되고 이를 몸짓, 표정, 소리 내기 등으로 표현하다가 언어로 의사소통의 수단을 바꾸게 된다. 언어를 습득한 이후에도 의사소통의 기능은 꾸준히 세분화되고 다양하게 발달한다.

아동의 언어는 쌍방향의 의사전달, 즉 대화의 형식을 차츰 갖추어 가게 된다. 언어 이전 단계부터 놀이나 의례적인 행동들에서 대화의 기본 틀인 주고받기를 배우게 된다. 대화의 주제를 시작하고, 유지하며, 적절한 방식으로 전환하며 종결하는 기술 등도 연령에 따라 발달하게 된다. 대화의 형식적인 틀뿐만 아니라 내용적인 측면에서도 발달을 하게 된다. 아동은 상대방과 자신이 공유하고 있는 배경 지식에 대한 정보를 알아야 하고, 이미 알고 있는 정보는 생략해야 하고, 새로운 정보는 제공해야 하는 규칙을 지켜야 한다. 대화는 맥락 속에서 이루어지므로 상황에 따라 지시어를 사용할 수 있어야 하고, 상대방이 사용한 지시어를 이해할 수 있어야 한다.

담화(discourse)는 문장이나 절 이상의 언어로 화자와 청자가 한 가지 화제나 사건, 주제에 대하여 교환하는 언어단위로 학자에 따라 여러 가지 유형이 있다고 주장하였다. Lund와 Duchan(1993)은 담화를 이야기(story), 대화(conversation), 설명(exposition), 퀴즈(quizzes), 사건 기술(event description) 등으로 나누었다.

또 다른 유형의 담화는 내러티브이다. 내러티브(narrative)는 대화와 달리 혼자서 현재나 과거의 사건 또는 가상의 이야기를 전달하는 과정으로 탈맥락적이다. 내러티브 중 많이 연구되고 있는 분야가 이야기이고, 아동은 학령기를 넘어서까지 이야기와 내러티브 기술을 발달시키게 된다.

1. 언어 이전 의사소통 기술 습득

첫 단어가 출현하기 이전에 아동과 양육자와의 초기 상호작용을 통해 **의사소통 의도**

(**기능**)를 획득하게 된다. 아동은 말을 사용하기 이전이라도 발성과 몸짓의 형태로 자신의 의도를 표현한다. 매우 어린 아동도 양육자와 응시하기, 응시 철회하기, 소리 내기 등의 적극적인 행동을 하고, 양육자의 손짓이나 몸짓의 변화를 알고 반응할 수 있다(Stack & Shore, 1987). 아동은 불편함을 해소하기 위해, 원하는 목적을 획득하기 위해, 또한 상호작용을 시작, 유지하고 종결하기 위해 소통을 하며, 이러한 초기의 의도는 점차 언어적 형식을 취하게 된다.

아동의 의사소통 의도 발달에 영향을 주는 것은 상황적 맥락과 양육자의 반응이라 할 수 있다. 상황적 맥락은 의사소통 교환에서 아동에게 예측 가능성을 제공하게 된다. 또한 양육자가 사용하는 언어의 형태나 특성은 성인을 대할 때 쓰는 언어와는 다른 것으로 이 또한 아동이 언어와 의사소통 기술을 보다 쉽게 획득하도록 돕는 역할을 한다. 소통이라는 맥락에서 양육자는 아동의 몸짓이나 아동이 내는 소리를 의미 있는 방식으로 해석하고, 소통을 하려 한다고 가정한다. 양육자의 이와 같은 적극적인 반응에 의해 아동은 자신의 행동과 부모의 반응이라는 결과 사이의 인과관계를 깨닫게 된다. 의사소통의 힘을 깨달은 아동은 의도적으로 의사소통을 시도하게 되고 이때의 의사소통의 수단은 언어가 아닌 몸짓이나 발성이다. 아동이 발달함에 따라 의사소통의 수단은 언어로 변화되고 아동은 진정한 화자로 변모하게 된다.

의사소통 기능의 발달

초기 의사소통 기능 발달의 3단계는 언향적 단계(perlocutionary stage), 언표내적 단계(illocutionary stage), 언표적 단계(locutionary stage)이다(**그림 7.1** 참조).

언향적 단계

아동은 성인의 얼굴과 소리에 주의를 기울인다. 특히 엄마의 소리나 움직임에 대해 눈 맞추기와 움직임으로 반응한다. 생후 2~3주면 아동은 손짓, 혀 내밀기, 입 벌리기 등을 모방하기 시작하고, 아동의 반사적인 행동에 어른은 의사소통 의도가 있는

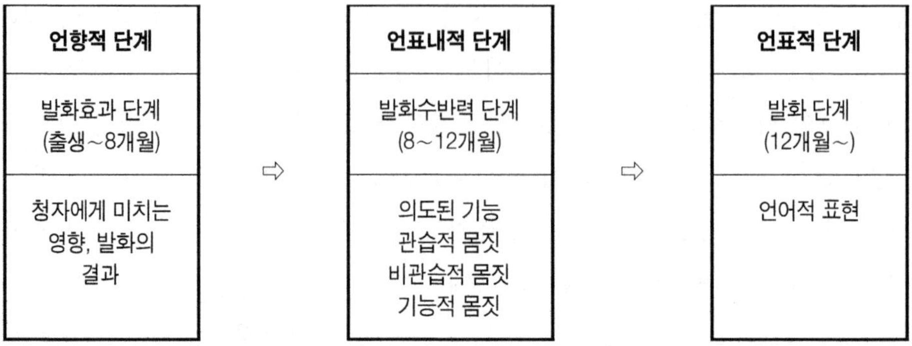

그림 7.1. 초기 의사소통 기능 발달의 단계

것처럼 해석하고 반응한다. 3주 된 아동은 낯선 사람과 엄마를 구분하며 사회적 미소(social smile)를 보낸다. 3~6주가 되면 사람의 얼굴이나 눈길, 목소리, 간지럼 등의 외부 자극에 대한 반응으로 미소 짓기를 시작한다.

12주 된 아동은 자기가 낸 소리에 엄마가 말로 반응을 해 주면 그렇지 않은 경우보다 되받아 소리를 내는 반응을 2배나 더 많이 한다고 한다. 이러한 '대화적' 차례 맡기가 옹알이 발달과 차례 지키기 발달에 도움이 된다. 특히 동시에 소리를 내는 경우가 줄어들고 연속적인 형태로 변화하게 된다. 4개월 아동은 미소 짓기나 소리 내기로 소통을 시작한다.

이 단계를 거치는 동안 울음이나 소리, 몸짓과 표정 등은 상호작용을 유지하는 것 이외에 다른 의도는 없다. 울음은 일반적인 고통이나 불편함을 나타내지만, 문제의 원인을 확인하지도 의도를 갖지도 않은 것이다. 아동의 행동에 대해 해석하는 방법을 양육자가 알게 되면서 소통이 점차 효율적이 되고 상호작용의 예측 가능성이 높아지게 된다. 이 단계에서 아동은 원하는 대상을 향해 손을 뻗기 시작한다. 이때 손 뻗기(reaching)는 이후에 가리키기 몸짓이 된다.

언표내적 단계

언향적 단계를 지나오면서 아동이 점차 의사소통 의도를 획득하게 되는 이 시기는 기능적 소통의 발달 단계로 생후 8~9개월에 시작된다. 이 시기의 아동은 자기의 의도를 소통하고자 관습적 몸짓과 소리 내기를 모두 사용한다. 이때 의도적 소통은 상대방과의 눈 마주치기에 수반되는 몸짓, 특정 의도에 대한 신호로 스스로 만든 일관된 소리(phonetically consistent forms, PCFs)와 억양 형태를 통해 나타난다. 하지만 다른 사람이 이해하지 못하면, 아동은 자기 행동을 반복하거나 수정한다. 아동은 의도적인 행동을 통해 전달하려는 메시지가 상대방에게 전달되었는지를 확인하며 소통하려는 의도를 드러낸다. 이 시기에 몸짓이나 소리로 표현하는 초기 의사소통 의도들은 사물이나 행동 요구하기, 거부하기, 평하기(commenting) 등으로 나타나고, 의사소통 게임(까꿍 놀이)을 활발하게 하게 된다.

언표적 단계

의사소통 기능발달의 마지막 단계로 의미 있는 첫 단어가 시작되는 시기이다. 상징적 상호작용에서 아동은 자신의 의도를 표현하기 위해 몸짓으로 표현하던 기능을 이제는 몸짓과 함께 단어를 사용하게 된다. 함께 주의하는 환경에서 가리키기가 발달하고, 가리키기에 소리 내기가 동반되고, 소리 내기에서 명명하기가 발달한다. 똑같은 내용을 가리키는 데 단어를 사용할 수도 있고, 몸짓을 사용할 수도 있다. 처음에는 메시지 전체를 표현하는 데 사용되는 몸짓이 점차 메시지를 소통할 때 단서 또는 맥락으로 사용되고 가장 효율적인 의사소통 수단인 언어가 주요한 소통의 수단으로 자리하게 된다.

언어 이전기 의사소통 요소

최초의 의사소통은 언어 이전기에 몸짓, 발성, 얼굴 표정, 분위기 등이 중요한 역할을 하게 된다. 음성언어를 사용하게 된 후에도 의사소통 능력은 제한되어 있으므로 주로 상황이나 몸짓, 발성 등과 같은 언어 이전기 요소에 더 많이 의존하게 된다.

생후 8개월은 아동의 의도성이 표현되는 시기로 8개월 이전의 언향적 단계에 있는 아동도 의사소통에 영향을 미치는 행동을 하지만 의사소통 의도를 지니고 행동하는 것은 아니다. 단지 양육자가 상황에 따라 의미를 해석하고 행동에 의미를

표 7.1. 몸짓 발달의 3단계

1단계	2단계	3단계
자기를 보여 주기	사물을 보여 주기	관습적 몸짓: 사물을 보여 주기, 건네주기, 가리키기, 요구하기 비관습적 몸짓: 떼쓰기, 뽐내기

부여하는 것이다.

몸짓(gesture)은 언어 습득의 전조이며 필수적인 것으로, 구어적 의사소통이 가능하게 되면 단어로 변경된다(Bruner, 1975). 몸짓 발달에는 세 가지 연속적 하위 단계(Bates et al., 1975)가 있다(**표 7.1** 참조). 첫 번째 단계에서 아동은 자기를 드러내거나 보여 준다. 아동은 자기 얼굴을 감추고, 부끄럼을 타며, 안아달라고 팔을 들어 올리거나, 까꿍 놀이를 한다. 이러한 행동은 목표를 성취하기 위해 협응되고 조정된다(Wetherby & Prizant, 1989). 두 번째 단계에서 아동은 돌보는 이를 향해 대상을 들어 보임으로 보여 주기는 하지만, 대상을 놓지는 않는다. 아동은 이 대상들에 주의를 끌어서 주의를 공유하려 한다. 마지막 단계에서 아동은 보여 주기(showing), 건네주기(giving), 가리키기(pointing), 요구하기(requesting)의 관습적 수단을 포함하는 모든 범위의 몸짓을 다 보여 준다. 떼쓰기나 뽐내기와 같은 비관습적인 몸짓을 사용하기도 한다. 아동은 각기 하나 이상의 기능적 몸짓이나 특정 의미 표현을 위해 만들어진 몸짓을 발달시켜 나간다.

Iverson 등(1999)은 몸짓의 유형을 지시적, 관습적, 표상적, 비표상적 몸짓 등 네 가지로 분류하였다. 지시적 몸짓은 보여 주기, 건네주기, 가리키기와 같이 사물, 사건을 제시함으로써 의사소통 의도를 표현하는 몸짓을 의미한다. 관습적 몸짓은 몸짓의 형태와 의미가 문화적으로 정의된 것으로 고개 가로젓기(아니오), 고개 끄덕이기(예) 등의 몸짓을 의미한다. 표상적 몸짓은 손 움직임, 몸 움직임, 얼굴 표정을 통해 특정 참조물(사람, 사물, 장소, 사건)에 대한 성질, 행동을 묘사하는 것으로, 서로 다른 맥락에서도 의미가 달라지지 않는 몸짓을 의미한다. 비표상적 몸짓은 특별히 의미 있는 내용이나 특정 참조물을 나타내지 않는 몸짓을 의미한다(김영미,

2010에서 재인용).

생후 9~11개월 아동들은 주로 지시적 몸짓을 사용하기 시작한다. 지시적 몸짓만 사용하던 아동들은 나이가 들어감에 따라 문화적으로 보편적인 관습적 몸짓을 사용하게 되고, 몸짓으로 사물의 형태를 나타내는 표상적 몸짓을, 더 나아가서 상징적 몸짓을 나타내게 된다. 한 단어 출현 이전 시기의 아동들은 주로 지시적 몸짓을 사용하여 상대방과 의사소통을 시도한다(박세진, 2009). 보여 주기와 건네주기가 먼저 출현하고 이러한 몸짓들은 가리키기의 전조적 역할을 한다. 가리키기는 9~24개월 사이에 가장 많이 사용되는 지시적 몸짓이다(Iverson et al., 1994).

생후 13~15개월 아동을 대상으로 한 연구에서 아동들은 영아기에 지시적 몸짓과 표상적 몸짓을 높은 빈도로 사용하다가 어휘폭발 시기가 되면서부터 지시적 몸짓의 사용을 줄이고 표상적 몸짓의 사용을 크게 증가시킨다고 하였다(김의향, 2005). 또한 두 단어 시기 동안에도 표상적 몸짓을 높은 수준으로 사용한다고 한다(박세진, 2009).

초기 **공동 지시하기**(joint reference)에는 세 가지 측면이 있는데, 가리키기와 가리키는 말과 명명하기이다(**그림 7.2** 참조).

첫째, 가리키기(indicating)는 몸짓, 자세, 음성 형식을 통해 아동과 양육자가 함께 같은 것을 선택하여 주의하고 확인하는 체계에 들어가게 된다. 지시어(deixis)는 공간적, 시간적, 상호적 특징을 공동 지시의 내용으로 사용하는 것이며, 청자는 가리키는 말을 자신의 관점으로 바꾸어야 한다. 마지막 측면은 명명하기(naming)로 아동들은 명명하기를 산출하는 능력을 발달시키기 전에 지시물과 이름을 연합할 수 있다.

공동 지시하기의 발달은 다음과 같다. 1단계는 공동 주의의 숙달로 아동은 눈 마주치기를 유지하기, 양육자와 함께 협력하여 주변의 대상이나 사건 보기를 배운

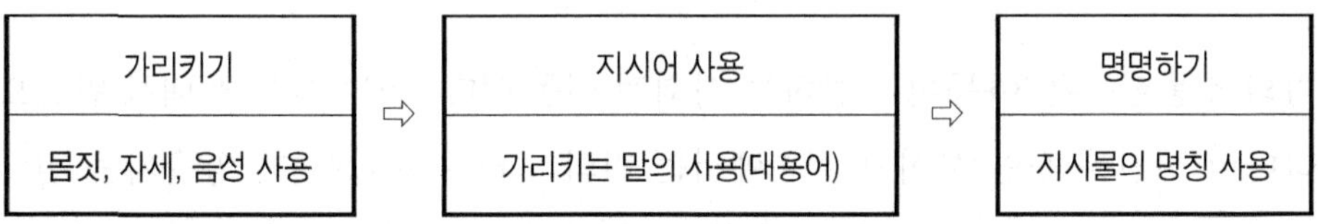

그림 7.2. 공동 지시하기의 세 가지 요소

다. 2단계에서는 의도적 소통의 시작이다. 어떤 대상에 대한 아동의 홍미가 높아지면 손 뻗기를 한다. 뻗기가 시작되면서, 주의는 대상에 맞춰진다. 3단계에서 아동은 손으로 가리키기(pointing)와 소리 내기(vocalizing)를 시작한다. 손 전체로 가리키기를 하던 것이 점차 손가락만으로 가리키는 몸짓이 된다. 가리키기 행동은 대상을 얻으려는 의도에서 분리되어 나온다. 마지막 단계는 명명하기와 주제화에 보다 숙달되는 것이다.

생후 1년 동안, 아동은 돌보는 이와 함께 친숙한 맥락에서 공유된 행위(joint action)를 발달시킨다. 이러한 사회적 상호작용은 아동의 학습과 참여 경험에서 가장 결정적인 것이다. 게임놀이와 일상적인 의식행동(의례행동) 같은 활동을 통해 아동은 차례 맡기와 대화기술을 배운다. 또한, 식사와 같은 의례적인 행동에서 예언 가능한 행동과 말의 패턴을 제공받게 된다. 까꿍 놀이와 같은 게임놀이는 의사소통의 모든 측면을 가지고 있다. 차례 바꾸기를 하게 되고, 그 차례에는 규칙이 있고, 단어나 행위를 끼워 넣을 수 있다. 이러한 의례적 행동과 게임 놀이의 상호작용 측면은 시작하기, 서로를 향하기, 인사하기, 놀이 대화, 끝내기이다. 이러한 놀이에는 대화의 초기 요소가 들어 있다. 6개월이 되면 장난감이나 대상에 대한 홍미가 증가하면서 양육자와 아동의 상호작용에 대상이 포함된다.

초기의 언어 이전 대화는 특정한 상황에서 상황 의존적으로 생겨나는 경우가 대부분이다. 양육자는 보다 쉽게 입력 자극을 제공하게 되고, 아동은 여기에 의미를 붙일 수 있다. 또한 일상적인 의식행동 또는 예측 가능한 행동을 제시하는 것은 해석을 하는 데 도움이 된다. 이러한 행동들의 결과로 아동은 대화의 관습을 배운다.

아동과 성인의 상호작용

엄마의 소통행동은 '아동이 유발하는 사회적 행동'이다. 이는 아동에 대한 반응으로 나타나며 성인과 성인 사이의 소통에서는 거의 나타나지 않는다. 양육자는 신체의 움직임을 느린 속도로 과장하게 된다. 이와 같이 아동이 유발한 사회적 행동에는 엄마가 말과 언어를 쉽게 바꾸는 아기 말, 눈길, 얼굴 표정, 얼굴과 머리 움직임, 거리 등이 있다.

아기말(baby talk, 모성어)은 짧은 발화길이와 단순한 문장 구조로 이루어져 있으며 핵심어휘가 적다. 반복하여 말하기나 바꾸어 말하기가 많다. 주제는 지금 여기에 한정되어 있다. 억양이나 쉼과 같은 준언어적(초분절적) 측면에서 변화도 있다. 얼굴 표정과 몸짓이 더 자주 동반되고, 전반적으로 음도를 높여 말한다. 아동말에는 질문이나 인사가 많다. 이것들은 아동에게 반응을 요구하는 것이기 때문이다.

아동 말의 특징을 요약하면 다음과 같다.

- 한 발화의 길이가 짧다.
- 구문구조가 단순하다.
- 핵심어휘가 적다.
- 주제가 지금 여기로 한정된다.
- 비언어적 요소인 표정, 몸짓 등을 과장되게 사용한다.
- 질문이나 인사를 자주 한다(반응유도).
- 아동의 행동을 의미 있게 취급한다.
- 음도, 강도 등 준언어적 요소를 다양하게 사용한다.
- 언어적 의례행동을 자주 한다.

성인의 반응성은 초기 소통에 아주 중요하다. 양육자가 이러한 행동에 의미를 부여할 때 소통이 시작되는 것이다. 엄마가 하는 말은 대개 똑같은 대상, 동작, 사건을 가리키면서 연이어 하는 발화로, 동일한 대상을 가리키면서 쉽게 알아들을 수 있는 일련의 발화가 나오면 말소리를 알아듣기 쉬워진다. 엄마가 아동에게 하는 말은 잉여도(redundancy)가 매우 높다. 또한, 이어지는 발화들 사이의 의미적 유사성도 높다.

성인이 가장 자주 제시하는 것은 공동 지시하기이다. 지시하기는 하나의 대상, 동작, 또는 사건에 대해 주목하는 것으로 아동의 주의를 끌기 위해 과장된 동작을 하고, 어떤 대상을 흔들면서 언급하거나, 아동의 눈길을 따라가며 말하는 엄마의 신호하기이다.

양육자의 반응에는 다음과 같은 것들이 있다.

- 기다리기와 들어 주기
- 아동의 주도 따르기
- 함께하기와 놀아 주기
- 마주보기
- 질문하기와 이름대기
- 주고받기를 격려하기
- 확장하기와 확대하기
- 모델링, 단서 주기, 점화하기, 후속결과 제시하기

그 외에도 성인에 의한 비계설정과 책무성 등이 아동의 의사소통 발달을 돕게 되는데, 비계설정(scaffolding)은 아동의 성장을 위한 발판을 제시하는 것이고, 책무성(accoutability)이란 아동이 안다고 확신할 때에는 답을 알려 주지 않고 아동이 스스로 답을 찾을 수 있도록 기다려주거나 기회를 제공하는 반응을 의미한다.

2. 언어의 의사소통 기능 발달

원초적 화행

손 뻗기는 상징 이전의 몸짓으로 요구하기의 신호가 되며, 가리키기는 대상에 대한 서술이나 지시의 신호가 된다. 첫돌에서 18개월 사이에는 가리키기와 함께 상대방 바라보기(looking)를 하는데, 초반에는 가리키기나 뻗기를 하고 난 다음 바라보기를 하였다면 점차 가리키기 몸짓을 하기 전에 바라보기를 하는데, 이는 어떤 것을 가리키기 전에 청자의 주의를 끌어야 한다는 사실을 아동이 알고 있다는 것을 나타낸다.

상징적 몸짓은 첫 단어와 같은 시기에 나타난다. 이는 몇 가지 의사소통 목적을 달성하며, 말소리를 지지해 주는 장치로 또는 아직 부족한 어휘력에 대한 보조수단으로 사용할 것이다(Caselli, 1990). 기능적 몸짓은 18~28개월 사이의 어휘 산출과 상관이 있다. 기능적 몸짓은 빈 숟가락을 가지고 먹는 시늉을 하는 것과 같이 대상의 기능을 보여 주는 행위를 통해 대상을 묘사하는 것이다.

다단어 발화의 발달은 몸짓의 조합과 상관되어 있다. Dore(1974)는 **원초적 화행**(primitive speech acts)에 대해 어린 아이들의 소리 내기와 몸짓에는 어떤 형태가 있으며, 이러한 행동들은 단어가 없이 의도를 전하기 위해 몸짓에만 의존하게 되어 말의 전조가 된다고 볼 수 있으므로 원초적 화행이라고 명명하였다. Dore의 원초적 화행에는 행위 요구하기, 반항하기, 대답 요구하기, 명명하기, 대답하기, 인사하기, 반복하기, 부르기 등이 있고, 이는 아동의 초기 의도와 유사하다.

초기 의사소통의 의도

의사소통 의도란 메시지를 통해 전하고자 하는 화자가 말하거나, 청자가 이해한 메시지 그 자체를 의미한다. 첫 단어는 이전의 몸짓이나 소리 내기로 표현되던 의도를 충족시키는 것이다. 언어의 일반적인 의도는 통제적, 표상적, 표현적, 사회적, 교수적, 절차적으로 나눌 수 있다(Wells, 1985)

학령 전기 아동의 의도에 대한 이해와 산출은 점차 증가한다. 학령 전기 아동은 다른 사람의 의도를 이해하는 기술이 많이 증가하지만, 5세가 되어도 아직은 몸짓에 의존해야 의도를 해석할 수 있다(Kelly, 2001). 30개월이면 여섯 가지 큰 화용론 범주들의 상대적 빈도가 안정되어 간다. 모든 아동 발화의 70%가 통제적 기능과 표상적 기능이다. 30개월 아동 가운데는 진술과 주장의 수가 직접 요청보다 많아서 3배까지 되는 경우도 있다. 학령 전기 아동들이 숙달하는 주요 의도는 **표 7.2**와 같다.

표상적 범주에는 진술(statement) 기능이 지배적인데, 이는 5세까지 모든 표상적 발화의 50%, 모든 아동 발화의 20%까지 점차 증가한다. 아동이기 언어에서 지

표 7.2. 초기 의사소통 의도

화용론 범위 (Wells, 1985)	원초적 화행 (Dore, 1974)	초기 언어적 의도 (Owens, 1978; Wells, 1985)	예
통제적	행위 요구하기	요구 원하기	까까(뻗음)
		요구/명령하기	해줘(대상을 내밈)
	반항하기	반항하기	아니야(밀어버리거나 비협조적임)
표상적	대답 요구하기	내용에 관해 묻기	저 뭐(가리킴)
	명명하기	명명하기	멍멍(가리킴)
		진술/서술하기	먹어(짓는 개에게 언급)
	대답하기	대답하기	말(질문에 대한 반응)
		답변	먹어(멍멍 배 고파의 반응)
표현적	—	외치기	안아 주면 소리를 지름
		행위에 따르는 언어표현	어어(쏟으면서)
		상태나 태도 표현하기	힘들어
사회적	인사하기	인사/작별하기	안녕/빠이빠이
교수적	반복/연습하기	반복/연습하기	까까, 까까
절차적	부르기	부르기	엄마

배적 위치를 차지하였던 이름하기(naming) 기능은 더 이상 지배적이지 않게 된다. 5세면 이 기능으로 설명되는 표상적 발화의 수가 아주 적어진다. 5세 아동 중 적어도 90%가 사용하는 다른 표상적 기능은 내용 의문문, 내용 반응이나 대답, 그리고 예/아니오 의문문이 있다.

통제적 기능도 매우 다양하다. 원하기(wanting) 기능은 아동이기 언어에서는 지배적이지만 24개월 이후로는 급격히 감소한다. 반면에, 직접 요구하기는 39개월 정도까지는 지속적으로 조금씩 증가하는데, 이때면 그 빈도가 모든 통제적 발화의 25%까지로 줄어들고 이후 학령 전기 동안에 지배적인 통제 기능으로 남는다. 그 밖에 5세 아동의 적어도 90%가 사용하는 통제적 의도에는 금지, 요청승인, 제안, 물리적 정당화, 제공하기, 그리고 간접 요청이 있다.

5세 아동 중 적어도 90%가 사용하는 표현적 기능에는 외침(exclamation), 상태 표현(expressive state), 언어적 수반(verbal accompaniment) 등이 있는데, 이들은 모두 이전에 아동이기 언어에서 주목받았던 것들이다. 5세 아동 중 적어도 90%가 사용하는 절차적 기능에는 부르기(call), 수반된 질의(contingent query), 유도된 발화(elicited repetition) 등이 있으며, 아동은 상대방의 발화의 끝을 올리는 억양으로 반복한다. 마지막으로 사회적 기능과 교수적 기능은 모두 5세 아동 발화의 4% 미만으로 나타난다.

학령기가 되면 언어 기능이 다양해지는데 설명하고, 표현하고, 서술하며, 지시하고, 보고하고, 추리하고, 상상하고, 설득하고, 원인을 추론하며 결과를 예언하기도 한다. 이에는 구문적 발달이 이러한 기능들에 기여하게 된다.

대화 발달

대화란, 구조화되지 않은 자연스러운 상황에서 자유롭게 개인적인 경험을 나누는 것이라고 정의하였다. 이는 말을 하는 사람과 듣는 사람 모두에게 아주 많은 정보처리를 요하는 작업이다. 언어를 공유하는 사람들 간에는 통용되는 암묵적인 의사소통 규칙이 있고, 화자와 청자가 최대한 이 규칙을 따른다면 효과적으로 서로의 의도를 파악할 수 있게 된다. Grice는 대화에 참여하는 사람들이 서로 협동하려 한다는 것을 **대화의 기본적인 원리**라고 생각하였다. 이를 **협조의 원리**(co-operative principle)라고 하였으며, 규칙을 따른다고 제안하였다.

대화에는 두 가지 기본 규칙이 있다. 첫 번째 규칙은 이야기를 서로 주고받는 것이고 두 번째 규칙은 협조적이어야 한다는 것이다. 협조의 규칙은 대화에 기여하는 양, 질, 관계, 그리고 방식에 관한 규칙으로 이루어져 있다. 양의 규칙은 대화 시 필요한 만큼의 정보를 주어야 한다는 것이다. 정보를 지나치게 많이 주어서도 안 되고, 너무 적게 주어서도 안 된다. 질의 규칙은 대화의 내용이 진실되어야 한다는 것이다. 틀리다고 생각되거나 적절한 증거가 없는 것은 말하지 않는다. 관련성 규칙을 따르면 발화는 관련성 있는 말을 해야 한다는 것이다. 방식의 규칙으로 대화 시 전달은 분명하고 모호하지 않아야 한다. 이러한 대화의 규칙들을 습득함으로써 아동은 유능한 대화자가 될 수 있다. 이러한 규칙을 준수하여 의미를 함축하기도 하고 규칙을 의도적으로 위반하여 함축적 의미를 전달하기도 한다. 우리는 대화를 통해 여러 가지 목표를 달성하고자 한다. 상대방이 모를 것이라고 생각되는 사실을 알려 주고, 상대방에게 부탁을 하려고, 또는 상대방을 설득하려고 말을 하는 등 그 목표는 다양하지만 대화는 모두 어떠한 효과를 얻기 위한 언어적인 행위이다.

대화의 총체적인 응집성을 유지하기 위하여 Clark(1994)는 화자와 청자는 번갈아 말을 하며 공통 배경(common ground)을 구축해 나간다고 하였다. 공통 배경은 사전 지식이나 상대와의 대화를 통해 구축해 나가는데, 공동체 공통 배경과 개인적 공통 배경의 두 유형이 있다. 전자는 대화자들이 속한 공동체의 구성원들이 다 알 것으로 가정되는 공통 배경을 말하고, 후자는 대화자들이 상호작용을 통해 알게 되는 지식, 가정 등을 의미하는데, 사람들은 누구나 처음 만났을 때, 고향이나 출신 학교 등을 물음으로써 공동체 공통 배경을 찾고자 한다.

대화를 효율적으로 진행하기 위하여 우리는 사전연쇄(pre-sequence)를 사용한다. 예를 들면, 부탁을 하기 전에 '물어볼 게 하나 있는데'와 같은 발화를 해서 상대방의 반응을 본 다음 부탁을 한다든가, '내가 오늘 무엇을 봤는지 알아?'와 같은 발화를 통해 새로운 정보를 발표하겠다는 것을 알려 준다. 대화를 마무리 할 때에도 '됐지'와 같은 사전연쇄를 사용한다.

대화에서 화자는 청자가 충분히 이해할 수 있도록 전달하는 정보의 양과 수준을 조정해야 한다. 사람들은 한 번에 한 절 정도를 말하는데, 일반적으로 그 안에서는 한 군데만 강세가 있고, 끝 부분을 올리거나 내린다. 이러한 음성적 단서는 어느 정보가 중요한지, 발화를 계속할지 등을 알려 주는 단서가 된다. 또한 청자의 이해를 돕기 위해 문장의 복잡성이나 어휘 등을 변화시키기도 한다.

대화 시 두 사람 이상이 동시에 말하는 경우는 별로 없는데, 이는 누가 다음에 발화할 것인가에 대한 암묵적인 규칙이 있을 가능성을 시사하는 것이다. Sacks 등(1974)은 세 가지의 순서를 제안하였는데, 일차적인 규칙은 현재의 화자가 다음 화자를 정하는 것이다. 이 규칙에 해당되지 않을 때에는 누구든지 먼저 말을 시작하는 사람이 다음 화자가 된다. 그리고 이 규칙도 해당되지 않으면 현재 화자가 계속해서 발화한다는 규칙이 적용된다고 하였다. 이 단순한 규칙은 누가 다음에 발화할 것인가를 놀라울 정도로 잘 정해 준다. 동시에 이 규칙은 발화 간의 간격이 아주 짧다는 것도 설명할 수 있다. 화자가 빨리 말을 시작하지 않으면 두 번째 규칙에 의해서 다른 누군가가 말을 시작하기 때문에 발화 간 시간 간격이 짧게 된다고 하였다(조명한 외, 2003).

현재의 화자가 계속 말할 것인지, 아니면 말을 마칠 것인지를 알려 주는 비언어적 단서도 누가 말을 할 것인지를 결정하는 데 유용하다. Duncan(1972)은 사람들이 대화 중에 사용하는 몸짓을 분석하여 양보 단서(turn-yielding signal)와 억제 단서(attempt-suppressing signal)로 구분하였다. 양보 단서는 다른 사람이 말을 해도 좋다는 의미를 나타내는 행동으로 말소리가 낮아지는 것, 마지막 음절을 길게 끄는 것, 손짓을 멈추는 것, 말을 끝낼 때의 관용적인 표현을 사용하는 것, 문법적으로 절을 완료하는 것 등이다. 반면 단어가 떠오르지 않는 경우와 같이 발화는 안 하지만 말을 계속하려는 경우에는 손동작을 계속하거나 상대방의 눈을 보지 않고 다른 곳을 봄으로써 상대방이 말을 시작하지 못하게 하는 것을 억제단서라고 하였다.

초기 대화에서 아동으로 하여금 대화 차례를 따르도록 기회를 준다. 처음에는 아동이 반응을 의미 있는 대화 차례로 해석해 준다. 만일 아동이 반응을 보이지 않으면, 돌보는 이가 그 다음 대화 차례로 진행한다. 이렇게 양육자와 아동이 소통하는 과정에서 아동은 사람들이 서로 느낌이나 의미를 주고받을 수 있다는 사실을 배운다.

대화형식 발달

아동은 몸짓 의사소통, 원시대화, 의례적인 행동이나 게임을 통해 대화의 차례 맡기, 주제 시작, 주제 유지, 주제 전환, 주제 종결 등을 서서히 배우게 된다.

2세 아동은 차례 맡기를 배웠다 하더라도 대화기술은 부족하다. 엄마와 아동이 대화를 하면서, 아동은 대화의 흐름을 유지하고 청자의 관점을 취해 보기 시작한다. 이때 아동은 엄마의 촉진적 행동의 도움을 받는다. 또한 동시에 말하기는 줄어들고, 좀 더 성숙한 대화 바꾸기 형태가 만들어진다. 엄마와 2세 반 정도 된 아동 사이의 대화에서 차례 바꾸기는 부드럽게 진행된다. 3세 아동은 사회적 측면을 점차 더 의식하게 되면서, 상대방의 채우기 반응을 알아차린다.

시작하기 행동은 대화 행동 전체에서 30%를 차지하며 새로운 주제의 소개, 주제를 바꾸려는 목적으로 이전 주제 끌어들이기, 질문하기 등이 있고, 반응하기 행동은 60%를 차지하는데 알아차리기, 예/아니오 반응, 대답, 반복하기, 반응을 지속하거나 정리하기, 확장하기 등이 있다.

이효진(2000)은 4~5세 아동 15명을 대상으로 말차례에 관한 연구를 실시하였는데, 4~5세 아동의 말차례 중 97.21%는 순차적인 형태였고, 단 2.79%만이 차례가 중첩되었다. 또한 말차례 기회에 98.61%는 반응을 보였으며, 즉각 반응한 비율은 98.46%로 나타났다.

아동은 새로운 주제 도입에는 능숙하나, 주제를 한두 차례 이상 지속시키지는 못한다. 주제를 자주 소개하면 아동은 그에 수반되는 반응을 거의 못한다. 상대방의 이전 말에 관련되어 있는 반응은 학령 전기 아동의 경우 20%도 안 된다. 그러나 이 비율은 나이에 따라 증가한다.

주제의 음영화(shading)는 대화 주제의 초점을 의도적으로 조금씩 수정하는 것이다. 대화의 연속성을 유지하면서 한 주제에서 다른 주제로 조금씩 이동한다. 주제 음영화 발화는 이전 발화의 일부 측면이 들어가지만 관심의 주요 초점이 바뀐다.

나이가 들어가면서 주제를 유지하는 능력을 획득하게 되고, 대화 속에 끌어들이는 새로운 주제의 수가 줄어든다. 5세 아동의 50%는 열두 번 정도의 차례를 거치면서 특정 주제를 지속시킬 수 있다.

청자와 공유된 가정이나 전제를 점차 의식하면서 3~4세 된 아이는 정보의 일부를 삭제하거나 공유된 정보를 빠뜨린다. 일단 주제가 도입되면 주제는 상대방에 의해 다시 언급되든지, 주제의 초점이 바뀌든지, 정보를 더 요구 받든지 등의 방식으로 유지된다. 또는 이전의 주제를 다시 끌어내거나 대화를 마무리함으로써 끝내게 된다.

처음에 아동은 눈짓, 몸짓, 소리 내기, 언어 등을 조합하여 주제를 시작한다. 또 물리적으로 존재하는 항목에 대해서만 주제를 삼을 수 있다. 2세가 되면 인접한 발화 쌍에서 주제를 유지할 수 있다. 이때 성인은 사건을 아동의 편에서 해석해 주고, 응집성 있는 대화의 발판이나 구조를 마련해 준다. 3세 반 정도가 되면 발화의 3/4은 형성된 주제에 관한 것이다. 이때 주제가 친숙한 시나리오이거나, 눈에 보이는 대상을 묘사하거나, 진행 중인 문제를 해결할 때면 좀 더 많은 차례 동안 주제를 유지할 수 있다. 아동들이 주제 유지를 위해 가장 많이 사용하는 책략이 반복 책략이다. 자신의 차례를 채우기 위해 성인의 발화를 반복하는 형태를 자주 사용한다. 또한 5세가 되면 주제 바꾸기가 빠르게 일어난다.

대화내용 발달

단일단어 시기에도 아동은 대화에 들어 있는 정보에 대해 어떤 지식을 가지고 있다. 전제는 화자가 청자의 지식에 관해 가지고 있는 가정이며 대화의 배경이 된다. **전제**(presupposition)란, 대화 상대방의 관점을 파악하는 능력으로 화자가 말한 표면적 메시지뿐만 아니라 의사소통 상대방과 공유한 정보를 바탕으로 청자가 화자의 의도를 추론하여 메시지를 이해하게 되는 것을 의미한다. 예를 들면, 아동이 전제를 사용하고 있다는 증거가 있는데, 이는 대화에 꼭 포함시켜야 할 정보 또는 생략할 수도 있는 어떤 정보에 대해 청자가 알고 있는지 모르고 있는지 추정을 하고 있다는 것이다.

어떤 언어 형식은 전제의 도구로 사용된다. 관사, 지시어, 대명사, 고유명사, 일부 동사, 특수 의문문, 대화 스타일(형식) 등이다. 전제 기술을 습득하려면 많은 언어 장치의 용법을 배워야 한다. 따라서 이러한 습득 과정은 학령기 이후까지 계속된다. 전제에 관한 연구는 국내에서도 이루어지고 있는데, 전제 능력의 발달을 보기 위해서 주어진 정보와 새로운 정보 간의 변별을 할 수 있는가를 보았다(강정숙, 2003; 이희란, 2007)

참조적 의사소통과 대화수정

참조적 의사소통 능력(referential communication)이란 말하는 사람이 상대방의 능력이나 입장 등을 얼마나 잘 고려해서 자신의 의사를 전달할 수 있는 가에 관한 능력을 의미하거나(Elkind & Weiner, 1978), 또는 여러 개의 선택 요소 중 말하는 사람이 염두에 두고 있는 것을 듣는 사람에게 정확히 서술하였을 때 듣는 사람 쪽에서 잘 구별해 낼 수 있는 능력을 말한다(Flavell et al., 1993). 이러한 참조적 의사소통 능력을 위해서 화자는 전달하고자 하는 참조물과 그 외의 다른 비참조물들 사이의 유사점과 차이점에 대한 민감성, 청자와 화자의 의사소통 상황에 대한 민감성, 청자의 메시지가 부적절하거나 모호하지 않은가에 대한 민감성, 화자의 청자로부터 받은 피드백에 대한 민감성 등이 필요하다.

화자의 참조적 의사소통이 실패하였을 때 청자는 화자에게 질문을 하거나 피드백을 줌으로써 부적절하거나 모호한 메시지를 명확하게 하는 명료화 요구 기술이 발달되어야 하고, 화자는 명료화 요구에 대한 발화수정 기술이 포괄적으로 요구된다.

성공적인 의사소통을 위해서는 효과적인 화용기술의 사용이 요구된다. 화자는 말을 하기 전에 청자의 수준에 맞게 전달하려는 의도를 선택하고 이를 청자가 이해할 수 있는지를 먼저 생각해야 한다. 그리고 청자는 화자가 말한 내용을 이해하기 위하여 듣고 화자의 말에 적절하게 반응해야 한다. 이러한 의사소통의 중단(breakdown)이 발생하면 청자의 명료화 요구와 그에 대한 반응으로 화자의 이전 발화는 수정이 필요하다.

대화 중단의 요인은 구어 명료도, 목소리의 크기, 정보의 완전성, 전달하는 내용의 복잡성, 내용의 적절성, 대화하고자 하는 욕구의 존재 여부 등이 될 수 있다. 명료화를 요구하는 세 가지 방법이 있다(Brinton et al., 1988). 확인을 위한 요구하기(request for confirmation)는 화자의 메시지 일부 혹은 전체를 반복함으로써 원래의 메시지를 확인하는 것이고, 중립적 요구하기(neutral request)는 세부적인 내용에 대한 명료도를 요구하는 것이 아니라 일반적이고 중립적인 언어표현을 사용하여 명료화를 요구하는 것이고, 마지막으로 특별한 요소의 반복 요구하기(request for specific constituent repetition)는 원래 메시지 요소 중 일부를 묻는 질문이다.

의사소통 중단 시 18개월 정도가 되면 아동은 얼굴 표정 또는 제스처 등을 통해 이해에 어려움이 있음을 표현하는 경향이 나타난다(Garvey, 1977). Fey 등(1988)과 Revell 등(1985)은 3세경이 되면 자신의 이해 정도를 모니터 할 수 있는 능력이 나타나기 시작하며 명료화 요구를 산출함으로써 의사소통의 중단을 막으려고 노력한다고 하였다.

학령 전기 아동들은 행위 요구 후 명료화 요구하기를 주장하기/진술하기 후 명료화 요구하기보다 잘한다. 학령 전기 아동의 명료화 요구의 1/3 정도는 일반적인 정보를 찾는 것으로 구체적이지 못한다. 이는 자기가 바라는 바를 말할 수 있는 능력이 부족하고, 무엇이 잘못 이해되고 있는지를 확인하는 것이 어렵기 때문이다. 이러한 명료화 요구 능력은 학령 전기에 모두 습득되는 것은 아니며, 학년이 높아지면서 아동의 언어적, 인지적 자원이 더 많이 요구되는 정보적 상황에서 자신의 이해 정도를 모니터하는 능력이 발달해 간다. 연령이 높아지면서 친숙하지 않은 상대방이나 과제활동, 학교에서의 추상적인 언어 자극, 비언어 자극 및 복잡한 메시지에 대해서도 점차 적절한 반응을 보이게 된다(김성은, 1990).

명료화 요구를 잘 구성하는 것은 초등학교 중반기가 되어서야 가능하다. 2세 반 아동은 명료화 요구에 반응할 수 있지만 일관성 있게 반응하지 못하고, 반응할 때 36% 정도는 소통이 중단된 대화를 다시 이어가지 못한다. 2세에서 3세 사이의 아동은 화자의 메시지에 대한 명료화 요구를 위해 확인 요구를 더 자주 사용하며, 간헐적으로 특별한 요소의 반복을 요구하기도 한다. 반면 34개월(2세 10개월)에서 67개월(5세 7개월) 사이의 아동은 중립적 요구를 확인하기 위한 요구보다 더 빈번히 사용한고 보고되었다. 아동이 속한 사회적 맥락에 따라 사용되는 명료화 요구 유형이 다르게 나타나지만, 전반적으로 중립적 요구, 확인을 위한 요구, 특별한 요소의 반복을 위한 요구의 순서대로 더 자주 사용되며 또한 이러한 순서로 발달되고 있다(김성은, 1991).

학령 전기 아동의 메시지 전달의 실패 요인은 모호성을 찾아내기 힘들기 때문이며, 학령 전기 아동은 이해 못했다는 얼굴 표정에 반응하여 메시지를 다시 수정하지 못하고 명료화라는 구체적인 요구를 받을 때 대화를 수정한다.

김혜성(1994)은 4세, 6세, 8세 아동을 대상으로 이야기 속의 정보가 충분한가 불충분한가를 판별하는 능력을 측정하였으며, 그 정도는 과제에 따라 차이가 있었지만 연령이 증가함에 따라 불충분한 정보에 대한 자각이 증가하였다. 또한 어린 연령일수록 정보가 부족함을 알지만 그 상태에서 반응을 하려고 노력하였고, 연령이 증가할수록 부족한 정보에 대해 반응을 하지 않으므로 화자에게 정보의 불충분함을 알리는 조절 책략을 사용한다는 것을 알 수 있었다.

Gallagher(1977)는 **발화수정전략**을 반복(repeat), 수정(revision), 무반응(no response)로 나누었으며, 그 가운데 수정은 음성변화(phonetic change), 정교화(elaboration), 축소(reduction), 대치(substitution)로 나누었다.

2세경부터 청자의 명료화 요구에 반응하는 것이 가능하다. 학령 전기 아동의 명료화 책략은 단순히 반복하는 것이다. 명료화하고 정보를 좀 더 체계적으로 조직화하는 능력도 초등학교 중반이 되어야 발달한다. 그러나 3세 정도면 자신의 표현을 명료화할 필요를 깨달을 수 있고, 그에 따라 자신의 행동을 수정할 수 있다. Garvey (1977)는 34개월부터 67개월 사이의 아동들이 명료화 요구를 하였을 때, 아동들의 80% 이상이 적절하게 반응할 수 있었다고 보고하였다. 나이가 많아질수록 아동이 사용한 전략의 유형은 달라진다. 중립적 요구를 하였을 때 아동들은 반복을 가장 많이 나타냈다. 이는 중립적인 명료화 요구는 청자가 화자의 말을 잘 듣지 못했음을 의미하는 명료화 요구이기 때문에 반복이나 부분적인 반복이 적절하다. 1세 11개월부터 3세인 아동들 모두 중립적 요구와 확인을 위한 요구에는 적절하게 반응하였지만, 발화의 특별한 부분 반복 요구에서는 일부 아동만이 적절하게 반응하는 것으로 나타났다.

중립적 요구와 발화의 특별한 부분 반복요구를 구분하여 적절하게 반응하는 능력은 4~5세경이 되어야 가능할 것으로 보인다. 두 가지를 구분하여 반응을 보인다는 것은 청자의 지식 정도를 평가하고 자신의 발화를 그에 맞추어 적절하게 수정할 수 있는 능력을 가지고 있다는 것을 의미한다.

5세 이후의 시기는 수정전략 가운데 부적절한 반응의 사용은 줄이면서 더 정교하고 복잡한 반응을 발달시키는 시기라고 할 수 있다. 5세 이상의 아동은 단순하게 이전 발화를 반복하는 것이 아니라, 수정, 확장, 단서 추가와 같은 다양한 전략을 많이 사용하게 되며 대화 중단이 발생한 근원을 찾아내는 능력도 가지게 된다.

6세가 되면 단순한 반복이 아니라 요소를 정교화하여 더 많은 정보를 제공한다. 9세까지는 여전히 반복이 우세한 수정 전략이나 청자에게 부가적 입력을 더 분명히 제공한다. 9세 아동은 자신의 용어를 정의하고 배경 맥락을 좀 더 제공하고, 대화수정 과정에 대해 이야기함으로써 소통이 깨어진 이유에 대한 자신의 지각을 표현한다.

간접 화행과 공손성

우리가 요구를 할 때, 그 형식은 직접적일 수도 있고 간접적일 수도 있다. 또한 관습적일 수도 있고 비관습적일 수도 있다. 나이가 들수록 요구가 분명해지고(직접적 요청), 점차 공손해진다(간접적 표현). **공손성**은 성, 나이, 사회적 거리, 사회적 힘 등과 같은 사회맥락적 요인 등을 고려하여 화자가 선택하는 발화의 형태로서, 상호작용적 의사소통을 위해 중요한 역할을 한다.

간접 화행은 한 문장을 발화할 때 그와 다른 의미가 전달되는 경우를 말한다. 간접적인 의미를 내포하므로 의미 파악에 다소 어려움이 있지만 언어생활에는 매우 중요하다. 간접 화행은 의도하는 발화력을 간접적으로 나타내므로, Grice의 함축과 관계 지어 세 가지로 분류할 수 있다. 요청의 발화력이 통상화되어 있는 고정적 함축(conventional implicature), 어느 정도 요청의 뜻으로 굳어져 있는 일반적 대화 함축(generalized conversation implicature), 단지 특정 맥락과 상황에 의해 추론될 수 있는 특수화된 대화 함축(particularized conversation implicature)으로 분류하였다. Blum-Kulka 등(1989)은 발화의 직접성 정도에 따라 요청 화행을 3단계 직접성 수준으로 구분하였다. 직접적인 명시적 요청, 관습적 간접 요청, 비관습적 간접 요청으로 나누기도 하는데, 직접적인 명시적 요청에는 서법에 의한 요청 표현, 수행동사의 사용, 의미에 의한 요청표현, 소망진술 등이 있고, 관습적 간접 요청에는 제안성 요청이나 예비적 조건 언급 방식이 있다. 마지막으로 비관습적 간접 요청에는 강한 암시와 약한 암시가 포함되는데, 직접성이 높을수록 의사전달은 정확히 이루어질 수 있으나 공손성이 낮아지고, 직접성이 낮을수록 공손성은 높아지나 정확한 의사전달이 어려울 수 있다.

학령 전기의 간접 요청은 비효율적이다. 잠재적인 청자의 주의를 끄는 데 더 효율적이어야 하고, 사회적 역할을 좀 더 인식해야 하고, 더 설득력이 있어야 하고, 요구를 더 창조적으로 할 수 있어야 한다. 화자가 원하는 바를 직접 언급하지 않는 간접 요청에는 사회적으로 적절한 요청과 소통 맥락 모두의 중요성에 대한 의식 성장이 드러나므로 특히 학령기 발달에서 주목할 만하다.

간접 요청이 처음 산출되는 것은 학령 전기이다. 직접 요청에 대한 간접 요청의 비율은 3세에서 5세 사이에 증가한다. 5세에서 6세 사이에는 요청문의 내부 구조가 발달한다. 일반적으로 5세에는 직접 요구하기, 명령하기, 금지하기를 더 잘한다. 7세가 되면 간접형식을 좀 더 쉽게 사용하는 방법을 습득한다. 간접 요청 형식은 나이에 따라 융통성이 증가한다. 암시의 비율은 성인기까지 계속 증가한다.

학령기 아동의 요청 형식 발달은 짧게 말하면서 돌려 말하는 것이다. 8세 아동은 성인과 비협조적으로 보이는 사람들에게 더 공손하게 말한다. 또한, 자기가 상대방의 또래 집단이 아닐 때, 청자가 방해를 할 때, 어려운 과제를 요청할 때 더 공손해진다.

간접 요청의 이해도 학령 전기 아동에게는 어렵다. 성숙한 언어 사용자는 맥락을 충분히 고려하고, 질문이 행위에 대한 간접 요청임을 연역해 낸다. 11세 아동은 발화와 맥락을 사용하여 화자의 의도를 정확하게 추론해 낼 수 있다.

간접 요청의 발달 형태, 평서문 형식(하면 안 돼, 해야 돼)보다 의문문 형식(하면 안 되겠니?)이 어렵고, 긍정문 형식보다 부정문 형식이 더 어렵다. 그 중에서도 부정의문문(해야 되지 않겠니? 해야만 하니?) 형식은 가장 어렵다.

학령기 동안 점진적인 대화 기술의 증가는 다음과 같은 특징을 보인다.

- 화제를 보다 길게 유지한다.
- 타인과 몇 차례의 말 주고받기가 계속되는 확장된 대화를 한다.
- 많은 수의 관련 진술이나 사실적 진술을 한다.
- 한 화제에서 다음 화제로 매끄럽게 전환한다.

• 청자의 생각이나 느낌에 맞도록 말의 내용이나 스타일을 조정한다.

3. 이야기 발달

대화가 화자와 청자 간의 이야기를 주고받는 형태의 담화라면, **내러티브**는 다양한 주제에 대하여 혼자서 사고나 사건을 전달하는 형태의 탈맥락적인 담화이다. 내러티브는 과거, 현재, 미래의 실제 혹은 가상의 사건에 대한 아동들의 구어적 또는 문어적 묘사를 말하는데, 스스로 만들어 낸 이야기, 잘 알려진 옛날이야기, 영화나 텔레비전 프로에서 보았던 것을 다시 말하기, 개인적인 경험을 다시 설명하기 등이 있다.

대화나 내러티브에는 목적에 대한 느낌, 관련 정보, 분명하고 정리된 정보 교환, 수정, 청자의 관점을 취하는 능력같이 공통적인 요소가 많이 있지만, 결정적인 차이는 대화가 두 사람 사이의 이야기인데 비하여, 내러티브는 본질적으로 탈맥락화된 독백이라는 것이다. 탈맥락화(decontextualization)란 언어가 그 맥락 안의 즉각적인 경험에서 벗어나 있다는 의미이다. 대신 언어가 맥락을 만들어 낸다. 경험을 공유하려면, 화자는 명시적이고 사건들 사이의 관련성을 분명히 드러내는 주제 중심적인 논의를 하여야 한다. 그래서 사건들은 예언 가능한 방식으로 서로 연관되어야 한다.

2세에서 2세반 정도 된 어린 아동들은 자신에게 일어났던 일에 대해 이야기를 할 수 있다. 이러한 초기 원시내러티브(protonarratives)는 보통 대화에서 평가적 정보보다 5배 정도 많다. 2세에서 2세반 사이에 이런 원시내러티브는 두 배로 늘어나고, 아동들은 다른 이에게 거의 도움을 받지 않고 사건을 이어가기 시작한다. 2세에서 3세 사이에는 스스로 만들어 낸 허구적인 내러티브를 이야기하기 시작한다.

2세 무렵에는 대개 한 문장에 다른 문장을 추가해서 구문을 만든다. 본문의 의미변화와 상관없고, 연속적이지 못하고, 인과 관계도 없다. 3~5세가 되면 시제상의 사건 배열이 출현한다. 배열은 일시적인 사건의 연속이 나타나고 줄거리도 없으며, 인과관계도 없을 수 있다. 인과관계는 의지나 의미를 표현하는데, 5~7세가 되면 감정이나 생각 등의 진술이 나타난다.

이야기 문법

이야기의 구조는 여러 가지 구성요소와 요소들 간의 관계에 내재된 규칙으로 이루어진다. 요소와 규칙을 **이야기 문법**이라 하고, 이는 이야기의 내적 구조를 의미한다. 이야기의 구조는 크게 배경과 사건(일화)으로 구성되고, 사건은 다시 계기사건, 내적반응, 내적계획, 시도, 결과, 반응으로 구성된다.

배경(setting)에는 등장인물의 소개, 장소 설명, 습관적인 사회적, 물리적, 시간적 상황에 대한 설명, 등장인물의 습관에 대한 언급 등이 해당된다. 계기사건(initiation event)은 이야기 내에서 일화(episode)가 시작되거나 등장인물의 반응을 유발하는 사건으로는 주인공의 행동이나 사건, 물리적인 환경의 변화로 인한 자연발생적인 사건, 등장인물이 외적 사건에 대해 깨닫는 것을 포함하는 내적인 사건이나 등장인물의 내적 생리 상태의 변화가 있으며, 배경과의 차이점은 주인공의 즉각적인 반응을 유도한다는 것이다. 내적반응(internal response)은 등장인물의 내적 상태와 인과적으로 이야기의 계기가 되는 사건과 관련된 내용, 그리고 계획을 유도하는 내용이 포함한 경우를 말한다. 내적계획(internal plan)은 목표에 도달하고자 하는 등장인물의 전략을 가리키며 주인공의 의도적 행위를 가리킨다. 이것으로 문제를 해결하고 목표에 도달한다. 시도(attempt)는 상황 해결이나 목적 성취를 위한 등장인물의 외현적인 행동을 말한다. 계기사건이나 내적반응과 시도 간에 직접적인 인과 관계가 있거나, 시도와 결과 간에 직접적인 인과 관계가 있어야 한다. 결과(direct consequence)는 등장인물이 목적을 달성하거나 미달성을 나타내며, 시도에 대한 결과인 경우이다. 결과는 등장인물의 반응을 유도하지만, 반응은 이야기에 진술되지 않는 경우도 있다. 결과의 유형에는 등장인물의 목표 달성을 촉진시키거나 방해함으로써 이야기의 해결에 영향을 미치는 자연 발생적인 사건, 목표 달성을 초래하거나 사건 순서를 변화시키는 등장인물의 행동 또는 결말을 나타내는 문장이다. 반응(reaction)은 결과에 대한 등장인물의 감정, 생각, 행동 등을 말한다. 반응은 결과와 인과적으로 연결되며, 대개는 결과 문장 다음에 오게 된다.

이러한 이야기 문법 중 보다 어릴 때 발달하는 요소는 시도, 사건, 결과 등의 이야기 필수 요소들이라면, 보다 연령이 증가한 후 발달하는 요소는 내적반응과 반응이다. 김정미 등(2008)은 이야기 내용의 발달 과정에서 유치원 시기의 아동들은 인과관계를 이야기하게 되지만 행동을 중심으로 이야기를 이해한다. 반면 초등학교 저학년 아동들의 경우, 주인공의 목적, 의도, 계획을 이해할 수 있고 감정에 대한 심리적인 인과성을 알 수 있으며, 그에 대한 반응까지 이해할 수 있다고 한다. 또 마음이론을 발달시켜서 사람은 생각하고 느끼며, 어떤 관점을 갖게 된다는 것을 알게 된다. 초등학교 고학년이 되면, 더욱 복잡한 이야기를 이해하게 되고, 더욱 정교한 계획과 목적을 달성하기 위한 다양한 시도를 이해하게 된다. 또 하나 이상의 등장인물의 관점을 가질 수 있게 된다. 이야기를 발달이 충분히 이루어졌다는 것은 시간적인 연계, 물리적인 인과관계뿐만 아니라 심리적인 인과관계를 정확히 이해해야 한다는 것을 의미한다. 즉, 등장인물의 목적과 의도, 계획들을 이해하고, 감정까지 이해해야 한다.

이야기 수준

이야기의 전반적 조직화 정도를 내러티브 수준(narrative level)이라고 한다. 아동들이 일반적으로 사용하는 조직화 책략에는 두 가지가 있다. 중심화(centering)와 연결 짓기(channing)책략이다. 조직화 정도가 가장 단순한 서술적 계열(descriptive sequences)은 등장인물, 주변 환경, 습관적 행위로 구성된다. 전체 이야기는 배경 진술로만 이루어진다. 행위 계열(actions sequences)에는 시간적 행위의 순서가 있지만, 인과적 관련성은 없다. 따라서 이야기는 배경 진술과 여러 가지 행위의 시도로만 이루어진다. 반응 계열(reaction sequences)은 변화가 다른 변화를 일으키는 행동으로 구성된 일련의 사건으로 배경, 시작 사건, 행위 시도로만 구성된다. 생략된 일화(abbreviated episodes)는 암시적이거나 외현적인 목표가 있다. 이야기에 사건에 대한 진술이나 내적반응 중 하나와 결과에 대한 진술이 들어가는 경우이다. 등장인물의 행동은 의도적이지만 미리 계획되지는 않는다. 반응 계열과 생략된 일화는 9세의 학령기 아동의 이야기 특성이다. 완전한 일화(complete episodes)는 사건, 내적반응, 시도 중 두 가지와 결과로 이루어진 목표 지향적 행동 계열을 포함한다. 복잡한 일화(complex episodes)는 완전한 일화의 확장이거나 다중 일화를 포함하는 것이다. 상호작용적 일화(interactive episodes)는 두 인물이 서로의 행동에 영향을 미치는 형태이다(Glenn & Stein, 1980).

완전하고, 복잡하고 상호작용적인 이야기 구성은 초등학교 고학년 이상에서 나타난다. 또한 대부분 9～10세가 되면 이야기 문법의 모든 요소를 다 산출한다. 이야기에 영향을 미치는 요인은 화자의 언어 능력과 상황적 요인이라 할 수 있다. 청중이 친숙할수록 절의 길이가 길어지고 내포절을 더 많이 사용한다.

학령기 아동의 이야기 발달 특성을 요약하면 다음과 같다.

- 미해결된 문제나 준비되지 않은 해결이 적다.
- 무관한 세부 이야기가 적다.
- 시간과 공간에 관해 좀 더 적절하고 분명하게 나타낸다.
- 서론이 길어지고, 배경과 인물에 대한 정보를 포함시킨다.
- 동기와 내적반응에 관심이 커진다.
- 좀 더 복잡한 일화 구조를 보인다.
- 이야기 문법 모형에 더 가까워진다.
- 이야기 구조를 더 의식하게 되고 청중의 요구를 더 이해하는 것을 나타낸다.

좀 더 늦게 발달하는 두 가지 이야기 능력은 추론 이끌기와 요약하기이다. 10세 아동도 이야기에서 추론을 이끌어내는 데 어려움을 겪는다. 요약하기에는 명제 이해하기, 명제들 사이에 연결 만들기, 이야기 구조 확인하기, 정보를 기억하기, 요약에 필요한 정보 골라내기, 간결하고 일관된 표상 형성하기 능력이 필요하다. 이러한 기술은 초등학교 고학년이 되어야 가능하다.

이야기 응집장치의 사용

언어적 구성요소를 연결하는 **응집장치**는 참조를 통해 문자적 의미 이상의 의미를 청자에게 보내는 모든 문장요소를 말한다. 다섯 가지 유형의 응집 장치는 지시, 대용, 생략, 접속, 어휘적 응집이다. 지시(reference)와 대용(substitution)은 지시적 표현(이, 그, 저)과 대용적 표현(것, 분) 등이 결합된 형태로, 그 자체로는 실제적인 의미를 지니지 않고 다른 표현에 대신하여 사용한다. 생략(ellipsis)은 앞서 나와 이미 공유된 정보를 단순히 생략할 수 있고, 때로는 전체 구와 절을 생략할 수도 있다. 접속(conjunction)은 앞선 문장의 의미를 뒷문장과 이어 주는 역할을 한다. 즉, 이어지는 문장 또는 절이 어떻게 연결되는지에 관한 관계이며, 대체로 접속부사나 연결어미에 의해 이루어진다. 어휘적 응집(lexical cohesion)은 앞선 문장에 나타난 참조물을 동일 어휘로 반복하거나 유사 어휘를 사용해 참조하는 경우를 말한다. 즉, 문법적이거나 의미적인 연결 관계가 아님에도 사용된 단어들에 바탕을 둔 연결 관계를 의미한다.

이야기 이해

윤혜련(2005)은 아동에게 이야기를 들려 준 다음 들은 이야기 다시 말하기를 하도록 한 후 그 이야기에 대한 이해 검사를 실시한 결과, 이야기의 내용 중에 표면적으로 드러난 사실 정보에 대해 이해를 묻는 '사실적 정보(literal information)' 과제, 이야기 안에 표면적으로 드러나 있지는 않으나 주로 문법적인 연결 장치, 즉 이야기 결속표지의 의미를 앞뒤 문장에서 찾아 추론하여 이해해야 하는 '텍스트 연결 추론(text-connecting inference)' 과제 및 이야기 중에 구체적으로 표현되지 않은 내용을 청자의 지식과 새로운 정보를 통합하여 추론함으로써 이해하여야 하는 '빠진 정보 추론(gap-filling inference)' 과제를 통하여 이야기에 대한 이해를 평가하였다. 어린 아동이나 나이든 아동 모두 연령에 관계없이 사실적 정보에 대한 이해가 가장 높게 나타났고, 다음은 텍스트 연결추론 과제에 대한 이해였고, 가장 어려운 과제는 빠진 정보 추론 과제에 대한 이해였다.

4. 언어 사회화

부호변환

청자와의 관계나 상황 등에 따라 어휘나 언어, 언어 표현 양식 등을 바꾸는 것을 **부호변환**(code switching)이라고 한다. 부호변환에는 은유적 변환과 상황적 변환이 있다(Blom & Gumperz, 1972). 은유적 변환(metaphorical switching)은 대화의 주제가 바뀌면서 사용하는 언어가 달라지는 경우를 의미한다. 예를 들면, 이중언어 사용자가 어려운 주제에 대해 이야기할 때 더 유창한 언어로 언어를 변환해서 말하는 경우이다. 반면 대화 상황이 달라질 때 언어가 바뀌는 것인 상황적 변환(situational switching)이다. 예를 들면, 공식적인 상황에서는 표준말을 사용하다가 비공식적인 상황이 되면 사투리를 사용하는 경우이다.

화자와 청자의 역할이나 친한 정도에 따라 호칭이나 어휘가 달라지기도 한다. 또한 남녀에 따라서도 대화 방식이 다르다. 4세가 되면 아이들은 여러 역할을 취할 수 있다. 놀이에서 맡은 역할에 따라 말하기 스타일이 달라지는데, 이를 **사용역**(register)이라고 한다. 4세 아동이 더 어린 아동에게 말할 때는 모성어라는 형식의 사용역을 사용한다. 가족역할이나 직업역할 시 사용하며 어휘나 음도, 강도 수준을 달리하는데, 이는 아동의 나이와 경험에 따라 달라진다. 사용역에는 경어법이나 어조, 간접 요청과 같은 요소들도 포함된다.

말하기 스타일 바꾸기 행동은 8세 정도가 되면 더 심해진다. 성인과 함께 사용하는 언어는 부모에게 쓰는 것과 가족이 아닌 다른 사람들에게 쓰는 것이 다르다. 일반적으로 부모들을 요구나 칭얼거림을 좀 더 많이 듣고, 더 짧고 덜 대화적인 이야기를 듣게 된다.

김경은(1991)에 따르면 5세 아동은 의사소통 상황에서 청자의 연령을 고려하여 의사소통을 할 수 있다. 자신보다 연령이 낮은 3세 아동에게 이야기할 때에는 발화를 더 많이 산출하고, 산출된 발화가 더 짧고 단순하며 복잡한 구조의 문장을 더 적게 사용하고, 명령문을 더 많이 사용하였다고 보고하였다. 또한 지적장애 아동들도 정도의 차이는 있으나 청자에 따라 발화의 특성이 달라진다고 보고하였다.

성별에 따른 차이

남녀의 어휘 차이에서 여자들은 비속어를 피하고 대화에서 거친 언어를 쓰지 않으며, 더 공손한 단어를 사용하는 경향이 있다. 특정 어휘들은 여성들과 더 관련된다. 공감적이고 정서적인 표현에서도 차이가 있다.

남자들은 공적인 장소에서 더 많이 말을 하고 가정에서는 적게 한다. 여자들의 경우 더 간접적으로 말하는 경향이 있고, 동의를 구하려 하며, 더 주의 깊게 듣는다. 남자들의 경우 연설을 늘어놓는 경향이 있고, 주도권을 가지려고 한다.

여자들은 상대를 대화 촉진자의 역할로 보는 반면, 남자들을 정보제공자로 생각한다. 여자들은 상대방의 얼굴을 보면서 음성적이거나 언어적인 반응을 주고, 청자의 생각을 마무리해 주는 일이 많다. 남자들은 상대방의 얼굴을 보지 않는 경우가 많고, 주위를 둘러보거나 스치듯이 눈길만 준다. 몸의 자세에서도 남성은 좀 더 멀리 바라보고 각자의 얼굴을 보지 않는다. 반면 여자들은 더 가까이 앉고 대화를 하면서 접촉을 한다. 여자들이 자주 사용하는 언어장치는 질문하기, 칭찬하기, 요청하기이다. 여자들이 질문을 더 많이 하고, 대화에 주제를 보다 간접적으로 도입한다.

발달환경에서 부모는 성이 다른 아동에게 하는 말이 다르다. 엄마는 딸을 더 많이 모방하고 아들과 말할 때보다 더 길게 말한다고 한다.

요약

아동의 언어 발달에서 화용적 측면의 발달은 크게 세 가지 국면으로 나누어 이야기할 수 있다. 생후 1년 동안 아동은 언어를 사용하기 이전 먼저 타인과의 소통을 배우게 되고, 그 소통을 언어로 하게 된다. 언어를 이용하여 여러 가지 자신의 의도를 표현하게 되고, 이러한 의도의 표현은 대화에 많이 반영된다. 대화는 일방적인 형태의 의사전달이라기보다는 화자와 청자 간의 상호 의사교환 과정으로서, 아동은 효과적으로 상호작용하는 대화의 기술을 형식적 측면과 내용적 측면에서 발달시키게 된다. 보다 적절히 대화를 시도하게 되고, 보다 효과적이고 경제적인 방식으로 의사를 전달하며, 때로는 상대방의 의사를 수용하기도 한다. 어떤 이유로 의사전달의 문제가 발생하였을 때, 화자와 청자의 입장에서 의사소통의 실패를 감지하고 명료화를 요구하고, 또 그에 대해 발화를 수정하는 등 적극적으로 역할을 수행함으로써 문제를 해결하게 된다. 하나의 주제에 대하여 혼자서 내용을 전달하는 담화 즉, 내러티브나 이야기 기술은 학령기를 전후하여 서서히 발달하게 된다. 단순한 문장의 나열 수준에서 보다 유기적이고 응집력 있게 주제를 전달하는 수준까지 발달하게 된다. 화용 발달은 특히 성인과의 의미 있는 상호작용이 중요하며 상황에 따라 표현 방법은 끊임없이 변화되어야 하는 부분으로, 성인기에도 지속적으로 발달되는 분야라고 할 수 있다. 언어의 화용적 측면은 다른 언어영역들에 비해 가장 먼저 발달하기 시작하여 가장 늦게까지 발달하는 언어영역이라 할 수 있다.

참고 문헌

강정숙 (2003). **일반 아동과 단순언어장애 아동의 담화구조분석**. 단국대학교 대학원 박사학위논문.

김경은 (1991). **정신지체 아동과 정상아동의 청자 특성에 따른 전제 능력에 관한 비교연구**. 이화여자대학교 대학원 석사학위논문.

김아정 (2003). **반응성 애착장애 아동의 의사소통 행동**. 단국대학교 대학원 석사학위논문.

김영미 (2010). **청각장애 영아와 일반 영아의 의사소통적 몸짓과 어휘 발달 특성 비교**. 창원대학교 대학원 박사학위논문.

김영아 (2008). **장애영아와 일반영아의 전언어기 의사소통 특성**. 단국대학교 대학원 박사학위논문.

김의향 (2005). **7-24개월 영아의 의사소통적 몸짓과 어휘 습득 간의 관계**. 연세대학교 대학원 박사학위논문.

김혜성 (1994). **참조적 의사소통에서 아동의 이해에 관한 연구**. 숙명여자대학교 대학원 석사학위논문.

박세진 (2008). **영아의 몸짓 사용 종류와 어휘 습득 간의 관계: 8-24개월 영아를 중심으로**. 이화여자대학교 대학원 석사학위논문.

신수진 (2006). **초등저학년아동의 학년에 따른 이야기 산출 능력 분석**. 연세대학교 대학원 석사학위논문.

신주철 (1997). **전제의 특성에 관한 연구**. 동아대학교 대학원 석사학위논문.

이지현 (2008). **학령기 아동의 구문 발달; 대화 및 이야기 과제를 중심으로**. 나사렛대학교 대학원 석사학위논문.

이혜진 (2006). **청각장애 아동의 화용기술 분석: 명료화 행위를 중심으로**. 단국대학교 대학원 석사학위논문.

이효진 (2001). **단순언어장애 아동 대화의 말차례 특성 연구**. 이화여자대학교 대학원 석사학위논문.

이희란 (2007). **고기능 자폐 아동의 전제능력**. 이화여자대학교 대학원 박사학위논문.

임혜원 (2009). **읽기 이해부진 아동과 일반 아동의 이야기 속 등장인물의 관점이해 능력**. 이화여자대학교 대학원 석사학위논문.

조명한, 이정모, 김정오, 신현정, 이광오, 도경수, 이양, 이현진, 김영진, 김소영, 고성룡, 정혜선 (2003). **언어심리학**. 서울: 학지사.

정려훈 (2009). **부정문 표상에 따른 언어 발달지체아동의 전제능력**. 단국대학교 대학원 석사학위논문.

최은정 (2008). **학령기 말더듬 아동과 일반 아동의 담화능력 비교연구**. 대구대학교 대학원 석사학위논문.

태혜경 (1995). **요청중심의 간접화행에 관한 연구**. 동아대학교 대학원 석사학위논문.

Bates, E., Camaioni, L., & Voltterra, V. (1975). The acquisition of performatives prior to speech. *Merrill-Palmer Quarterly*, *21*, 205-216.

Bruner, J. (1975). The ontogenesis of speech acts. *Journal of Child Language*, *2*, 1-19.

Caselli, M. (1990). Communicative gestures and first words. In V. Bolterra & C. Erting(Eds.) *From gesture to sign in hearing and deaf children* (56-67). NewYork: Springer-Verlag.

Dore, J. (1974). A pragmatic description of early language development. *Journal of Psycholinguistic Research*, *3*, 343-350.

Ervin-Tripp, S., & Gordon, D. (1986). The development of requests. In R. Schiefelbusch (Ed.) *Language competence: Assessment and intervention*. San Diego: College-Hill Press.

Hoff, E. (2006). **언어 발달**[Language development(3rd ed.), 2004], (이현진, 박영신, 김혜리 역). 서울: 시그마프레스.

Owens, R. E. (2007). **언어 발달**[Language development: An introduction(6th ed.), 2005], (이승

복, 이희란 역). 서울: 시그마프레스.

Sacks, H., Schegloff, E. A., & Jefferson, G. (1974). A simplest systematics for the organization of turn-taking in conversation. *Language, 50*, 696-735.

Stack, D. M., & Arnold, S. L. (1998). Changes in mothers' touch and hand gestures influence infant behavior during face-to-face interchanges. *Infant Behavior & Development, 21*(3), 451-468.

Wells, G. (1985). *Language development in the pre-school years.* New York: Cambridge University Press.

Wetherby, A. M., & Prizant, B. M. (1989). The expression of communicative intent: Assessment guidelines. *Seminars in Speech and Language, 10*, 77-91.

제8장

읽기 및 쓰기 발달

아동은 시각 통로를 통해 소통의 새로운 양식을 배우게 된다. 입으로 하는 소통과 시각적 소통 과정에는 겹치는 부분이 거의 없지만, 읽기와 쓰기를 제대로 배우게 될 지를 알려 주는 가장 좋은 지표는 입으로 하는 말(oral language)과 상위언어적 능력(metalinguistic abilities)이다. 이러한 능력을 가지고 있는 아동은 언어를 탈맥락화하여 분석할 수 있다. 그러나 학령전기에 구어와 언어에 문제가 있는 아동은 읽기에 곤란을 겪을 수 있다.

읽기는 언어에 있어서 기초적인 능력이다. 읽기 능력에는 현재 진행 중인 사건의 맥락과는 상관없는 언어의 처리가 요구된다. 탈맥락화된 언어(decontextualized language)는 화자와 청자가 지금 소통되고 있는 경험을 직접 공유하지 않는다는 사실을 그 특징으로 한다. 또한 읽기 능력은 쓰기 능력과 밀접히 관련되어 있다. 읽기를 잘 못하는 사람은 잘 쓰지 못하는 경향이 있다(곽금주, 박혜원, 김청택, 2002).

1. 읽기 발달

읽기 과정

읽기 과정에는 상향적 과정과 하향적 과정이 있다. **상향적 과정**(bottom-up)에서 읽기는 글 요소들을 옮기는 것이다. 따라서 상향적 과정은 낮은 수준의 지각적이고 음소적인 과정을 강조하고, 이들이 고등인지기능에 미치는 영향을 강조한다. **자소-음소**(grapheme-phoneme) 대응에서의 두 가지 지각적 특징에 대한 지식은 어휘적 인출, 단어의 재인, 해독을 돕는다. 글자를 제대로 읽으려면, 분석의 기본 단위를 개별 글자나 자소가 아니라 글자의 덩이를 단어로 인식 가능한 부분으로 만들어내야 한다. 글자를 잘 읽는 사람은 활자화된 단어 처리과정에서 표상되는 시간이 짧다. 그에게 각 단어는 자동화되어 4분의 1초 이하의 짧은 순간 표상되어도 그 단어에 대한 모든 정보를 뇌에서 인출한다.

반면에, **하향적 과정**(top-down)은 의미를 유도해내는 인지적 과정이다. 개념, 추론, 의미 수준 같은 고등인지기능은 하위 수준의 정보를 처리하는 데 영향을 미친다. 독자는 자신의 지식, 그 내용과 사용된 구문구조를 바탕으로 쓰여 진 재료에 대하여 가설을 만들어 낸다. 글을 읽는 과정에서, 이러한 가설들이 승인, 또는 부인된다. 읽기는 하향적이고 상향적인 두 과정이 모두 병행하여 일어나며, 여러 분석 수준에서 정보가 동시에 제공된다. 다음 단계에 이 정보는 통합된다. 이 과정은 상호작용적이며, 각자에 대한 상대적 의존성은 읽는 재료와 독자의 능력에 따라 달라진다. 3, 4학년 정도가 되면, 단어를 따로 읽을 때는 상향 과정을 사용하고 덩이글을 읽을 때는 하향적 책략을 모두 사용한다. 따라서 좀 더 빠른 하향적 과정은 덩이글 재료에서 사용되고, 이러한 지원 정보가 부족할 때는 상향적 과정을 사용한다.

읽기는 해독과 이해의 두 가지 중요 구성요소가 있다. **해독**(decoding)은 활자를 구어나 구어에 해당하는 것으로 전환하는 기계적인 측면이고 **이해**(comprehending)는 언어로부터 의미를 이끌어 내는 읽기의 고차원적 측면이다.

읽기의 궁극적 목적이 읽기를 통해 독자는 정보, 지식, 즐거움, 또는 다른 고차원적 이점을 얻는 것이다. 그러나 어떻게 이러한 목적들을 성취하는가에 대해서는 다양한 의견이 있고 이는 읽기 기제에 관한 다양한 이론으로 이어진다. 독자들은 저자의 메시지를 먼저 파악하고 나서 세부 사항을 이해하는 방식으로 이러한 목적을 성취하든지 아니면 점진적으로 메시지를 파악해 가기 위해 인쇄물의 세부적인 부분들을 사용할 것이다. 읽기에는 **단어 인식**(word recognition)으로 각 언어가 갖고 있는 낱자의 고유한 패턴을 인식하는 과정이 있다(Paris & Oka, 1989). 특정 언어를 전혀 모르는 상황에서 글의 패턴을 인식할 수 없다. 읽기의 또 다른 과정으로 이해라고 하는 일련의 문자열에서 의미를 추출하는 것이다. 즉, 글을 인식 할 수 있어도 그 뜻을 모른다면 읽었다고 할 수가 없다.

읽기를 위한 준비

아동이 얼마나 읽기를 쉽게 하는가는 읽기학습이 시작되기 전의 발달 능력, 지식과 태도에 따라 달라진다. 읽기 능력 가운데 일부는 **음운인식**(phonological awareness), 어휘 지식, 탈맥락적 구어사용 능력이 있다. 읽기를 배우는 데 필요한 다른 능력들은 인쇄물, 책, 그리고 읽기 능력의 기능에 대한 지식이다. 예를 들면, 실제 읽기를 배우기 훨씬 전에 아동들은 책을 어떻게 들고, 페이지를 어떻게 넘기고, 책에 단어와 이야기들이 포함되어 있고, 이름의 글자 속에 정보가 포함되어 있음을 인지하고 있다. 읽기 능력에 대한 이러한 지식들을 **발현적 읽기**(emergent literacy)이라고 한다. 초기 읽기 능력이 나중의 읽기와 쓰기 능력에 대한 예측을 가능하게 해준다.

초기 읽기 능력의 기초는 가정에서 하는 경험이며, 이런 경험은 아동이 읽기 능력을 사용하도록 사회화시키고, 아동들이 읽기 능력을 획득하도록 준비시켜 주는 역할을 한다. 가정 읽기 능력(family literacy)은 가정에서 자연스럽게 일어나는 읽기 경험과 관련된다. 읽기 능력은 여러 가지 기능을 가지며, 그 능력이 어떤 기능을 하느냐는 문화와 사회경제적 지위에 따라 달라진다. 어떤 가정에서는 읽기활동이 이름, 신호, 성경 읽기와 같은 것일 수 있고, 어떤 가정에서는 신문, 잡지, 책 읽기도 포함하고, 또 어떤 가정에서는 성인이 생계를 유지하는 데 있어서 아주 중요한 부분이 될 수 있다. 이런 측면에서 보면 읽기 능력은 한 세대에서 다른 세대로 전달되는 문화적 실제이다.

음운 능력과 읽기 능력은 아동들의 음운처리 능력과 관련되어 있다. 음운처리 능력 가운데 가장 중요한 능력은 단어의 소리 구조에 주의를 기울이는 능력인 음운인식인 것이다. 음운인식을 측정하는 과제에서는 아동들에게 '컵'과 같은 단어를 말하게 하고 /ㅋ/ 소리를 빼고 '업'을 들려준 다음 어떤 소리가 빠졌는지 말하게 하는 것이다. 또 다른 음운과제에서 목표단어와 같은 소리로 시작되는 단어를 찾게 하거나 목표단어와 운이 같은 단어를 찾는 것이다. 읽기를 배우기 이전에 아동에게서 나타나는 음운인식의 차이는 적어도 4학년까지의 읽기 능력을 예측한다. 또한 읽기에 문제가 있는 **난독증**(dyslexia) 아동들과 나중에 난독증으로 밝혀진 아동들은 읽기를 정상적으로 하는 사람들보다 음운과제에서 수행이 떨어진다.

음운인식은 읽기가 발달의 초기 단계에서, 그리고 어휘는 초등학교 중기에 가장 중요한 예측요인이다. 초기 단계의 읽기는 거의 단어 재인과 부호화의 과정이므로 음운 능력이 중요하다. 중기가 되면 대부분의 아동들은 읽기과정이 자동화되므로 아동들 사이의 개인차는 메시지를 이해하는 능력과 관련된다. 자신에게 주어진 자료에 사용된 어휘를 모르는 아동들은 이 수준에서 어려움을 겪게 된다.

어휘와 읽기 사이의 관련성은 두 방향의 영향력 때문에 나타날 수 있다. 첫째, 단어를 많이 알수록 읽은 것을 더 잘 이해할 수 있다. 아동이 단어를 많이 알도록 하는 능력 자체가 읽기에도 도움이 된다. 읽기 능력과 어휘수 사이의 관련성도 다른 방향으로 작용한다. 읽기를 잘하면 더 많이 읽게 되고, 그 결과 어휘를 더 많이 알게 된다. 읽기를 통해 새로운 단어를 경험하고, 맥락 안에서 새로운 단어를 학습하는 능력이 초기 아동기 이후의 어휘발달을 결정하는 중요한 요인이다. 발달하는 아동들은 복잡한 구문과 글자 형태를 이해하는 능력은 음운 능력이나 어휘보다 읽기와 관련성이 적었지만 읽기학습의 성공을 예측한다. 특정 구어능력과 읽기 능력 사이의 관계 형태가 일반아동들과 언어장애 아동들에게서 서로 다르게 나타난다. 구어장애를 가진 아동이 읽기에서 문제를 보일 가능성이 있다.

언어 사용과 읽기에 대한 세계에 들어가기 위해서 인쇄된 단어들의 의미를 파악하는 방법을 아는 것이 필요하다. 읽기는 **담화**(discourse)의 스타일이며 읽기를 배우기 이전부터 읽기라는 담화 스타일에 아주 익숙한 아동들도 있다. 읽기는 탈맥락적이고 사용되는 단어가 독립적이다. 구어는 맥락적 언어 사용 측면에서 비언어적 맥락이 언어적 메시지의 해석을 돕는다. 구어는 여기 그리고 지금에 대해서 이야기하는 면대면의 대화처럼 맥락적이다. 탈맥락적 구어사용 능력은 구어에서 읽기 능력에 중요한 역할을 한다(Stanovich, 1986, 1999). 탈맥락적 구어를 산출하는 능력은 대화에서 나타나며 대화 상대자로부터 중요한 지지를 받는다. 어떤 양육자는 다른 사람보다 더 잘 준비된 상태에서 읽기 능력을 습득하도록 도와주게 된다. 부모-아동 책읽기도 탈맥락적 언어 사용을 경험하는 중요한 기회가 되고, 학령전기에 아동이 책을 읽는 빈도는 아동의 초기 읽기 능력 성취를 잘 예측하는 요인이다. 탈맥락적 언어 사용에서 읽기의 특징은 모든 아동들에게 유사하게 친숙하지 않다는 것이다. 탈맥락적 언어 사용의 특징 및 맥락적, 탈맥락적 구어와 읽기의 종류는 **표 8.1**, **표 8.2**와 같다.

표 8.1. 탈맥락적 언어 사용의 특징

- 송신자와 수신자 사이의 거리
- 복잡한 구문구조의 사용
- 정보의 영속성
- 상호작용이 아닌 독자적인 진실의 확립
- 지시의 명확성
- 높은 응집성

표 8.2. 맥락적, 탈맥락적 구어와 읽기의 종류

	구어	읽기
맥락적	'지금 여기에서'에 대한 면대면 상호작용	메뉴, 이름, 사인
탈맥락적	이야기, 강의	거의 모든 읽기

출처: Stanovich(1999). *The socio psychometrics of learning disabilities*, p. 351.

읽기 발달

일반적으로 아이들은 3세가 되면 대부분 책과 친숙해지고 자기가 좋아하는 책을 찾아 낼 수 있다. 책을 함께 하면서 아동은 **활자 인식**(print awareness)의 기초를 얻는다. 예를 들면, 한쪽이나 책 전체를 통해서 읽기가 진행되는 방향을 알고, 활자에 흥미를 갖게 되고, 몇 가지 글자를 알아보게 된다. 이후에 아동은 단어가 구별되는 단위임을 알게 되고 글자를 알아볼 수 있게 되고, 글자, 단어, 문장 같은 읽고 쓰는 능력에 관련된 용어를 사용할 수 있게 된다. 이 시기에 단어는 아동이 보는 방법이나 시각적 특징에 의해 저장되지만, 아직 자소-음소 맞추기 지식은 없다. 활자화된 단어를 자기 기억에 연결하는 방식은 비교적 비체계적이다. 아동이 책을 읽는 척하거나 책 내용을 이야기하는 것 같아 보이는 초보적인 **이야기 읽기**(story reading)는 2세 반에서 4세 사이에 시작한다. 아동은 활자화된 단어 같이 쓰인 요소와 특정 책과 연합된 어휘나 구문을 사용하지만, 이 과정에서 단어를 정확하게 해석하지는 못한다. 점차, 아동은 글에 관한 언어(language about the text)에서 그 글을 재창조하는 언어(language that recreates the text)로 옮겨가게 된다. 4세 때 아동은 대부분 인쇄된 자기 이름과 기억하고 있는 단어 몇 개를 인식한다. 대부분 환경적 맥락 안에서 간판이나 상품에 붙은 표시로 학습을 하고, 이 단어들을 그 맥락에서 벗어난 인쇄물만으로도 알아볼 수 있게 된다. 또한 이들은 인쇄물이 그림과 다르며 책은 특정한 방식으로 사용된다는 일반적인 개념을 획득한다(김동일, 1997, 2004).

함께 책 읽기 같은 읽기 전 활동은 글자 이름, 모양, 소리의 학습을 촉진하지만, 개별 글자가 개별 소리를 나타낸다는 사실을 안다는 것은 전혀 다른 문제이다. 아동은 글자에 대하여 알아야 할 뿐만 아니라, 단어가 별도의 소리 조각으로 이루어져 있음을 깨달아야 한다. 중요한 읽기 전 능력인 음운인식은 구두 단어의 이러한 구성 요소를 조작하는 능력이 들어있다. 음운 능력의 목록에는 각운 맞추기, 문장과 단어를 분리하기, 두운 맞추기(예; 감, 강, 간, 가고, 가서, 가다), 혼합하기와 조작내기 능력, 소리를 조작하여 새로운 단어를 만들어 내기 등이 있다.

음운인식은 단어의 구조와 말소리에 관한 지식이며, 이러한 지식은 더 나은 읽기 능력과 관련이 있다. 음운적 분절화로 독립된 음소가 되는 음운인식에 대한 능력은 초등학교에서 쓰기 능력에 대한 예측을 가능하게 한다. 2세 정도만 되면 아동은 자기 말을 고치거나, 각운 맞추기를 하거나, 소리 놀이를 하면서 소리에 대한 인식을 나타내기도 한다. 그러나 각운 맞추기는 음절이나 더 작은 단위에 대한 인식으로 대부분의 학령전기 아동은 단어를 더 작은 단위로 쪼갤 수 없다. 아동들은 소리를 의식하기는 하지만, 대부분은 공식 지도를 받아야 단어를 개별 음소로 나눌 수 있다(김동일, 이대식, 신종호, 2003). 음운인식은 큰 단위에 대한 자각에서부터 작은 단위로 점차적으로 진행된다. 4세가 되면 아이들은 음운의 유사성과 음절 구조가 같은 단어에서 단어의 내적 구조에 주의하기 시작한다.

음절은 말소리를 조직화하는 단위이다. 각 음절은 첫 음소, 곧 초성(onset)과 단어의 나머지 부분 또는 각운(rhyme)으로 나누어지는데, 이 각운은 다시 핵(nucleus) 또는 모음(vowel)과 종성(coda)으로 이루어진다. 4세의 대부분 아동들은 음절과 각운은 탐지해 낼 수 있지만 음소는 탐지해 내지 못하며, 이는 5~6세 쯤 되어야 가능하다. 책을 읽는 집안 분위기 및 읽기와 관련된 매체에 노출되면 아이는 음운인식을 더 잘 가지게 된다. 초기 읽기 발달에서 아동의 인지적이고 언어적인 능력은 중요하다. 특히 중요한 것은 기억과 어휘집 또는 언어 단어 저장소의 접근이다. 자소와 음소가 대충 대응된다는 사실을 아는 것만으로는 충분하지 않는데, 이는 일 대 일 대응이 아니기 때문이다. 음절 지식은 쓰여 진 단어를 해독하고 발음하는 데 필요한 것이다.

6~7세 아동은 읽기 능력이 풍부해지며, 이때 음소 체계를 해독하기 시작한다(김미경, 2003). 단어 모양으로 단어를 배우는 아이들도 있고, 단어의 첫 글자나 마지막 글자에 기초해서 '읽기'를 시작하는 아이들도 있다. 이 시기 아동 대부분이 음절은 알지만, 모음과 자음의 소리내기에 대한 지식은 아직 완전하지 못하다. 아이들은 단어 모양과 철자의 이름, 또 추측을 조합하여 만들어 놓은 기억에 의존하여 읽기를 시도한다.

8세 아동은 발음 중심의 자소-음소 관계의 읽기가 발달하게 된다. 이 시기 아동은 자기 인지능력을 대부분 해독에 사용하여 고차원적인 언어 기능은 할 수 없다. 말소리와 글자를 좀 더 잘 맞추어내게 되면, 읽기에 다른 언어능력이 발휘되고, 읽기는 점차 자동화된다. 대부분 아동은 제대로 읽기 위해서 필요한 **자소론**

(graphemics), 음절, 그리고 단어 지식을 습득해 나간다. 아동이 일단 글자 변별과 음절과 단어 경계 구분에 대한 통제력을 가지면 더 효율적으로 주의할 수 있게 되고 더 상위의 이해 능력도 나타난다. 아동은 글자의 중요성은 인식하고 있지만 이를 단어 분석하는 데 사용하지는 못한다. 아동은 자소-음소 대응 규칙을 이해하고 난 후, 이 음소적 접근방식으로 새로운 단어를 보고 소리를 낼 수 있게 된다. 아동은 글에는 메시지가 있으며 글로는 그림으로 그려낼 수 있는 것 이상을 묘사할 수 있음을 인지하게 된다. 소리 내어 읽기를 잘하는 아동은 아는 글을 이용하여 모르는 단어를 분석할 수 있다. 의미론은 단어 해독에 중요한 요인이다. 읽기를 잘 못하는 이들은 아무렇게나 추측하는 경향이 있다.

읽기 발달 첫 번째 단계는 맥락 안에서 의미 있는 단어를 무선적 단어보다 더 빨리 읽는다. 이 단계에서 아동은 단어 재인을 할 때, 시각적 모양에 더 많이 의존하고 첫 번째 글자와 단어길이에 대해 특별히 주의를 기울임으로써 글자의 순서와 다른 자질을 무시해버리기 시작한다. 두 번째 단계는 모르는 단어를 정학법 형태와 맥락적 지시를 사용하여 분석한다. 이 시기는 혼자서 묵독, 다른 내용의 영역도 읽을 수 있으며, 읽기를 위한 단계에서 학습을 위한 읽기단계로 변경이 이루어진다. 세 번째 단계는 읽기에서 해독 능력에서 이해 능력으로 변경된다(김승국 외, 2000). 따라서 훑어 읽기 속도는 조금씩 계속 증가한다. 네 번째 단계는 읽기를 할 때 추론이나 관점의 인식 같은 상위수준의 능력을 사용하여 내용을 이해한다. 이 단계는 하위수준의 능력은 이미 확고하게 형성되어 있다. 마지막 5단계는 읽은 내용을 자신이 가지고 있는 현재 지식의 바탕에 통합을 할 수 있고, 글의 내용에 대하여 비판적으로 판단을 할 수 있다. 읽기는 성인기까지 지속적으로 발달하며 좀 더 세련되고 자동적이 된다.

읽기 능력에서 7세 아동과 성인 사이의 차이는 주로 양적인 것이며, 질적인 것이다. 성인은 좀 더 크고 좀 더 다양한 어휘와 좀 더 융통성 있는 발음 체계를 가지며 큰 단위를 이해할 수 있다. 글 맥락의 이해정도는 글의 응집성에 의해서 도움을 받는다. 일반적으로 글의 연결이 더 응집력이 있을수록 이해가 잘 된다. 좀 더 분명한 글이 더 읽기 쉽다. 구어발달에서와 마찬가지로 좀 더 성숙한 독자들이 이 연결들을 더 쉽게 해석하며 복잡하고 문장 사이에 있는 응집성을 더 잘 이해한다. 모든 아동의 읽기 발달이 똑같은 진행과정을 따르는 것은 아니다. 아동마다 각자 다른 인지적 스타일을 가지고 있으며 이는 그들이 과제에 접근하는 방식에 영향을 미친다.

일반적으로 읽기란 인쇄된 문자를 시각적으로 지각하고 청각적인 기호로 부호화하는 것이다. 즉, 문자를 음성언어로 표현하고 의미 있는 것으로 해석하는 것이다. 읽기를 언어의 시각적 수용형태로서 시청각적 자극을 통합하는 과정으로 본다는 것이다. 이러한 읽기에는 단어 공략, 초보 읽기기능 등 단순한 차원에서부터 고도의 사고력을 요하는 고차원의 독해력 수준에 이르기까지 다양한 형태로 이루어져 있다(김윤옥, 2001). 이러한 읽기 능력은 철자 혹은 단어를 정확하게 볼 수 있는 능력에서부터 철자나 단어를 듣고 그것을 시각적으로 구별할 수 있는 능력, 어휘력, 구문론적인 이해력, 문장 이해 능력으로 보고 있다.

읽기에 어려움을 갖는 아동들

읽기장애가 있는 아동은 특수지도에 의뢰될 가능성이 커지고 다른 학교 교과목에서도 어려움을 가질 뿐만 아니라 다른 문제들과도 연결이 된다. 읽기를 배우는 데 어려움을 가진 아동들은 종종 자신의 능력에 대해 부정적인 견해를 갖게 되고 학업에 대한 흥미를 잃는다. 초등학교 3~4학년 시기에 잘 읽지 못하는 아동은 읽기를 매우 혐오하며 성인이 되면, 난독증을 가진 사람들은 그들의 읽기문제와 관련해서 자기 가치에 대해 염려한다. 읽기 문제는 생애 주기에 걸쳐 지속될 뿐만 아니라 다양한 문화에서도 나타난다(모영란, 2004).

음운장애

심리학자들이 읽기의 인지적 측면을 진지하게 연구하기 시작하면서 음소를 다루는 아동의 능력을 더욱 중요하게 생각해 왔다. 작업은 아동이 유능한 독자가 되려면 음소들을 잘 다루는 능력을 획득해야 한다. 음소인식(구어가 음소들로 구성된다는 것에 대한 이해 능력) 이상의 문제가 읽기 학습에 어려움을 갖는 아동의 문제에서 중심적인 역할을 한다는 것이다.

음소인식이 거의 없는 아동은 음소 그 자체를 임의적으로 느낀다. 단어는 음운론적 규칙의 적용만으로 파악되는 것이 아니며 어떤 단어들의 발음을 이끌어 내기 위해 단어들 간의 유추를 사용한다. 어떤 단어들에 대해 알고 있는 것을 사용하여 다른 단어들의 발음을 결정한다면 그들은 유추를 통해 읽는 것이다. 유추는 아동이 운을 가진 단어를 읽을 때 특히 분명해 진다. 읽을 수 있기 위해 음소인식과 기본적인 해독 능력이 필요하다. 유능한 독자는 단어를 파악할 때 다양한 정보원들인 문자 특성, 문자 자체, 음소, 문자 그룹, 단어 등을 거의 동시에 사용한다. 단어 파악을 위한 모형들은 단어의 발음을 끌어내고 그것의 의미를 연결시키기 위해 독자가 음운적 표시를 충분히 사용할 수 있어야하며 맥락은 단어의 의미를 확실하게 한다.

음소인식의 문제는 어떻게 해독하는가를 배우는 데 있어서의 문제로 귀결되기 쉽다. 그 이유는 음소인식의 몇몇 주요한 형태(합성과 분절)가 해독의 구성요소가 되는 능력들이기 때문이다. 합성은 개별 음소들의 소리를 단어로 연결하는 능력을 말한다. 예를 들면, 'ㅅ+ㅏ+ㅁ' '삼'이라고 하는 것이다. 분절은 단어를 그들 각 개별 음소로 분해하는 것을 말한다. 예를 들면, '감'이라는 단어를 듣고 말할 때 'ㄱ+ㅏ+ㅁ'이라고 하는 것과 같다.

해독에 있어 아동이 겪는 문제는 이들이 소리 내어 읽을 때 힘들어하는 것을 들으면 알 수 있다. 서툴게 읽는 것을 들어보면 왜 이 아동이 해독에 어려움을 가지고 있는지에 대한 많은 가정이 생기게 된다. 아동은 많은 다양한 오류들을 범한다. 이러한 오류 중의 일부는 아동이 구절의 의미를 이해하기 위해 열심히 노력하기 때문에 나타나는 것이다. 예를 들면, 어떤 남자 아이는 당시에 텔레비전 광고에 흔히 나왔던 구절인 '더 좋은 생각'을 '다른 생각'으로 바꾸어 읽었다. 또한 아동은 일부 문자를 주로 단어의 첫 글자 읽기에 단서로 사용한다. 이 아동은 전체 구나 문장을 오류 없이 읽기도 하였고 빨리 읽기도 한다.

문자와 해독의 다른 구성요소들 간의 읽기 속도에도 반영된다. 읽기 속도가 유창성을 나타내고 독해를 예측할 수 있는 요인이 되어 중요성을 가지므로 치료사는 유창성의 진단을 위해 가이드라인을 필요로 한다. 정상적인 읽기 속도는 글에 대한 적절한 독해를 가능하게 한다. 읽기 수행이 지체된 아동은 그들이 읽는 내용을 독해하는 데 많은 문제를 갖는다.

구문장애

구문론은 구어나 읽기에서 언어의 문법적인 구조를 설명하는 것이다. 언어를 차별화하는 문법적 구조의 다양한 측면들이 있는데, 특히 단어의 순서는 구문의 중요성을 설명하는 데 도움을 준다. '철수는 순이를 좋아한다.'라는 문장은 '순이는 철수에게 사랑받는다.'와는 다른 것은 앞 문장은 '철수'를 강조한 구문이고 뒤 문장은 '순이'를 강조한 것이다. 단어 사이 관계에 있어 작은 차이가 미묘하지만 중요하게 의미를 수정한다. 구문의 미묘함을 이해하는 데 어려움을 갖고 있다면 막힘없이 문장들을 읽을 수 있다 할지라도 문장을 잘못 파악하게 될 것이다.

해독에 문제를 가진 아동들은 때때로 구문적 구조의 일부 측면들, 특히 형태론에 어려움을 가진다. 정확하거나 유창하게 읽지 못하는 아동은 과제 수행에 어려움을 갖고 실수를 하는데, 특히 의미 없는 단어들을 사용하는 과제들에서 어려움을 갖는다. 단어의 형태 변화에 필요한 자동적인 능력이 유창하고 정확한 해독에 있어서도 필요하다.

표기된 문장 구문을 이해하는 데 있어 문제는 읽기 독해에 있어서 문제를 야기한다는 것이다. 읽기를 할 때, 나이든 아동은 어린 독자들에 비해 구문을 더 잘 사용한다. 그들은 구절의 의미를 파악하는 데 도움을 주는 구문을 사용하지 않는 것을 알려 주는 다른 오류를 범한다. 읽기 문제를 가진 아동을 그들과 해독 능력 수준이 같은 더 어린 아동과 비교하였을 때 나이 든 아동은 의미와 구문적 단서들을 사용하는 데 숙달된 모습을 보인다. 따라서 그들의 읽기 이해력은 그들의 구문적 문제보다 해독의 문제에 의한 제한이 더 크다.

의미장애

언어의 의미적 단서들은 독자로 하여금 구절의 의미를 이해하는 데 도움이 되고 또한 해독에 있어서도 도움이 되는 단서들이다. 예를 들면, 다음의 문장을 생각해 보라. '나는 ___를 먹었다.' 이 문장 첫 부분의 의미는 문장을 완성할 수 있는 가능한 단어들의 수를 줄이는데 도움이 된다. 빈 칸에 들어갈 단어는 아마도 명사일 것인데, 그것은 아마 '잠옷'이나 '귀'는 아닐 것이다. 먹는 것과 관련된 사과, 배, 포도 등과 같은 단어들을 생각해 낼 수 있을 것이다.

독해에 문제를 가진 많은 아동들이 의미론적 능력을 필요로 하는 다른 언어 과제들에 대해 열등한 수행 수준을 보인다. 독해력이 부족한 아동들은 잘 알고 있는 단어를 읽을 때 비장애 또래들과 다르지 않으며 낯선 단어들을 읽을 때 매우 느리게 읽고 구절의 의미를 바꾸어 버리는 오류를 자주 범한다. 독해 질문에 대한 대답을 추리하는 과정을 말로 표현시켰을 때 유능한 독자들은 효율적인 전략을 사용하여 정확한 결론에 도달하는 반면 읽기장애를 가진 아동들은 비효율적인 전략을 사용하고 오답을 제시한다. 읽기장애를 가진 아동들은 이름이 긴 그림의 이름을 말할 때 더 자주 오류를 범하는데, 그들의 오류는 음운론적 문제들을 보여준다. 독해에 있어서 문제가 덜 심각한 다른 아동들은 사물의 긴 이름을 말할 때 실수하지 않으나 비장애 또래에 비해 천천히 말하고 더 많은 오류를 범하며 특히 그 이름들이 자주 사용되는 것이 아닌 경우에 더욱 그러하다.

단어를 정확하고 빠르게 해독할 수 있다고 해도 어휘의 부족은 단어와 그 의미의 연결에 방해가 될 수 있다. 언어장애를 가진 많은 아동들은 어휘력의 문제를 갖고 있다. 그들은 글을 이해하는 데 중요한 요소인 의미와 표기된 단어의 연합에 있어 어려움을 가진다. 일반 아동들은 철자와 소리를 연결하는 규칙을 배움으로써 아는 단어나 모르는 단어에 상관없이 발음하는 것을 배울 수 있다. 그러나 단어의 의미는 경우에 따라 다르다는 것을 아동들에게 인쇄물을 해독하는 것을 가르칠 수 있으나 어휘에 대한 부족을 극복하기 위해서는 지속적인 노력이 필요하다. 읽기장애 아동들은 해독 능력을 배워야 할 뿐만 아니라 어휘와 읽기 독해력의 다른 측면도 익혀야 한다는 것이다.

어휘 외에 다른 요소들도 아동이 해독한 내용을 이해하는 데 영향을 끼친다. 아동의 일반적 상식은 읽기, 독해력에 영향을 미친다. 아동은 독해를 하기 위해 그들이 이전에 겪은 사건이나 상황의 경험을 사용할 수도 있다. 예를 들면, 기차 여행을 해 본 적이 있는 아동이 버스나 차를 이용해서만 여행을 해 본 아동에 비해서 퉁명스러운 기차의 차장에 대한 읽기 과제를 이해하기가 더 쉬울 것이다. 그러나 상식이 때때로 읽기장애를 가진 아동들의 읽기이해에 방해가 될 수 있는데 특히 요점이나 주제의 이해에 있어 그럴 수 있다. 요점 이해는 이야기하려는 주제를 이해하는 능력이다. 일부 읽기장애 아동에게 있어 배경지식이 읽는 내용을 해석하는 데 있어 지나치게 방해가 되기도 한다. 예를 들면, 읽기장애가 없는 아동은 그들이 읽는 구절 속의 정보에 기초하여 해석하는 반면, 언어장애를 가진 아동은 그들 자신의 경험과 일부 유사함 때문에 구절의 덜 중요한 부분에 주제로서의 초점을 맞출 수도 있다. 읽기장애 아동은 글의 요점을 파악하는 데 어려움을 가지며 다소 특이한 정보를 반영하는 대답을 할 가능성이 높다. 읽기 문제를 이해함에 있어 음소인식과 같은 요소들의 상당한 중요성에도 불구하고, 장애아동은 단순한 한 가지 요소나 핵심 요소를 판별하고 교정한다고 해서 극복될 수는 없다. 치료사는 기본적인 읽기 능력들을 지도할 뿐만 아니라 고차원적인 사고 능력까지 가르쳐야 한다.

읽기 지도

아동들이 흥미롭게 느끼는 사물에 대해 읽고 쓰는 것이 읽기를 더 잘 학습하게 하고 읽기에 실패할 위험이 높은 아동들에서 효과가 크다. 읽기 위해서 아동들은 어떻게 읽는지를 배워야 하며 모든 아동들이 자연스럽게 읽기를 할 수 있게 되는 것은 아니라 배워야 한다는 것이다. 어떤 아동들은 스스로 어떻게 읽는지 파악하고 어떤 아동들은 집에서 배운다. 능력이 앞서 있거나 좋은 환경에 사는 아동들에게는 학교에서의 읽기 교수방법이 그렇지 않은 아동들에게 보다 효과적이다.

읽기 이해 지도

이해란 단어의 의미를 독립적 상황 및 맥락에서 이해하는 것이다. 글을 읽고 이해한다는 것은 핵심적인 아이디어를 발견해 내고 세부적인 내용들 간의 의미구조를 확인해 내는 것이다. 읽기는 해독 과정과 이해 과정으로 나눌 수 있는데, 해독 과정은 음소와 형태소를 구두 언어와 유사한 표현으로 전환시켜 단어를 정확하게 발음할 수 있도록 하는 과정이다. 이해 과정은 학습자에게 맥락 안에서 단어의 의미를 이해할 수 있도록 하는 것이다. 읽기에 있어서 이 두 가지 능력은 서로 밀접한 관계를 지니고 있다. 해독 능력 없이 이해는 불가능한 것이며, 이해 능력 없이는 아무리 뛰어난 해독 능력을 습득했다할지라도 소용없는 일이기 때문이다.

읽기 유창성 지도

반복하여 읽기는 읽기자료를 가지고 능동적으로 연습할 수 있으며 학습자는 몇 번이고 계속적으로 반복하여 같은 이야기를 읽고 이를 즐길 수 있다. 텍스트를 반복적으로 읽음으로써 유창해지고 자신감을 갖게 되며, 잘 알지 못하는 단어를 식별하는 연습기회를 가지게 된다. 따라서 읽기장애아가 새로운 읽기과제를 선택하여 읽기 전에 자료를 숙달하여야 하며 그 숙달은 반복적인 읽기 경험으로 성취된다. 반복적인 읽기 절차는 학습자가 읽기 속도와 읽기 정확도의 구체적인 기준을 가지고 반복하여 읽고 성취 정도를 차트나 그래프로 기록하게 한다. 학습자가 점차적으로 유창하게 읽게 되면 치료사는 이해력을 높여주기 위하여 읽은 것을 기억하고 생각하기를 촉구하고 토론한다. 특히 치료사는 반복적인 절차를 확인하는 데 주의를 기울이기 보다는 학습자로 하여금 성공적인 읽기 시도에 대한 자신의 기록을 깨는 데 즐거움을 느끼는지 기록하여야 한다. 반복적인 읽기 방법에는 테이프 녹음, 둘이서 또는 여럿이 함께 읽기, 언어-경험 이야기의 반복적 읽기 등이 있다. 테이프 녹음은 아동에게는 스스로 읽은 것을 들을 수 있는 기회를 제공해 주며 나중에 복습을 할 수 있는 기록을 남겨 다른 아동들과 함께 공부할 수 있는 자유를 줄 수 있다.

2. 쓰기 발달

쓰기 과정

쓰기는 사회적 행위이며 말하는 것과 마찬가지로 필자는 읽는 사람을 고려해야 한다. 쓰기는 청중이 존재하지 않기 때문에 말하기보다는 계획과 집행을 위한 보다 많은 인지적 자원을 요구한다. 문자 언어는 구두 언어처럼 바꾸어 쓰기만 하면 되는 것이 아니다. 아동은 말을 할 때와는 다른 구조를 사용하고 음소를 글자로 나타내는 방법을 배워야 한다. 처음에는 양쪽의 전체적인 구조가 아주 비슷하지만 아동은 문자 형식에서 좀 더 미숙하다(Juel, 1988). 이는 아마도 글을 쓰는 신체 과정이 아주 힘이 들기 때문인 것 같다. 하지만 일단 쓰기가 자동화 되면 쓰기에서 보이는 문법은 말할 때 보다 진전된다.

구조는 말보다는 쓰기에 좀 더 전형적이다. 필자가 메시지를 계획하고 다시 생각하고 수정해 가는 데 부가적인 시간이 든다. 쓰기는 생각을 만들어내기, 조직화하기, 다시 계획하기, 계획하기, 수정하기, 모니터하기, 스스로 피드백 주기가 포함되는 복잡한 과정이다. 쓰기는 몇 가지 처리과정으로 이루어진다. 덩이글 구성하기, 손으로 글자 쓰기, 철자법, 집행 기능, 그리고 기억 등이 요구된다. 덩이글 구성은 생각에서 필자의 생각을 다시 도와주는 문장으로 이어지는 과정이다. 집행 기능은 쓰기의 자기-조정 국면이다(Hammill, 1990). 쓰기는 사회적이고 정서적인 행동을 통제할 뿐만 아니라 주의를 유지 선택하고, 지각을 조직화하고, 지각적이고 인지적인 장치를 융통성 있게 변경해내는 능력이다.

일반적으로 쓰기는 좀 더 공식적이고 좀 더 복잡하며 쓰기에서 좀 더 자주 보이는 구조에는 그 특징이 드러난다. 12~13세가 되면 쓰기에 사용하는 구문론이 말의 구문론보다 오히려 나아진다. 이는 점진적인 과정을 통해 나타난다. 명사 뒤의 수식어는 8세가 되면 쓰기에서 좀 더 흔히 나타나고, 10세 정도면 내포절이 많이 나타난다. 복합 주어는 말에서는 드문 현상이지만 9세 된 아이가 쓰는 글에는 보다 더 자주 나온다. 일반적으로 아동은 9~10세가 되면 쓰기가 말보다 더 성숙되어, 언어 수행이 언어 지식에 좀 더 가까워진다. 이 시기 아동의 읽기 능력은 쓰기 능력보다 앞서 있다(Foorman et al., 1997).

쓰기를 위한 준비

쓰기는 다른 학습과 마찬가지로 지각적이고 운동적인 측면에서 충분한 발달이 필요하며 쓰기를 위한 준비 활동이 강조되어야 한다. 쓰기학습의 준비로 운동근육 발달, 변별능력(시각적, 청각적, 지각적 변별) 기본 획 긋기, 인쇄된 언어에 대한 적응이 필요하다. 왼손과 오른손의 차이학습, 눈을 왼쪽에서 오른쪽으로 돌려보기, 크기, 모양의 차이점과 공통점 알기, 공간관계의 이해, 방향의 이해, 물체의 관계, 위치에 대한 이해, 눈과 손의 협응력, 쓰기의 목적에 대한 이해가 있어야 한다. 일상생활을 통해서 쓰기를 위한 준비를 알아보는 방법으로는 자기 이름 쓰는 것을 배우는 것에 대한 자발적인 흥미정도, 가위, 크레용, 붓 등을 능숙하게 사용하는 능력이 필요하다. 그리고 지도학습을 통해 간단한 기하학적 도형이나 글자와 비슷하게 생긴 모양을 베낄 수 있는 능력도 요구된다.

쓰기 발달

쓰기 발달은 영아기부터 시작된다. 유아가 처음 긋는 자극이 표시적 신호이며, 유아의 쓰기학습 과정은 **표시적 신호**(indicatory sign)에서 **상징화된 자극**(symbolizing marks)과 **긁적거리기**(scribble)로 전환되고 이것이 형상(figures)과 그림(picture)으로 대치된다. 마지막으로 읽기체의 상징(conventional symbols) 단계로 쓰기발달 단계를 밟는다. 유아의 쓰기 발달 6단계는 **표 8.3**과 같다.

3세에서 5세 아동의 연령별 쓰기 단계에서 3세 아동은 선과 원을 섞어 그리기가 40.0%, 한 두 개의 자형이 우연히 나타나는 단계는 26.7%를 차지한다. 4세 아동은 식별 가능한 글자가 나타나지만 획이 생략, 첨가되어 나타나거나 역전 현상이 46.7%를 차지한다. 한 두 개의 자형이 우연히 나타나는 단계가 33.3%를 이루며 5세 아동은 식별 가능한 글자가 나타나나 획이 생략된다. 또한 첨가되어 나타나거나 역전 현상이 많고, 단어가 나타나기는 하지만 획순이 바르지 못한 단계도 거의 비슷한 수준을 나타낸다. 유아의 쓰기 패턴은 점차적으로 모방에서 창작으로 변형되어 이때 실제글자, 유사글자, 발명적 상징글자를 혼합하여 쓰게 된다. 5;7세에서 6;6세 아동들의 평균 쓰기 능력은 완전한 단어 형태가 나타나나 획순이 틀린 단계이며 문장 형태가 나타나나 부분적으로 틀리는 단계가 43.5%, 완전한 단어 형태가 나타나

표 8.3. 쓰기 발달단계

1단계: 긁적거리기 단계
하위 1단계: 글자의 형태는 나타내지 않았으나 세로선이 나타난 것
하위 2단계: 글자의 형태는 나타내지 않았으나 가로선이 나타난 것

2단계: 한두 개의 자형이 우연히 나타난 것

3단계: 자형이 의도적으로 한두 개 나타난 것

4단계: 글자형태가 나타나는 단계
하위 1단계: 완전한 글자형태가 나타났으나 획순이 틀린 것
하위 2단계: 완전한 글자형태가 나타났으나 획순이 정확한 것

5단계: 단어쓰기 단계
하위 1단계: 완전한 단어형태가 나타났으나 획순이 틀린 것
하위 2단계: 완전한 단어형태가 나타났으나 획순이 정확한 것

6단계: 문장쓰기 단계
하위 1단계: 문장형태가 나타났으나 부분적으로 틀린 것
하위 2단계: 틀린 글자 없이 완전한 문장형태가 나타나는 것

출처: 이영숙(2003). 또래교수가 학습부진아의 읽기·쓰기 학습에 미치는 효과. p. 89.

며 획순까지 정확한 아동이 16.1%를 이룬다(허수정, 2003).

유아들은 읽기와 쓰기를 따로따로 학습하는 것이 아니라 동시에 학습한다. 읽기 능력이 부족한 유아와 보통수준 이상인 유아들은 2개 국어학습에서 유아의 읽기 능력과 쓰기능력 간에는 상관관계가 있다. 즉 읽기가 쓰기를 선행하거나 쓰기가 읽기를 선행하는 것이 아니라 읽기와 쓰기는 상호 의존하여 발달한다.

유아의 쓰기 행동에 대한 동기는 유아 내부에서 나와야 한다. 쓰기 활동에서 지루하고 형식적인 훈련이 필요하지 않으며 유아가 느끼는 흥미나 호기심을 잘 반영해야 한다. 그러므로 부모나 치료사는 유아의 흥미에 맞게 형식적인 활동보다는 아동의 호기심을 자극시키고 자아 표현과 동기유발을 여러 가지 활동을 통해 자연스럽게 이루도록 해 주는 것이 중요하다. 연령에 따른 문자 학습에 대한 흥미는 만 4세경이 42%, 빠르게는 만 3세경이 24.2%로 어린 나이에 문자에 대한 흥미를 나타

낸다. 유치원과 유아원에 다니는 아동들의 읽기와 쓰기에 대한 흥미는 유치원에 다니는 아동은 79.3%, 69.3%, 유아원에 다니는 아동들은 78.6%, 72.1%로 연령에 관계없이 높은 흥미를 나타낸다(최장락, 2002).

쓰기와 읽기 사이에는 겹치는 부분이 있다. 글에서 의미를 만들어내고 이를 배경 지식과 통합하는 과정이라고 하기보다는 필자가 글을 창조해내는 것이라 보아야 한다. 쓰기 발달은 실제로 많은 독립적인 과정의 발달이다. 글자를 만들어내고, 철자 쓰기를 배우는 기제가 먼저 발달하고, 글을 만들어내기와 집행 기능은 훨씬 이후에 발달한다.

글자 만들기와 철자법 배우기

글자를 쓰는 지식은 작업 기억의 지식이지만 단지 암기된 규칙을 적용하는 것만은 아니며 기억에서 이끌어낸 많은 양의 정보가 요구되는 과정이다. 필자가 기억에 의존하는 경우도 있지만 다른 경우에는 글자를 쓰는 방법과 읽기 경험에 기초하여 고안해 내야하며 또 다른 경우에는 기억하고 있는 친숙한 단어와의 유사성에 의존하기도 한다. 따라서 글자를 쓰는 방법은 인지적 처리 능력과 결합이 된다. 낮은 수준의 처리에 과도한 에너지를 쓴다면 고차적인 언어기능에 쓸 것이 없어져 버린다(정종희, 2004). 필자가 능력이 부족하고 경험이 없으면 더 형편이 없고 더 짧은 글을 만들어 낸다. 처음에 아동은 글자 쓰기에 말소리-글자 지식과 몇 개 암기된 것을 사용한다. 나중에는 많은 학습전략과 다른 종류의 지식을 기억해 낼 수 있지만 이 능력이 한 번에 생기지는 않는다. 글자를 쓰는 법의 발달은 상당히 길고 느린 과정이다.

쓰기 발달의 초기 단계에서 아동은 쓰기와 말하기를 두 가지의 분리된 체계로 취급한다. 3~4세 정도의 아동은 자신만의 방식으로 '쓰기'를 하겠지만 쓰기가 말소리를 나타낸다는 것은 아직 깨닫지 못한다(장우영, 2003). 3세 아동의 쓰기는 그리기와는 구별되는데 단위 선분이 공간적으로 분리되어 배열된다. 4세까지는 실제의 몇몇 글자들이 포함될 수도 있다.

글자를 쓰는 방법에 대한 초기 곧 문자 이전(preliterate) 시기에는 휘갈겨 쓰기

(scribbling)와 그리기로 시도된다. 음소체계에 대한 지식이 나타나면서 글자의 우선권이 조금씩 진행되며 **고안된 글자쓰기**(invented spelling)이라 불리는 체계를 사용하기 시작한다. 이러한 **글자-이름 단계**(letter-name stage)에서 글자 이름으로 사용한다. 처음에 아동은 첫 글자 외 다른 글자들에는 주의를 기울이지 못한 채 완전한 단어를 나타낸다. 예를 들면, '가'는 '감'을 나타낸다고 본다. 이는 읽기의 첫 단계와 비슷한데 이때는 처음 글자에만 주의를 기울인다. 다음에 모음이나 띄어쓰기를 생략하고 음절을 나타낸다. 예를 들면, '담'은 '다'로, '산'은 '사'라고 쓴다.

후기의 글자-이름 단계까지 글자를 쓰는 과정은 말소리 단어의 구조를 상징화하지만 어떤 규칙이 있거나 암기된 순서로 쓰이는 것은 아니다. 예를 들면, '곰'은 '몸'으로 쓸 수도 있다. 아동의 다른 음소적 표상은 각 말소리 집단에 대해 하나의 글자를 사용하거나 **음군 축소**(cluster reduction)를 포함하기도 한다. 음소-자소 체계의 완전한 지식이 부족하므로 아동은 단어를 음소로 분리하는데 어려움을 보인다. 고안된 글자쓰기의 마지막 단계는 음소적 글자쓰기라 하는데 이때 아동은 음소와 소리 상징의 대응성을 의식한다.

학습을 받으면 아동은 좀 더 습관적인 체계를 발달시키게 된다. 단어 내 패턴 단계(within-word pattern stage)에서 점차 더 복잡해지면서 아동은 띄어쓰기와 붙여 쓰기, 음소를 나타내는 다양한 방법, 그리고 음소-자소관계에 대해 배워간다. 글자체계에 관한 지식이 충분한 아동은 단어를 음소로 분절화 할 수 있으며 관습적인 음소-자소 대응을 알고 있다. 더 많은 규칙을 깨닫기 시작하고 글자 체계를 공고화하기 시작하면 좀 더 능숙한 철자 쓰기를 할 수 있게 되면서 동시에 기억 부담은 줄어든다.

글자 쓰는 과정을 반복적으로 사용하면서 그 단어는 기억에 저장된다. 대부분의 단어 저장은 개별 철자보다는 글자 단위로 조직화된다. 기억은 친숙한 단어와 유사한 단어 쓰기에 도움이 되는데 조금 더 나이든 아동에게 흔히 사용되는 책략으로 쓰기를 할 때 소리가 같은 단어에 대해 이전에 가지고 있던 지식을 이용하여 낯선 단어를 써보려고 하는 시도를 볼 수 있다. 글자를 쓰는 아동은 대부분 학령기 연령의 아동으로 순수한 음운론 책략에서 유추 능력을 포함한 책략으로 쓰기 책략을 변경한다(이철자, 2004). 단어와 책략이 장기 기억에 저장되고 이에 대한 접근이 자동화되면서 인지 용량 부담은 줄어들며 쓰기 과제의 다른 면에 좀 더 집중할 수 있게 된다.

텍스트 형성하기와 집행 기능

쓰기는 철자법 이상의 것이다. 학령전기 아동이 말을 할 때처럼 글을 쓸 때면 독자가 무엇을 원하는지는 잊어버리는 일이 많다. 6세 아동은 형식, 띄어쓰기, 철자법, 구두법 등에 별 주의를 기울이지 않는다. 때로는 한 가지 측면을 강조하다가 글쓰기의 다른 측면이 뒤처질 수 있다. 예를 들면, 철자법과 문장 구조는 글자적기에서 각본쓰기로의 이행에 손상이 된다. 어려운 주제에 관해 글을 쓰면, 철자법, 손으로 글자 적기, 또는 글의 손상이라는 결과를 초래한다. 이러한 점들이 부족하더라도 아동의 이야기는 때때로 그 단순성에서 직설적이고 아름다운 경우가 많다.

나이가 좀 더 들면, 극적인 효과를 보다 다양하게 사용한다. 나이가 좀 더 어린 아이의 글에 특징적인 사실과 사건은 진화하여 좀 더 나이든 아이에게서는 판단과 의견, 삽화적 표현, 자질 표현, 대조, 일반화가 사용된다. 아동이 처음 하는 작문은 응집성이 부족하고, 표현하려는 생각이 내재적 조직과 연결되지 못한 경우가 종종 있을 수 도 있다. 학업에 요구되는 더 긴 글쓰기는 생각의 응집성을 지니기 위해 더 증가된 인지적 요구를 부과하게 된다. 처음에 그림 그리기가 쓰기에서 중요한 부분을 강조하는 데 사용되고 글을 조직화하는 데 도움이 된다. 일련의 연속되는 사건으로 구성되는 아주 간단한 내러티브와 해설문 덩이글은 좀 더 나중에 나온다. 수필과 보고서에 나타나는 초기 해설적 글쓰기에는 응집성을 제공하는 단일화 문장이 들어 있다. 철자 쓰기 틀과 같은 덩이글 형식은 재료를 조직화하는 데 도움이 된다.

학년이 높아질수록 산출되는 글의 길이와 다양성은 증가한다. 내러티브가 증진되고 해설적 글쓰기가 발달한다. 내러티브는 주제문장과 이야기 문법의 내러티브적 구성요소, 인물 특성의 발달, 구성(plot), 대화에 의해 단일화된 시간적 사건을 포함한다. 해설문에는 단일화된 주제문장, 지시된 주제에 대한 언급, 그리고 언급의 정교화가 포함된다. 문장과 글쓰기의 길이가 증가함에 따라 문장 종류의 다양성과 복잡성이 증가한다. 그리고 문장의 유형이 변해간다. 문장 수준에서는 쓰기에서도 말하기에서와 마찬가지로 절의 길이가 길어진다. 절의 평균 길이는 8세 정도에는 6.5단어, 13세에는 7.7단어, 17세에는 8.6단어, 성인의 경우 11.5 단어가 된다. 말하기와 마찬가지로 내포절은 증가하고 등위문이나 복문은 줄어든다(이인한, 1997).

구(phrase)의 수준은 명사 이전과 그 이후에 수식어가 늘어난다. 연령이 증가하면서 아동은 글쓰기에서 형용사와 부사가 명사를 수식 하도록 글을 쓰며 다양한 시제, 동사구 등의 사용이 늘어나면서 확장된다. 성숙한 글쓰기에 필요한 인지적 처리와 실행기능의 발달은 대부분 초기 성인기가 되어야 가능해진다(이원령, 2003). 3학년 정도의 아동은 자신의 작품을 다시 쓰고 교정하기 시작한다. 이 과정에서 글쓰기는 구문적 지식에 영향을 받는다. 그러나 청소년기까지의 아동이 글을 쓸 때는 글쓰기를 계획하고 교정하는 작업에 성인의지도가 필요하다. 중학교 시기의 십대들은 글쓰기의 모든 양상을 고쳐 나갈 수 있다.

대략 7세 정도면 아동은 자기가 말을 할 때 사용하는 것과 비슷한 비율로 말에서 쓰이는 구조를 사용하여 독립적으로 글을 쓸 줄 알게 된다. 이후에 아동은 자신의 문법적인 특성을 가지고 글을 쓰기 시작한다. 말하기와 글쓰기는 점차 분화되어 간다. 대략 9~10세 정도에 대화하기와 말하기는 분화되고, 아동은 더 잘 쓸 수 있게 된다. 아동이 쓰는 문장은 점차 말하기 문장보다 더 길고 복잡해져 간다. 초등학교 후기 정도에 접어들면 적혀진 언어의 복잡성이 말하기 언어 수준을 넘어선다(이영숙, 2003). 글쓰기를 하면서 아동은 청중의 요구와 관점을 점차 더 많이 깨닫고 있음을 보여주기 시작하고 또 독자에게 미치는 글쓰기의 효과를 고려하기 시작한다.

쓰기 발달의 마지막은 모든 필자들이 성취하는 단계는 아니지만 말하기와 글씨기가 별도의 언어적 부호로 의식적으로 이해되는 단계이다. 글쓰기의 구문적 특성은 완벽하게 이해되며 필자는 글 쓰는 스타일에서 더욱 유연성을 갖게 된다. 필자의 개성이 드러난다. 아동이 말하기 언어에 대한 제대로 된 지식을 가지게 되면, 대부분은 비교적 쉽게 쓰여 진 언어라는 새로운 양식을 채택한다. 상징 관계에서 보이는 어려움 때문에 초기의 발달은 좀 느리다. 그러나 구어와 쓰여 진 언어 사이에 기저 언어 관계를 이해하는 과정은 결국 성공하고 이 과정을 설명하는 데 도움이 된다. 또한 아동의 언어 지식, 새로 나타나는 상위언어적 능력으로 아동은 언어를 탈맥락화 할 수 있게 되고 이러한 지식으로 언어를 다른 형식 또는 양식으로 이해할 수 있게 된다.

쓰기 주제에 대한 풍부한 지식이 필요하며 이러한 지식에 대한 접근성이 요구된다(이소현, 2004). 쓰기는 어린 시기에 시작되나 이에 관련된 능력을 익히는 데는 수년이 걸린다. 초등학교 입학 전 4~5세 아동들도 쓰기란 것은 자신의 생각을 타인에게 전달하기 위하여 종이 위에 남기는 표식이라는 것을 어렴풋이 이해하고 있다. 그러나 쓰기발달 과정 자체는 매우 점차적으로 진행되는데 이유는 쓰기란 인지적 능력뿐만 아니라 언어적 능력이 포함되며 이런 능력들이 통합되어야 하는 복잡한 과정이기 때문이다.

쓰기란 타인에게 '무엇' 인가에 대하여 이야기를 하는 것이다. 아동은 성장하면서 무엇인가에 대하여 이야기를 할 수 있는 지식이 증가하며 이 지식을 쓰기로 표현하게 된다. 예를 들면, 사장 선거에 관련된 이야기를 쓰도록 하면, 아동들은 이를 인기투표 정도로 묘사할 것이며, 청소년들은 좀 더 복잡하고 미묘한 내용을 담는 정책적 문제와 관련해서 글을 쓸 것이다. 아주 생소한 주제에 대하여 글을 쓸 때, 좀 더 나이 든 아동이나 청소년은 관련된 참고 자료를 찾아서 활용하는 능력이 어린 아동에 비하여 더 발달되어 있다(이소현, 2004).

쓰기에 필요한 능력은 조직화 능력이다. 글쓰기에 필요한 능력 중 가장 어려운 부분이 조직화 능력이다. 조직화 능력과 관련된 정보를 독자들이 이해하기 쉽고 흥미롭게 읽도록 내용을 조직하고 배열하여야 한다. 아동과 어린 청소년들은 좀 더 성숙한 청소년 혹은 성인이 사용하는 전략과 다른 것을 사용한다. 어린 아동들은 주로 주제에 관련 된 정보를 저장된 기억에서 인출하는 대로 지식을 전달하는 전략을 사용한다. 이러한 이야기는 특정 구조가 없다. 그날 있었던 일을 생각나는 대로 기술한다. 청소년기가 되면 지식 변화 책략을 사용하게 되는데, 이는 어떤 정보를 포함시킬 것인가를 생각하며 포함된 이 정보를 어떻게 의미 있게 독자에게 전달할 것인가를 고려한다. 이러한 책략은 글쓰기의 목적 즉 정보를 전달하려는 것인가, 설득하려는 것인가, 즐거움을 주려는 것인가 등을 고려하는 것과 이에 필요한 정보를 고려하는 것을 의미한다. 또한 대상인 청중의 필요, 관심 및 지식의 수준도 고려하는 책략이다.

쓰기 지도

지금까지 유아 쓰기 발달에 대하여 분명하게 일치된 견해는 없다. 1920년대 이전까지는 유아의 쓰기 발달이 형식적인 지도를 받으면서부터 시작된 것이 일반적이다. 그러나 준비도 개념이 대두되면서 두 가지 입장이 추구되었다. 하나는 게젤의 성숙이론에 기초하는 것으로 쓰기에 필요한 인지적 발달은 자연스럽게 이루어진다는 것이며 다른 하나는 단순히 기다림으로써 획득되는 것이 아니라 가르쳐 질 수 있는 것으로 보는 입장이다. 준비도 개념은 유아의 쓰기 발달이 단계적이라고 보는 능력 지향적 관점으로 발전되어 지난 몇 십년간 쓰기지도는 말하기 듣기 지도가 충분히 이루어지고 난 다음 읽기를 배우고 나서 쓰기를 지도해야 한다는 것이다. 즉 유아가 쓰기를 배우려면 쓰기에 필요한 충분한 준비도가 이루어져야 한다고 믿는다. 이런 관점은 써 놓은 글자를 따라서 써보는 훈련과 단어를 수십 번 반복해서 써 보는데 많은 시간을 보내며 예쁜 글씨의 맞춤법 지도를 하고 점차 쓰기가 더 어려운 단어를 골라서 써 보게 한다. 그리고 받아쓰기를 하고 줄을 맞추어 예쁘게 쓰는 연습을 한다.

쓰기의 문제점에는 문자의 기형, 서투른 띄어쓰기(수직과 수평), 극도로 느린 쓰기가 포함된다. 누구나 가끔씩 알아보지 못하는 글자를 쓰기는 하지만, 어떤 아동은 너무 자주 문제를 보임으로써 독자가 이해하기 어렵게 만든다. 대부분의 아동들은 처음으로 인쇄체나 쓰기체를 배울 때 쓰는 속도가 느리다. 하지만 쓰는 속도가 느려서 다른 과제를 하는 데 있어서 방해가 되면 이 또한 문제가 되는 것이다. 아동은 때때로 여기서 저기로 어떠한 내용을 베껴 쓰는 것을 어려워한다. 칠판에서 종이로 자료를 옮겨 적는 것을 때때로 **원점 복사**(far-point copying)라고 하고, 책상 위에 놓인 견본을 보고 옮겨 적는 것을 **근점 복사**(near-point copying)라고 한다. 어떤 아이들은 근점 복사보다 원점 복사를 할 때 더 어려움을 겪는데, 그 이유는 아마도 꼭 그런 것은 아니지만 시각적 정확성의 문제 때문이다.

3. 부모가 읽기 및 쓰기에 미치는 영향

읽기와 쓰기는 복잡한 과정이다. 읽기가 단어 재인과 해독 능력부터 이해와 통합까지 작용하는 지각적이고 인지적인 행위가 복잡하게 얽혀져 있다. 인쇄된 종이를 넘어서, 숙련된 독자는 자신이 읽는 바에서 결론이나 추론을 이끌어낸다(송효진, 2004).

읽기의 조기지도를 가능하게 하는 여러 요인들 중에 부모가 읽기에 일찍 노출을 시킨다거나 집안의 독서 분위기가 가장 중요한 것이다. 초기 읽기경험이 읽기 효과의 사회화와 읽기 능력을 구축하는 효과를 가진다. 부모의 실제, 아동의 초기 읽기 능력과 읽기 능력의 발달과정에서 부모가 직접적으로 얼마나 읽기와 쓰기를 지도하는가와 부모들이 자녀들에게 얼마나 책을 경험하게 하는가는 중요하다. 아동 양육에 있어서 부모는 가장 중요한 책임을 진다. 부모는 그들 자녀와 광범위하게 상호작용하는 최초의 성인이며, 유아는 사회화의 대행자인 부모와의 점진적이며 복합적인 상호작용을 통해 성장해 간다. 특히, 부모가 자녀에게 제공하는 비형식적인 지도는 형식적인 지도보다 아동의 전체적인 발달을 위하여 더 큰 영향을 미친다(서정숙, 2004).

유아의 읽기, 쓰기지도를 도와준 가정을 중심으로 글을 일찍 읽은 유아와 그의 가정환경에 대한 특징을 유아들이 책과 쓰기 보조 자료에 제한 없이 접하였고 부모들은 일찍부터 쓰기를 통해 의사소통하기를 희망하였다. 그리고 읽기와 자료를 풍부히 제공받은 유아들은 문자의 의미에 관심을 나타내었다. 부모는 아동들에게 큰 소리로 책을 읽어 준다든가, 풍부한 책을 접하게 해 줌으로써 읽기에 대한 준비를 하게 되고, 훨씬 용이하게 책을 읽을 수 있게 해 주며, 그 효과를 영속적으로 갖도록 이끌어 준다.

초기 읽기단계에서, 부모참여는 중요하고 가치 있는 일이며 아동이 읽기에 접하도록 기회를 제공해 준다. 이때 부모의 태도와 참여가 자연스럽게 이루어져야 할 필요가 있다. 유아들의 초기 읽기에서 부모의 관심과 읽기를 위한 풍부한 자료, 부모의 직접적인 도움이 있는 환경은 중요하다.

자녀에 대한 부모의 지각은 가정환경 변인 중 가장 중요한 변인으로 자녀의 성취동기에 큰 영향을 미친다. 부모는 자녀에 대한 평가를 수시로 전달하기 때문에 자녀에 대한 부모의 평가는 매우 중요하다. 부모의 양육행동에 직접 영향을 미치는 유아 발달에 대한 지식 중 행동발달 단계에 대한 지각은 유아의 행동에 대한 기대를 형성하는 근거로써 작용하게 된다. 즉 부모는 아동이 할 수 있고 없는 것들에 대해 지각을 하게 되며, 부모는 자신이 아동의 능력을 지각 한 바에 따라 어떠한 과제를 제공하거나, 활동의 성취를 강조함으로써 부모 자신의 지각을 전달하게 된다.

아동의 행동과 부모의 지각에 대한 연구에서 학업성취도 및 성취동기가 높은 집단의 부모의 지각은 높고, 학업성취도 및 성취동기가 낮은 집단의 부모의 자녀에 대한 지각은 낮다. 부모의 자녀에 대한 지각을 보다 높게 가지므로 자녀의 학업성취도 및 성취동기는 높게 향상되었다. 또한 부모가 자녀에 대한 지각을 낮게 가지므로 자녀의 학업성취도와 성취동기는 낮아진다. 자녀의 높은 성취동기를 부모가 자녀에게 높은 성취동기를 기대하고 그 성취에 보다 정서적으로 관여될 때 형성된다.

이와 대조적인 견해는 어머니의 높은 성취압력은 일반적으로 성취동기를 높이는 결과를 초래하지만 그와 동시에 기피동기, 성취동기의 비율을 높이기도 하므로 아동에게 실패감을 조장하는 경향이 있다. 즉, 부모의 지나치게 높은 기대는 아동에게 그 능력범위를 벗어날 만큼 기대수준을 높이는 결과를 나타낸다. 따라서 그것은 아동에게 실패를 경험시킬 수도 있다.

기대가 자녀의 능력을 기초로 한 정확한 지각에서 출발한 것은 성취동기를 증가시키나 그와 반대로 자녀의 능력을 고려하지 않은 지나친 기대는 기피동기를 형성하기도 한다. 자녀의 능력에 대한 정확한 지각과 자녀 발달에 대한 빠른 기대가 자녀의 인지능력에 영향을 준다고 주장하면서 아동이 할 수 있는 것과 없는 것에 대해 잘못된 지식을 가진 어머니는 아동발달 정도에 대해 정확한 지식을 가진 어머니만큼 양질의 양육 발달경험을 제공하는 데 실패를 가져온다. 이는 부모가 읽기, 쓰기지도를 할 때도 아동에 대한 올바른 지식과 지도적인 이해가 필요하다는 것이다

(박삼숙, 1998).

유아의 읽기, 쓰기와 어머니의 지각에 미치는 요인은 크게 유아에 관련된 요인과 부모에 관련된 요인으로 나누어 볼 수 있다. 관련된 변인으로 유아의 성과 연령, 어머니의 취업유무, 학력수준, 자녀수 등이 있다.

성인의 아동에 대한 기대는 유아에게 조차도 여아냐 남아냐에 따라 많은 영향을 받으며, 이는 부모의 아들, 딸에 대한 언어자극의 차이로 나타나고, 그 결과 언어능력에서 남녀의 차이를 유발하는 계기가 되기도 한다(박경숙, 윤점룡, 박효정, 2002). 유아기에는 남, 여 성차가 뚜렷하여, 여아가 우세하나, 5~6세가 되면, 남, 여 간의 차이가 눈에 띄지 않게 되어 6세가 지나면 오히려 남아들이 여아들보다 많은 어휘를 사용한다. 그리고 사고 측면에 기초한 언어능력은 남, 여 아동 간에 차이가 나타나지 않는다. 한편, 여아보다는 남아가 읽기에 실패를 가져오는 확률이 많으며, 남아의 23%가 읽기장애를 자져오는 데 반하여 여아는 7%만이 장애를 지닌다. 그리고 읽기는 학습 면에서 성차가 존재하지 않으나, 쓰기는 학습 측면에서 부분적으로 여아가 우세한 경향을 보인다. 가정환경의 요인도 남여 차이를 유발하는 요인이기도 한데, 이는 남아들이 대체로 어머니의 정서적이고 언어적인 반응, 적절한 놀이자료의 제공과 관계가 깊은 반면에 여아들은 적절한 놀이자료의 제공, 아동에 대한 어머니의 참여정도, 일상생활에서 자극을 위한 다양한 기회를 제공하는 정도에 특히 강하게 관계한다.

연령의 증가는 아동의 성장과 발달에 변화를 가져오고 그에 따라 부모가 제공하는 환경적인 여건은 달라진다. 아동 연령이 많아질수록 아동에게 성숙과 독립심을 육성하기 위한 환경을 더 많이 제공하고, 따라서 아동의 나이가 많아질수록 어릴 때 보다 더 풍부한 발달을 촉진할 수 있는 환경을 제공받을 수 있다. 이러한 환경적인 여건의 변화는 연령에 따른 언어능력의 발달에도 큰 몫을 담당한다. 연령이 증가함에 따라 자기중심적인 언어에서 사회화된 언어로 발달해 간다. 3세에서 5세까지 아동의 사용어휘 53~60%가 자기중심적이나, 5세에서 7세에는 44~47%로 감소한다. 8세경에는 모호한 메시지의 전달이 사라진다. 어휘를 포함한 높은 수준의 언어적 지식도 연령이 증가함에 따라 발달한다. 어머니의 기대 또한 자녀의 연령이 많아질수록 더 현실적인 기대를 갖는다. 이는 유아가 성장함에 따라 자녀와의 직접 경험을 통한 강화가 축적되고, 이러한 축적된 강화로 인해 부모는 유아의 발달에 더 정확한 기대를 형성하기 때문이다(김태환, 2004).

아동의 읽기에서 가정의 환경적인 요인, 즉 언어학적인 배경과 경험이 읽기 준비에 영향을 미치는 요인이며, 아동의 학습자료(그림책) 부모와의 대화 등 언어 환경이 좋은 아동은 그렇지 못한 아동보다 읽기 준비에서 2~6개월 빠른 발달을 보인다. 이것은 어머니의 취업여부에 따른 유아의 문자 해독에도 영향을 미치는데 미취업모의 자녀가 읽기, 쓰기에서 취업모의 자녀보다 높은 점수를 얻었다. 이는 어머니가 취업하지 않은 경우 유아들에게 문자 지도를 할 수 있는 시간적 여유가 많기 때문이다. 유아와의 경험의 양이 많은 어머니가 유아의 능력을 잘 인식하고 있는 반면, 유아와의 경험이 적은 부모는 유아의 능력을 충분히 인식하지 못하였다. 그러나 이는 취업한 어머니가 유아의 읽기 능력과 어머니의 지각에 불리한 조건임을 입증하는 결과이나 이와는 반대로 유아와 함께 있는 시간의 양보다는 질이 더 중요하다는 주장도 있다. 이러한 주장은 무조건적인 자극보다는 아동이 관심 있는 사물과 사건에 대해 언어적인 모델링을 해 주는 것이 더 효과적이며 아동의 개인차를 고려하여 적절한 언어자극을 제시하는 부모의 능력이 읽기 발달에 더 큰 열쇄가 된다.

어머니의 지도수준이 높을수록 자녀는 높은 어휘력을 가지며, 높은 학력은 유아의 어휘력을 예언하는 데 크게 기여한다. 유아는 문자해독 검사에서 학력이 높은 부모 일수록 높은 점수를 나타내었다. 또한 자녀 간의 대화 형태는 유아의 언어능력에 영향을 미쳤으며, 어머니의 대화 형태는 학력에 따라 차이가 난다. 즉 학력이 높을수록 개인 지향적 언어를, 학력이 낮을수록 명령적인 언어를 더 많이 사용함으로써 부모가 이미 지도받은 수준이 그대로 어머니와 자녀 간의 대화 형태에 영향을 준다. 어머니 학력이 중졸이하 일 경우 대화 형태는 명령형이고, 고졸일 경우 명령형, 지위지향형, 개인지향형 세 가지 대화 형태를 비슷하게 사용하며, 대졸일 경우는 개인지향형 대화 형태를 가장 많이 사용한다. 하지만 어머니의 지도수준은 자녀의 인지능력을 정확하게 판단하는 데 영향을 미치지 않으나, 어머니의 학력에 다른 자녀 발달의 기대시기는 차이가 있다.

형제 수가 많은 아동의 언어는 비교적 늦은 편인데, 이는 형제들과 미숙한 언어 상호작용을 하기 때문이다. 형제수가 많은 가정은 언어사용 방법을 배울 기회가 적기 때문에 아동의 언어발달을 제한 한다. 성인과 상대하는 아동은 다른 아동보다 언어발달이 우수하며, 학령전기 아동이 친구와 같이 있을 때보다 혼자 어른과 같이 있을 때 더 긴 문장을 사용하여 더 많은 질문을 한다. 읽기에서도 형제 수는 관련이 있다. 그러나 형제가 있는 아동의 표현력이 형제가 없는 아동의 표현력보다 우월하다. 이는 형제가 개인의 발달을 위해 결정적인 학습 경험의 기회를 제공하지만, 형제의 부재는 이러한 경험을 학습할 수 없게 하여 발달상의 결함을 낳는다.

☯ 요약

읽기 능력은 쓰기 능력과 밀접히 관련되어 있다. 읽기를 잘 못하는 사람은 잘 쓰지 못하는 경향이 있다. 읽기과정에는 상향적 과정과 하향적 과정이 있다. 음운 능력과 읽기 능력은 아동들의 음운처리 능력과 관련되어 있다. 일반적으로 아이들은 3세가 되면 대부분 책과 친숙해지고 자기가 좋아하는 책을 찾아낼 수 있다. 읽기장애가 있는 아동은 특수지도에 의뢰될 가능성이 커지고 다른 학교 교과목에서도 어려움을 가질 뿐만 아니라 다른 문제들과도 연결이 된다. 문자와 해독의 다른 구성요소들 간의 읽기 속도에도 반영된다. 해독에 문제를 가진 아동들은 때때로 구문적 구조의 일부 측면들, 특히 형태론에 어려움을 가진다. 단어를 정확하고 빠르게 해독할 수 있다고 해도 어휘의 부족은 단어와 그 의미의 연결에 방해가 될 수 있다. 어휘 외에 다른 요소들도 아동이 해독한 내용을 이해하는 데 영향을 끼친다. 읽기 위해서 아동들은 어떻게 읽는지를 배워야 하며 모든 아동들이 자연스럽게 읽기를 할 수 있게 되는 것은 아니라 배워야 한다. 이해 과정은 학습자에게 문맥 안에서 단어의 의미를 이해할 수 있도록 하는 것이다.

쓰기는 사회적 행위이며 말하는 것과 마찬가지로 필자는 읽는 사람을 고려해야 한다. 쓰기는 청중이 존재하지 않기 때문에 말하기보다는 계획과 집행을 위한 보다 많은 인지적 자원을 요구한다. 쓰기는 다른 학습과 마찬가지로 지각적이고 운동적인 측면에서 충분한 발달이 필요하며 쓰기를 위한 준비 활동이 강조되어야 한다. 글자를 쓰는 지식은 작업 기억의 지식이지만 기억에서 이끌어낸 많은 양의 정보가 요구되는 과정이다. 쓰기 지도는 유아가 쓰기를 배우려면 쓰기에 필요한 충분한 준비도가 이루어져야 한다. 부모가 읽기 및 쓰기에 미치는 영향은 부모의 실제, 아동의 초기 읽기 능력과 읽기 능력의 발달과정에서 부모가 직접적으로 얼마나 읽기와 쓰기를 지도하는가와 부모들이 자녀들에게 얼마나 책을 경험하게 하는가는 중요하다.

참고 문헌

곽금주, 박혜원, 김청택 (2002). **K-WISC-III(한국 웩슬러 아동 지능검사)**. 서울: 특수지도.

김동일 (1997). 읽기 발달과 읽기 능력에 대한 탐색적 연구: 초등치료사 지각을 중심으로. **특수지도논문**, 14(2). 67-83.

김동일 (2004). **기초학습기능 수행평가체제 읽기검사**. 서울: 학지사.

김동일, 이대식, 신종호 (2003). **학습장애 아동의 이해와 지도**. 서울: 학지사.

김미경 (2003). **읽기장애 아동의 음운처리 능력과 읽기 능력 연구**. 대구대학교 대학원 석사학위논문.

김승국 외 (2000). **학습장애아동지도의 이론과 실제**. 서울: 지도과학사.

김윤옥 (2001). **학습장애 아동을 위한 교수-학습 전략**. 서울: 지도과학사.

김태환 (2004). **또래교수방법이 학습부진아의 읽기 성취도에 미치는 효과: 농촌형 소규모 학급을 중심으로**. 공주대학교 대학원 석사학위논문.

모영란 (2004). **또래지도가 읽기 학습장애아동의 독해력과 자아개념에 미치는 효과**. 공주대학교 대학원 석사학위논문.

박경숙, 윤점룡, 박효정 (2002). **기초학습기능검사**. 서울: 특수지도.

박삼숙 (1998). **어휘학습 프로그램이 읽기지체 아동의 읽기 능력에 미치는 영향**. 우석대학교 대학원 석사학위논문.

서정숙 (2004). **멀티미디어 언어 학습 프로그램이 학습장애아의 읽기 능력에 미치는 효과**. 광주대학교 대학원 석사학위논문.

송효진 (2004). **중심 생각 찾기 및 자기질문 전략훈련이 학습장애아동의 읽기 이해력에 미치는 효과**. 광주대학교 대학원 석사학위논문.

이소현 (2004). **유아특수지도**. 서울: 학지사.

이영숙 (2003). **또래교수가 학습부진아의 읽기·쓰기 학습에 미치는 효과**. 대구대학교 대학원 석사학위논문.

이원령 (2003). **음운인식훈련이 읽기장애아동의 음운인식과 읽기 능력에 미치는 효과**. 대구대학교 대학원 석사학위논문.

이인한 (1997). **SQ3R 독서 전략이 학업 성취와 읽기 능력에 미치는 효과**. 대구대학교 대학원 석사학위논문.

이철자 (2004). **수준을 고려한 정교화 전략 훈련이 학습 부진아의 읽기 이해력에 미치는 효과**. 단국대학교 대학원 석사학위논문.

장우영 (2003). **이야기 구성도 작성 훈련이 학습장애아의 이해와 회상 능력에 미치는 효과**. 대구대학교 대학원 석사학위논문.

정종희 (2004). **이야기 구성도 완성 훈련이 읽기 학습장애아의 독해력 향상에 미치는 효과**. 광주대학교 대학원 석사학위논문.

최장락 (2002). **읽기전략 훈련이 학습장애아의 읽기 능력과 학업 성취에 미치는 효과**. 광주대학교 대학원 석사학위논문.

허수정 (2003). **도해조직자 활용교수가 읽기지체 아동의 읽기 이해력에 미치는 효과**. 단국대학교 대학원 석사학위논문.

Foorman, B. R, Francis, D. J., Shaywitz, S. E., Shaywitz, B. A., & Feltcher, J. M. (1997). Thecaseforearly reading intervention. In B. Blachman (Ed.), *Foundation for reading acquisition and dyslexia: Implications for early intervention* (pp. 243–265). Mahwah, N J: Earlbaum.

Hammill, D. D. (1990). On reading learning disabilities: An emerging consensus. *Journal of Learning Disabilities*, *23*(2), 74–84.

Juel, C. (1988). Learning to read and write: A longitudinal study of fifty-four children from frist through fourth grade. *Journal of Education Psychology*, *80*, 437–447.

Klein, M. R, Peterdson, S, & Linda, S. (1991). *Teaching reading in the elementary grades*. Boston: Allyn and Bacon, Inc.

Mercer, C. D. (1992). *Students with learning disabilities*. Columbus. Ohio: Merrill Publishing Company.

Mercer, C. D., Mercer, A. M. (1993). *Teaching students with learning problems* (4th ed). New York: MacMillan.

National Research Council. (1998). *Educating children with autism*. Washington, D C: National Academy Press.

Paris, S. G., & Oka, E. R. (1989). Strategies for comprehending text and copong with reading difficulties. *Learning Disability Quarterly*. *12*, 32–42.

Pressley, M. (1990). The nature of cognitive strategy instruction: interactive strategy construction. *Exceptional Psychology*, *70*, 680–690.

Stanovich, K. E. (1986). Matthew effects in reading: Some consequences of individual differences in the acquisition of literacy. *Reading Research Quarterly*, *21*, 360–407.

Stanovich, K. E. (1999). The sociopsychometrics of learning disabilities. *Journal of Learning Disabilities*, *32*, 350–361.

제9장

후기 언어 발달

청소년기 이전에 언어가 음운적, 형태적, 구문적, 의미적 및 화용적으로 거의 발달하고 숙련되어 이제 더 이상 의사소통을 하는 데 전혀 무리가 없다고 생각하는 이도 있다. 그러나 초기 학령기에 나타났다고 하지만 불완전한 형태였던 요소들은 청소년기 이후에도 지속적으로 발달하여 비교적 완전한 형태를 갖추게 된다. 그리고 연령의 변화에 따라 다양한 환경적 변화에 접하게 되고 적응을 하면서 사회적 능력과 의사소통 능력이 유연하게 변화하며 발달한다. 그 이전 시기에 비하여 이 시기에 영향을 미치는 요소들은 양적으로나 질적으로 변화한다. 중·고등학교 청소년기에 정규 교육과정에서 습득한 문해(literacy) 발달이 그들의 문해 능력에 중요한 영향을 끼치고, 환경적인 측면에서 교육 환경과 또래 집단 등이 의사소통에 큰 영향을 미치게 된다. 성인기에는 가정생활뿐만 아니라 직장생활, 취미생활 등 사회적 여러 환경에서의 동시적 노출이 언어 발달과 변화에 영향을 미친다. 학령기 초기에서 발달한 능력들이 청소년기와 성인기에 걸쳐 더욱 숙련되고, 다양한 환경을 접하면서 보다 정교해지고 복잡해지는 것이다.

후기 언어 발달은 속도, 중요점, 내용 등의 면에서 초기 언어 발달 시기와 다르다(Nippold, 1993, 1995; Nippold, 2007에서 재인용). 속도 면에서 청소년 시기의 언어 발달은 급속하다기보다 점진적이므로, 청소년 시기의 언어를 평가하고자 할 때 어린 아동기에 비하여 연령 간의 비교적 넓은 간격을 두는 것이 필요하다. 아동기와 달리 청소년기에는 언어 학습을 위한 근원으로서 문자 언어를 통한 언어적 자극과 추상적 사고, 상위언어 능력, 사회적 견지에서 타인과 의사소통하는 능력이 중요하다(Nippold, 2007). 내용 면에서 어린 시기와 비교하여 의미적, 구문적, 화용적으로 다르다. 저빈도 어휘나 생소한 어휘의 사용, 관용어와 속담을 설명하기, 언어 유추 문제 해결 능력, 자주 사용하지 않는 구문구조의 사용, 구두 언어 및 문자 언어 환경에서 문장 간의 언어적 현상, 사회적 상황에서의 언어 사용, 대화 상대자에 따른 내용이나 화법의 조정 능력 등에서의 차이를 보인다. 성인기에는 직무에 관련한 발표, 토론, 협상 및 설득 등의 말하기, 보고서 작성 등의 쓰기, 이를 원활히 하기 위한 듣기, 요지를 파악하며 발음을 정확히 하여 읽기 등이 성인기의 중요한 언어 능력 요소가 된다. 더불어 일상적인 언어 환경에서 자연스러움, 화법의 적절한 사용 등이 발달한다. 언어 발달은 인지 발달처럼 전 생애에 걸쳐 지속되지만 정점에 다다른 후에는 속도가 점차 느려진다. 언어이해는 건강상의 큰 문제가 동반되지 않는다면 연령이 증가하여도 큰 영향을 받지 않지만 처리 속도와 새로운 어휘의 학습이나 단어재인, 문장 패턴 사용 등에서 미묘한 변화를 거친다.

1. 청소년기

청소년기는 소년법(2007)이나 청소년보호법(2010)에서 만 19세 미만의 연령을 가리킨다. 그러나 여기에서는 아동과 성인의 과도기적 시기인 중·고등학생 시기 정도로 한정하겠다. 청소년 시기는 신체적 및 정신적 면에서 급격한 변화를 겪는 시기로, 완성된 상태가 아니라 계속 진행 중이다. 신체적 및 생리적으로 성숙하지만 사회적 및 정신적으로 미성숙한 양면성의 시기이다. 이 시기는 Erikson의 심리발달

이론 8단계 중 5단계(12~18세)인 정체성 대 역할혼란 시기에 해당된다. 이는 자신에 대한 통찰과 자아상을 찾으려는 노력의 시기로, 자신을 잘 정립하고 분명한 자기 인식을 갖게 되면 자아정체성이 확립되어 다가오는 성인기를 확신을 가지고 대비할 수 있다. 청소년은 앞으로 살펴볼 언어의 구성요소와 사용역에서도 나타난다.

어린 아동기에서는 구두 언어 환경이 주요한 언어 학습원이었으나, 청소년기에 접어들면서 문자 언어 환경과 더불어 의사소통에 있어 하루의 대부분 시간을 보내는 학교 교육환경이 중요하게 떠오른다. 학업 교과과정의 과목들에서 새로운 개념과 어휘, 복잡한 구문 등에 대하여 다양하고 깊이 있게 접하게 되고, 읽기 기술이 향상되고, 또래와 집단 공부를 하거나 함께 토론을 할 기회들이 발생한다. 교실에서 이뤄지는 교사-학습자 간의 상호작용적 대화는 교사가 주도를 하고 학습자가 교사의 기대하는 관점에 따라 자신의 관점을 조율해 나가는 방식으로 이뤄진다. 학습활동에 대하여 학습자가 '국지적'인 관심을 가지는 반면, 교사는 '거시적'인 관점을 유지하면서 학습 목표에 따른 절차들을 수행한다. 청소년은 학교 사회화 과정에서 '학생'으로 사회화되면서 학교에서의 많은 시간을 거의 수동적인 듣기로 보내게 된다. 그러나 상대적으로 짧은 시간이지만, 학교 교과과정이나 또래와의 상호작용에서 습득한 기술을 토론과 중재적 대화에서 실행한다.

청소년기에는 과학과 역사 같은 과목들에서 다양한 텍스트를 접하며, 새로운 어휘들(예: 전해질, 공전, 실학, 붕당 정치, 주심포식 건축)을 학습하게 된다. 관련 학업 교과에서 생소한 어휘에 대하여 선택적이고, 집중적인 듣기를 수행하지 못한다면 전체적인 내용을 이해하는 데 영향을 미칠 것이다.

이창덕 등(2000)은 듣기를 분석적 듣기, 공감적 듣기, 대화적 듣기의 세 가지 유형으로 구분하였다. 첫째, 분석적 듣기(analytic listening)는 비판적 듣기를 포함하는 것으로, 상대방의 말을 부분으로 쪼개서 분석하고 검토하여 전체 내용을 이해하거나, 지적인 재검토 과정을 거쳐서 비판적으로 이해하는 방법이다. 즉, 학교 교육에서 학생들이 화자가 전달하는 내용이나 주장에 허점은 없는지, 논리적으로 타당한지, 보편성을 확보하고 있는지 등을 고려하여 듣는 것이다. 둘째, 공감적 듣기(empathetic listening)는 자신의 관점이나 입장에서 듣는 분석적 듣기와 달리 상대방의 생각이나 감정을 이해하는 '들어 주기'방법으로, 신뢰와 친밀감을 유발시킨다.

셋째, 대화적 듣기(dialogic listening)는 대화자끼리 협력하여 함께 의미를 만들어 가는 대화상의 듣기 방법이다. 이는 현재의 '우리'에 초점을 두고 서로의 의도를 잘 이해하는 것이 중요하다. 분석적, 공감적 듣기와 달리 '대화를 하기 위해 듣는' 것이므로 수동적인 청자의 역할이 아니라 화자와 동등한 자격과 위치를 가진 능동적인 기능을 한다. 듣기는 내용적 면에서 이해와 분석을 위한 듣기뿐만 아니라 형식적 면에서 사회적이고 화용적인 듣기와 의사소통적 듣기도 있다고 할 수 있다. 청소년기에서 이러한 듣기 능력이 언어 발달과 학업 성취에 큰 영향을 미친다.

청소년들이 어떤 유형의 듣기를 발달시키고 사용하는지도 중요하지만, 성인기를 위하여 한 영역에 치우침 없이 전반적으로 사용할 수 있는 능력이 필요하다. 그러나 청소년들이 잘 발달시키지 못하고 사용하지 못한다면 그 원인을 찾아볼 필요가 있다. 우선적으로 발달적 성취와 학업적 성취에 있어 중요하면서 듣기 활동이 가장 많이 일어나는 학교 교육에서 듣기의 향상을 위하여 학생들이 잘 듣지 못한 이유를 찾아내는 것이 필요하다. 수업 시간에 수업을 잘 안 듣는 이유로 고등학생은 '수업이 재미없기 때문에'(52.5%), '집중력이 부족해서 들으려고 해도 제대로 못 듣기 때문에'(38.5%)라고 응답하였다(양명희, 2005). 그 외에도 언어 능력의 부족이나 인지 능력의 부족, 기억력의 부족, 분석하고 종합하고 판단하는 사고력의 부족 등의 원인 때문인지도 살펴보아서 교육적 배려를 할 필요가 있다.

문자 언어 환경이 중요하지만 그 외에 **인터넷 환경**도 영향을 미친다. 고등학생의 44.3%가 인터넷 대화(채팅)를 거의 하지 않으며, 여학생이 남학생에 비하여 덜 사용하지만(양명희, 2005), 이는 학교와 학원 공부에 많은 시간을 할애하기 때문에 사용할 시간이 적은 이유일 수도 있겠다. 계열별로 하루 1시간 이상 채팅을 하는 비율은 실업계(42.2%), 특목고(18.9%), 인문계(15.4%)로 실업계 학생들이 보다 활발한 채팅을 하고 있음이 이러한 증거일 수 있다. 채팅 상대자로는 동성 친구(63.6%)가 가장 많고, 다음으로 이성 친구(27.9%)이며, 가족과는 거의 없다. 그러나 휴대전화 메시지의 사용은 시간이 보다 적게 소요되고 신속성 때문에 지속적으로 증가하고 있다. 청소년들이 인터넷 환경에서 다양한 관계를 형성하고, 의사소통을 하며 감정을 공유하지만 언어 파괴, 은어와 비속어의 남용, 기존 사회와의 단절, 인터넷 예의범절(netiquette)의 부족 등이 부정적 문제로 대두되고 있다. 청소년기에 나타나는 언어 파괴 현상들의 자세한 내용은 뒤쪽에서 더 살펴보겠다.

초기 학령기 이후 청소년기에 **상위언어적 능력**(metalinguistic abilities), **추상적 사고**, **사회적 조망-말하기** 등에서 계속적인 발달이 있다. 학령기에 접어들어서 음운적, 형태적, 구문적, 의미적 및 화용적 면에서 상위언어적 능력을 사용하는 경향성이 증가하지만, 청소년기에는 일상적으로 단어 구성이나 맥락을 분석하여 새로운 어휘들의 의미를 알아내고, 빈도 있게 사용한다. 추상적 사고 면에서 어린 아동은 구체적이고 문자적인 것을 이해하고 표현하지만 학령기에 점차 추상적이고 비문자적이며 다의적인 것으로 추론 능력이 증가한다. 청소년기에는 모호하고 다의적인 형태를 일상생활에서 보다 많이 접할 수 있고 자주 사용하게 된다. 그들은 신문이나 광고, 인터넷 등을 통하여 모호한 표현들을 접하게 되고, 그러한 모호한 문구를 통하여 '낚이기'도 하고 스스로 사용하여 유머를 불러일으키기도 한다. 학령기 이후 아동이나 성인들은 대화 상대자의 생각이나 감정, 욕구와 의사소통의 결과에 더욱 주의하고, 대화 상대자에 맞춰 내용과 화법을 조정하여 사용할 수 있다. 청소년들은 또래와는 속어를 사용하지만 부모나 선생님, 어린 형제에게는 사용하지 않음으로써 그들에게 부호변환(code switching) 능력이 있음을 보여 주며, 나이든 청소년들은 점차 타협과 상대방에 대한 관심을 통하여 개인 간 충돌을 해결하려고 한다(Nippold, 2007).

재미를 추구하고, 자신들만의 고유한 것이나 새로운 것을 추구하고, 간단하고 쉽고 편한 것을 선호하는 것 등의 청소년의 대표적인 특성들은 그들의 언어에도 영향을 미친다(곽은하, 2005). 청소년의 언어는 의사소통 수단으로서의 기능과, 집단 내 유대감을 형성하고 기존 사회에 대한 저항을 표출하는 사회적 기능, 그들만이 느끼는 감정을 유희적이거나 풍자적으로 표현하여 정서적인 욕구를 해소하려는 심리적 기능 등을 가지고 있다(곽은하, 2005). 이러한 언어의 기능들과 더불어 문해 발달에 따른 언어를 살펴보고자 한다.

의사소통적 기능

의사소통적 기능은 언어의 가장 중요한 기능으로, 청소년기에서도 음운, 형태, 구문, 의미, 화용 등에서 발달과 변화가 일어난다.

음운 발달

발달기의 음운적 능력은 취학 후의 읽기 능력에 영향을 미칠 뿐만 아니라 청소년 시기에까지 영향을 미친다. Barth 등(2009)은 언어, 문해, 비구두 인지적 측면에서 이질적 집단 즉, 정상, 언어장애, 비구두 인지장애(nonverbal cognitive impairments), 두 장애 모두를 가진 집단에 속한 527명의 8학년에서 읽기 유창성과 구성요소 기술들 즉, 언어이해, 작업 기억(working memory), 명명하기 속도, 비구두 인지 능력을 평가하였다. 이 연구를 통하여 청소년 독자에서 의미를 처리하고 새로운 단어를 해독하는 능력이 읽기 유창성에 확실한 기여를 하지만 작은 영향을 미치고, 더 중요한 요인은 음운적 정보를 장기 저장에서 기억하여 떠올리는 능력임을 밝혔다.

형태 및 구문 발달

청소년들은 형태음소학적 지식과 규칙을 이해하는 것이 성인 수준에 도달한다. 그러나 일상생활에서 기성세대의 성인들이 염려할 정도로 규칙에서 벗어난 말들을 사용하기도 한다. 그 중의 하나가 단어나 문장을 줄여서 사용하거나 소리 나는 대로 사용하는 것이다. 그들은 형식성을 피하면서 사용의 편리성을 추구하거나, 바쁜 학교생활 등으로 인하여 단순화되고 핵심적인 말이나 글을 사용하는 데 익숙해지고 있다.

그들은 **약자**를 사용하여 대화를 하는 것이 일상생활이나 인터넷의 환경에서 익숙하다. 특히 접근성과 이동성의 면에서 자유로운 휴대전화의 사용이 증가하면서 가정에서뿐만 아니라 학교에서도 휴대전화 메시지의 이용이 증가하였다. 휴대전화 메시지는 다른 서비스(예: Multimedia Messaging Service)의 사용으로 양을 증대시킬 수 있지만 대개 80개 음소 정도로 글자 수의 제한이 있다. 제한된 범위와 시간 내에서 의사소통하기 위하여 청소년들은 핵심적 단어로만 구성된 단문을 주로 이용한다. 그리고 친밀감이나 생생함을 더하기 위하여 규칙이 파괴된 형태의 구문이나 띄어쓰기, 철자 쓰기 등을 이용한다. 소리 나는 대로 적는 예로, '끝났어→끈나써', '왔어→와써', '축하해요→추카해여' 등이 있고, 줄여 사용하는 예에는 '그런데→근데', '심야자율학습→심자', '학생주임 선생님→학주' 등이 있다. 이로써 청소년들의 형태적 파괴와 약자 사용이 다양한 형태로 일상생활 깊숙이 자리 잡고 있음을 알 수 있다.

청소년기에는 다양한 문장 유형들을 보다 완전하게 사용하고 숙달하게 된다. 의미적 해석을 통하지 않고서도 충분히 구문구조를 통하여 문장이나 문단을 이해할 수 있다. 이 시기에 거의 모든 유형의 종속문과 내포문을 이해할 수 있으며, 복잡한 문법적 구조의 정교화가 지속되어 고등학생 시기 무렵에 성인 수준에 이른다.

구문의 길이와 복잡성은 언어 표현 양식의 유형에 따라 다르다. Loban(1976)은 청소년기 동안 최소종결단위〔T-unit(w)〕 길이가 작지만 꾸준히 증가하며, 말하기보다 쓰기에서 더 큼을 제시하였다. 임애리(2003)도 청소년기의 구문을 평가할 때 말하기보다 쓰기를 통한 평가 방법의 적절성을 주장하였다. Loban은 청소년기의 T-unit 길이를 계산할 때에 형태소가 아닌 단어를 기준으로 측정할 것을 제안한다. 이 연구의 결과에 대한 **표 9.1**에서 보면, 청소년 초기인 6~7학년에서 말하기의 T-unit 길이가 쓰기 표본에서보다 길고 8~9학년에서 말하기와 쓰기의 T-unit 길이가 비슷하다가 10~12학년의 청소년 후기에서 T-unit 길이가 쓰기에서 더 길어

표 9.1. 말하기와 쓰기의 평균 T-unit 길이

학년	말하기 표본의 평균 T-unit(w) 길이	쓰기 표본의 평균 T-unit(w) 길이
6	9.8	9.0
8	10.7	10.4
10	10.7	11.8
12	11.7	13.3

출처: Loban, W. (1976). *Language development: Kindergarten through grade twelve.* Urbana, IL: National Council of Teachers of English(Paul, 2007에서 재인용).

짐을 볼 수 있다. 말하기와 쓰기에서의 T-unit 길이가 학년이 높아질수록 점차 증가하였으며, 청소년 초기일수록 말하기 구문의 길이가 더 길고, 후기로 갈수록 점차 쓰기 구문의 길이가 길어진다.

청소년 시기의 구문 능력을 평가하기 위하여 Scott와 Stokes(1995; Nelson, 2010에서 재인용)는 최소종결단위(T-unit) 길이, 종속절의 사용, 높은 수준 구조의 사용 등을 제시하였다. 임애리(2003)는 십대 청소년의 구문 능력을 평가하기에 T-unit이나 절에서 사용된 어절과 안긴 절의 수 등이 적절하다고 주장하였다. 4, 6, 8학년의 구문 표현 발달을 평가한 그의 연구에서, 구두적 표현에서 학년 간 차이가 없지만 서술 담화 쓰기와 설명 담화 쓰기의 T-unit당 안긴 절의 수가 8학년과 4학년 간에 유의한 차이가 있으며, 설명 담화쓰기에서 종속절의 안긴 절 비율이 더 어린 연령에 비하여 8학년에서 크게 높았다. 그리고 설명 담화의 구두적 표현 시에 8학년이 4학년에 비하여 생략을 적게 사용하고, 서술 담화의 문자적 표현 시 8학년이 4학년보다 지시를 많이 사용하였다. 이로 미루어 볼 때 청소년기의 구문 능력은 그 이전의 능력과 구분될 정도의 차이를 보이고, 안긴 절의 사용이 두드러짐을 알 수 있다. 청소년은 어린 학령기 아동에 비하여 구문적으로 더 복잡한 구조를 능숙하게 사용하고, 다양한 결속장치(cohesive device)를 적절히 사용하여 의사소통 상대자에게 명확한 의미를 전달할 수 있다.

청소년기에서 그들의 구문능력을 분석할 때 T-unit의 길이, 절의 조밀도, 저빈도로 사용되는 높은 수준의 구문구조의 사용, 결속장치의 사용 등을 이용할 수 있다. 그러나 분석의 대상이 되는 표본에 있어서 청중이나 대화 상대자에 따라, 유도에 사용된 방법이나 장르에 따라, 화자의 개인적 성향에 따라 적절성과 타당성에 영향을 미칠 수 있음을 인식할 필요가 있다.

의미 발달

학령기 이후 성인기까지 어휘의 양적이고 질적인 변화가 있다. 청소년은 여전히 단어 찾기 문제와 한정된 어휘의 사용을 나타낼 수 있으나, 이미 습득한 어휘에 그 이상의 어휘를 학습하여 어휘집을 지속적으로 확장한다. 또한 청소년은 알고 있는 단어에 대하여 확대되고 확장된 의미를 습득하고, 쪼개고 연합하는 방법으로 단어 사이의 관련성을 이해한다. 청소년들은 어떠한 경우에 단어나 문장들이 표면적으로 의미하는 한 가지 의미보다 더 많은 의미가 있을 수 있음을 안다. 비슷한 의미가 있는 다른 단어들이나 동일한 발음의 다른 의미들이 있는 단어들 등을 선택할 수 있다. 단어 사이의 관계성을 찾아 정확한 의미를 찾아낼 수 있다. 어떤 문장은 한 의미 이상을 내포하는 경우가 있다. 표면적으로 드러나지 않은 함축적인 의미를 포함한 단어들을 익히고 사용할 수 있다. 학령기와 청소년기에 탈맥락적 상황에서의 후기 언어 발달을 평가할 수 있으며, 이 시기에는 단어 정의하기 능력이 분명해지기 때문에 이를 통하여 그들의 어휘 능력을 적절하게 볼 수 있다(Nippold, 1995).

또한 맥락에 의존한 추론 즉, 귀납적이거나 연역적인 추론을 이용하여 맥락에서 의미를 이끌어내는 방법을 사용하고, 초인지적인 활동들을 통하여 추론 능력을 향상시킨다. Piaget의 인지 발달 단계 중 형식적, 조작적 사고의 시기에 다양한 추론과 비판적이고 논리적인 사고 기술을 학습할 수 있다. 생소한 어휘나 문장을 접하게 되면 청소년들은 의미적 단서나 맥락적 단서를 사용하여 그 의미를 추론하게 된다.

청자나 독자는 대화의 내용이나 이야기에서 어휘 및 구문적으로 모호하고 미묘하며 비문해적인 단어나 문장을 발견하기도 한다. 이를 이해하기 위해서 현재 드러나 있는 단어 이상의 의미로 확장시켜야 할 경우가 있다. 비유 언어나 이중적인 의미의 사용이 그러한 경우의 예가 될 것이다. **비유 언어**(figurative language)에는 은유(metaphor), 직유(simile), 수수께끼(riddle), 관용어(idiom), 역설(paradox), 풍자(irony), 해학(humor), 속담(proverb), 격언(maxim) 등이 있다. 각각에 대한 설명은 제6장의 의미 발달에 잘 표현되어 있다. 비유 언어의 이해와 사용은 전반적인 발달 과정에서 학령기 이상의 언어적 발달 양상을 보여 주고, 좋은 비교치가 될 수 있다.

그 중 속담이나 격언, 풍자 등은 다른 비유 언어에 비하여 이해하기 어렵고 더 늦게 발달하며 성인기까지 계속적인 발달을 보인다. 학령기에 접어들면서 대화나 교실 상황, 문학이나 읽기 등을 통하여 다양한 비유 언어에 노출된다. 속담이나 격언을 잘 이해할 수 있는 것은 청소년기 이상이 되어야 하며, 이들에 대한 정확한 이해 능력이 초등학교 후반과 청소년기 동안에 서서히 증가한다. 학령기 아동은 성인에 비하여 관용어에서 보다 문자적이고, 부분적인 이해를 나타내거나 덜 비유적이다.

12, 15, 18세의 정상발달을 보이는 학생들이 참여한 연구(Nippold et al., 2000)에서도 연령이 증가함에 따라 속담을 이해하는 능력이 향상되고, 구체적 속담을 추상적 속담보다 더 쉽게 이해하는 것으로 보고되었다. 연구 참여자 모두는 비친숙한 속담 내에서 추상적 어휘보다 구체적 어휘에서의 단어 지식이 더 높았다. 모든 집단에서 구체적 속담 내에서의 명사를 추상적 속담 내에서보다 더 잘 이해하였다. 추상적 명사가 더 어렵지만 18세 집단에서는 더 이상 그렇지 않았다. 단어 지식이 속담 이해 성취에 유의한 관련이 있으며, 추상적 명사 지식이 추상적 속담의 이해에서 관련이 깊다. 그러나 구체적 명사와 속담 간의 협력 관련성은 부족하다. 투명한 속담에 대한 이해는 연령 간 차이에 민감한 요소이며(오소정, 2001), 속담이나 관용구 등은 학령기 이후 언어 발달을 진단할 수 있는 요소이다.

학령기전, 학령 초기에 맥락 의존적이었던 비유 언어의 이해는 점차 은유적 투명성이 낮아져도 이해할 수 있게 된다. 즉, 풍자의 의미를 말투나 감정 표현 없이 드러난 맥락들에만 근거하여도 이해할 수 있다(Capelli, Nakagawa, & Madden, 1990). 성인이 친숙도에 관계없이 속담을 이해할 수 있는 반면에 학령기 아동이나 청소년은 비친숙한 속담보다 친숙한 속담을 더 잘 이해한다(오소정, 2001). 청소년들은 하향식 처리뿐만 아니라 상향식 처리를 사용하여 속담을 이해할 수 있다(Nippold et al., 2000). 상향식 처리에서 선행하는 단어 지식을 이용하는 것이 중요한 요소이다. 학령기 이후 발달하는 보다 높은 수준의 비유 언어에 대한 이해는 연령이 증가할수록, 내용이 구체적이고 투명할수록, 맥락이 제공될수록, 친숙할수록, 단어 지식이나 세상사 지식이 높을수록 높아진다.

아직은 이해한 투명하거나 불투명한 속담 모두에서 비관련적이거나 문자적 이미지 형태를 성인에 비하여 더 사용한다(Nippold & Duthie, 2003). 그리고 비유 언어의 산출 능력이 증가하여 자유로이, 의도적으로 표현하게 된다. 성인에 비하여 낮은 비유적 이미지 형태를 산출하지만, 어떤 아동들의 경우에는 이해한 속담에 대하여 복잡 미묘한 이미지를 산출할 수 있다(Nippold & Duthie, 2003). 학령 전과 학령 초기에 비유 언어를 이해하는 것이 산출하는 것에 앞선다. 청소년기 이후에는 산출이 줄어드는 경우도 있으나 산출이 줄어들었다고 해서 산출 능력이 줄어든 것은 아니다. 연령이 증가하면서 비유 언어에 있어서 보다 다양한 환경에 노출이 되고, 산출 양의 증감에서 변화가 있으나 이해와 산출 모두 깊어진다. 고등학생들은 초기 학령기에 발달하기 시작한 농담이나 빈정거림, 중의적 의미 등을 음운적, 형태적, 의미적, 구문적, 화용적 영역에서 창의적 및 유희적으로 능숙하게 다룰 수 있다.

복잡하고 다양한 사회적, 의사소통적 목적을 이루기 위하여 풍자를 사용하는 경우가 있다. **풍자**는 화자가 상대에게 미묘한 감정과 태도를 전달하거나, 유머 표현, 설득, 청자의 적극적인 반응 유발, 감정 통제, 유대 강화 등을 위하여 사용된다. 풍자를 이해하기 위하여 필요한 정보는 문자적 표면의 이면에 숨겨져 있는 화자의 의도된 의미, 화자가 발화에서 언급하는 대상이나 청자에 대한 감정과 태도, 화자가 기대하는 청자의 감정적 반응 등이며, 이는 단계적이다(정혜승, 2007). 학령기 이전에는 첫 번째 단계에서 어려움이 있으며, 두 번째 단계는 11세 이전에 어려움이 있고, 13세 이후에 화자의 의도와 대상 및 청자에 대한 태도를 정확히 파악할 수 있다. 거의 모든 학생들이 풍자를 이해할 수 있는 시기는 만 15세 정도의 고등학교 시기이다. 정혜승(2007)은 풍자를 이해하기 위하여 상위언어 능력과 담화 상황을 파악하는 능력, 추론 능력 등이 필요하다고 제시하였다.

성 차이에 따라 풍자의 이해 정도가 다르다. 정혜승(2007)의 연구에서 여학생이 남학생에 비하여 일관성 있게 다소 높은 풍자 이해 능력을 보였다. 이는 성에 따른 언어 능력 차이나 언어의 사용 방식 차이, 사회적 관계에 대한 민감도 차이, 감수성의 차이 등으로 볼 수 있을 것이다.

청소년들은 학령기 아동들에 비하여 추론적 능력을 이용하여 어휘나 문장의 다중적 의미를 더 잘 이해할 수 있고, 보다 발달된 비유 언어 능력을 나타낸다. 이 시기에 단어 정의하기 능력을 살피거나 속담, 관용어, 풍자 등의 능력을 살펴봄으로써 그들의 의미적 능력을 알아볼 수 있겠다.

화용 발달

언어학자들은 의미 있는 문장을 만들어 내고 이해하는 언어 능력(linguistic competence) 외에 사회적 상호작용에서의 의사소통 능력(communicative competence)을 언급하기도 한다. 의사소통 능력을 구성하는 지식은 화용적 지식(pragmatic knowledge), 담화 지식(discourse knowledge), 사회언어적 지식(sociolinguistic knowledge)으로 구성되는데(Hoff, 2005), 화용적 지식은 언어의 의사소통 기능과 의사소통을 위하여 언어 사용을 통제하는 규칙들의 이해와 관련된다. 담화 지식은 문장 이상의 더 큰 단위를 사용하여, 여러 사람이 말하는 양방향 형태의 대화나 한 사람이 길게 이야기하는 단방향 형태의 내러티브와 관련된다. 사회언어적 지식은 성별, 지위, 문화와 같은 변인에 따른 언어 사용의 차이 발생과 관련된다.

학교 교육과정은 정상적인 청소년의 언어 발달을 위한 역할을 수행한다. 의사소통에서 보다 확장된 형식으로 산출하도록 요구하고, 교실 강의와 내러티브(narrative), 설명적, 설득적, 주장적인 텍스트와 같은 형식이 교과과정에 도입되고 학생들은 이를 이해하고 처리하며 산출하는 과정을 배우게 된다. Reed와 Spicer(2003; Nelson, 2010에서 재인용)는 교사들이 학생에게 가장 중요하다고 고려되는 의사소통 기술들을 보고하였는데, 고등학교 교사들이 가장 높은 빈도로 포함한 것은 내러티브 기술들과 논리적 의사소통, 메시지를 명료화하는 능력, 적절한 언권 교환 능력이었다.

내러티브는 교과 성취와 효과적인 의사소통, 사회적 상호작용 등에서 중요한 발달적 요소이며 대화보다 더 도전적이고 복잡한 담화 장르로서 읽기 성취와 관련되어 있다. 어린 아동기부터 발달하여 청소년기에 이르면 내러티브의 구조가 보다 복잡해지고 해석적인 이해가 증가하게 된다. 모든 이야기 문법의 요소들이 나타나며, 이야기에 따라 다양한 형태의 이야기 구조를 사용할 수 있다. 그리고 결속장치를 사용하여 세련되고 응집적인 담화를 산출하고, 추론으로 추상적이거나 내면적 내용을 이끌어낼 수 있다. '요약하기'는 기본적인 언어의 발달 후에 나타나는 기술로, 이야기에서 내용의 통합과 압축을 필요로 한다. 이야기 속 사건들의 연속을 요약하여 표현할 때, 이야기 구조를 파악하고, 정보를 기억하여 너무 세부적인 요소를 피하면서 중심적인 요소를 선택하여, 간결하고 응집적으로 표현할 수 있어야 한다. 이러한 요약하기는 초등학교 고학년 이후에 더욱 정교화된다고 할 수 있다.

청소년기에는 대화 상대자가 다양화되고 대화에 새로운 주제가 더해진다. 청소년은 점차 가족보다 또래와 개인적, 정서적 문제들에 대하여 많은 대화를 나누는 경향이 있다. 대화에서 상대의 이야기를 중단시키는 것이 나타나지만 이는 오히려 대화 전체를 윤택하게 한다. 청자들은 화자에 대하여 주의집중과 경청에 대한 피드백을 제공하거나 청자의 이해 증진을 위하여 들은 메시지를 다시 한 번 확인하고 질문을 통하여 명료화하기를 한다. 도입된 주제가 유지되는 비율은 연령이 증가할수록 증가하고, 청소년이 되면 비약적인 주제 변경을 적게 한다. 성인으로 갈수록 대상이나 연속성, 아이디어에 대한 화제의 초점을 조금씩 수정하여 대화의 연속성을 유지하면서 대화 주제를 수정해 나간다. 어린 시기에서는 구체적인 주제가 사용되지만 청소년기 이후에는 추상적인 논의가 나타난다. 명확한 의사소통과 다양한 상황 속에서 사회적 기대에 일치시키는 능력이 증진한다.

15세가 지나면 설득적이고 논쟁적 기술이 성인과 유사한 수준에 닿는다. 의사소통 상대의 관점과 지식이 자신과 다르다는 것을 깨닫고 청소년기 후반이 되면 이러한 차이를 고려하는 일이 중요함을 알게 된다. 사람들의 여러 관점을 이해하고, 대화와 협상을 통하여 자신의 관점을 밝히고, 논리적 근거를 들어 설득하고 주장하는 것이 의사소통의 성공을 위하여 필요하다.

대화의 의미적 측면에 초점을 두는 것이 중요하지만 상호작용에서 언어 이외의 요소들도 중요하다. Turstra 등(2003; Nelson, 2010에서 재인용)은 전형적인 발달을 보이는 청소년들이 또래와 상호작용하는 대화 행동들을 조사함으로써, 발생비율이 가장 높은 행동이 상대방을 쳐다보고, 고개를 끄덕이고, 긍정적 얼굴 표정을 지으며, 이해와 동의를 나타내기 위해 맞장구를 치고, 부수적 반응을 주는 것임을 발견하였다. 가장 낮은 빈도로 발생한 행동들은 부정적 정서들, 주의 돌리기, 설명 요구하기, 질문에 틀린 대답하기였다. 청소년들은 준언어적이거나 비언어적인 행동들을 적절히 사용함으로써 또래 상호작용에서 언어 행동에 보조를 맞추면서 관계 맺기를 보다 원활히 수행할 수 있다.

청소년기에서 존재하는 다양한 측면의 대화적 요소에 대한 발달을 알아보는

표 9.2. 청소년의 대화 분석

	적절	부적절	관찰 기회 없음	비고
청자 역할				
어휘				
구문				
주요 생각들				
협조적 매너				
피드백 주기				
화자 역할: 언어적 특색				
구문				
의문				
비유 언어				
비특수 언어				
정확한 어휘				
단어재인				
머뭇거림과 비유창성				
화자 역할: 준언어적 특색				
초분절 특색				
유창성				
명료성				
화자 역할: 의사소통 기능				
정보 주기				
정보 받기				
설명하기				
설득하기				
의견/믿음 표현하기				
준비성 지적하기				
구두적으로 문제 해결하기				
위로하기(entertain)				

표 9.2. 청소년의 대화 분석 (계속)

	적절	부적절	관찰 기회 없음	비고
대화적 역할				
■ 구두 순서/주제				
모방				
주제 선택				
주제 유지				
주제 전환				
언권 교환				
수정/교정				
중단				
■ 구두 예의성				
양				
진실성				
적절성				
명료성				
재치				
■ 비구두				
제스처				
얼굴 표현				
눈맞춤				
근접성				

출처: Larson & McKinley(2003). *Communication solutions for older students: Assessment and intervention strategies* (Paul, 2007, p. 592에서 재인용).

방법들이 있다. 일반적인 화용 검사 외에도, Larson과 Mckinley는 언어와 준언어적 특색으로 의사소통 기능과 대화적 규칙의 사용을 평가하는 대화분석법을 제시하였다(**표 9.2** 참조). 또 자폐 아동들과 가족의 대화 내용 분석을 위해 Landa 등(1992)이 고안한 화용 비율 척도(**표 9.3** 참조)를 이용하여, Paul과 Sutherland는 10대 일반 청소년과 고기능 자폐 청소년 간에 큰 차이가 있음을 밝혔다(Paul, 2007에서 재인용). 이러한 분석에서 청소년기에 갖추어야 할 대화적 요소들을 확인할 수 있다.

치료사들은 담화 관리 기술들이 청소년기에 가장 중요한 화용 영역이라고 믿고 있지만, 청소년들 스스로는 공감과 친화를 위해 사용되는 언어가 긍정적 또래 관계를 위해 더 중요하다고 믿는다(Reed & Bradfield, McAllister, 1998; Nelson, 2010에서 재인용). 이에 치료사들은 청소년들이 대화에서 상대의 감정을 이해하고 수용함을 표현하고 친밀한 관계를 성립하게 하는 방법을 찾도록 도와주어야 할 것이다.

청소년기 교육과정에서 가장 많이 접하는 것이 설명적 텍스트 형태로, 이는 상대방이 어떤 사실을 분명히 알 수 있도록 이해시키기 위한 목적의 텍스트이다. 교육과정뿐만 아니라 일상생활의 구두 언어와 문자 언어에서도 설명문 형태를 접하며 자주 사용한다. 예로, 새로 구입한 휴대전화의 사용 기능을 알기 위하여 설명서를 읽거나 다른 사람에게 그 작동법과 기능을 설명하는 것과 같은 기회들이 많을 것이다. 일반적으로 설명문은 외재적인 결속장치가 많고, 자신의 주장이 적고, 객관적으로 정보를 전달한다.

청소년기에 접하게 되는 새로운 담화 유형으로 **논설문**과 **설득문**을 들 수 있다. 이 유형은 자신과 다른 생각을 가진 상대를 설득시키기 위한 목적의 텍스트로서, 설명문보다 일반적으로 늦게 발달하며, 좀 더 늦은 시기에 나타날 수도 있다. 논설문은 서론, 본론, 결론을 혹은 상황, 문제, 해결, 평가를 완전히 갖춘 글로서(원진숙, 1995), 텍스트 내에서 자신의 주장을 강하게 드러낸다. '상황(situation)' 요소는 특정 문제의 배경 정보로 작용하는 사실이나 정보의 진술이며, 논설문의 중요한 기본요소가 되는 '문제(problem)' 요소는 앞의 '상황'에 대한 부정적 평가를 내림으로써 화자나 필자가 믿고 있지만 상대방이 아직 받아들이지 않는 사실이나 주장에 대하여 새로운 문제를 제기한다. '해결(solution)' 요소는 증거나 합리적 논리와 근거를 들어 제기된 문제의 해결 방안을 제시한다. '평가(evaluation)' 요소는 문제 해결에서 나타난 구체적인 문제 해결 방안, 대안성, 미해결된 문제에 대한 평가가 포함된다. 즉, 논설문은 문제를 제기하고, 문제를 해결하는 과정에서 인용이나 논리적 진술 등으로 주장의 근거를 제시하여 청자나 독자의 설득을 이끌어내는 텍스트이다. 청소년기에는 설명, 주장, 설득 등의 다양한 텍스트에 노출이 되며, 학업적 성취와 고차원적인 정신능력을 키우고 성인 사회에의 준비를 한다.

표 9.3. 화용 비율 척도(Pragmatic Rating Scale)

문항	0	1	2
인사가 없거나 부적절			
현저한 솔직성			
과도한 직접성이나 둔감성			
부적절한 격식			
과도한 수다스러움			
관련 없거나 부적절한 설명			
대화자와 '구문에서 벗어난' 내용			
혼란스러운 근거			
화제 집중/고집성			
단서에 둔감			
상호적 주고받기 없음			
간결함			
이상한 유머			
불충분한 배경 정보			
대명사나 다른 용어에서 추론 실패			
부적절한 설명			
애매한 근거			
각본화되고 정형화된 담화			
생각의 어색한 표현			
불분명하거나 틀린 발음			
부적절한 구어 속도			
부적절한 억양			
부적절한 음량			
과도한 쉼, 재조직화			
이상한 리듬, 유창성			
부적절한 신체 거리			
부적절한 제스처			
부적절한 얼굴 표현			
부적절한 시선 사용			
대상자의 총점			

*0=정상, 1=중간 정도로 부적절, 2=없거나 심한 부적절, 총점이 6 이상이면 화용 장애를 의미한다.

출처: Paul(2007). *Language Disorders from infancy through adolescence; Assessment & intervention* (3rd ed.), p. 593

집단 내 유대감과 기존 사회 저항의 사회적 기능

청소년은 사회적 유대를 지속하기 위하여 언어를 사용하며, 의식의 변화와 소속 집단, 영어 및 통신 등의 영향을 받아서 언어 변화를 야기하고 있다. 기존의 규범에서 벗어난 언어를 사용함으로써 '일탈 문화'를 추구하고, 심리적인 해방감을 언어로 표현하기도 한다.

청소년들은 성인과의 대화와는 다른 형태로 또래 청소년과 대화한다(Kuder, 2008). 성인과의 대화에서 청소년들이 부끄러워하거나 말하기를 꺼리고 회피하며, 짧은 대답을 사용하는 반면, 또래와의 대화에서 보다 더 이완적이고, 더 수다스럽고, 대화 상대자의 이야기 이해 정도에 더 관심을 보인다. 또래 간의 깊은 우정의 개념은 공유한 활동 위주에서 가치 위주로 발전한다. 초기 아동기에서의 우정에 관한 공동 활동들이 청소년기에 사회적 상호작용을 위한 중요한 매체가 된다(Paul, 2007). 청소년 또래 간의 언어적인 소통을 통하여 친밀감을 나누고 경험을 공유하게 된다.

일상생활에서 고등학생들은 사회에서보다 가정에서의 예절을 덜 지키고 있다. 양명희(2005)의 연구에 의하면, 타인에 대하여 '고맙습니다.'라고 말하는 반응률이 87.4%인데 비하여 부모님께 아침 인사를 안 한다는 비율이 53.8%이었다. 이는 고등학생들의 일과가 바쁜 이유도 있을 것이고, 부모와의 관계가 점차 수평적 관계로 변화한 이유도 있을 것이다. 학력이나 성별 등의 요인들로 보자면, 학력이 비교적 높은 계열과 지역의 학생들이 가정에서의 아침 인사를 더 잘한다. 성별에 있어 남학생이 여학생에 비하여 좀 더 높은 비율로 아침 인사를 하고, 더 격식 있는 인사 언어를 사용하였다(양명희, 2005). 이는 가정에서 여학생들이 남학생들에 비하여 부모와 좀 더 친밀한 관계 맺기를 중시하고, 남학생들에게 언어 교육을 중시한 결과라고 생각된다.

청소년기에 이르면 가정을 벗어나 또래 문화가 자리를 잡는다. 고등학생이 평소에 가장 많은 대화를 나누는 상대가 동성 친구인 경우가 71%를 차지한다(양명희, 2005). 다음 상대로는 어머니가 일반적이고(14%), 비교적 학력이 높은 지역의 학생들에서 비율이 더 높다. 주로 대화의 화제는 학교생활(36.8%)이 가장 많고, 다음으로는 운동 등의 취미생활(18.3%), 영화나 텔레비전 프로그램(14.6%)이다. 대화를 가장 많이 하는 상대자와 하루에 대화하는 시간은 '2시간 이상'(40.5%)이 가장 많았으나 남학생이 보다 적은 시간을 소요하였다. 또 서울과 대구에서 고등학교를 다니고 있는 사람들 중 '2시간 이상'이라고 많이 응답한 청소년들의 지역은 서울 강북(46.6%), 대구 비수성구(46.0%), 서울 강남(31.7%), 대구 수성구(27.4%) 순이었다. 이는 학력이 비교적 높은 계열 및 지역의 학생들이 상대적으로 적은 시간 동안 대화하고 있음을 나타낸다. 성별에 따른 차이도 있지만 고등학생들이 시기적으로 학교에서 대부분의 시간을 보냄으로써 부모와의 대화가 부족하고 사춘기의 정서적 공감, 스트레스 전환이나 정보 교환 등을 위하여 동성 또래 간 대화가 많은 것으로 보인다. 그러나 대화 양에는 학업 문제가 큰 영향을 미치는 것으로 생각된다.

이 시기의 대화 스타일에 가장 많은 영향을 끼치는 요인이 또래이다. 대화 스타일을 통하여 자신의 정체성을 밝히고, 집단에의 소속감이나 동조를 보여 준다. 이 시기의 소년들이 위계적 집단을 구성하는 반면, 소녀들은 자기 또래와의 상호작용을 중요시하며, 동질적인 집단을 형성하고, 대화하는 시간이 점차 증가한다. 청소년들은 성 차이에 따라 또래 집단에서 서로 다른 대화 스타일을 사용한다.

또래 집단의 영향이 나타나는 또 다른 요소가 **은어**이다. 지역적 특수어로서의 은어도 있지만 청소년들은 동조와 소속감을 나타내기 위하여 사회적 특수어로서 그들만의 은어를 창조하고 즐겨 사용한다. 은어를 거의 또는 전혀 사용하지 않는 고등학생 비율(46.2%)이 높지만(양명희, 2005), 은어를 자주 혹은 매우 자주 사용하는 학생의 비율은 특목고(34.5%), 인문계(16.9%), 실업계(16.3%) 순이다. 이는 특목고 학생들이 다른 집단의 사람이 알아듣지 못하도록 그들만의 은어를 많이 사용하고 있음을 보여 준다. 이러한 연구 결과는 은어 사용의 사회적 특수성을 나타내는 것이다.

마은경(2000)은 고등학생이 사용하는 은어를 내용 측면과 형식 측면으로 분류하였다. 내용상의 분류에는 '학교생활 관련 은어'(예: 범생이, 중딩), '성 관련 은어'(예: 삽질, 조갯살), '통신 관련 은어'(예: 정모, 즐팅), '사람을 지칭하는 은어'(예: 짱, 미지왕), '동작이나 상태를 표현하는 은어'(예: 쪼다, 난장까다) 등으로 구분하였다. 이 중 '성 관련 은어', '통신에 사용하는 은어'가 49.4%를 차지하고 있다. 이는 과거에 비하여 청소년의 개방된 성 인식과 관심을 나타내고, 컴퓨터 게임이나 채팅, 통신이 최근 청소년들의 가장 큰 관심사로서 은어에 미친 영향을 보여 준다.

형태상의 분류로는 '치환형+두음의 된소리 발음형 은어'(예: 남자→짜남), '계열을 형성하는 은어'(예: -다: 수다, 아다, 후다), '단순 생략형 은어'(예: 겜방, 방가), '출자된 은어'(예: 꼰대, 빠구리, go go mountain), '숫자, 문자로 표현되는 은어'(예: 2번, ㅜㅜ, ^^;)가 포함되어 있다. '계열을 형성하는 은어'가 55.1%로 가장 많이 나타났고, '출자된 은어'가 21.6%를 차지하였다. 어휘 수 측면에서 가장 높은 비율을 차지하는 은어인 '계열을 형성하는 은어'를 좀 더 세부화하면 '생략형 계열어'가 가장 많으며(67.14%), '파생어를 형성하는 은어', '된소리화가 일어난 단어의 계열군'으로 나눌 수 있다. 은어가 다양한 형태로 청소년들의 공감을 이루고 그들의 생활과 심리에 밀접하게 연결되어 있다.

청소년들의 자기 평가를 통하여 고등학생들이 학교나 일상생활에서 은어와 **비속어**를 많이 사용하며, 주로 친구에게 영향을 받았음(83.1%)이 조사되었다(마은경, 2000). 이 조사에서 청소년들은 '앞으로도 어떤 말을 쓸 것인가 신경 쓰지 않고 말하겠다.'(31.1%)와 '유행어, 속어, 은어를 많이 사용할 것이다'(24.5%)라고 응답하였으며, 은어를 사용하는 이유로 '재미있으니까'(49.5%)가 가장 높은 비율을 차지하였다. 집단 내의 비밀스런 의사소통의 수단으로 사용되던 은어가 청소년들에게 '재미, 흥미, 호기심'을 제공하고, '집단 내 유대감'을 부여하는 수단으로 인식되고 있음을 알 수 있다.

청소년기는 집단 내 유대감이 강조되고, 가장 많은 대화를 나누는 또래의 영향이 큰 시기이다. 이 시기의 특성들을 바라보는 시각의 차이에 따라 청소년의 언어를 긍정적이거나 부정적으로 볼 수도 있다. 청소년 집단의 문화적 특성을 지키면서 언어 파괴와 세대 간의 이질화 현상을 막는 것이 필요하다고 할 수 있다.

유희, 풍자적 표현으로 정서 욕구를 해소하려는 심리적 기능

청소년은 유행어나 신조어와 같은 새로운 언어 표현을 사용하길 선호하는 세대이다. 신세대의 의식이 변화하고, 영어나 통신 등의 영향이 청소년의 언어 변화를 야기하고 있다. 청소년은 은어를 통하여 집단에의 소속을 나타내기도 하지만 단순히 재미와 경제성, 현장감을 살리기 위하여 새로운 어휘들을 창조하고 사용한다. 자신의 심리나 감정을 생생하게 전달하기 위하여 과도한 문장부호를 남용하기도 한다. 이는 음소 바꾸기(예: 안녕→안뇽), 더하기(예: 오시니?→오시남?) 및 줄이기(예: 뭐해요→모해요), 음절 줄이기(예: 융합을 통한 줄이기: 선생님→샘, 자르기를 통한 줄이기: 컴퓨터→컴)와 늘이기(예: 너무→너너너무), 숫자나 글자, 문장 부호, 그림으로 표현하기(예: 빨리 와요→82 와요, 웃음→ㅋㅋㅋ, 발랄→^·^, 사랑해→♡) 등을 통하여 이뤄지고 있다. 청소년의 언어 사용에서 느낌표나 물음표의 과도한 사용, 잘못 사용되는 마침표, 그림화된 표현 등의 사용을 통하여 그들의 정서를 그대로 표현하고 있다.

줄이는 방법으로 약자와 약어를 이용할 수 있는데, 약자란 시간과 발화 경제성을 위하여 단어의 첫 음절로 이루어진 말이며, 약어란 기존의 어떤 의미를 가지고 있는 단어에 새로이 다른 의미를 보태어 사용하는 말이다(이진성, 1999). 즐겜(즐거운 게임), 학주(학생주임 선생님), 강추(강력 추천), 몰카(몰래 카메라) 등은 약자의 예들이고, 약어의 예에는 천재(천하에 재수 없는 놈), 바보(바라볼수록 보고 싶은 그대) 등이 있다. 대학생을 대상으로 한 연구(이진성, 1999)에서 수집된 자료 중 약어가 약자의 약 3배에 달하였다. 이는 대학생이 좀 더 자유로운 표현이 가능하고, 중의적인 의미의 사용이 가능한 약어에 대하여 더 적극적으로 사용함을 보여 주는 것이다.

약자, 약어 등의 사용과 철자의 줄여 쓰기, 늘여 쓰기, 잘못된 띄어쓰기 등의 오류를 또래 문화를 벗어나서 공적인 문서나 성인에게 그대로 사용 시에 문제가 발생할 수 있다. 정서의 과도한 표현이나 솔직성은 공적인 문서에 적합하지 않으며, 의사소통 상대자인 성인에게 의사소통의 단절이나 불쾌감을 유발시킬 수도 있을 것이다.

그 외에 대화 시에 청소년들에서 욕설이나 비속어의 사용이 증가하고 있다. 중고등학생의 사용 어휘(최용석, 전은진, 2009) 중에서도 '새끼'나 '존나'라는 비속한 표현이 포함되어 있고, 사용화자 수 측면에서 빈도가 높았다. 고등학생들의 대부분

(75.1%)이 친구와 대화할 때 욕설을 사용하는 것으로 나타나 청소년들의 실생활에서 욕설의 사용이 아주 높은 것을 확인할 수 있다(양명희, 2005). 청소년들이 상대에게 불쾌감이나 혐오감을 주기 위하여 욕설이나 비속어를 사용하는 바도 있지만 화자의 심리적 쾌감과 상대에 대한 친근감을 표현하기 위하여 습관적이고 일상적으로 사용하며, 이에 대한 문제의식을 전혀 의식하지 않는 데 문제성이 있다. 비속어는 내용에 따라 다섯 가지 유형으로 구분하고 있다(이정복 외, 2006). 이에는 남녀 성기와 관련된 '성적 금기어'와, 신분 계층이나 직업의 차별에 따른 표현 및 '년, 놈' 등과 같은 어휘 의미의 변화에 따른 표현의 '신분 차별어', 신체적이거나 정신적인 결함이나 비정상 상태를 나타내는 '병신, 지랄, 미친' 등의 '신체·정신적 결함어', '눈깔, 대가리, 돌탱이' 등의 인간을 동물이나 무생물로 비유하여 낮잡아보는 '비인간적 비유 언어', '제길, 젠장' 등과 같이 화자의 뜻에 맞지 않고 불만스러울 때 감탄사로 사용하는 '비속적 혼잣말'이 있다. 청소년들이 일상생활에서 큰 의식 없이 욕설이나 비속어를 자주 사용하고, 성이나 결함에 관련된 용어들을 많이 포함하고 있다. 이에 그들에게는 자각을 불러일으키거나 개선을 유도하는 교육적 프로그램이 필요하다고 할 것이다.

읽기와 쓰기 발달

학령기 이후의 사람들은 정보를 얻는 주요 근원이 구두 언어에서 문자 언어로 변화한다. 청소년들은 다양한 읽기 및 쓰기 문화에 접하게 된다. 청소년들은 일간지 종이 신문(17.2%)보다 무료로 배포하는 신문(37.8%)이나 포털 사이트의 인터넷 신문(32.5%)을 더 많이 본다(양명희, 2005). 이는 무료 배포 신문과 인터넷 신문이 접근 가능성이 높고, 양이 적으며 흥밋거리가 되는 기사들 때문인 것으로 보인다. 성별로 남학생은 무료로 배포하는 신문을, 여학생은 포털 사이트의 인터넷 신문을 더 읽는 경향이 있다. 한 달에 읽는 책의 권 수는 고등학생의 43%가 1~2권 정도이고, 38%가 거의 한 권도 안 읽는 정도이다(양명희, 2005). 또, 한 달에 읽는 만화책 수가 거의 한 권이 안 되는 경우가 고등학생의 47%이었다. 청소년들이 정보를 얻는 근원으로 학업에 관련된 교재 외에는 신문이나 책을 거의 읽지 않는 원인이 학교나 학원의 과다한 공부 시간과 책에 대한 관심 부족 등으로 보인다.

고등학생들이 가끔 직접 손으로 편지를 쓰는 경우가 27.5% 정도 되며, 전자 우편을 하루에 1~2회 정도 이용하는 경우는 13.6% 정도이고, 일기를 일주일에 거의 안 쓰는 경우가 53.3%이다(양명희, 2005). 이처럼 청소년들은 편지나 전자 우편, 일기는 거의 쓰지 않는 편이다. 그러나 휴대전화 문자 메시지의 사용은 '하루에 5회 이상'(67.6%)이 가장 높은 비율을 차지하여(양명희, 2005) 휴대전화나 PC통신을 이용한 문자 메시지의 사용이 주로 이뤄지고 잦은 편임을 알 수 있다. 청소년들이 자신의 생각이나 감상, 가치관을 논리적이고 설명적으로 풀어쓰는 환경에의 노출이 부족하고, 즉흥적인 느낌이나 생각을 단순하고 짧은 글로 즉시적으로 사용하는 데 익숙한 것으로 생각된다.

Chall(1996; Pence & Justice, 2010에서 재인용)의 읽기 단계 이론에서, 청소년기는 초등학교 3학년에서 중학교까지의 3단계와 14~18세의 4단계에 해당하며, 이 시기는 '학습을 위한 읽기(reading to learn)' 단계이다. 보다 구체적으로 3단계의 두 번째 시기인 중학교 수준은 다양한 읽기 자료들을 접하고 읽을 수 있으며, 복잡한 텍스트를 이해할 수 있다. 그리고 고등학교 시기의 4단계는 복합적이고 다양한 관점과 시각으로 텍스트를 해석하게 된다. 5단계는 18세 이상 시기로, 독자는 자신의 목적에 맞는 선택적 읽기를 하며, 읽기에서 의미를 구성하고 재구성하여 사용한다. 청소년기의 읽기 단계에서 다양하고 복합적인 텍스트를 접하고 이해 능력을 높이는 것이 다음 단계를 위하여 꼭 필요하다.

중·고등학생에서 읽기 변인들의 영향을 알아본 연구(가경신, 2006)에서 열 가지 주요 언어적 변인이 미치는 읽기 능력 예언 정도는 중학생에서 약 30.4%, 고등학생에서 약 31.4%로, 읽기 능력에 언어적 변인이 큰 영향을 미침을 알 수 있다. 중학생 집단에게 열 가지 변인이 모두 영향을 미친 반면, 고등학생에서는 읽기 속도 및 오독 정도가 큰 영향을 보이지 않았다. 이는 고등학생에게는 단순하고 기초적인 읽기는 이미 숙달되어 읽기에 미미한 영향을 끼침을 의미한다. 중·고등학생에서 읽기 능력과 가장 많은 상관을 보이는 것은 어휘력이다. 읽기 수준이 높은 상위 집단과 낮은 하위 집단으로 구분하는 경우, 중학생에서 상위 집단의 읽기 능력은 읽기

초인지 수준, 어휘력, 언어 논리력, 언어 추리력, 기본 지식, 작업 기억 용량 등과 상관이 있으나, 하위 집단에서는 읽기 속도와의 상관만을 보였다. 고등학생에서 읽기 능력 상위 집단은 읽기 초인지 수준, 어휘력, 언어 논리력, 추리력과 상관이 있었으나, 하위 집단에서는 읽기 속도 및 오독 정도와 상관을 보였다. 이를 통하여 중학교 수준에서는 속도와 오독 정도와 같은 기본적 읽기 기능이 읽기 능력과 아직 상관이 깊음을 알 수 있으며, 읽기 재인 능력이 읽기 이해를 촉진할 수 있는 조건임을 알 수 있다. 읽기 수준이 낮은 하위 집단의 중학생은 언어, 인지 변인의 예언 정도가 약 4.3%이며 읽기 속도만이 영향력을 가지고 있었고, 하위 고등학생에서 예언 정도는 약 6.8%이고, 큰 영향력을 보인 변인이 없었다(가경신, 2006). 이는 낮은 읽기 수준의 집단에서는 인지·언어적 변인뿐만 아니라 다른 환경적 변인, 심리적 변인 등에 대한 고려도 필요함을 의미한다.

일반적인 글쓰기뿐만 아니라 설명문 쓰기도 청소년기에 이뤄진다. Paul(2007)은 12세 이후 학교 쓰기에서 설명문이 사용되며, 대부분의 정보가 설명 형태로 나타난다고 하였다. 일반적인 쓰기 과정은 쓰기 전 과정과 쓰기 과정, 쓰기 후 과정으로 나눌 수 있다. 좋은 필자는 쓰기 전 과정에서 쓰고자 하는 내용과 구조를 조직화하고 계획하는 데 많은 시간을 소모한다. 쓰는 과정에서는 성숙된 어휘와 구문을 사용하고, 유창하며, 부주의한 오류의 감소를 추구한다. 또한 쓰기 후 과정에서 수정하고, 편집하면서 탈고의 절차를 충분히 수행한다.

Hoy와 Gregg(1994; 김동일, 2008에서 재인용)의 쓰기 발달 단계 중에서, 중학교 시기의 글쓰기는 개별화된 스타일과 유연성이 있으며, 설명문과 기술문의 구조 이해와, 독자의 이해를 증가시키는 쓰기를 보인다. 단어 구사에서 유연하고, 과거형 시제를 사용하며 감정을 나타내면서 소통하고자 한다. 고등학교 시기의 쓰기는 개별화된 스타일을 보이며 설명문과 설득문의 구조 이해를 보인다. 단어와 구문에 대한 유연성이 증가하고 독자의 이해에 영향을 미치는 사회적 역할을 수행하며, 관계를 기술한다. 미래형 시제를 사용하며 사고와 감정을 소통하고자 한다. 읽기뿐만 아니라 청소년기에는 쓰기의 발달이 비약적으로 발달하며, 이는 단순히 문장을 쓰거나 문단을 완성하는 수준을 넘어서 목적에 맞는 쓰기를 구사하고 독자의 이해를 돕는 문형을 적절히 사용하며 자신의 스타일을 표면화할 수 있다.

2. 성인기

성인기의 언어는 완전하면서 또한 불완전하다.

성인기 언어의 완전성

성인의 일반적 발달은 학력과 관련 없이 성숙과 경험에 의하여 이루어진다. 저학력 성인들의 읽기 능력이 문맹의 성인이나 학령 전기 아동들과 비교하여 형식적인 문자 언어 기호(conventional written signs)를 시각적 기호들(visual signs)과 구별하는 능력은 유사하나, 로고와 이름(inscription), 문자 언어 목록 등에서 훨씬 나은 능력을 보인다. 특히, 성인들은 저학력이나 문맹에 관계없이 학령 전기 아동에 비하여 자소(grapheme)에서 월등한 능력을 보인다(Kurvers et al., 2009). 이는 공교육을 받지 못하거나 적게 받은 성인들이 문해 사회 환경에서 인쇄물의 문자를 정확히 인식하는 것은 부족하지만 인쇄물의 사용과 기능에 대해 보다 충분한 능력이 있음을 나타낸다.

개인차와 편차가 있지만 전반적으로 더 어린 연령에 비하여 성인의 언어에서 나타나는 완전한 면들을 음운적, 구문적, 의미적, 화용적 발달에서 살펴볼 수 있겠다.

음운 발달

모국어에 따라 다양한 소리를 정확히 사용하고, 소리에 따른 의미 차이를 인식하며, 소리 체계의 구조와 규칙 등을 인식하여 발달시켜 온 성인들의 음운 발달은 완성되어 있다. 그러므로 과다하게 시끄러운 상황에서 거의 알아듣기 힘들 정도의 소리를 듣고서도 음성적 및 음운적 지식을 이용하여 단어를 구별해 낼 수 있다.

그러나 다른 한편, 우리는 다양한 문화적 환경에 노출되면서 모두 그러한 것은 아님을 알고 있다. 세계의 다양한 문화에서 사용하는 언어에서 다양한 소리들이 사용되고 있다. 태어나면서 모든 음소의 대조를 구별할 수 있었던 어린 영아들이

(Owens, 2005) 6개월부터 주변에서 듣는 언어의 영향을 받아 음향적으로 다르지만 음운적으로 동일한 말소리를 같은 것으로 생각하게 되면서(Hoff, 2005) 10개월에서 12개월 사이에 모국어에서 중요하지 않은 말소리를 변별하는 능력을 잃게 된다(Owens, 2005). 아동이 자라면서 접하는 모국어의 소리와 음운규칙의 발달에 따라 그 언어에 적합하게 점차 변화하여 음운적 소리로 산출하게 된다.

한국어를 익힐 때, 영어를 접하면서 발달해 온 성인이 /ㄲ/, /ㄸ/, /ㅃ/, /ㅆ/, /ㅉ/의 소리와 같은 경음들에서 어려움을 겪으며, 일본어를 모국어로 하는 성인은 /ㅓ/, /ㅕ/, 받침 자음의 소리들에서, 조선족들은 /ㅜ/ 소리들에서 어려움을 겪는다. 또 한국어를 모국어로 하는 청소년들과 성인들이 제 2언어를 학습할 때 음성적 및 음운적 어려움을 겪는다. 음성적, 음운적인 정보에 숙련된 성인은 능숙하게 음향적 정보를 처리할 수 있으나 제 2언어를 습득하거나 다른 언어에 노출될 때 모국어 체계와의 혼란이 발생하기도 한다.

구문 발달

아동기에서 성인기로 성장하면서 그들의 구문 능력은 점차 발달하여 완전하고 복잡한 형태를 이룬다. 연령이 증가할수록 점차 단문의 사용 비율이 감소하고 복문이 증가한다. 성인들은 아동들에 비하여 여러 문형을 다양하게 사용하며, '주어+자동사' 구조가 여전히 지배적 형태이지만 '주어+형용사' 구조도 견줄 정도로 많이 사용한다(장진아, 2004). 성인은 접속문과 내포문이 합쳐진 형태를 아동들에 비하여 많이 사용하고, 다양한 의미유형의 접속문을 사용한다.

구문 측면에 영향을 미치는 변인들이 다양하다. 이영미와 김향희(2001)는 일반 성인들(21~86세)을 대상으로 자발화 표본을 21가지 변인 즉, 발화당 기능어 수, 어말 어미 수, 발화당 조사 수, 발화당 내용어 수, 초당 음절 수, 발화당 음절 수, 발화당 단어 수, 간투사, 착어(음소, 의미), 반복(음소, 음절, 단어, 어절, 구, 문장), 내용어의 비율, 도치, 수정, 발화 시간, 총 발화 수에 대한 문장 비율로 분석하였다. 이 연구에서 일반 성인들은 그림 설명하기보다 질문에 답하는 형태의 대화하기에서 발화당 음절 수와 어미 수, 단어 수, 시간이 많았고, 초당 음절 수가 많이 나타났다.

그리고 여성이 남성에 비하여 긴 발화길이를 보였다. 교육 정도에 따라 학력이 높을수록 내용어 비율, 발화당 내용어 수가 증가하였고, 학력이 낮은 집단에서 발화당 단어 수가 많고 발화당 내용어 수가 약간 낮았다.

교육 정도에 따라 무학, 초등학교, 중고등학교, 대학교 재학 이상으로 구분하여 자발화 표본을 분석한 연구(권미선 외, 1998)에서 분당 음절 수, 분당 낱말 수, 분당 정확한 정보 단위(correct information unit, CIU) 수, CIU 비율에서 서로 큰 차이가 있는 것으로 나타났다. CIU는 '맥락상 명료하고, 주제나 과제에 적합하고 정확한 정보를 제공하는 낱말' 단위이다. 성인의 교육 정도에 따라 정보 전달의 효율성(CIU 비율)이 가장 두드러진 차이를 보이고, 머뭇거림의 정도는 미미한 차이가 있음이 나타났다.

문해 능력에 따라 이미숙과 김향희(2005)는 60~80대 정상 노인을 순문맹, 반문맹 및 문해 가능 집단으로 나누어 그림 보고 말하기에서 그들의 자발화를 분석하였다. 결과적으로 문해 능력이 높아질수록 활용어미의 다양도, T-unit당 절의 수, T-unit당 단어 수 및 절당 단어 수들이 모두 크게 증가하였다. 그러나 학력과 문해 능력이 비례하는 것은 아니다. 문해 능력이 구어 발달로 자연스럽게 얻어지는 능력이 아니고 공식적 교육이 필요한 요소이지만, 무학인 사람이라도 문해 능력을 가질 수 있고, 공식적 교육 경험이 있음에도 문해 능력이 낮을 수 있다. 즉, 학력과는 별도로 문해 능력이 높을수록 구문적 복잡성과 길이가 증가할 수 있다.

그러므로 성인은 어린 연령에 비하여 구문적으로 복잡한 유형을 능숙하게 처리할 수 있으며, 과제 유형과 성별, 학력, 문해 능력 등에 따라 다양한 양상을 나타낸다. 구문적 능력은 성인의 언어를 평가할 수 있는 좋은 도구가 되며, 구문 평가 시에 T-unit의 길이나 종속절의 사용과 유형, 저빈도로 사용되는 수준 높은 구문의 사용 등도 여전히 이용할 수 있다.

의미 발달

어린 아동기의 일반적이고 구체적인 어휘에서부터 보다 추상적이고 다양한 저빈도의 어휘조차 학습한 성인들에게 어떤 경우에 특수 분야에서 제한적으로 사용되는 저빈도 낱말들을 학습해야할 기회들이 찾아온다.

생소한 단어나 복잡하고 함축적인 단어가 나타난다면 성인들은 그 단어가 포함된 문장 혹은 문단에서 그 의미를 추측하기 위하여 언어적 단서로부터 다양한 방법을 이용한다. 표준화된 가어휘(pseudoword) 읽기 검사에서 낮은 해독 능력을 보이지만 텍스트 이해 검사에서 평균이나 그 이상의 능력을 가지는 탄력형 독자(resilient reader)는 숙련형 독자(proficient reader)보다 기초 단어 인식에서 덜 정확하지만, 의미적 접근이 가능하다면 정확성이 상승할 수 있다(Welcome et al., 2009). 탄력형 대학생은 숙련형 대학생과 비교하여 반응 시간과 편측성에서 다르지 않았으나 효과적인 보상적 메커니즘을 덜 사용함으로써 의미적 과업에서 낮은 성취 수준을 보인다. 높은 수준의 의미적 정보와 일반적 세상사 지식이 성인들의 단어 인식 처리 능력의 부족을 보상할 수 있을 것이다.

성인기의 속담 이해 능력은 학령기 아동들에서처럼 투명한 속담 이해가 불투명한 속담 이해보다 상당히 용이하다. 속담을 이해한 어떤 학령기 아동들은 속담에 대한 복잡 미묘한 이미지를 산출하는 경우도 있는 반면, 어떤 성인에서는 속담 이해를 완전히 숙달했다고 볼 수 없는 경우도 있다. 그러나 전반적으로 성인은 학령기 아동에 비하여 보다 전체적인 이해를 보이고 비유적이며, 정신적 이미지가 복잡 미묘하다(Nippold & Duthie, 2003).

성인의 단어 정의하기는 추상적이고 배제적이며, 동의어, 설명, 범주화 등이 포함되고 개인적 경험과 편견이 반영되기도 한다. 학령기 초기에 통사적 관계에 근거한 정의하기에서 의미적 계열 유목에 근거한 정의하기로의 변화가 일어나서, 성인기에 이르러 보다 관습적이고 사회적으로 공유될 수 있는 정의하기로 통합된다. 정의하기의 양적이고 질적인 변화를 거쳐, 성인기에 단어에 대한 기능적 정의하기는 감소하고(박성심, 2005), 배제적이며 사전적이고 추상적인 의미로 완전히 정의내릴 수 있다. 박성심(2005)은 성인이 학령기 아동에 비하여 지각적이거나 분류적 정의하기를 사용한다고 하였는데, 이는 성인의 정의하기 능력에 관하여 많은 정보를 제공하였으나, 이 연구에 사용한 여섯 가지의 범주(동물, 음식, 도구, 신체, 가구, 가전)가 20대 성인의 정의하기 능력을 나타내는 데 한계가 있으므로 보다 다양하고 추상적인 어휘의 정의하기에 대한 연구가 필요하겠다.

화용 발달

성인의 사회적 관계에서 이뤄지는 의사소통을 개인적 의사소통과 사회적 의사소통으로 나눌 수 있는데, 개인적 의사소통에 이성 간의 첫 만남에서 보이는 대화 등이 있고, 사회적 의사소통에는 대화하기, 토론하기, 발표하기, 연설하기 등이 있다.

일반적으로 처음 만나는 사이의 주된 대화 내용은 문화적, 사회적 정보이지만 이성 간 첫 만남의 대화는 개인정보가 된다. 이는 새로운 관계를 형성하고 발전시키는 것이 첫 만남의 목적이므로 개인적 정보를 교환하는 것에 남녀가 서로 동의한 상태이기 때문이다. 첫 만남 대화의 진행 단계는 '소개 단계-정보교환 단계-종결 단계'의 세 부분으로 나눠진다(김순자, 2001). 소개 단계에서는 인사와 신분을 밝히고, 정보교환 단계에서는 상호 질문이나 진술하기를 통하여 객관적인 사실 정보와 개인적 선호도에 대하여 정보를 교환한다. 종결 단계에서는 대화 종결을 위한 예비 종결, 다음 만남에 대한 언급 및 인사가 이루어진다. 이성 간의 첫 만남은 다양한 상황에 따라 달라질 수도 있겠으나 일반적인 단계를 거치고, 서로간의 정보를 진술하고 교환하면서 호감도를 올리고자 한다. 성인은 개인적 의사소통에서 상대방에 대한 정보를 얻고, 유대감을 증진시키고, 유희적 요소를 얻는 등의 활동을 수행한다.

화제 선택에서 성인들은 첫 대면 시에 공통된 화제를 찾아 대화를 확장하기 전에는 신상정보를 교환하거나 개인 관심사 및 취향에 대한 화제를 선택하는 경향이 있으나 사적인 정보의 성격이 높은 '몸무게', '건강상태', '신장', '주소'와 같은 정보는 꺼린다(정민주, 2007). 그러나 한국의 남녀 대학생들은 첫 대면에서 연령 관련 정보를 초기에 교환하는데, 이를 통하여 서열을 파악하고 적절한 화계를 결정하기 위함이다.

성인들은 사회적 관계에서 친밀도와 상황에 따라 호칭을 다르게 표현한다. 특히, 한국의 6세~20대 초반까지 사람은 친구의 가족에게도 무조건 **친척 호칭**(kinship term)을 적용한다. 친구의 아버지께 '아버지'(또는 아저씨), 친구의 어머니께 '어머니', 친구의 누나에게 '누나'라고 부른다. 가족의 친구 중에서도 부모의 친구에게는 주로 '아저씨', '아주머니'와 같은 일반형을 쓰고 형, 오빠, 누나의 친구에겐 그대로 '형', '누나'를 사용한다. 그러나 20대 이상이 되면 사회적 지위가 높은 친구의 어버지, 형님, 오빠에게는 '아버님', '형님'과 같은 친척 호칭 대신에 '장관님', '교수님'과 같은 사회적 지위에 따른 이름을 부른다(박영순, 2001). 성인기 이전의 사회적 관계에서 동질감과 소속의 욕구를 표현하는 친척 호칭을 사용한다고 본다면 성인 이후는 상황에 따른 격식적 언어를 사용한다고 할 수 있다.

성인기에는 경험과 필요에 의하여 다양한 **사용역**(register), 즉 언어 스타일이 나타난다. 대부분의 성인들은 전문용어를 사용하거나 특정한 언어 기술을 필요로 하는 직업에 종사하기도 하며, 일반 직업이라 할지라도 직장 내에서 사용하는 용어들이 있다. 이러한 용어들을 상황에 따라 다양한 스타일로 표현한다. 성인들은 직업에서뿐만 아니라 지역, 취미, 사상, 상황에 따라 다양한 사회적 및 개인적 집단과 기능에 참여하는데, 이러한 상황에 따라 특별한 말하기 방식을 사용한다. 이러한 상황에 빈번히 노출될수록, 필요성이 높을수록 그 말하기 방식을 유지하면서 변화해 간다.

성인들이 대화에서 사용하는 책략에는 형식적 책략과 기능적인 책략이 있다. 형식적 책략에는 말 가로채기, 화제 지속, 질문, 말 사이의 공백시간, 침묵 등이 있고(유형선, 2001), 기능적인 책략에는 설득, 강조, 친화, 권위 등이 있다. 말 가로채기, 화제 지속, 침묵 책략은 주도권을 잡기 위한 기본적인 책략이며, 질문 책략, 말과 말 사이의 공백 시간 책략은 고도의 책략이다. 침묵 책략은 적극적 책략과 소극적 책략으로 나눌 수 있다. 적극적 책략은 대화의 주도권을 잡기 위하여 상대방의 말을 받지 않고 무시하는 것이며, 소극적 책략은 상대방과 더 이상 상대하기 싫거나 언쟁으로 확산되는 것을 피하기 위하여 혹은, 두 사람의 관계가 소원해지는 것을 방지하기 위하여 상대의 말에 응대하지 않고 무시하는 것이다.

한국 50대 부부간의 대화와 20대 남녀 대학생 간의 대화에서 책략 원리는 비슷한 양상을 나타낸다(유형선, 2001). 다른 점은 20대 남성이 50대 남성에 비하여 화제 변경 시 원래 화제로 복귀하는 비율이 더 높다는 것이다. 이는 20대 남성이 상대 여성에 대하여 자신의 견해를 더 주장하고, 50대 부부간에는 덜 주장적임을 나타낸다. 대화의 맥락에 영향을 받기는 하나, 일반적으로 청자들은 화자가 남성일 때보다 여성일 경우에 좀 더 대화에 끼어드는 경향이 있다. 이 연구에서도 전체적으로 여성은 남성에 비하여 말 가로채기를 통하여 다른 견해를 피력한 것이 더 적고, 침묵 책략을 더 사용하는 경향이 있었다. 이는 여성이 남성에 비하여 대화에서 상대에게 더 동의를 하고, 협조적이고, 지지를 하고, 원만하게 하려고 노력한다는 것을 보여 주는 것이다. 대화에서 여성은 일반적으로 자신이 관심을 갖고 열심히 듣고 있음을 상대에게 확인시켜 주기 위하여 화자의 말 중간에 공감의 '오, 음, 아하'와 같은 추임새를 넣어 준다. 여성은 남성보다 질문이나 요청, 칭찬, 격려하는 말을 더 많이 하며(Fishman, 1978; Hoff, 2006에서 재인용), 청자를 더 배려하고 협조적인 경향이 있다. 상대방 이야기의 호응 양상과 정도도 여성에서 더 잘 나타난다. 첫 대면에서 여성들은 웃음과 박수와 같은 비언어적 반응과 상대의 말을 반복하기, 재질문하기, 대답하기 등의 적극적이고 협력적인 반응이 더 빈번히 발생하며 휴지(pause) 없이 화제의 전환이 일어난다(정민주, 2007). 그에 비하여 남성은 여성보다 말하는 중간에 끼어들 때가 더 많고(Hoff, 2005), 자신의 의견과 일치할 때 동의의 '음, 그래'와 같은 반응을 보이고, 일치하지 않을 때 자신의 의견이나 대안적 견해를 제시하거나 직접적인 주장을 사용한다. 또, 대화의 주제를 자기중심적으로 이끌고, 여성보다 더 자주 화제 변경 시 원래의 화제로 돌아옴으로써 적극적으로 대화의 주도권을 잡는 경우가 많다.

Lakoff(1975; 박영순, 2008에서 재인용)는 여성어의 특징을 아홉 가지로 구분하였다. 첫째, 여성 특유의 어휘를 많이 사용한다. 둘째, '내용이 없는' 형용사를 많이 사용한다. 셋째, 부가의문문을 많이 사용한다. 넷째, 자신의 발언 내용을 약화시킨다. 다섯째, 과도한 문법을 사용한다. 여섯째, 지나친 친절어법을 사용한다. 일곱째, 농담을 거의 하지 않는다. 여덟째, 강조어를 많이 사용한다. 아홉째, 다양한 억양을 사용한다. 친근한 느낌이나 부드러운 어휘, 감탄적 어휘들을 많이 사용하고, 간접적인 구문 형태의 사용, 유대감을 증진시킬 수 있는 화행을 이용하기도 한다.

의사소통을 하는 데 있어 성 차이는 맥락의 영향 아래에 있다. 우선적으로 의사소통의 맥락과 주제에 따라 영향을 받는다. 상황에 따라, 이성 간의 첫 만남과 같은 경우는 남성이 여성에 비하여 더 많은 칭찬을 사용한다(김순자, 2001). 일반적으로 여성이 남성에 비하여 공손하고 표준적인 언어 형태를 더 사용한다고 하지만 소속된 사회 계층과 지위, 생활환경 등에 따라 변화할 수도 있다. 앞서 청소년들이 가정에서는 여학생들이 남학생에 비하여 보다 공손한 표현을 덜 사용한다는 것을 밝힌 바 있다. 성인기에서도 특수직업(매춘)의 여성들은 불손한 **비대칭 화계**(speech levels)를 사용한다(김종만, 1995). 비대칭적 화계 사용은 대화 참여자 간의 지위 차이나 나이 차이에 따라 발생한다. 성행위라는 상황이 상당한 친밀감을 필요로 하고, 거친(thoughness) 유대를 보이기 위하여 이들이 반말 화계를 사용한 것으로 보인다.

상대방에게 어떤 것에 대하여 눈으로 보여 주고 설명하는 것보다 말로 들려주고 이해하도록 설명하는 것은 더 어려우며, 이를 위하여 여러 전략이 사용된다. 화자는 모호하거나 청자에게 어려울 것으로 생각되는 어휘 사용을 피하고, 내용을 명확하게 전달하는 어휘를 사용하며, 핵심적인 내용을 강조하거나 반복하고, 구체적인 예시를 제시하고, 적절한 비유 등의 전략을 사용하기도 한다. 구체적인 예시와 적절한 비유는 길고 추상적인 설명보다 효과적이고 높은 전달을 가능케 한다.

자발적으로 그림 설명하기에서 18세 이상의 정상 성인들은 발화 속도와 어휘 사용량, 정보전달의 효율성, 머뭇거림(mazes)의 정도 등에서 연령(청년층, 중년층, 노년층)에 따른 의미 있는 차이가 없다(권미선 외, 1998). 다른 연구(이영미, 김향희, 2001)에서도 그림설명 과제는 연령에 따른 발화 차이를 보이지 않았다. 이는 성인기에서 그림을 설명하는 능력이 거의 완성되어 유지되고 있음을 뜻한다.

설명하기를 위하여 화자는 청자의 입장을 반영하면서 내용 부분뿐만 아니라 비언어적 표현 부분에 주의하여야 한다(손세모돌, 2007). 화자 중심의 설명하기에서, 특히 대중을 대상으로 한 설명인 경우에 시작, 전개, 종결의 3단계 구조를 포함한다. 각 내용 구성을 본다면, 시작 부분에서 설명하려는 것을 미리 알려 청자의 관심을 유발하고 전개 내용의 이해를 돕는다. 전개 부분에서 내용을 효과적으로 전달하기 위하여 구조의 적절성, 주제와 핵심 부분에 대한 강조, 내용의 체계성, 적절하고 구체적인 예시 제시 및, 청자의 수준에 맞는 설명과 상황 고려하기 등을 면밀히 고려한다. 그리고 종결 부분에서는 청자가 내용을 정리할 시간을 배려하고 기억을 돕기 위하여 전개 부분의 내용을 요약하여 다시 제시한다.

성인은 의도를 정확히 표현하기 위하여 같은 소리라도 속도나 강세, 리듬을 변화하여 사용하거나, 의미의 변화를 표현하기 위하여 다른 음조를 사용할 수도 있다.

의사소통에 영향을 미치는 중요한 요소 중 하나로서 **구어 속도**는 청자의 이해력에 결정적인 역할을 하고, 화자에 의하여 조절될 수 있다. 어린 시기의 아동조차 더 어린 아동을 대할 때는 보다 느린 구어를 사용할 줄 안다. 화자는 의사소통의 상대자나 물리적 환경에 따라, 또한 강조하고자 하는 메시지의 내용 등에 따라 구어 속도를 조절할 수 있다. 이러한 요소들 외에 성인의 구어 속도에 영향을 미치는 언어적 요인들에는 과제의 유형, 연령, 문장 길이 등이 있다. 일반적으로는 읽기 과제에서의 구어 속도가 자발화 상황에서보다 빠르다. 한국어 표준어를 사용하는 18세 이상 정상 성인들의 말하기에서 평균 초당 전체 구어 속도는 4.20 SPS(syllables per second)(SD ≒ 0.77)이고, 분당 전체 구어 속도는 251.79 SPM(syllables per minute)(SD ≒ 45.98)이며, 읽기에서는 평균 초당 전체 구어 속도는 5.11 SPS(SD ≒ 0.44), 분당 전체 구어 속도는 306.52 SPM(SD는 약 26.37)이다(심홍림, 2005). 이를 **표 9.4**에서 비교하여 제시하였다.

성인들은 그림을 상대방에게 설명하는 상황보다 상대방과 자연스럽게 이야기하는 상황에서 발화의 길이가 길어지고 발화템포가 빨라진다(이영미, 김향희, 2001). 구어 속도는 과제에 따라서 읽기, 대화, 그림 설명하기의 순서로 빠르다. 연령에 따라 21~91세의 성인 중 20대의 청년 집단이 가장 빠른 구어 속도를 보이고(Duchin & Mysak, 1987; 이현경, 2010에서 재인용), 빠른 읽기 속도는 40대 미만 집단이 이후 집단에서보다 좀 더 빠른 경향이 있다(차정민, 2001). 문장 길이의 증가에 따라 전체 구어 속도(차정민, 2001) 및 조음 속도는 느려지고, 쉼의 길이 및 빈도, 비율도 증가한다(이현경, 2010). 구어 속도는 대화나 그림 설명 과제에서보다 읽기 과제에서, 고령의 연령보다 젊은 연령층에서, 문장길이가 너무 길지 않고 짧을수록 빠르다.

또 전달하고자 하는 내용에 대한 전달 효과에 영향을 주는 언어 이외의 요소로

표 9.4. 성인의 구어 속도

	심홍림(2005)	안종복, 신명선, 권도하(2002)
말하기	251.79 ± 45.98 SPM	252.87 ± 40.86 SPM
읽기	306.52 ± 26.37 SPM	308.29 ± 22.57 SPM

고려할 것은 자연스럽고 적절한 어법과 청자를 고려한 어휘 사용 및 간결성, 부차적 언어, 신체 언어 등이 있다. 부차적 언어로 목소리의 크기와 생기, 발음, 어조는 청자를 집중시키고 내용을 분명하게 전달하며, 말하는 속도와 담화표지 사용은 유창성, 의사소통의 효율성에 영향을 미친다(손세모돌, 2007).

대중을 대상으로 한 설명 말하기에서 큰 목소리, 씩씩한 목소리, 분명한 발음, 자연스런 어조의 사용과 적절한 어조의 변화는 전달 효과와 관련이 있다. 속도가 지나치게 느리거나 담화표지의 과도한 사용은 유창성을 방해할 수 있다. 속도가 빠른 경우에 느린 경우보다 더 설득력 있고 호의적으로 받아들여지지만, 지나치게 빠른 경우에 청자의 이해를 불러일으킬 시간적 여유를 방해할 수 있다.

신체 언어 중 대중적 설명 말하기에서 중요한 것은 밝은 표정과 적절히 청자를 보는 시선, 자연스럽고 바른 몸짓과 자세이다(손세모돌, 2007). 무의식적이고 본능적인 경향이 있는 신체 언어는 개인적인 대화에서조차 중요한 요소로 의사소통의 시작, 언권 교환, 종결 등에 영향을 미치고, 상대나 내용에 대한 관심과 피드백의 기능을 수행한다. 부차적 언어와 비언어적 신체 언어가 언어 표현과 상반될 때 우리는 언어 이외의 요소에 더 영향을 받는다.

처음 만나는 이성에게 자신의 호감을 알리고 상대방의 호감을 이끌어내기 위해서도 언어적이거나 비언어적 방법들이 사용된다. 이성의 호감을 유인하는 언어적 전략으로 칭찬하기, 웃음 유발하기, 관계 조정하기, 접촉 확대 시도하기, 만남에 대한 기쁨을 표현하기 등이 있다(김순자, 2001). 우호적인 관계를 위하여 첫 만남에서 수행되는 칭찬의 대상은 주로 상대방의 외모나 성격이다. 참여자는 대화를 부드럽게 하기 위하여 상대방에게 재미있는 이야기를 들려줌으로써 웃음을 유발하고, 자신이 재치 있는 사람임을 알려 호감을 유도한다. 관계 조정하기는 상대방과의 관계를 실제보다 더 친밀하게 설정하는 것이다. 상대방을 '여자 친구'라고 설정하여 말하거나 '오빠', '우리 ㅇㅇ씨'라고 호칭을 조정하는 것이 이에 해당된다. 관계를 지속하고자 하는 의도를 전하기 위하여 다음 만남을 언급하거나, 만남에 대한 만족감이나 기쁨을 표현하여 상대방의 호감을 유인한다. 개인적 관계에서 상대의 호감을 유도하기 위하여 이러한 언어적 전략 외에 가벼운 신체 접촉과 공간 및 거리의 이용 등이 함께 사용되기도 한다.

직장을 다니는 성인기의 사람들은 새로운 형태의 언어 기술이 필요하다(Gleason, 2009). 직업에 맞는 특수한 어휘들, 특별한 전화 기술, 감정이 제거된 정확한 글쓰기, 개인적 의사소통이 아닌 사업상의 이메일 쓰기나 채팅하기, 특정 업무에 맞는 언어 사용이 요구될 수 있다.

성인기의 사람들은 장소, 상황, 대화상대방, 목적 등에 따라 다양한 사용역과 비언어적 방법을 적절히 사용한다.

성인기 언어의 불완전성

언어장애 경력이 있거나 건강 혹은 신경적 문제로 인한 언어장애가 있는 성인이 아니라 정상적 발달을 성취하고 건강한 일반 성인의 언어에서 나타나는 불완전성이 있다. 또한, 정상 성인들이 새로운 직업이나 취미생활, 모임을 가지게 될 때 새로운 어휘나 다른 언어 사용에 대한 학습이 필요할 수 있다.

유창성의 측면에서, 비유창한 형태가 말에서 나타나고, 과제 및 성별 등에 따라 불완전성이 있다. 정상 성인들은 말하기와 읽기에서 주로 삽입, 수정, 미완성 등의 비유창한 형태들을 나타낸다(심홍림, 2005). 즉, 과제나 화자에 따라 약간의 차이는 있지만 정상 성인의 구어에서 연장이나 막힘과 같은 비유창한 형태들은 거의 나타나지 않는다. 그리고 구나 단어, 음절 반복보다 삽입, 수정, 미완성과 같은 비유창한 형태의 빈도가 더 나타난다. 그림을 설명하기보다 대화하기에서 음소착어가 더 많고, 여자가 남자에 비하여 더 긴 발화를 하며 음소착어와 수정이 더 많다(이영미, 김향희, 2001). 정상적인 발달을 거쳐 온 성인이라 할지라도 정상적인 비유창성이 존재한다.

구문적 측면에서는 성인기 구어의 조사 사용에 오류가 나타나며(유혜원, 2009), 접속문 중에서 나열 구조의 사용이 증가하는 등 구문 단순화 사용이 일어나고, 20대는 다른 나이 많은 연령에 비하여 수정 및 재시도가 많다(강안영, 2009). 이는 구문적 발달이 지연된 것이 아니라 애매하고 비확실한 특성을 가진 형태소 사용에서의 미숙함, 편리성의 추구, 인출 과정에서의 실수 및 인지적 처리의 복잡성 등이 원인으로 생각된다.

언어적 문제를 가지고 있는 성인들은 일반 성인들과 비슷한 유형의 발달을 보이지만 약간의 차이가 있다. 말더듬이 있는 성인은 정상 성인에 비하여 더 짧은 문장 길이를 사용하고, 읽기에서(이현경, 2010) 문장 길이가 길어질수록 전체 읽기 속도가 더 감소하고, 조음 속도가 더 늦고, 쉼의 길이가 더 길고 빈도가 잦다.

고령화에 따른 변화

사람은 전 생애를 걸쳐 언어가 성장한다. 특별한 이유가 없는 한, 언어의 성장이 후기 성인기에서 속도가 느려지긴 하나 지속된다. 다양한 경험과 변형된 처리 전략 및 방법 등으로 언어를 잘 이해하며, 새로운 어휘를 학습하고 정의해 간다. 그러나 나이든 성인의 언어는 상대적으로 젊은 성인의 것과 미묘한 차이가 있다. 언어의 어떤 면은 명백하게 변화하지만 어떤 영역은 보존될 수 있다.

고령화에 따른 언어 처리 곤란은 여러 원인으로 생각해 볼 수 있다. 고령화가 될수록 작업 기억의 용량이나 수행이 감소한다. 노화로 인하여 활성화할 수 있는 작업 기억 용량이 감소하여 회상할 수 있는 단어 수가 줄어들고 문장 처리에 많은 부담을 가지게 되거나, 정보 처리 활성화 속도에서의 저하로 단어 인식과 구문 처리, 문장 이해 등의 언어 처리 과정에 순차적으로 부정적 영향을 미치고 문장 처리 시간의 증가로 표적 단어의 소멸 시간을 증가시켜 표적 단어의 회상에 방해를 일으킬 수 있다(용량설). 혹은 독립적이고 분리된 각 기억 체계에서의 저하, 즉 첫째, 정보를 통합하고 조정하며 주의를 할당하고 장기 기억의 활성화와 인출을 담당하는 중앙집행부 기능의 저하와 둘째, 하위 수준 음운의 언어 정보를 보유하는 하위체계의 저장 능력 부족 등으로 과제 수행에 영향을 미칠 수 있다(다중성분 모형)(이새별, 2005). 고령자 집단에서 단순한 저장 능력에서의 저하와 정보처리 속도의 저하는 작업 기억 저하의 원인으로 생각된다.

또 다른 원인으로 편견을 들 수 있다. 고령의 사람들은 신체적 움직임이 떨어지고, 기억력이 감퇴하며, 빠른 처리를 할 수 없을 것이라는 등의 고정관념이 고령의 성인 당사자나 주변인들의 사고에 영향을 미칠 수 있다. 고령에 따른 저하로 받아들이는 경우에 새로운 환경을 접하거나 전략을 개발하는 데 노력을 하지 않을 것이다.

개인차가 있으나 일반적으로 고령화가 되면 어휘집의 단어를 재빨리 회상하기의 곤란으로 머뭇거림이나 지시어(예: 저거, 그거, 거기)의 사용이 많아지거나 새로운 용어들을 잘 회상할 수 없는 경우가 잦아진다. 대면이름대기 과제에서 나이든 성인이 젊은 성인에 비하여 어휘 능력이 낮음은 의심할 바 없다. 50대가 30대에 비하여 대면이름대기 과제의 일반 명사와 동사 어휘에서 다소 낮은 수행을 보였다. 평균적으로 60대에 경미한 감퇴가 보이고, 70대에 많은 감퇴가 있었다(Gleason & Ratner, 2009). 그러나 단어 정의하기 과제가 주어지는 경우에 나이든 성인은 적절한 능력을 나타낸다. 이러한 점은 저장된 어휘 항목이 줄어드는 것이 아니라 필요해서 빨리 산출하고자 할 때 일어나는 접속 능력의 문제로 생각된다. 그리고 새로운 어휘를 학습하는 능력이 감소한다. 그들은 과거 유행이 지난 어휘들을 사용하기도 하지만 젊은이에 비견할 만큼 빨리 현행 어휘를 인식할 수 있다. 고령의 성인이 젊은이에 비하여 낮은 어휘 재인 능력을 보이지만 그들의 인식마저 낮아진 것은 아니다.

나이든 성인들은 어휘 판단 시간이 전체적으로 청년보다 더 길어지고, 특히 제시어(점화 단어)와 연상어(목표 단어) 사이에 관련성이 있는 조건보다 비관련 조건에서 반응시간이 더 길어진다. 의미점화효과(semantic priming effects)란 의미적으로 관련 있는 선행자극인 점화단어에 의해 목표단어의 재인이 촉진되는 현상으로 맥락의 효과를 보여 준다(김선경, 이혜원, 2007). 처리 시간이 제한적이라면 청년에 비하여 고령자가 더 적은 점화효과가 나타나지만 처리 시간이 충분히 제공된다면 고령자와 청년의 점화효과는 유사하다(김선경, 이혜원, 2007). 고령자들은 단어 처리 초기 단계에서 어휘에 대한 지각 처리와 속도가 저하되지만 지각이 완료된 후 단어 의미 정보를 인식하거나 어휘 관련 지식을 활용하는 최종적인 언어 처리 능력은 연령과 무관하게 보존된다.

문장을 이해하는 측면에서 나이든 성인은 젊은이들처럼 얼굴 읽기(face reading)나 의미적 맥락 전략을 이용한다(Gleason & Ratner, 2009). 다만 소음 수준이 공존한다면 나이든 성인들의 이해는 나빠질 수 있다. 또, 젊은이에 비하여 있음직한 것(plausibility)에 더 의존적이다.

고령자들은 문장 속에 제시된 단어의 처리 능력이 젊은 성인에 비하여 저조하고, 제시된 단어를 기억하는 능력이 낮을 뿐만 아니라 문장 처리의 효율성을 측정하는 읽기 속도가 떨어진다(이새별, 2005). 60세 이상 고령자와 대학생 간의 비교 연구에서뿐만 아니라 40세를 전후한 성인 집단 간의 비교 연구에서도 음절 반복 속도는 집단 간 큰 차이가 없지만 빠른 읽기에서의 속도는 40세 이후 집단이 40세 미만의 집단보다 좀 더 느린 경향이 있다(차정민, 2001). 언어 이외의 경우에서도 기본적인 정보 처리 속도를 나타내는 숫자와 기호를 이용한 바꿔 쓰기 능력이 고령자에서 두드러지게 낮다(이새별, 2005).

70대 이상과 50대 연령의 성인은 젊은 20대에 비하여 더 단순한 문장 구조를 사용하며 내용 오류나 문법적 오류가 더 많다(강안영, 2009). 고령화되어 감에 따라 복문의 사용이 점차 감소하고, 다양한 절의 사용이 감소한다. 계기, 대립, 원인·이유, 조건, 기타 다양한 구조의 사용 빈도가 50대에 급속히 감소하는 패턴을 나타내지만 나열 구조는 연령 증가에 따라 증가하는 모습을 보였다. 이는 나열 구조가 가장 먼저 습득하는 접속문 구조이면서 단순한 구조라는 특성에 기인한 것으로 보인다. 교육정도와 사회경제적 환경을 통제한 20~86세를 대상으로 구두 담화를 알아본 연구(Bromley, 1991)에서 문장 복잡성은 문장 길이와 서로 관련되고, 둘 다 연령에 따라 쇠퇴하였다.

이야기에 대하여, 60세 이상 노년기의 성인들이 20대 이상 청년기의 성인들에 비하여 유효정보를 회상 산출하거나 이야기 문법의 범주별 유효정보를 산출할 수 있는 능력이 낮다(손은남, 강수균, 2006). 그러나 노년기 여성의 경우 이야기 순서별 유효정보를 회상하기에서 이야기의 초반과 중반까지는 청년기 집단에 뒤떨어지지 않았다. 이는 여성이 남성에 비하여 이야기 회상 산출 능력에서 있어 좀 더 잘 보전되어 있다고 볼 수 있겠다. 예외적으로 치매를 가진 나이든 성인은 인식하지 못한 상태로 이야기를 계속적으로 반복하는 경향이 있지만, 연령이 증가함에 따라 언어가 더 정교화될 수도 있다(Gleason & Ratner, 2009). Bates 등(1995; Gleason & Ratner, 2009에서 재인용)의 연구에서 대학생보다 더 복잡한 구조를 사용한 50

~66세 집단의 성인처럼 67~100세의 나이든 집단의 성인들도 비슷한 수준의 구문구조를 사용하였다.

대화하기에서 65세 이상의 고령자 집단은 다른 집단에 비하여 음소착어의 수가 많고 어절 반복수가 적다(이영미, 김향희, 2001). 나이든 성인은 말더듬이처럼 단어 반복을 하거나 미완성 구를 산출하는 등의 비유창성을 보이지만, 그러한 구어 오류를 큰 노력 없이 자발적으로 수정할 수 있다.

고령의 성인에서 성취는 지속적인 운동과 제도 교육 경험, 과제 경험 등의 차이에 따라 개인차가 발생할 수 있다. 구두 작업 기억 과업에서 정교한 리허설 전략을 사용하는 나이든 성인은 더 나은 읽기 이해력을 보일 수 있다(Harris & Qualls, 2000; Gleason & Ratner, 2009에서 재인용). 작업 기억 저하를 보완하는 방법으로 운동과 경험의 축적이 필요하다. 고령자의 잠재력에 대한 긍정적 신념이 좋은 수행을 이끌어 낼 수 있을 것이다.

요약

유아기나 아동기와 같은 급속한 발달을 이루지는 못하지만 청소년기 이후에 보다 세련되고 숙련된 기술들이 발달한다. 구어와 언어가 성인기에 완전히 완성된다고 하기에는 지속적인 발달이 일어나고 있다. 또한 발달이 정점에 달한 후에 여러 원인으로 장애가 나타날 수도 있다.

청소년기 이후에도 어휘집, 구두적 추론, 비유 언어의 사용, 구문의 발달, 담화와 화용적 기능 사용, 문해 등에서 점진적인 발달이 일어난다. 더 많은 다양한 어휘들을 사용할 수 있고, 저빈도의 사물이나 행위에 대한 명명하기에서부터 저빈도의 추상적 항목에 대하여 빠르고 정확하게 명명할 수 있게 된다. 추상적 명사에 대하여 정의를 할 때 기능의 핵심적 특징을 통한 언급을 이용하다가 점차 철학적 형태를 사용하여 정의할 수 있다. 청소년기 이후에는 보다 난해하고 추상적인 어휘가 포함된 유추 문제를 해결할 수 있다. 추론하는 능력이 보다 향상되고 성인기에 삼단논법에 의한 추론을 보다 잘 이끌어낼 수 있다. 구체적이고 투명한 비유 언어뿐만 아니라 추상적이고 투명성이 낮은 비유 언어를 잘 이해하고 유머에 섞어 사용할 수 있게 된다. 관용어나 비친숙한 속담에 대한 이해력이 향상되고, 단서가 없더라도 점차 풍자나 반어적 표현을 이해할 수 있다.

접속사나 연결어미의 사용을 통하여 보다 복잡한 구문 형태들을 사용하고, 평균 최소종결단위 길이(MLTw)가 점차 길어진다. 대화적 담화에서보다 설명적 담화에서 평균 T-unit 길이가 평균적으로 더 길며, 연령이 증가할수록 구두 언어에서보다 문자 언어에서 길이가 더 길어진다. 청소년기에는 또래와의 대화 시간이 길어지고, 부모나 다른 성인과의 대화에서와는 차이를 보인다. 그들에게 학교생활이 중요한 영역을 차지하고 청자로서의 듣기 활동도 강조된다.

성인기에서는 자신의 주장을 펴거나, 논쟁적이고 설득적인 대화 활동에 더욱 노출이 되며, 그러한 기술의 사용이 숙련된다. 친화적인 목적이든 의도하는 목적이 있든 담화가 길어지고 복잡해지며, 응집성이 증가하고, 세련되며, 타인의 의도나 정서에 대하여 더욱 민감한 경향을 보인다. 대화 시에 점차 편측성이 아닌 양측성 방향으로 반응한다. 즉, 청자로서 수동적인 반응에 그치지 않고 함께 대화를 이끌어 가는 화자와 청자의 역할을 동시에 능동적으로 수행한다.

읽기를 위한 배움에서 점차 배움을 위한 읽기로 나아간다. 즐거움을 찾고 세상에 대한 지식을 얻기 위하여 책을 접하게 되는 학령기 아동에 비하여 청소년기 이후에는 보다 다양하고 복잡한 자료들을 접하며, 다양한 관점과 시각으로 능동적인 해석을 하고, 목적에 맞는 선택적 읽기를 보인다. 개인적인 글쓰기 활동뿐만 아니라 설명적이거나 설득적인 사회적 글을 쓸 기회들이 발생할 때 목적에 맞는 어휘나 형식을 선택하고 계획과 탈고의 과정을 거쳐 글쓰기 활동을 완성할 수 있다.

청소년기 이후의 발달에서 점진적이지만 보다 사회화되고 숙련된 기술들이 어휘와 비유 언어, 구문, 추론하기, 대화, 내러티브, 화용적 기능, 문해 등의 여러 측면에서 나타난다. 어떠한 방해를 받을 수는 있으나 발달은 멈춰지지 않고 다양한 방향으로 나아간다.

참고 문헌

가경신 (2006). 읽기 능력과 읽기 인지 변인과의 상관, **독서연구**, 15.

강안영 (2009). **성인 초기, 중기 및 노년기 복문 사용 평가**. 나사렛대학교 대학원 석사학위논문.

곽은하 (2005). **독일과 한국의 청소년언어 특성 연구**. 숙명여자대학교 대학원 박사학위논문.

권미선, 김향희, 최상숙, 나덕렬, 이광호 (1998). 한국 성인의 자발화 분석에 관한 연구: CIU 분석법을 중심으로. **언어청각장애연구**, 3, 35–49.

김선경, 이혜원 (2007). 한글단어재인에서 청년과 노인의 의미점화효과. **한국심리학회지: 실험**, 19(4), 279–297.

김순자 (2001). 이성 간의 첫 만남 대화 분석. **텍스트 언어**, 11, 137–158.

김종만 (1995). **특수직업 여성의 언어 사용**. 숭실대학교 대학원 석사학위논문.

마은경 (2000). **고등학생 은어 연구**. 인천대학교 대학원 석사학위논문.

박성심 (2005). **학령기 아동과 성인의 보통명사 정의하기**. 단국대학교 대학원 석사학위논문.

박영순 (2001). **한국어의 사회언어학**. 서울: 한국문화사.

신지영 (2008). 성인 자유 발화 자료 분석을 바탕으로 한 한국어의 음소 전이 빈도. **언어청각장애연구**, 13(3), 477–502.

손세모돌 (2007). 성인화자의 말하기 평가 방법: 설명 능력 평가 방법. **화법연구**, 11, 67–107.

손은남, 강수균 (2006). 청년기와 노년기의 이야기 담화 능력 특성 연구. **언어치료연구**, 15(1), 71–85.

심홍림 (2005). **정상 성인의 비유창성 특징과 말 속도에 관한 연구**. 한림대학교 대학원 박사학위논문.

안종복, 신명선, 권도하 (2002). 정상 성인 및 아동의 구어 속도에 관한 연구. **음성과학**, 9(4), 93–103.

양명희 (2005). 고등학생 언어생활에 관한 한 조사: 서울, 대구 지역의 고등학교 2학년 학생을 대상으로. **어문연구**, 33(2), 451–477.

오소정 (2001). **속담 이해 능력의 발달: 학령기 아동, 청소년 및 성인을 대상으로**. 이화여자대학교 대학원 석사학위논문.

유형선 (2001). 남녀 대화 책략에 관한 연구. **한국어학**, 13, 195–216.

유혜원 (2009). 구어에 나타난 주격조사 연구. **한국어 의미학**, 28, 147–169.

원진숙 (1995). 논술 텍스트의 구조적 특성 연구. **한남어문학**, 20, 167–195.

이미숙, 김향희 (2005). 문해 능력에 따른 정상 노년층 자발화의 구문적 특성. **언어청각장애연구**, 10(2), 1–11.

이새별 (2004). **연령에 따른 언어적 작업 기억 특성의 차이: 고령자 집단과 젊은 성인 집단의 비교**. 서울대학교 대학원 석사학위논문.

이영미, 김향희 (2001). 대화와 그림설명과제를 통한 한국성인 발화의 비교 분석. **언어청각장애연구**, 6(1), 40-52.

이정복, 양명희, 박호관 (2006). **인터넷 통신 언어와 청소년 언어문화**. 서울: 한국문화사.

이진성 (1999). 약자, 약어 및 통신어에 대한 고찰: 신세대 언어를 중심으로. **사회언어학**, 7(2), 189-223.

이창덕, 임칠성, 심영택, 원진숙 (2000). **삶과 화법**. 서울: 박이정.

이현경 (2010). **말더듬 성인과 정상 성인의 읽기속도와 쉼 특성 비교**. 이화여자대학교 대학원 석사학위논문.

임애리 (2003). **10대 초반 학생의 표현 언어에서 나타난 구문 발달 양상**. 연세대학교 대학원 대학원 석사학위논문.

장진아, 김수진, 신지영, 이봉원 (2008). 자발화에 나타난 구문구조 발달 양상. **말소리**, 68, 17-32.

장진아 (2004). **자발화에서 나타나는 구문구조 발달 양상**. 나사렛대학교 대학원 석사학위논문.

정민주 (2007). 첫 대면에서의 화제 선택과 대화 전개에 관한 연구. **국어교육연구**, 19, 507-542.

정혜승 (2007). 초·중·고 학습자의 아이러니 이해 양상 연구. **국어교육학연구**, 30, 471-499.

차정민 (2001). **정상 성인의 음절 반복 최대 속도와 읽기 속도 비교**. 연세대학교 대학원 석사학위논문.

최용석, 전은지 (2009). 중·고등학생의 어휘 사용에 관한 연구. **국어교육연구**, 45. 287-320.

Barth, A. E., Catts, H. W., Anthony, J. L. (2009). The component skills underlying reading fluency in adolescent readers: a latent variable analysis. *Read Writ*, *22*, 567-590.

Gleason, J. B., Ratner, N. B. (2009). *The development of language*. Boston: Allyn and Bacon.

Gray, J. (1993). **화성에서 온 남자 금성에서 온 여자**[Men are from Mars, women are from Venus, 1992], (김경숙 역). 서울: 친구미디어.

Hoff, E. (2006). **언어 발달**[Language development, 2005], (이현진, 박영신, 김혜리 역). 서울: 시그마프레스.

Catts, H. W. & Kamhi, A. G. (2008). **언어와 읽기장애**[Language and reading disabilities, 2005], (김정미, 윤혜련, 이윤경 역). 서울: 시그마프레스.

Kuder, S. J. (2010). **언어장애와 의사소통장애: 학령기 아동 가르치기**[Teaching students with language and communication disabilities, 2008], (김화수 역). 서울: 시그마프레스.

Kurvers J., Van Hout, R., Vallen, T. (2009). Print awareness of adult illiterates: a comparison with young pre-readers and low-educated adult readers. *Read Writ*, *22*, 863-887.

Nelson, N. (2010). *Language and literacy disorders; Infancy through adolescence*. Boston: Allyn & Bacon

Nippold, M. A. (1995). School-age children and adolescents: norms for word definition. *Language, Speech, and Hearing Services in Schools, 26*, 320-325.

Nippold, M. A. (2007). *Later language development: school-age children, adolescents, and young adults*, 3rd ed. Austin: PRO-ED.

Nippold, M. A., Allen, M. M., Kirsch, D. I. (2000). How adolescents comprehend unfamiliar proverbs: the role of top-down and bottom-up processes. *Journal of speech, language, and hearing research, 43*, 621-630.

Nippold M. A. & Duthie, J. K. (2003). Mental imagery and idiom comprehension: A comparison of school-age children and adults. *Journal of speech, language, and hearing research, 46*, 788-799.

Owens, R. E. (2005). **언어 발달**[Language development: An introduction, 2005], (이승복, 이희란 역). 서울: 시그마프레스.

Paul, Rhea (2007). *Language disorders from infancy through adolescence: Assessment & Intervention*, 3rd ed. St. Louis: Mosby Elsevier.

Pence, K. L. & Justice, L. M. (2010). **언어 발달: 이론에서 실제까지**[Language development from theory to practice, 2008], (김성수, 김화수, 이상경, 황보명 역). 서울: 학지사.

Welcome, S. E., Chiarello, C., Halderman, L. K., Leonard, C. M. (2009). Lexical processing skill in college-age resilient readers. *Read Writ, 22*, 353-371.

제10장

이중언어 발달

세상 사람들 대부분은 일생 동안 하나 이상의 언어를 습득하고(Grabe, 2002) 세계인구의 약 60~70%가량은 하나 이상의 언어를 말한다(Baker, 2000). 미국의 경우, 인구의 대략 17%가 이중언어 사용자인데 대부분 스페인어와 영어를 사용한다. 캐나다는 남쪽 이웃 나라보다 더 많은 문화적 다양성을 포용하는 나라로 공식 언어가 두 가지이며, 인구의 24%가 이중언어 사용자이다. 이중언어를 사용하는 나라는 한 나라 안에서 문화적인 혼합을 반영하는 것이다. 이중언어 인구가 많은 나라들은 이웃해 있는 나라의 영향력 때문이거나, 토착 언어와 다른 언어를 공식 언어로 사용하기 때문이거나, 이민 온 인구가 많아서 그럴 수도 있다. 공유하는 언어를 통해 공통적 유대의식을 가질 뿐만 아니라 각 단어의 의미에 따른 무엇인가를 전달하기 때문에, 유럽연합의 경우 회원국 간의 다중 언어를 권장하며 모국어 이외에도 2개의 언어를 배워야 한다고 주장한다.

우리나라의 경우 영어에 대한 필요성으로 조기교육, 조기유학, 국제학교 등에 대한 관심이 증폭되었고, 이로 인해 발생하는 이중언어 외에도 결혼을 통해서 한국으로 이주 온 여성으로 인한 다문화 가정이 급격하게 증가하고 있다. 국제결혼을 통해 우리나라에 체류 중인 결혼 이민자는 2005년 12월말 75,011명(남성 8,352명, 여성 66,659명)으로 한국계 중국인, 중국인, 일본인, 베트남인, 필리핀인, 몽골인 등으로 그 출신이 파악되고 있다(교육과학기술부, 2008). 이처럼 국내에서도 여러 가지 이유로 인해 다문화 가정이 증가하고 있고, 그로 인해 문화적 충돌과 언어 습득 및 발달에 대한 중요성이 대두되었다. 다양한 문화적 언어장애가 발생될 가능성이 있으므로 언어치료 분야에 대한 관심 또한 높아지고 있다. 일반적으로 학교환경 이중언어는 유치원 수준에서 시작되지만 학령기 전반에 걸쳐서 어느 시기든지 발생할 가능성이 있다. 그러나 동시에 2개의 언어를 습득하는 이중언어 사용자는 보통 3세 이전에 일어난다. 그러므로 언어 발달 및 의사소통의 측면에서 이중언어 사용 아동들의 언어 특성을 이해하는 것이 매우 중요하며, 영-유아기에서 학령기로 갈수록 언어 발달 지연의 격차가 커짐에 따라 언어 발달을 촉진하기 위한 중재의 필요성이 요구된다.

이 장에서는 2개 이상의 제1언어를 배우는 이중언어의 정의, 습득단계 및 습득기제에 대한 고찰과 그에 따른 이중언어와 언어 발달 간의 관계를 살펴보고자 한다. 또한 제1언어의 기초를 확립한 후 추가적으로 언어를 습득하는 제 2언어의 습득 과정 및 이론에 대해 알아보고자 한다.

1. 이중언어 습득

이중언어(bilingualism)란 아동이 필연적으로 두 가지의 제1언어(first language)를 배우게 되는 과정을 기술하는 용어이며(Pence, 2008) 이중언어를 습득하는 집단을 총칭하여 이중 언어 학습자(dual language learner)라고 한다(Genesse, Paradis, & Cargo, 2004).

이중언어에 대한 견해는 크게 최대론과 최소론으로 나눌 수 있다. 최대론(maximalist theory)은 Bloomfield(1933)의 주장에 근거한 것으로, 2개의 언어를 동등하게 거의 모국어 수준으로 잘 구사할 수 있을 때에만 이중언어로 인정한다는 것이다. 최소론(minimalist theory)은 MacNamara(1967)가 자신의 모국어 이외의 어느 한 언어에 있어서 듣기, 말하기, 읽기, 쓰기의 네 가지 언어기술 중 어느 한 기술에 대해 최소한의 능력을 가진 사람이라는 뜻으로 사용하였다(박주경, 1993에서 재인용).

이중언어를 사용하는 환경은 상당히 다양하다. 아동이 태어날 때부터 두 언어를 듣고 동시에 습득하게 되는 경우를 동시적 이중언어(simultaneous bilingualism)라고 하고, 생후 몇 년 동안 한 가지 언어만 습득하다가 이후 또 다른 언어를 듣고 습득하는 경우를 순차적 이중언어(sequential bilingualism)라고 한다. 후자의 경우, 두 가지의 제1언어를 습득한다는 점에서 동시적 이중언어와 유사하지만, 두 언어를 차례대로 습득한다는 점에서 차이가 있다. 두 번째 제1언어의 습득은 일반적으로 첫 번째 제1언어가 능숙하게 발달하기 전인 3세 이전에 이루어진다.

동시적 이중언어 습득

동시적 이중언어 습득의 경우 이중언어 습득의 제공자에 따라 혹은 이중언어 습득의 지역에 따라 다양한 환경이 가능할 수 있다. 예를 들면, 영어로 말하는 지역에서 어머니는 이탈리아어와 영어를, 아버지는 영어만을 구사한다면 아동은 영어뿐만 아니라 어머니가 사용하는 이탈리아어에도 노출이 되는 환경적 요인을 제공 받게 된다. 인도 뉴델리에 사는 아동의 경우 어머니는 말라얌람어를, 아버지와 주 양육자인 친할머니는 벵골어를, 다른 인도어와 방언을 사용하는 가정부를 통해 다른 종류의 언어를 동시에 습득할 수 있는 환경에 놓이게 된다. 또한 벨기에의 플랑드르에 사는 아동이 공식적인 언어인 네델란드어와 공식적이지는 않지만 많은 지역에서 사용되는 프랑스어를 습득하는 환경에 있는 경우(Bhatia & Ritchie, 1999에서 재인용), 프랑스어와 영어를 사용하는 퀘벡에서 아버지와 어머니가 모두 프랑스어와 영어를 구사하는 경우(De Houwer, 1995) 등 이중언어 습득의 지역에 따른 다양한 환경에서 동시적 이중언어 습득이 가능하게 될 것이다.

이중언어를 사용하는 아동이 다수 인종언어 공동체의 일원이냐 혹은 소수 인종언어 공동체의 일원이냐(Genesee et al., 2004)에 따라 이중언어가 발생하는 환경을 설명할 수 있다. 다수 인종언어 공동체(majority ethnolinguistic community)란 미국의 표준 미국 영어(SAE 또는 GAE) 화자, 프랑스의 프랑스어 화자, 독일의 독일어 화자와 같이 한 지역의 대다수가 존중하고 상위 사회 수준으로 인식하는 언어를 사용하는 집단을 말한다. 이 집단의 언어는 공식적이거나 비공식적인 표준으로 자리 잡으며 공동체의 구성원들이 문화 및 인종적 배경을 공유한다. 다수 인종언어 공동체에서 동시적 이중언어의 예는 캐나다의 몬트리올에서 영어와 프랑스어를 함께 습득하는 어린 아동이다. 몬트리올에서는 영어 화자나 프랑스어 화자 집단이 모두 인정을 받는다. 소수 인종언어 공동체(minority ethnolinguistic community)는 공동체 내의 소수만이 말하거나 인정하는 언어를 사용하는 집단을 말한다. 이들은 사회적으로 낮은 위치를 가지고 있으며, 일부 아동에게는 공동체 내의 소수언어를 습득하거나 유지하는 일이 위축되어서 비주류언어가 희생되고 주류 언어를 사용하게 된다.

동시적 이중언어 습득 단계

이중언어의 동시 습득은 초기에는 언어가 혼합적이며, 두 언어가 다르다는 사실이 점차 지각되면서 천천히 분리되는 특성이 있다(Owens, 2005). 일반적으로 동시에 두 언어를 습득할 때 3단계의 습득 순서를 거친다.

먼저, 말하기에서 2개의 분리된 어휘체계를 가진다. 각 지시물에 대해 어느 쪽이든 한 언어에서 한 가지 단어를 습득한다. 즉, 겹치는 단어가 있다 하더라도 이 단어들을 똑같은 것으로 취급하지 않는다. Genesee(1989)는 아동은 실제로 두 가지 서로 다른 언어체계를 가지고 있어서 각각 다른 맥락에서 사용하거나 기능적으로 다르게 사용할 수 있다고 하였다.

두 번째 단계에서는 아동이 두 가지 구분되는 어휘집을 가지게 되지만 양쪽에 동일한 구문규칙을 적용하여 습득한다. 반면 어휘 일반화 과정은 어려운 과정이라 서서히 진행된다. 일반적으로 아동은 두 언어에 공통적인 구조를 먼저 배우고 복잡한 구성보다는 단순한 구성을 먼저 배운다.

마지막 단계에서 아동은 각 언어의 어휘 및 구문구조를 정확하게 산출한다. 이중언어에 혼합을 보이는 아동은 불과 학령기 이전 2%가 되지 않는다. 미국에 살면서 스페인어를 사용하는 아동의 경우, 주로 영어 명사를 스페인어 발화에 끼워 사용하는 것처럼 주로 구문 수준에서 한정되어 혼합의 형태가 나타난다. 혼합으로 인한 각각의 언어 간섭을 줄이기 위해, 아동은 두 언어를 별도로 유지하여 각 언어를 특정 인물과 연합하려고 노력한다(Redlinger & Park, 1980). 아동이 7세 정도가 되면 진정한 이중언어 사용자가 되어 두 언어를 별도로 관리하게 된다(Owens, 2005).

순차적 이중언어 습득

순차적 이중언어 습득은 아동이 제 2언어를 제1언어가 습득된 이후에 배우게 되는 것이다. 예를 들어, 집에서 가정언어를 습득한 후 학교에서 국가언어를 배우는 경우에 흔히 발생한다. 제 2언어를 습득하는 데 있어서 나이가 중요한 요소는 아니지만 십대 후반이 되면 제 2언어에서 모국어 사용자 같은 발음을 습득하기는 어렵다. 성인 언어 사용자가 제 2언어를 해석할 때에는 모국어의 담화처리 책략을 사용한다는 설명을 하기도 한다(Tao & Healy, 1996). 나이가 들어 제 2언어를 습득하는 사람은 모국어를 제 2언어로 바꾸어 말할 때 모국어의 강세 패턴에 의존하는 경향이 있으며, 제 2언어의 구문론을 비교적 덜 사용한다(Jia, Aaronson, & Wu, 2002). 아동은 성인보다 제 2언어를 더 잘 습득하며 제1언어에서 오는 간섭에 덜 민감하다. 어릴 때 제 2언어에 접하게 되면 제 1언어가 충분히 성숙되기도 전에 그것의 발달을 지연시킬 수도 있고, 반대로 제 2언어에서의 언어 능력은 제 1언어 능력의 성숙에 영향을 미칠 수도 있다. 이에 따라, 어느 쪽 언어에서도 융통성을 가지지 못하는 **반푼언어**(semilingualism)가 될 수도 있지만 학령기가 되면 상위언어적 기술을 습득해 감에 따라 제 2언어 학습을 촉진할 수도 있다(Schiff-Meyrs, 1992).

순차적 이중언어 습득 단계

첫 번째는 정보교환보다 더 중요한 상호관계 단계로, 제 2언어 사용자들과 사회적 관계를 만들어 가는 것이다. 이 단계에서는 아동이 말할 때 상황이나 화자의 경험과 연관되어 있다고 가정하고 몇 개의 단어와 절을 사용하여 제 2언어를 잘하는 것처럼 보이려 한다. 그럼으로 인해 그 집단에 참여하고 마치 자신이 지금 소통하고 있는 바를 아는 것처럼 행동한다. 이때 아동은 타인지향 책략이나 내부지향 책략 중 한 가지를 선택한다. 타인지향(other-directed) 책략을 사용하는 아동들은 어떤 방법으로든 가능하면 메시지를 얻으려고 하는 인간 사이의 문제로 접근을 하는 반면에, 내부지향(inner-directed) 책략을 선호하는 아동들은 과제를 인간 내부의 문제로 접근하여 소통에는 초점을 덜 두고 언어 부호를 깨뜨리는 일에 더 초점을 맞춘다. 그래서 이들은 좀 더 조용하고 물러나 있는 것처럼 보인다(Kessler, 1984).

두 번째 단계에서 순차적 습득의 목표는 소통이 된다. 아동은 자기가 아는 것 중에서 전반적인 소통에 효과적인 언어단위를 최대한 사용하면서 세부사항은 나중을 위해 저장한다. 또한 아동이 산출하고 이해할 수 있는 단위라면 무엇이든 그 단위로 말하기 시작한다. 이 단계에서 상호언어(interlanguage)라고 하는 혼합된 형식을 발달시키기도 하는데, 이는 제1언어와 제 2언어의 규칙이 혼합된 과도기 체계이다.

마지막으로, 순차적 습득을 할 때 정확한 언어 형식에 집중을 한다. 전형적인 이중 맥락에 비해 언어가 더 성숙해지고 언어의 일반적 지식을 특정 언어의 분석에 적용할 수 있게 되는 단계이다(Keller-Cohen, 1987). 아동은 언어가 계열적으로 조직화되어 있고 순서가 중요하다는 것을 깨닫게 되며, 언어 단위에 다중 의미나 기능이 있을 수 있지만 의미는 즉각적인 맥락에 관련되는 경우가 많다는 것을 알게 된다. 이 단계에서 아동은 말을 할 때 어순과 계열성에 보다 주의를 기울이고, 이 계열을 방해하거나 재배열하지 않으려고 하고, 가능하면 자신의 메시지를 단순하게 제시하려고 노력한다.

그렇다면 아동이 두 가지 이상의 언어를 순차적으로 습득하게 되는 이유는 무엇일까? 여기에는 몇 가지 원인이 있다. 먼저 환경적 자극이 지연되기 때문인데, 어면 부모들은 태어난 순간부터는 단지 하나의 언어만을 주로 사용하면서 추가적으로 두 번째 언어를 도입시키는 일은 나중으로 미루는 경향이 있기 때문이다. 또 다른 이유는 아동이 출생 후부터 단지 한 가지 언어의 입력만을 직접적으로 이용할 수 있는 것이 아니기 때문이다. 예를 들면, 아동은 다른 언어를 사용하는 양육자나 조부모의 말을 경청하기 시작하다가 이후 첫째 언어를 습득하기 시작한 직후부터 스스로 두 번째 언어영역으로 이동하게 될 수도 있다(Pence & Justice, 2010).

이중언어 습득 기제

이중언어 발달 과정에서 하나의 단일언어체계로 시작하여 두 가지 서로 다른 언어체계로 분리하여 언어를 구사하는지, 언어 습득의 출발점부터 2개의 독립적인 언어체계를 만드는지에 따라 언어 분화(language differentiation)가 일어난다. 전자를 단일언어체계 가설 혹은 융합가설(fusion hypothesis)이라고 하며, 후자를 이중언어체계 가설 혹은 자율적 분화 발달가설(differentiation with autonomous development hypothesis)이라고 한다.

단일언어체계 가설 혹은 **융합 가설**은 이중언어를 습득하는 아동들이 하나의 체계를 구성하여 어휘집에 두 언어의 단어를 모두 포함시키며 두 언어에 동일한 문법규칙을 적용하는 가설을 말한다. 다시 말하면, 이중언어 아동들이 습득 중인 두 언어 모두로부터, 아이템이 단일한 언어체계로 시작하여 이후 두 언어의 어휘 아이템 간을 구분하기 시작하는 시점까지도 계속 단일 문법체계를 사용한다는 것이다. 이는 Volterra와 Taeschner(1978)가 설명하였는데, 최종적으로 약 3세경에 두 언어 간의 어휘체계와 문법체계를 완전하게 분리한다고 하였다. 이 가설은 아동들이 두 언어 사이의 차이를 성공적으로 변별해 낼 수 있게 되어서야 비로소 이중언어 사용자가 될 수 있다는 전제를 바탕으로 하고 있다. Genesee와 동료들(2004)은 만일 단일언어체계 가설이 옳다면 아동들에게 언어적 맥락이나 대화 상대자를 고려하지 않은 채 두 언어 모두로부터 단어나 구, 문법규칙들을 섞어버리는 일들이 자주 발생되어야 하며, 무엇보다 두 언어를 구별해 내는 작업이 이루어지는 동안에 이들의 언어 발달 속도가 느려질 것이라고 언급하였다.

이에 반해 **이중 언어체계 가설** 또는 **자율적 분화 발달 가설**은 Genesee(1989), Genesee, Nicoladis와 Paradis(1995)에 의해 제안된 것으로, 이중언어 아동들이 언어 습득의 출발 시점에서부터 2개의 독립적인 언어체계를 가진다는 것이다. 즉, 아동은 처음부터 자율적으로 발달하는 2개의 다른 체계를 가진다고 주장한다. 이 가설은 'switch on', 혹은 'switch off'로 설명할 수 있는데, 한국어를 하고 싶으면 다른 언어에 대해서는 버튼을 끄고 한국어에 대해서만 버튼을 켜는 것과 같은 것이라고 할 수 있다.

대부분의 최근 증거들이 초기부터 분화되어 있다는 입장을 지지하고 있긴 하지만 이중언어 발달 과정에서 한 언어가 다른 언어에 미치는 영향도 있다는 것을 시사하고 있으며, 이중언어체계 가설이 보다 선호되고 있다.

언어 분화에 대한 이론적 근거

음운 분화

숙련된 이중언어 성인의 경우, 두 언어 모두를 하나의 세트로 사용하는 것이 가능하다(Cutler et al., 1992). 그러나 단일언어를 사용하는 생후 4일된 영아의 경우 2개의 서로 다른 언어를 구별할 수 있지만(Mehler et al., 1996) 2개의 언어들은 구별하지 못하였다(Mehler et al., 1996). 두 가지 언어에 노출이 될 경우에 4~5개월 된 영아들은 두 언어를 구별할 수 있었다. 하지만 이러한 연구 결과는 특정적 방식으로 각각의 언어를 듣는지 혹은 일반적인 체계로 모든 언어를 처리하는지를 설명하기에는 부족하다.

Maneva와 Genesee(2002)는 몬트리올에 거주하면서 프랑스어와 영어를 배우는 아기들이 프랑스어를 말하는 부모와 상호작용할 때와 영어를 말하는 부모와 상호작용할 때 서로 다르게 옹알이 한다는 사례를 보고하였다. Ingram(1981)과 Deuchar (1989)는 더 나이 든 이중언어 아동의 경우 말을 산출할 때 사용하는 언어에 따라 분명하게 서로 다른 음운적 특징을 보인다고 하였다. 이현진 등(2003)은 어린 시절에는 음운 분화가 없이 산출되다가 이후 연령이 증가할수록 음운 분화가 일어날 수 있다고 하였다.

음운의 분화가 일어나는가 그렇지 않은가에 대한 문제는 이중언어에 따라, 즉 두 언어 간의 음운적 유사성 정도와 이중언어 사용자의 두 언어에 대한 상대적 숙달 정도에 따라 달라질 것이다.

어휘 분화

이중언어 사용자가 각각의 언어에서 어휘가 분화되어 있다는 증거는 어휘가 중복되는 정도로 알 수 있다. 두 가지 언어에 노출된 아동이 동일한 사물에 대해 각각의 언어를 가지고 있다면, 두 가지 언어체계를 가지고 있다고 말할 수 있다. 그러나 중복된 어휘가 얼마나 되어야 분화되었다고 해야 하는지에 대한 기준이 분명하지 않다.

상호배타성 원리(mutual exclusivity principle)는 어휘 중복을 두 가지 언어체계에 대한 증거로 보는 원리인데, 한 가지 언어를 습득하는 아동이 이 원리를 따른다. 이 원리에 따르면 한 가지 개념은 한 가지 단어만 가지므로, 두 언어가 한 언어에서 나온 것이라고 가정한다면 새로운 단어를 이미 알고 있는 단어와 동의어로 받아들이지 않는다. 이와 반대로, 새로운 단어를 이전 단어와 동일한 의미로 받아들이는 것은 두 단어를 각기 다른 언어에서 나온 것으로 이해했음을 말한다. Au와 Glusman (1990)에 따르면 4세 아동이 단어를 이해할 때 상호배타성 원리를 무시하여 동일한 대상에 두 가지 이름을 허용한다고 하였다.

남부 플로리다에 사는 스페인어와 영어를 이중으로 구사하는 아동에 대한 연구에서 생후 8개월에서 30개월 된 아동의 어휘 중 평균적으로 30%는 동일하게 번역될 수 있음을 보여 주었는데, 이는 아동이 2개의 언어적 체계를 형성하고 있다는 것을 시사하기에 충분하다고 주장했다(Pearson, Fernandez, & Oller, 1995).

프랑스어와 영어를 동시에 사용하는 아동 3명 또는 프랑스어와 퀘벡 수화(프랑스어를 사용하는 퀘벡에서 쓰이는 수화)를 동시에 사용하는 아동 3명을 대상으로 한 연구에서 아동의 어휘는 36~50% 중복이 이루어지며, 각 언어마다의 초기 언어적 이정표에 도달하는 시점이 동일한 결과로 나타났다.

형태구문 분화

이중언어 사용자들이 하나의 언어체계를 형성하는지 아니면 2개의 언어체계를 형성하는지에 대한 논쟁 중 가장 핵심주제는 형태구문 분화(morophosyntactic differentiation)에 대한 것이다.

두 가지 언어를 배우는 아동이 두 가지 다른 체계를 가지고 있다면, 다시 말해서 언어혼합이 전혀 나타나지 않는다면, 두 언어의 문법규칙 요소를 사용하여 두 요소를 모두 가지고 있는 문장을 만들지 않을 뿐만 아니라 한 언어의 어순에 따라 문장을 만들 때 다른 언어의 규칙을 사용하지도 않을 것이다. 반대로, 아동이 두 언어의 단어와 규칙을 혼합한다면, 한 언어체계가 다른 언어체계를 어느 정도 침해하게 된다고 말할 수 있다.

De Houwer(1995)는 하나의 혼합된 체계가 있다는 증거가 없다고 결론 내렸고, Meisel(1989)는 프랑스어와 독일어를 동시에 습득하는 아동이 프랑스어 단어를 독일어 어순으로 조합하거나 혹은 그 반대로 하지 않는 경우에서 볼 수 있듯이, 언어의 혼합이 일어날 경우에도 어휘는 혼합되지만 문법규칙은 상당히 분리되어 있다고 하였다. 또한 그는 한 문장에 두 언어의 단어가 사용되는 것이 반드시 두 언어가 분화되지 않았다는 것을 의미하는 것은 아니라고 주장했다. 이러한 논의의 결과는 이중언어를 구사하는 성인이나 아동 모두 두 언어에서 나온 형태소와 단어를 섞지 않으며 규칙을 따른다는 것이다. 즉 아동은 배우고 있는 두 가지 언어의 형태구문론적 체계를 분화시킨다고 말할 수 있다.

이중언어 구사자의 언어 사용

이중언어 아동들에게서 나타나는 매우 보편적 현상은 **부호변환**(code switching) 또는 부호혼합(code mixing)이다. 이는 이중언어 구사자가 말할 때 동시에 두 종류의 언어를 사용하는 것을 의미한다. 이때 변환이란 언어를 바꾸려는 계획적인 선택을 나타내며, 하나의 문장 내에서 변환이 일어나는 문장 내 변환(intrasentential switching)과 문장과 문장 사이에서 변환이 일어나는 문장 간 변환(intersentential switching)으로 나누어 볼 수 있다(Appel & Muysken, 1987). 혼합은 종종 혼동의 원인을 나타내는 용어로 쓰이며 단일한 발화 내에서 변경이 일어날 때를 발화 내 혼용(intrautterance mixing), 발화들 사이에서 일어나면 발화 간 혼용(interutterance mixing)이라 한다.

부호변환이 일어날 때 언어변환이 일어나는 부분은 규칙에 의해 제약을 받는다. 모든 가능한 혼합이 일어나지 않고 주어와 목적어는 주절 동사와, 관사는 명사와 언어가 일치해야 한다. 또한 부호변환은 다른 언어에서 단순히 단어만을 빌려서 사용하는 것과 구분하는 것이 중요한데, 전체 말에서 사용되는 언어에는 음운론과 형태론이 통합된다(Grosjean, 1982). 어린 아동의 경우, 문장 내 변환이 문장 간 변환보다 빈번하게 일어나며 나이든 아동의 경우, 발달적 진전에 따른 발화길이와 문법적 복잡성이 증가하여 문장 내 변환 빈도가 증가한다.

부호변환은 대개 자립형태소에만 한정되는데, 명사에서 가장 흔하고 표면 구조가 비슷한 경우에 일어난다. 아동의 경우에는 한쪽 언어에서 다른 언어로 부호변환하면서 시작되며(Lanza, 1992), 성인의 경우에는 전체 문장을 대치하는 경향이 있다. 아동의 부호변환은 대화 참여자들이 누구인가에 따라 체계적으로 달라진다. 이때 참여자들의 지각된 언어 능통성, 언어 선호성, 정체성이라는 세 가지 특성이 중요하다.

담화의 유형 또한 부호변환에 영향을 미친다. 면담이나 내러티브는 바꾸기가 별로 없고 한 가지 언어나 다른 언어가 그대로 유지되는 반면에, 대화는 자주 바뀐다는 특성이 있다. 또 부호변환은 직접적인 인용, 강조, 명료화나 반복, 정교화, 메시지의 특정 부분에 초점을 맞추기, 주의 끌기와 유지하기, 개인적인 감탄사나 방백(asides)에 사용되는 멋내기 장치가 될 수 있다.

부호변환의 이유

이중언어 아동에게서 부호변환이 나타나는 이유는 여러 가지가 있다. 먼저 화용론적인 효과를 위해 부호변환이 일어난다(Genesse et al., 2004). 누구에게 이야기를 하고 있는지를 분명히 하기 위해, 다른 언어로 말한 메시지의 일부분을 반복하여 강조하기 위해, 다른 언어로 말할 때 더 잘 전달될 수 있는 정서를 전달하기 위해서이다(Appel & Muyksen 1987; Grosjean, 1982).

두 번째로, 이중언어 구사자들이 속한 공동체의 사회적 규준을 위해 부호변환이 일어난다. 아동들의 경우, 주변 성인들의 부호변환 패턴을 학습하고 이를 모방한다. 예를 들면, 공적이고 공식적인 맥락에서보다는 평상 시, 비공식적 상황에서 부호변환을 보다 자주 드러낸다. 성인의 경우, 미국 정치가들이 스페인어를 구사하는 유권자들을 결속시키기 위해 유창하지 않은 스페인어를 구사하여 대화의 분위기를 조성하기도 하고, 구 러시아 제국의 상류층 사람들이 대화할 때 하인들이 자신들의 개인적인 일을 알지 못하도록 하기 위해 프랑스어를 구사하여 대화에서 제외시키기도 하면서 자신이 속한 공동체의 사회적 규준을 유지하려고 한다.

또한, 어휘 또는 문법적 간극(gap)을 보완하기 위해 부호변환이 일어나는데, 최소한 다음의 두 가지 형태로 나타난다(Genesse et al., 2004). 먼저는 보다 덜 능숙한 언어를 사용할 때 부호변환을 더 자주 보이는 경향이 있는데, 이렇게 함으로써 덜 능숙한 언어의 문법구조나 어휘에 결함을 가질 때 기호를 전환하여 보다 능숙한 언어로부터의 강점을 끌어오게 된다.

이중언어와 언어 발달 특성

이중언어를 사용하는 아동 자신이 두 가지 다른 언어를 배우고 있음을 알고 있다고 해서 언어 발달이 자동적으로 이루어진다는 것을 의미하는 것은 아니다. 그러나 두 언어를 동시에 습득하는 것은 각각의 언어 발달에 영향을 줄 수 있으며, 대부분의 수용 언어 능력, 표현 언어 능력, 조음음운 능력이 생활연령보다 낮다는 국내 연구 결과들이 보고되고 있다(권미지, 2006; 김효정, 2007; 박상희, 2006; 박지윤, 2007; 신미주, 2008; 안원석, 2007; 정은희, 2004; 최연실, 2007; 황상심, 2009).

반면에 Lindholm(1980)과 De Houwer(1995)가 이중언어 발달이 단일언어의 발달과 상당히 유사하다고 결론을 내린 것처럼 단일언어 환경의 아동들과 이중언어 환경의 아동들 간 차이가 없다고 주장하는 연구들도 있다.

다문화 환경에서 성장하는 아이들의 언어 발달에 대한 우리나라 연구들은 아직 초기단계에 있으며, 언어 발달지체 유무에 대한 의견이 분분하다. 그나마 의미, 조음음운 발달에 대한 연구들이 이루지고 있으나 구문이나 형태, 화용적인 측면에서의 다각적인 연구들은 거의 전무한 실정이다.

이중언어 환경의 아동들과 단일언어 환경의 아동들의 어휘 발달을 비교한 연구들은 이중언어 환경 아동들의 언어 발달이 지체된다고 하였다(Hoff, 1977; Junker & Stockman, 2002). 이중언어를 구사하는 5세 이상의 아동이 단일언어를 구사하는 동일 연령의 아동에 비해 각 언어에서 이해할 수 있는 어휘의 수가 적은 것으로 결론지었다(Ben-Zeev, 1997; Rosenblum & Pinker, 1983; Umbel, Pearson, Fernandez, & Oller, 1992). Pearson 등(1993)은 생후 8~30개월 된 어린 아동을 대상으로 연구하였는데, 이중언어를 구사하는 아동이 각각의 언어에서 이해하는 어휘 수는 단일언어를 구사하는 아동이 이해하는 어휘 수와 유사했으나 자발적으로 말하는 산출 어휘 수는 더 적었다고 보고하였다.

우리나라의 이중언어 환경에 있는 아동의 언어 발달에 대한 연구에서도 연령이 증가함에 따라 언어 발달 차이가 좁혀지거나 또래 일반 아동과 유사하다고 결론을 내리고 있다(우현경 외, 2009; 정은희, 2004; 황혜신, 황혜정, 2000).

박지윤(2007)은 3~6세 26명의 이중언어 환경 아동들과 3~6세 24명의 단일언어 환경 아동들의 자발화를 수집하여 언어연령 및 의미론적 특성, 구문론적 특성을 비교함으로써 이중언어 환경 아동의 언어 발달 특성을 밝히려고 하였다. 연구 결과, 이중언어 환경의 아동들과 단일언어 환경 아동들의 언어연령에서 수용 언어연령의 경우 5세에 언어 환경 간 유의한 차이가 나타났으며, 표현 언어연령의 경우 언어 환경 간에 유의함이 나타나지 않았다. 의미론적 언어 발달의 경우 단일어와 개별 의미에 유의한 차이가 나타나지 않았으나 4세의 3어문에, 연령별 단일어에 유의한 차이가 나타났다. 구문론적 언어 발달의 경우 언어 환경 간 평균 발화길이에 유의한 차이가 없었으나 3세와 5세 간에 유의한 차이가 나타났다.

황상심(2008)은 농촌지역 다문화 가정의 만 2세에서 7세까지 47명의 아동들을 대상으로 하여 언어 특성을 밝히기 위해 취학 전 아동의 수용 언어 및 표현 언어 척도와 그림어휘력 검사로 평가하였다. 언어 이해력, 표현력, 어휘 이해력 측면에서 살펴본 결과 다문화 가정 아동들이 통제집단과 비교하여 두 집단 간 유의미한 차이를 보였고 그 중 약 30%는 약간 언어 발달지체 또는 언어 발달장애에 해당한다고 하였다. 동일 연구자의 2009년도 연구에서는 이중언어 아동 76명을 대상을 하여 통합언어연령, 표현 언어연령 및 어휘이해 연령을 평가하여 연령집단에 따른 언어 발달 차이를 살펴보았다. 연구 결과, 통합 언어연령, 수용 언어연령 및 표현 언어연령에서는 두 연령집단 간 유의미한 차이가 있었으나 어휘이해 백분위에서는 유의미한 차이가 나타나지 않았다. 이 연구의 결과는 이중언어 아동들이 연령이 증가함에 따라 언어 발달 차이를 좁혀가면서 정상적인 발달을 한다는 연구들과는 달리 여전히 언어 발달의 차이를 보이는 것으로 나타났다.

박상희(2006)의 연구에서는 광주광역시에 거주하는 이중언어 환경의 2세 아동 9명을 대상으로 하여 어휘력, 수용 언어 능력, 표현 언어 능력을 측정하여 생활연령과 산출연령을 비교 분석하였다. 그 결과 어휘력, 수용 언어 능력, 표현 언어 능력 모두 생활연령보다 낮게 측정되었으며, 대상 아동들 중 3명은 언어 발달지체로 나타났다.

이귀옥 등(2003)은 한국어와 중국어 이중언어 환경 아동들의 언어 능력을 알아보기 위하여 그림어휘력 검사를 실시한 결과, 5세 이전까지는 이중언어 환경의 아동들이 단일언어 아동들에 비하여 언어 발달이 지체된다고 하였다.

오소정, 김영태, 김연란(2009)은 3~6세 서울 및 경기지역 다문화 가정 아동의 언어 특성을 연구하였다. 취학 전 아동의 수용 언어 및 표현 언어 발달 척도(Preschool Receptive-Expressive Language Scale, PRES)를 실시하였는데, 검사 참여 아동의 20% 정도가 전반적인 언어이해나 표현에서 언어 발달지체 또는 장애를 보였다. 영·유아 언어발달 검사(Sequenced Language Scale for Infants, SELSI)의 판단 기준으로 볼 때 언어 발달지체 판정을 받은 아동이 70% 검사에 참여한 아동 상당수가 언어 발달지체로 평가되었다.

이수정 등(2008)은 생활연령이 만 3세 후반에 해당하는 다문화 가정의 아동 26명과 일반 가정의 아동 105명을 한국판 아동용 보스턴 이름대기검사(Korean-Boston Naming Test for Children, K-BNT-C)를 실시하였는데, 다문화 가정 아동의 평균 K-BNT-C 점수가 일반 가정 아동에 비해 유의하게 낮은 것으로 관찰되어 다문화 가정 아동의 경우 표현 어휘 발달지체의 가능성이 있음을 확인하였다.

유승애(2009)는 경기도와 서울에 위치한 어린이집에 다니고 있는 다문화 가정 유아 총 42명의 언어 발달을 연구하기 위해 그림어휘력 검사와 구문의미 이해력 검사, 놀이 상황에서의 발화길이와 어휘 다양도를 분석한 결과, 수용 어휘는 일반 유아들과 비교하면 4~5세의 경우 평균에 미치지 못하나 6세의 경우 일반 유아들의 평균에 근접한 발달을 보여 주었으며, 구문의미 이해력에서 5세의 경우에는 평균에 미치지 못했으나, 4세의 경우에는 일반 유아들의 평균에 근접한 발달을 보여 주었다. 반면에 다문화 가정 유아의 표현 언어는 모든 연령에서 일반 유아들과 비교했을 때 발달 수준에 차이가 있으며 약간 지체를 보여 주고 있음을 밝혔다.

이중언어 발달이 각 언어의 발달에 영향을 미치는가에 대한 대답은 두 언어를 한 언어로 습득하는 것처럼 쉽게 습득한다고 할 수도 있지만 반대로, 두 언어를 학습하는 것이 어려우므로 영아기에 두 언어에 동시에 노출시키지 말아야 한다는 것을 의미하기도 한다. 두 언어를 동시에 습득하는 것이 가능하기도 하지만 한 언어를 습득하는 것처럼 쉽다는 것이 과장된 것일 수도 있으며(Pearson et al., 1997), 결과적으로 중요한 것은 이중언어를 습득하는 아동이 한 언어만을 습득하는 아동보다 더 많은 것을 배워야 한다는 것이다. 또한 이중언어에 대한 연구들은 이중언어를 습득하는 아동들이 두 언어를 습득할 수 있도록 주변 환경에서 많은 도움과 지원을 주어야 하며 발달 속도의 규준도 다를 수 있다는 것을 알려 준다.

이중언어와 조음음운 특성

조음음운 특성 면에서 다문화 가정의 이중언어 환경에 있는 자녀들은 부정확한 발음과 문화적 차이로 어려움을 겪고 있는데, 근본적인 원인은 각 언어의 음운체계가 다르기 때문에 언어 발달기의 아동이 언어를 습득하는 데 있어 혼돈이 우려되고 있으며, 모국어와 부차적 언어 사이에 간섭현상이 음운론에서 가장 두드러지게 나타나기 때문이다. 예를 들면, 한국어는 평음, 경음, 격음이 있는 반면 핀란드어는 격음과 경음이 전혀 없는 언어이므로 핀란드어를 모국어로 사용하는 화자들은 한국어에서 파열, 마찰, 파찰음의 평음과 경음, 평음과 격음 그리고 경음과 격음 간의 차이를 잘 구분하지 못한다고 하였다(송향근, 2004).

총 19명의 아동을 대상으로 이중언어 환경 아동과 단일언어 환경 아동들의 음운변동률에 대하여 발달적인 음운변동과 비발달적인 음운변동을 살펴본 결과(권미지, 박상희, 석동일, 2007), 발달적인 음운변동의 경우 종성생략변동에서 언어 환경 간 유의한 차이가 있었고, 비발달적인 음운변동의 경우 이완음화, 모음편차, 첨가, 치조음 생략에서 언어 환경 간 유의한 차이가 나타났다.

서울, 경기 지역에 거주하는 다문화 가정 아동 26명을 대상으로 한 조음능력 및 음운변동 특성 연구(류현주 외, 2008)에 의하면 정상발달 아동의 조음발달과 패턴은 유사하지만 발달 초기에 오류가 많이 나타났다.

황상심과 김화수(2008)의 연구에서는 다문화집단과 기능적 조음음운장애 집단의 발달적 음운변동 출현율이 유사하게 나타났으며 비발달적 음운변동 패턴에서 기능적 조음음운장애 집단보다 높은 비발달적 음운 패턴율을 나타내었다.

이는 다문화 가정의 이중언어 환경에 있는 아동의 경우 정상발달 아동의 조음발달과 유사한 패턴을 가지지만 발달 초기에 오류가 많이 나타나며, 주양육자인 어머니의 조음능력에 영향을 받는 것으로 보인다.

이중언어와 읽기 특성

2008년 교육과학기술부 자료에 의하면 다문화 가정 학생의 언어 사용 능력은 일상적인 의사소통에는 큰 문제가 없지만 독해 능력과 어휘력, 그리고 작문 능력 등에서 현저하게 언어 사용 능력이 떨어진다고 하였다. 다문화 가정 학생들은 언어 발달에 문제가 있는데 일상적인 의사소통에는 큰 문제가 없으나 읽기 능력과 작문 능력 등이 현저하게 떨어져 과제나 학업 수행에 어려움을 겪고 있다(안원석, 2007). 이중언어 환경과 읽기 능력 간의 관계를 살펴보면 초기 아동기는 언어와 문해 능력을 위한 기초학습에 중요한 시기라고 할 수 있다. 이중언어 환경의 아동들이 학령기 이전 언어지체의 문제가 뚜렷하게 드러나지 않더라도 이후 학교생활에서 읽기, 쓰기 등

문해 능력에서 두드러진 문제가 나타날 수 있다.

강금화(2010)의 연구에서 2~5세 다문화 가정 아동 13명과 5세 일반 가정 아동 15명 대상으로 하여 언어, 읽기, 음운인식 능력에 차이가 있는지 살펴본 결과 음운인식과 수용 언어 및 표현 언어 능력에서 다문화 가정 아동의 능력이 일반 가정 아동에 비해 낮게 나왔다. 아동의 읽기 능력도 살펴보았는데, 단어재인 능력은 다문화 가정 아동이 일반 가정 아동에 비해 유의미하게 낮았지만 독해력은 두 집단 간 유의미한 차이가 없는 것으로 나타났다. 이 연구에서는 5세 다문화 가정 아동들의 언어 능력, 음운인식 능력이 생활연령에 비해 낮음을 알 수 있었으나 읽기 능력은 다소 양호한 것을 알 수 있었다.

박지윤(2009)은 다문화 가정 학생의 사회문화적 배경과 읽기 능력의 관련성에 대한 사례 연구를 실시하였다. 다문화 가정 학생들의 스키마에서는 어머니의 출신국의 영향을 받고 있다. 중국권 출신의 어머니일 경우에는 학생이 한자를 사용하지만 때로는 한국어에 과다하게 적용하여 오류를 범하는 사례도 나타났고, 동남 아시아권 출신의 어머니를 두고 있는 학생의 경우, 한국과 관련된 텍스트에서 낮은 이해도와 이에 대한 낮은 사회문화적 배경지식을 나타내었다. 이는 외국인 어머니가 한국에 대한 사회문화적 배경 지식이 부족하기 때문인 것으로 파악하였다.

현재 다문화 가정 아동이 학업 수행에서 겪는 가장 큰 어려움은 의미 파악 과정에 어려움을 겪고 있는 독해력이라 할 수 있으므로 읽기 능력은 다른 능력에 선행되어야 한다.

2. 제 2언어 습득

제 2언어 습득 과정

제 2언어 습득(second language acquisition, SLA)이란 이미 제1언어의 기초를 확립한 아동이 추가 언어를 학습하는 것으로, 일반적인 습득 시기는 취학 전, 중, 후기나 학령기로, 주로 취학 전 기관이나 학교가 된다. 이중언어 측면에서 제 2언어를 습득하고, 제1언어와 제 2언어 유지의 성공 여부는 그 개인이 어떠한 인종언어 공동체의 일원인가 등의 변인에 따라 달라진다.

아동이 한 언어를 사용하는 사회에서 새로운 언어를 사용하는 사회 환경으로 이주하게 되면 새로운 사회의 언어를 습득하게 된다. 아동이 새로운 언어를 습득하기 이전에 다른 의사소통 전략 단계를 거치는 것으로 보인다(Tabors, 1977). 초기에는 자신의 모국어를 사용하다가 몸짓을 사용하는 비언어적 단계를 거친다. 이후 새로운 언어를 사용하긴 하지만 이 단계에서 아동이 산출하는 것은 사회적 목적을 충족하기 위해 암기한 관용어들이 주로 사용되고 나중에야 새로운 언어를 생산적으로 사용하게 된다. 아동이 새로운 언어를 습득할 때 실수를 범하기 쉬우므로 상호언어 사용 단계를 거치게 된다. 이러한 중간 단계의 실수는 단일언어를 사용하는 아동이 언어 습득 과정 중에 범하는 실수와 유사한데 이를 발달적 실수(developmental errors)라 하며, 이전 언어가 새 언어에 미치는 실수를 하기도 하는데 이를 언어전이(language transfer) 실수라고 한다. 이러한 발달 과정은 오랜 시간이 요구된다. 영어권인 캐나다로 이민을 온 학령기 아동에게 18개월 동안 새로운 언어에 노출시켰을 때 이 아동들 중 절반만이 문법형태소 사용 능력이 모국어 사용자 수준이었고(Genessee et al., 2004), 5~7세 아동은 학업 성취를 할 수 있을 정도의 제 2언어 습득 수준에 도달할 것으로 추정하였다(Cummins, 2000).

제 2언어를 능숙하게 사용함에 따라모국어가 사라지기도 하고 그렇지 않기도 한다. Kohnert와 Bates(2002), Kohnert(2002)는 가정에서 스페인어를 배우고 5세경에 학교에서 영어를 배운 남부 캘리포니아의 이중언어 아동의 경우 영어를 배우게 됨에 따라 스페인어의 능숙함이 계속 증가하지만 영어의 능숙함이 더 빨리 진행되어 아동기 중기쯤에는 스페인어보다 영어에 더 능숙해진다고 하였다. 또한 Aaronson(2003)은 New York의 중국 이민 아동을 대상으로 우세한 언어가 전환되는 과정을 보여 주었는데, 이민 당시 9세였던 아동이 1년 후에는 중국어보다 영어로 말하길 선호하였으며 3년 즈음에는 영어가 더 능숙하였다고 보고했다. Oller와 Eilers(2002)는 Miami의 스페인어와 영어를 이중언어로 사용하는 학령기 아동이 이중언어 학교에 다님에도 불구하고 교실 밖에서도 서로 영어로 말하는 것을 관찰하였다. 주로 사용되는 언어가 결국 우세해진다(Jia & Aaronson, 2003; Oller & Eilers, 2002).

상호언어와 언어 안정화

제 2언어 습득 과정의 중간 단계에서 나타나는 일시적 언어체계로 **상호언어**(interlanguage)에서는 제1언어와 제 2언어의 요소들뿐만 아니라 제1언어, 제 2언어 두 언어 어디에서도 발견되지 않는 중간요소들 역시 포함되어 있다(Gass & Selinker, 2001). 언어 안정화(language stabilization)는 일단 상호언어가 이루어지지 않고, 제2맥락이 언어 발달에서의 정체기에 이르게 될 때 일어나는 현상을 말한다. Larsem-Freeman와 Long(1991)은 아래와 같이 제 2언어 학습 연구를 위한 상호언어 수집에 대한 12가지 방법을 제시하였다.

- 소리 내어 읽기(reading aloud): 대상자들에게 조사하고자 하는 소리들이 포함된 단어 목록, 문장 또는 구를 소리 내어 읽게 한다.
- 구조화된 과제(structured exercises): 대상들에게 조사하고자 하는 형태소나 구문형태가 포함된 빈칸 메우기(complete fill-in-the-blank), 문장 다시쓰기, 문장 조합하기, 또는 다중 선택 활동을 수행하게 한다.
- 완성 과제(completion task): 대상자들에게 문장의 첫 부분을 듣거나 읽은 후에 문장의 나머지 부분을 각자의 단어들로 완성시키도록 한다.
- 모방 유도(elicited imitation): 대상들에게 조사하고자 하는 구조가 담긴 문장들을 듣고 이를 반복하거나 재구성하여 말하도록 한다.
- 번안 유도(elicited translation): 대상들에게 제1언어로 쓰인 문장을 제 2언어로 번안하게 한다.
- 작문 유도(guided composition): 대상들에게 그림자극 세트를 토대로 이야기를 하거나 쓰도록 한다.
- (자극을 이용한) 묻고 답하기(question and answer with stimulus): 대상들에게 그림을 본 후, 특정 목표 형태를 유도해 내기 위한 질문에 답하게 한다.

- 재구성(reconstruction): 대상들이 이야기를 읽거나 듣거나 또는 본 후, 스스로의 단어들로 이를 다시 말하게 한다.
- 의사소통 게임(communication games): 대상들에게 종종 원어민 화자의 게임을 하게 한다. 이들은 특정 언어 형태를 유도해 내기 위해 설계된 자원을 사용한다.
- 역할놀이(role-play): 대상들을 특정 화행(speech acts)에 초점을 둔 연구자와의 역할놀이에 참여시킨다.
- 구어 인터뷰(oral interview): 연구자가 대상들과 구어로 인터뷰한다. 이들은 특정 구조를 유도해 내기 위해 인터뷰 화제를 제한하거나 또는 대상들이 대화 화제를 선택할 수 있도록 허용할 수 있다.
- 자유 작문(free composition): 대상들에게 주어진 화제에 대해 글을 쓰게 한다.

제 2언어 습득 이론

제 2언어 습득을 설명하기 위한 이론에는 크게 양육 지향적 이론과 본성 지향적 이론이 있다. 양육 지향적 이론(nurture-inspired theories)에는 학습에 필요한 인지적 요인에 중점을 두는 인지 이론의 주의처리 모델과 언어 습득 시 사회적 상호작용에 초점을 두는 상호작용가설이 있고, 본성 지향적 이론(nature-inspired theories)에는 보편문법과 모니터 모델이 있다.

양육 지향적 이론

인지 이론

양육 지향적 이론에 속하는 인지이론은 제 2언어 습득이 학습자의 정신적, 지적 기능과 관련이 있다고 하였고(Brwon, 2001) 이는 다섯 가지 원리에 따라 설명할 수 있다.

첫 번째는, 제 2언어를 습득할 때 언어의 형식이 아닌 사용에 초점을 맞추어 언어를 효과적 및 자동적으로 처리함으로써 무의식인 습득을 하게 하는 자동성(automaticity)의 원리에 따른다. 이에 따라 제 2언어를 습득시키는 교사들은 언어 화용론과 다양한 기능에 입각하여 어떻게 의도적으로 사용할 것인가를 고민하고 학습자가 유창하고 자동적인 언어를 구사하기 위해서는 많은 시간이 필요하므로 인내심을 가지고 훈련해야 한다.

두 번째는 제2맥락이 의미 있는 학습(meaningful learning)에 참여함으로써 자신의 기억의 구조 안으로 새로운 정보를 동화시키는데, 이때 동화는 피아제가 동화(assimilation)라고 명명한 인지과정과 유사하다. 이러한 원리에 근거하여 학습자의 관심과 학습 목표에 맞게 의미 있는 학습을 표방하고 반복적인 연습과 암기가 아닌 새로운 자료를 학생의 기존 배경 지식에 동화 및 흡수되도록 한다.

세 번째 원리는 Skinner의 행동주의 원리에 근거한 조작적 조건화(operant conditioning)에 따른 보상에 대한 기대(anticipation of reward)와 관련된 것이다. 이에 따라 학습자에게 칭찬과 격려를 하고 특히 어린 아동 스스로가 각자의 발전을 의식할 수 있도록 단기적 발전지표를 활용하도록 한다.

보상에 대한 기대와는 대조적으로, 네 번째 원리는 내적 동기(intrinsic motivation)에 근거한다. 제 2언어 습득 과정 자체가 보상이므로 학습자에게 외적 보상이 요구되지 않고 학습자 내부의 동기로부터 시작된다는 것이다. 이에 따라 교사는 학습자의 내적 동기를 고려하여 고양시킬 수 있도록 계획한다.

마지막 원리는 제2학습자가 언어를 이해하고 산출하기 위한 전략을 사용함으로써 교사의 노력, 시간, 주의를 학습에 투자한다는 전략적 투자(strategic investment) 원리이다. 이에 따라 교사는 학생의 학습 스타일에 맞게 다양한 기술(예: 집단 활동과 개인 활동, 시각적 제시와 청각적 제시)을 활용한다.

상호작용 가설

이 가설은 의사소통 상호작용의 송수신자 모두 의사소통 성공에의 책무를 지니며 이러한 의사소통적 역학(dynamic)의 중요성을 강조한다. 또한 말의 수정, 반복의 사용, 종종 대화 중의 명료화와 같은 것들을 통해 의미를 중재할 수 있는 기회를 가질 수 있어야 한다. 이에 따라 교사는 특정 의사소통 상황에 적합한 언어 형식을 선택하고 사용 가능한 훈련을 제공할 뿐만 아니라 일련의 맥락 속에서 또래 및 또래가 아닌 사람들 모두에게 언어를 사용해 볼 수 있는 훈련을 제공한다.

본성 지향적 이론

이 이론은 개인의 언어체계가 태어날 때부터 존재하며 모국어와 관련된 규칙들을 추출해 내는데, 이는 다른 인지 능력과는 별개의 것이라고 주장하는 것이다.

보편문법

보편문법(universal grammar, UG)이란 세계 모든 언어에 일관적으로 존재하는 문법적 규칙 및 제약 시스템으로 오직 언어에만 공헌하는 선천적이며 종 특정적인 모듈(species-specific module)로서 다른 학습 형태에는 적용되지 않는 것을 의미한다. 모국어 화자는 문장의 부분적 단편들, 잘못된 시작, 그 밖의 불완전한 언어 형태들을 사용함에도 불구하고 제2맥락을 적절히 수행한다. 이와 같이 제 2언어는 다른 사람들이 가르칠 수 있는 것이 아니며 학습자가 오직 입력만으로는 제공될 수 없는 언어 요소를 습득한다고 주장한다. 이 이론에 따르면 청소년 및 성인이 제 2언어 학습에 어려움을 보일 수 있다고 한다. Lenneberg(1967; Danesi, 2003에서 재인용)은 결정적 시기 가설(critical period hypothesis)을 통해 출생부터 사춘기까지가 언어 습득의 결정적 시기라고 설명한다.

모니터 모델

모니터 모델(monitor model)은 아래의 다섯 가지 가설에 따른다(Krashen, 1985).

- 습득-학습 가설(acquisition-learning hypothesis): 제2맥락이 타인과의 자연스러운 의사소통적 상호작용을 통해 습득하는 무의식적인 시스템이라고 하는 습득된 시스템(acquired system)과 학습자가 의식적인 과정을 통해 얻은 제 2언어 규칙에 대한 지식의 결과인 학습된 시스템(learned system)이라는 두 가지 독립적인 체계가 제 2언어 학습에 결정적인 요인이다.
- 모니터 가설(monitor hypothesis): 습득된 시스템과 학습된 시스템 간의 관계를 설명하는데, 제2맥락이 생각할 충분한 시간을 가지고 수정에 집중하며

자신이 표현하고자 하는 규칙을 알고 있을 때에 습득된 시스템으로부터 비롯되는 발화를 계획, 편집, 조정하는 역할을 한다.

- 자연적 순서 가설(natural order hypothesis): 제2맥락이 자연스러우며 예측 가능한 순서에 따라 문법 구조를 습득하게 된다. 이 순서는 교육에 따라 달라진 것이 아니라 습득된 시스템의 결과이다.
- 입력 가설(input hypothesis): 학습자가 현 문법 지식의 수준보다 약간 상위의 입력, 즉 이해 가능한 입력 (comprehensible input)을 받음으로써 증가하게 된다. 이미 숙달된 구조가 포함된 언어는 개인의 습득을 돕지 못하며 개인의 수준에 비해 지나치게 어려운 입력 역시 습득을 돕지 못한다.
- 정서적 필터 가설(affective filter hypothesis): 학습자가 입력을 처리하는 것을 방해하여 습득하지 못하게 하는 필터가 존재한다. 필터에는 낮은 동기, 부정적인 태도, 낮은 자신감, 불안감 등이 포함된다. Krashen(1985)에 따르면 어린 아동이 제 2언어 습득 시 많은 성공적 경험을 하는 이유는 어린 아동에게는 학습을 차단하는 정서적 필터가 존재하지 않기 때문이라고 주장한다.

교사는 모니터 모델에 근거하여 학생의 정서적 필터를 '눌러' 그것이 '일어나지' 못하도록 도와야 한다. 학생의 정서적 필터 수준이 낮아지면 실패할 가능성을 염두에 두지 않게 되고 교사가 전달하는 이해 가능한 입력으로부터의 습득에 보다 많은 성공을 경험할 수 있게 된다. 이후 교사는 문법이나 그 밖의 형식 구조들을 제시하여 기존의 습득된 시스템으로부터의 산물을 모니터, 즉 수정할 수 있도록 도와준다.

제 2언어 습득 순서

아동의 모국어인 특정언어가 제 2언어를 배울 때 아동이 범하는 오류에 영향을 주고 제 2언어 습득의 성공 여부에 개인차이가 크기 때문에, 제 2언어 습득 과정은 모국어 습득 과정과 다르다. 또한 입력자극 조건이 다르고 다양하기 때문에 제 2언어 습득 과정은 모국어 습득 과정과는 다르게 진행되고 더 다양한 결과를 가져올 가능성이 있다. Fillmore(1991)는 제 2언어를 습득할 때 말의 큰 덩어리를 기억하고 그

후에 구성 부분으로 분석하게 되는 과정이라고 보았고, Bates 또한 모국어로 영어를 배운 자신의 딸이 몇 년 후 이탈리아인 가족의 활동에 참여하게 됨으로써 이탈리어에 노출되었을 때 사회적으로 유용한 표현들을 덩어리로 학습한다는 결론을 얻었다(Bates, Bretherton, & Snyder, 1988).

제 2언어로서의 영어

제 2언어로서의 영어(English as a second language, ESL)란 영어 이외에 제1언어를 사용하는 사람이 이후에 영어 사용 환경에서 영어를 습득하는 것을 말한다. 2002~2003학년도에 미국의 학교들은 제 2언어로 영어를 학습하는 400만 학생에게 서비스를 공급했는데, 그 중 캘리포니아 주 전체 학생의 26%, 텍사스 전체 학생의 15%에 해당하는 학생들이 서비스를 가장 많이 받는 것으로 나타났다. 현재 미국 내에서 ESL을 교육에 대해 두 가지 공공정책을 지지하고 있다. 하나는 아동낙제방지법(No Child Left Behind Act, NCLB)이라는 법조항을 통해 미국에서 영어 능력이 제한된 아동의 학습 성취를 보장하기 위한 표준적인 개발 및 서비스가 제공되고, 또 하나는 여러 주에 언어 프로그램 이행을 위한 기금을 제공하여 효과적인 ESL 교육을 실시할 수 있도록 돕는 타이틀 III을 통해 언어 능력이 제한된 학생을 대상으로 영어 언어 습득 사무국이 주관하는 영어강화 및 학업 성취에 도움을 준다.

제 2언어로서 영어를 습득하기 위해서는 초기 4단계를 거친다(Tabors, 1997, Genesee et al., 2004). 첫 번째 단계는 가정언어 단계(home language state)로, 아동이 가정에서 사용하는 제1언어로 말을 하는 것이다. 두 번째 단계는 비언어기(nonverbal period) 단계로, 수용 언어인 제 2언어를 습득하기 전까지는 똑같은 언어를 거의 산출하지 않고 가리키기(pointing)와 같은 제스처를 사용하기 시작한다. 세 번째 단계는 전보식 및 기계적 사용(telegraphic and formulaic use) 단계로, 아동은 타인을 모방하고 단일단어를 사용하며 단순 구를 기계적으로 사용한다. 네 번째 단계는 언어 생산성(language productivity) 단계로, 제 2언어를 능숙하게 사용하지는 못하지만 의사소통 레퍼토리가 지속적으로 확장되어 주어-동사-목적어와 같은 단순한 형식을 만들고 make, do, go와 같은 일반 다목적 동사 사용에 의존한다.

외국어로서의 영어

외국어로서의 영어(English as a foreign language, EFL)은 영어가 모국어가 아닌 나라에서 영어를 학습하는 것이다. 비즈니스 참여를 위해, 영어를 사용하는 교육기관에 입학하기 위해 혹은 스스로 EFL을 습득한다. Butler(2004)는 522명의 한국, 대만, 일본 교사에 따르면 대부분의 교사들이 현재 지각하는 능력 수준이 스스로 희망하는 수준보다 더 낮게 나타났다고 하였다.

제 2언어 습득에 영향을 미치는 요인들

아동기에 제 2언어를 습득하는 정도는 아동의 특징과 제 2언어에 노출된 사회문화적 환경에 의해 영향을 받는다. 인지적, 언어적 요인으로는 외국어에 노출되는 상황에서 새로운 소리를 한 번 듣고 이를 잘 따라하는 아동이 새 언어를 잘 습득하는 것처럼 모국어와 제 2언어에 모두 적용되는 언어학습 적성이 있으며 이 언어학습 적성은 일반적 지능과는 다르다는 것이다(Skehan, 1989; 1991).

1930년대와 1940년대에 몇몇 연구들은 단일언어를 사용하는 아동과 이민 온 아동의 지능검사를 비교한 후 이민자들이 유전적으로 열등하며 이중언어 사용이 인지 발달을 저해한다고 하였다. 그러나 Peal과 Lambert(1962)는 실험대상을 모국어에 더 능통한 이민 가정의 아동과 달리 두 언어를 유사하게 숙달하며 동일한 사회계층에 속하는 아동으로 선정하였는데, 단일언어를 사용하는 아동보다 여러 인지과제를 더 잘 수행하는 것으로 결론을 얻었다. 이들의 결론은 이전의 연구와는 상반되는 것이다. 이중언어를 사용하는 아동들은 두 문화를 폭넓게 경험함으로써 단일언어를 사용하는 아동이 누릴 수 없는 이점을 가지고 있음을 시사하였다. 또한 두 언어체계에 대한 경험은 아동을 정신적으로 유연하게 하고 개념형성에 도움이 되며 다양한 정신능력을 발달하도록 돕는다고 하였다(Palij & Homel, 1987).

후속연구들도 이중언어를 구사하는 것이 인지적 이득이라는 것을 발견하였다. Ben-Zeev(1977)은 히브리어와 영어를 사용하는 중산층 5~8세 아동을 대상으로 동일한 계층, 동일한 연령의 단일언어 사용자와 비언어 과제, 언어 과제를 비교하였는데 이중언어를 구사하는 아동들이 단일언어를 구사하는 아동에 비해 비언어 과제, 언어 과제 수행력이 높다는 결론을 얻어 두 언어에 노출되는 것은 규칙을 찾고 어떤 규칙이 환경에서 요구되는 것인지를 결정하는 정신능력을 발달시키도록 한다고 주장하였다. 또한 이중언어 언어가 어떻게 작용하는가에 대한 인식, 즉 상위언어적 인식을 발달시킨다고 하였고(Bialystok, 1991) 이중언어가 인지과정에도 영향을 줄 수 있다고 하였다. 일련의 연구에서 Bialystok는 이중언어 구사자가 주의를 통제해야 하는 과제 수행력이 단일언어 구사자보다 더 좋다는 것을 발견하였다(Bialystok, 1999; Bialystok & Majumder, 1980). 그러나 이중언어를 구사할 수 있게 된 아동은 선택된 집단일 가능성이 있다는 사실을 염두에 두면서 앞서 기술된 연구 결과들을 해석하는 데 주의를 해야 한다.

제 2언어를 습득할 때 사회적·성격적 요인은 의사소통하려는 성향과 관련이 있기 때문에 사회적인 아동이 수줍고 위축된 아동보다 더 빨리 배운다. 아동의 연령 또한 관련이 있다. Snow와 Hoefnagel-Höhle(1978)은 나이 든 아동이 어린 아동에 비해 보다 빠른 속도로 습득한다고 하였다. 반면 Flege(1995)는 제 2언어를 2세부터 배우기 시작한 아동은 6세에 시작한 아동보다 더 잘하며, 6세에 시작한 아동은 12세에 시작한 아동보다 더 잘 한다고 주장하였다. 그리고 모국어의 숙달 정도도 제 2언어 습득의 성공적인 요인이다. 이민 가정을 대상으로 한 연구들은 모국어에서의 학업과 관련된 언어 능력은 새로운 언어에서의 학업과 관련된 언어기술을 예언한다.

제 2언어 습득에 영향을 미치는 개인적인 요인도 중요하지만 제 2언어에 노출되는 환경의 사회적, 정치적 요인도 큰 영향을 미친다. 여기서 환경적인 요인이란 다른 언어를 말하는 집단을 수용하는 태도를 말한다. Gardner와 Lambert(1972)는 제 2언어를 학습하는 동기를 도구적 동기(instrumental motivation)와 통합적 동기(integrative motivation)로 구분하였다. 연구자들은 영어를 사용하는 캐나다인의 프랑스어 학습에 대한 연구에서 취업을 위해 프랑스어를 알아야 하는 동기를 도구적 동기로, 프랑스어를 사용하는 공동체에 속하기를 원하는 동기를 통합적 동기로 보았다. 연구 결과, 통합적 동기가 더 성공적인 언어학습과 관련이 된다는 사실을 발견하였다. Appel과 Muysken(1987) 또한 언어학습은 학습자가 배워야 하는 언어를 사용하는 공동체에 속하기를 원해야 더 성공적이 될 수 있다고 하는 일반적인 생각에 동의한다. 아동은 성인보다 목표언어를 구사하는 화자들과 동일시할 가능성이 더 높기 때문에 성인에 비해 성공적인 제 2언어 습득이 가능하다고 할 수 있다.

3. 이중언어 뇌

두 가지 언어에 대한 신경학적 표상에 대한 이슈는 두 언어 모두가 뇌의 동일한 영역에 표상이 되는지 또는 각기 다른 언어는 다른 영역에 표상되는지에 대한 것이다. 이러한 이슈가 대두한 이유는 이중언어 사용자가 뇌손상을 입었을 때, 뇌손상이 각 언어의 기능에 서로 다른 영향을 미친다는 임상가설이 있고 결정적 시기 가설과 관련이 있기 때문이다.

이중언어 구사자가 뇌손상을 가지게 되었을 경우, 두 언어가 항상 동일한 정도로 영향을 받지 않으며 회복과정도 다르다는 사례가 있다. 스위스 독일어를 모국어로 사용하고 이탈리아어와 표준 독일어를 할 수 있으며 프랑스어에 유창한 사람이 뇌졸중으로 쓰러졌는데, 모국어인 스위스 독일어를 제외한 모든 언어 능력이 회복되었으나 이후에도 자신의 모국어를 말할 수 없었다(Minkowski, 1927, Obler & Gjerlow, 1999에서 인용). 또 다른 뇌졸중 환자의 경우, 세 번째와 네 번째로 배운 언어에 대해서 다른 형태의 실어증을 보였으나 첫 번째와 두 번째로 배운 언어에서도 유창성은 나타나지 않았다(Albert & Obler, 1978). 또한 Albert와 Obler(1978)는 각 언어가 얼마나 많이 사용되었는가가 중요하며 가장 최근에 사용된 언어가 가장 먼저 회복될 가능성이 있다고 하였다. 이러한 사례들은 다중 언어 구사자의 경우 여러 언어들이 각각 뇌의 다른 부분에 표상되었을 가능성을 시사한다. 이와는 상반되게, 이중언어 구사자의 실어증에서 대부분의 경우 두 언어가 비슷하게 손상되며 회복과정도 비슷하다(Obler & Gjerlow, 1999)는 연구와 신경학적인 수준에서는 단일언어 구사자와 다르지 않다는 결론을 내린 연구(Vaid & Hall, 1991)도 있어서 전반적으로 이중언어 구사자의 실어증에 대한 자료가 상반되고 혼란스럽다(Paradis, 1977; Vaid & Hall, 1991).

이중언어에 대한 신경학적 표상에 대한 또 다른 접근이 있는데 이중언어를 구사하는 정상인에게 두 가지 언어로 과제를 제시하고 뇌영상 기법을 사용하여 언어에 따라 뇌의 각기 다른 영역이 관여하는지를 살펴보는 것으로, 모국어와 제 2언어 모두에 동일한 뇌 영역이 관여한다는 결론을 얻었다(Klein et al., 1995; Klein et al., 1999). 또한 사건유발전위를 사용하여 뇌의 전기적 활동을 기록함으로써 구문 과제를 수행하는 데 언어에 따라 각기 다른 뇌 영역이 관여한다는 증거들을 살펴보았는데, 구문처리와 관련된 뇌 활동이 의미처리와 관련된 뇌 활동보다 언어를 습득한 연령의 영향을 더 많이 받았다(Weber-Fox & Neville, 1996). 기능적 자기공명영상(magnetic resonance imaging, MRI)을 사용하여 언어 과제 수행에 관여하는 뇌 부위를 살펴본 연구에서는 일찍 이중언어 구사자가 된 경우에는 베르니케 영역이, 늦게 이중언어 구사자가 된 경우에는 브로카 영역이 활성화되었다(Kim et al., 1997). 이는 제 2언어를 일찍 습득하면 모국어와 동일한 위치에 표상되며 동일한 방식으로 사용된다는 것을 나타내고, 언어의 구문인 측면에서는 나이가 들면서 동일한 표상을 가질 기회가 점점 줄어든다는 것을 의미한다. 유사하게, 기능성 자기공명영상(functional magnetic resonance imaging, fMRI)을 이용하여 이중언어 습득 시기와 산출에 관한 연구(이승복 외, 2004)에서도 나타났다. 이중언어 구사자들의 조기습득자 6명과 후기 습득자 6명을 대상으로 하여 일상생활과 가까운 과거에 관한 질문을 하고 그에 대한 이야기를 마음속으로 하게 하였는데, 조기습득자의 경우 두 언어(한국어와 영어) 산출 모두에서 전중심회(precentural gyrus)와 중전두회(middle frontal gyrus)의 활성화가 관찰되었으며, 후기 학습자 6명의 경우 제1언어인 한국어의 산출에서는 좌반구 하전두회, 좌반구 선전부(precuneus), 좌측 시상과 후대상회(posterior cingulate gyrus)와 우반구의 상전두회 등 다양한 영역이 활성화되는 데 반하여, 제 2언어인 영어의 산출에서는 전두엽이 좀 더 관여하였다.

이중언어와 인지 발달의 관계도 매우 밀접하다. 이중언어 사용자들은 대상 분류 능력, 창의성, 개념 형성, 기억, 상위언어적 자각, 지각적 분리, 문제해결, 역할 맡기, 과학 개념, 사회적 민감성, 복잡한 지시를 이해하는 데 더 뛰어나다(Eckstein,

1986; Kessler & Quinn, 1987; Sperling, 1990). 이중언어를 잘 구사하는 5~6세 아동은 확산적 사고, 상상력, 문법적 자각, 지각적 조직화, 읽기 성적이 우수하다(Ricciardelli, 1992).

개인적 사건에 대한 기억과 이중언어와도 관련이 있다(Javier, Barroso, & Munoz, 1993). 제1언어와 제 2언어는 모두 언어적 맥락에 따라 언어의 지시기능과 부호화 기능을 할 수 있으므로 지시기능을 하는 언어가 회상 과정에 사용된다면 회상이 더 좋아지며, 단어 확인에서도 문제가 되는 단어에 대한 과거 경험과 실제 사용에 따라 달라진다(Frenck-Mestre, 1993).

요약

국제결혼을 통한 다문화 가정의 증가와 지구촌의 교류로 인하여 전 세계의 약 절반의 아동은 한 가지 이상의 언어에 노출되어 있다.

2개 이상의 제1언어를 배우는 이중언어를 정의함에 따라 두 가지 언어를 동시에 습득하는 동시적 이중언어와 차례로 습득하는 순차적 이중언어로 유형을 구분하였다. 또한 이중언어와 이미 제1언어의 습득을 기초한 확립한 후 추가적인 언어를 습득하는 제 2언어 학습을 구별하였다. 아동이 언어 입력 자극을 받는 양이 언어 습득에 속도에 영향을 미칠 수 있으며, 두 언어에 노출된 아동은 한 언어에만 노출된 아동에 비해 각 언어의 입력자극을 더 적게 받아 언어 발달지체가 되는 것으로 보인다.

언어 습득은 아동을 둘러싸고 있는 사회문화적인 배경을 벗어날 수 없으므로 이중언어 사용자를 위한 다각적인 의사소통 지원이 요구된다.

참고 문헌

강금화 (2010). **5세 다문화 가정 아동의 언어, 읽기, 음운인식 능력에 관한 연구**. 대불대학교 대학원 석사학위논문.

교육과학기술부 (2008). 다문화 가정 학생 현황. 인터넷 사이트 http://www.mest.go.kr.

권미지 (2006). **이중언어 환경 아동의 조음음운 특성**. 대구대학교 대학원 석사학위논문.

권미지, 박상희, 석동일 (2007). 이중언어 환경 아동의 음운변동 특성. **제 14회 한국언어치료학회 학술발표대회**, 271-276.

권순희 (2006). 다문화 가정을 위한 언어교육정책 모색. **국어교육학연구**, 27, 223-251.

김성수 (2010). 초기아동기 이중언어 습득. **제 2회 다문화언어교육사연수회**.

김영태, 장혜승, 임선숙 (1995). **그림어휘력 검사**. 서울: 서울장애인복지관.

김효정 (2007). **다문화언어 환경 아동의 수용 및 표현 어휘능력**. 한림대학교 대학원 석사학위논문.

류현주, 김향희, 김화수, 신지철 (2008). 다문화 가정 아동의 조음능력 및 음운변동 특성, **음성과학**, 15(3), 133-144.

박미경 (2007). **교사를 통해 본 다문화 가정 유아의 특성 및 교사의 어려움: 결혼이민자 가정을 중심으로**. 이화여자대학교 대학원 석사학위논문.

박상희 (2006). 다문화 가정 아동의 언어 능력. **제14회 한국언어치료학회 학술발표대회**. 343-348.

박주경 (1993). 이중언어를 구사하는 한국인 어린이들의 언어선택에 대하여. **교육한글**, 6, 115-134.

박지윤 (2007). **이중언어 환경 아동의 언어 발달 특성**. 대구대학교 대학원 석사논문.

박지윤 (2009). **다문화 가정 학생의 사회-문화적 배경과 읽기 능력의 관련성에 대한 사례 연구**. 이화여자대학교 대학원 석사학위논문.

박예원, 곽금주, 박광배 (1996). **한국 웩슬러 유아지능검사**. 서울: 도서출판 특수교육

배소영, 임선숙, 이지희, 장혜성 (2004). **구문의미 이해력 검사**. 서울: 서울장애인종합복지관.

송향근 (2004). 핀란드어 모국어 화자를 위한 한국어 발음 교육 방안. **이중언어학**, 25, 113-127.

신미주 (2008). **환경중심 언어중재가 다문화 가정 발달지체 유아의 요구하기 표현 언어에 미치는 환경 효과**. 단국대학교 대학원 석사학위논문.

안원석 (2007). **다문화 가정 자녀의 표현 실태 분석**. 한국교원대 대학원 석사학위논문.

오소정, 김영태, 김연란 (2009). 서울 및 경기지역 다문화 가정 아동의 언어 특성과 관련변인에 대한 기초연구. **특수교육**, 8(1), 137-161.

유승애 (2009). **4, 5, 6세 다문화 가정 유아의 언어 발달 실태**. 건국대학교 대학원 석사학위논문.

이귀옥 외 (2003). 3-5세 아동의 이중언어 경험과 인지 능력 및 언어 발달에 관한 연구. **아동학회지**, 24(6), 1-17.

이수정, 신지철, 김향희, 김화수 (2008). 다문화 가정 아동의 표현 어휘능력 연구 K-BNT-C를 중심으로. **언어치료연구**, 17(3), 95-115.

이승복, 연은경, 윤효운, 정관진 (2004). 이중언어의 습득시기와 산출: fMRI 연구. **한국심리학회지**,

17(3), 117-134.

이현진 (2003). 마음이론과 언어에 대한 아동의 이해의 고찰. **한국심리학회지발달**, 16(1). 47-68.

최연실 (2007). **도시 국제결혼 가정 아동과 일반 가정 아동의 이야기 능력 비교**. 명지대학교 대학원 석사학위논문.

한은진 (2010). 다문화 가정아동의 이중언어 발달. **제 1회 다문화언어교육사연수회**.

황상심 (2008). **농촌지역 다문화 가정 아동들의 언어 특성 연구**. 대구대학교 대학원 박사학위논문.

황상심, 김화수 (2008). 다문화환경 조음음운장애 아동과 기능적 조음음운장애 아동의 음운변동 패턴 연구. **특수교육 저널: 이론과 실천**, 9(4), 329-348.

황상심, 정옥란 (2008). 다문화 가정 아동들의 언어 발달과 관련변인 상관연구. **언어치료연구**, 17(1), 81-102.

황상심 (2009). 다문화 가정 아동의 5세 전 후 집단 간 언어 발달특성 비교연구. **특수교육저널: 이론과 실천**, 10(3).

Albert, N., & Obler, L. K. (1978). *The bilingual brain: Neuropsychological and neurolinguistic aspects of bilingualism*. New York: Academic Press.

Appel, R., & Muysken, P. (1987). *Language contact and bilingualism*. London: Arnold.

Au, T. K., & Glusman, M. (1990). The principle of mutual exclusivity in word learning: To honor or not to honor? *Child Development*, *61*(5), 1474-1490.

Baker, C. (2000). *A parents' and teachers' guide to bilingualism* (2nd ed.). Tonawanda, NY: Multilingual Matters.

Bates, E., Bretherton, I., & Snyder, L. (1988). *From first words to grammar: individual differences and dissociable mechanisms*. Cambridge, England: Cambridge University Press.

Ben-Zeev, s. (1977). The influence of bilingualism on cognitive strategy and cognitive development. *Child Development*, *48*, 1009-1018.

Bhatia, T. K., & Ritchie, W. C. (1999). The bilingual child: Some issues and perspectives. in W. C. Ritchie & T. K. Bhatia (Eds.), *Handbook of child language acquisition* (pp. 569-646). San Diego: Academic Press.

Bialystok, E., & Majumder, S. (1980). The relationship between bilingualism and the development of cognitive processes in problem solving. *Applied Psycholinguistics*, *19*, 69-85.

Bialystok, E. (1991). *Language processing in bilingual children*. Cambridge, England; Cambridge University Press.

Bialystok, E. (1999). Cognitive complexity and attentional control in the bilingual mind. *Child Development*, *70*, 636-644.

Brwon, H. D. (2001). *Teaching by principles: An interactive approach to language pedagogy* (2nd ed.). White Plains, NY: Addison wesley Longman.

Butler, Y. G. (2004). What level of English proficiency do elementary school teachers needs to attain to teach EFL? Case studies from Korea, Taiwan, and Japan. *TESOL Quarterly, 38,* 245–278.

Cummins, J., (2000). *Language, power, and pedagogy: Bilingual children in the crossfire.* Clevedon, England: Multilingual Matters.

Cutler, A., Mehler, J. Norris, D., & Segui, J. (1992). The monolingual nature of speech segmentation by bilinguals. *Cognitive Psychology, 24,* 381–410.

Danesi, M. (2003). *Second language teaching: A view from the right side of the brain.* Dordrecht, The Netherlands: Kluwer Academic.

De Houwer, A. (1995). Bilingual language acquisition. In P. Fletcher & B. MacWhinney (Eds.), *The handbook of child language* (pp. 219–250). Oxford: Blackwell.

Deuchar, M. (1989). ESRC report on project "Infant bilingualism: one system or two?" Unpublished manuscript. (Cited in A. De Houwer, 1995, Bilingual language acquisition. In P Fletcher & B. MacWhinney (Eds.), *The handbook of child language* (pp. 219–250). Oxford, UK: Basil Blackwell, Ltd.

Eckstein, A. (1986). Effect of the bilingual program on English language and cognitive development. In M. Clyne (Ed.), *An early start: Second language at adoption: Challenges and opportunities* (pp. 98–107). Meadowlands, PA: First Edition.

Flege, J. E. (1995). Second language speech learning: Theory, findings and problems. In W. Strange (Ed.). *Speech perception and linguistic experience: Issues in cross-language research* (pp. 233–277). Baltimore: York Press.

Frenck-Mestre, C. (1993). Use of orthographic redundancies and word identification speed in bilinguals. *Journal of Psycholinguitic Research, 22,* 397–409.

Gass, S. M., & Selinker, L. (2001). *Second language acquisition: An introductory course.* Mahwah, NJ: Erlbaum.

Gardner, R. C., & Lambert, W. E. (1972). *Attitudes and motivation in second-language learning.* Rowley, MA: Newbury House Publishers.

Genesee, F. (1989). Early bilingual development: One language or two? *Journal of Child Language, 16,* 161–180.

Genesee, F., Paradis, J., & Crago, M. B. (2004). *Dual language development and disorders: A handbook on bilingualism & second language learning.* Baltimore: Brookes.

Genesee, F., Nicoladis, E., Paradis, J. (1995). Language differentiation in early bilingual development. *Journal of Child Language, 22,* 611–631.

Grabe, W. (2002). Applied linguistics: An emerging discipline for the twenty-first century. In R. A. Kaplan (Ed.), *The Oxford handbook of applied linguistics* (pp. 3–12). New York:

Oxford University Press.

Grosjean, F. (1982). *Life with two languages: An introduction to bilingualism.* Cambridge, MA: Harvard University Press.

Hoff, E. (2006). **언어 발달**[Language development, 3rd ed., 2004], (이현진, 박영신, 김혜리 역). 서울: 시그마프레스.

Hoff, E. (1977). *Language development.* Belmont, CA: Wadsworth/Thomson Learning.

Ingram, D. (1981). *Procedures for the phonological analysis of children's language.* Baltimore: University Park Press.

Javier, R. A., Barroso, F., & Munoz, M. (1993). Autobiographical memory in bilinguals. *Journal of Psycholinguitic Research, 22*, 319-338.

Jia, G., & Aaronson, D. (2003). A longitudinal study of Chinese children and adolescents learning English in the United States. *Applied Psycholinguistics, 24*, 131-162.

Jia, G., Aaronson, D., & Wu, Y. (2002). Long-term language attainment of bilingual immigrants: Predictive variables and language group differences. *Applied Psycholinguistics, 23*, 599-621.

Junker, D. A & Stockman., I. J. (2002). Expressive Vocabulary of German-English Bilingual Todders. *American Journal of Speech-Language Pathology, 11*, 381-394.

Keller-Cohen, D. (1987). Context and strategy in acquiring temporal connectives. *Journal of Psycholinguistic Research, 16*, 165-183.

Kessler, C. (1984). Language acquisition in bilingual children. In N. Miller (Ed.), *Bilingualism and language disability: Assessment and remediation.* (pp. 26-54). San Diego, CA: College-Hill Press.

Kessler, C., & Quinn, M. E. (1987). Language minority children's linguistic and cognitive creativity. *Journal of Multilingual and Multicultural Development, 8*, 173-186.

Kim, K. H. S., Relkin, N. R., Lee, K. M., & Hirsch, J. (1997). Distinct cortical areas associated with native and second languages. *Nature, 388*, 171-174.

Klein, D., Milner, B., Zatorre, R. J., Zhao, & Nikelski, J. (1999). Cerebral organization in bilinguals: A PET study of Chinese-English verb generation. *Neuroreport, 10*, 2841-2846.

Klein, D., Milner, B., Zatorre, R. J., Meyer, E., & Evans, A. C. (1995). The neural substrates underlying word generation: A bilingual functional imaging study. *Proceedings of the national Academy of Sciences, 92*, 2899-2903.

Kohnert, K. J. (2002). Picture naming in early sequential bilinguals; A 1-year follow-up. *Journal of Speech Language & Hearing Research, 45*, 759-771.

Kohnert, K. & Bates, E. (2002). Balancing bilinguals II: Lexical comprehension and cognitive processing in children learning Spanish and English. *Journal of Speech Language &*

Hearing Research, *45*, 347–359.

Krashen, S. (1985). *The input hypothesis: Issues and implications*. London: Longman.

Kuder, S. Jay. (2010). **언어장애와 의사소통장애: 학령기 아동 가르치기**[Teaching students with language and communication disorder(3rd ed.), 2008], (김화수 역), 서울: 시그마프레스.

Lanza, E. (1992). Can bilingual two-year-olds code-switch? *Journal of Child Language, 19*, 633–658.

Larsem-Freeman, D., & Long, M. H. (1991). *An introduction to second language acquisition research*. New York: Longman.

Lenneberg, E. H. (1967). *Biological foundations of language*. New York: Wiley.

Lindholm, K. J. (1980). Bilingual children: Some interpretations of cognitive and linguistic development. In K. E. Nelson (Ed.), *Children's language* (Vol. 2, pp. 215–266). New York: Gardner Press.

Lindsey, k., Manis, F., & Bailey, C. (2003). Prediction of first-grade reading in Spanish-speaking English lnguage learners. *Journal of Educational Psychology*, *95*(3), 482–494.

Lozanov, G. (1979). *Suggestology and outlines of suggetopedy*. New York: Gordon and Breach Science.

Lonigan, C. (2003). Development and promotion of emergent literacy skill in preschool children at-risk of reading difficulties. In B. R. Foorman (Ed), *Preventing and remediating reading difficulties: Bringing science to scale* (pp. 23–50). Timonium: MD: York Press.

Maneva, B. & Genesee, F. (2002). Bilingual babbling: Evidence for language differentiation in dal language acquisition. In B. Skarabela, S. Fish, & A. H. J. Do, *Proceedings of the 26th Boston University Conference on Language Development* (pp. 383–392). Somerville, MA: Cascadilla Press.

Mehler, J., Dupous, E., Nazzi, T., & Dehaene-Lambertz, G. (1996). Coping with linguistic diversity: The infant's viewpoint. In J. L. Morgan & K. Demuth (Eds.), *Signal to syntax: Bootstrapping from speech to grammar in early acquistition* (pp. 101–116). Mahwah, NJ: Erlbaum.

Meisel, J. M. (1989). Early differentiation of languages in bilingual children. In K. Hyltenstam & L. K. Obler (Eds.), *Bilingualism across the lifespan: Aspects of acquisition, maturity, and loss* (pp. 13–40). Cambridge, England: Cambridge University Press.

Minkowski, M., (1927). Klinischer beitrag zur aphasie bei plyglotten speziel im binblick auf sweizerdeutsh. *Schweizer Archiv Fur neurologie und Psychiatrie*, *21*, 43–72.

Obler, L. K., & Gjerlow, K. (1999). *Language and the brain*. Cambridge, England: Cambridge University Press.

Oller, D. K., & Eilers, R. E., Urbano, R., & Cobo-Lewis, A. B. (1997). Development of precursors to speech in infants exposed to two languages. *Journal of Child Language*, *24*, 407–425.

Owens, R. E. (2005). **언어 발달**[Language development: An introduction(6th ed.), 2005], (이승복, 이희란 역). 서울: 시그마프레스.

Paradise, J. L., Dollaghan, C. A., Campbel, T. F., Feldman, H. M., Bernard, B. S., Colborn, D., K., Roclette, H. E., Jonosky, J. E., Pitcairn, D. L., SABO, D. L., Kurs-Lasky, M & Smith, C. G. (2000). Language, speech sound production, and cognition in three-year-old children in relation to otitis media in their first three years of life. *Pediatrics*, *105*, 1119–1130.

Palij, M., & Homel, P. (1987). The relationship of bilingualism to cognitive development: Historical, methodological and theoretical considerations. In P. Homel, M. Palij, & D. Paradis, M. (1977). The cognitive neuropsychology of bilingualism. U A. M. B. De Groot & J. F. Kroll (Eds.), *Tutorials in bilingualism: Psycholinguistic perspectives* (pp. 331–354). Mahwah, NJ: Erlbaum.

Peal, E., & Lambert, W. E. (1962). The relation of bilingualism to intelligence. *Psychological Monographs*, *76*(27, Whole No. 546).

Pearson, B. Z., Fernandez, S. C., Lewedeg, V., & Oller, D. K. (1997). The relation of input factors to lexical learning by bilingual infants. *Applied Psycholinguistics*, *18*, 41–58.

Pearson, B. Z., Fernandez, S. C., & Oller, D. K. (1993). Lexical development in bilingual infants and toddlers: Comparison to monolingual norms. *Language Learning*, *43*, 93–120.

Pearson, B. Z., Fernandez, S. C., & Oller, D. K. (1995). Cross-language synonyms in the lexicons of bilingual infants; One language or two? *Journal of Child Language*, *22*, 345–368.

Pence, K. L., & Justice, L. M. (2010). **언어 발달: 이론에서 실제까지**[Language development from theory to practice, 2008], (김성수, 김화수, 이상경, 황보명 역). 서울: 학지사.

Redlinger, W., & Park, T. (1980). Language mixing in young bilinguals. *Journal of Child Language*, *7*, 337–352.

Ricciardelli, L. A. (1992). Bilingualism and cognitive development in relation to thershold theory. *Journal of Psycholinguistic Research*, *21*, 301–316.

Rosenblum, T., & Pinker, S. A. (1983). Word magic reviseited: Monolingual and bilingual children's understanding of the word-object relationships. *Child Development*, *54*, 773–780.

Schiff-Myers, N. (1992). Considering arrested langage development and language loss in the assessment of second language learners. *Language, Speech, and Hearing Services in Schools*, *23*, 28–33.

Skehan, P. (1989). *Individual differences in second language learning*. London: Edword Arnold.

Skehan, P. (1991). Individual differences in second language learning. *Studies in Second Language Acquisition, 13*, 275-298.

Snow, C. E., & Hoefnagel-Höhle, M. (1978). The critical period for language acquisition: Evidence from second language learning. *Child Development, 49*, 1114-1128.

Sperling, M. T. (1990). Social-cognitive development of bilingual and monolingual children. *Dissertation Abstracts International, 50*, 5349B.

Tabors, P. O. (1997). *One child, two language: A guide for preschool educators of children learning English as a second language*. Baltimore: Brookes.

Tao, L., & Healy, A. F. (1996). Cognitive strategies in discourse processing: A comparison of Chinese and English speakers. *Journal of Psycholinguistic Research, 25*, 597-616.

Umbel, V. M., Pearson, B. Z., Fernandez, S. C., & Oller, D. K. (1992). Measuring bilingual children's receptive vocabularies. *Child Development, 63*, 1012-1020.

Vaid, J. & Hall, D. G. (1991). Neurpsychological perspectives on bilingualism: Right, Left, and center. In A. G. Reynolds (Ed.), *Bilingualism, multiculturalism, and second language learning* (pp. 81-112). Hillsdale, NJ: Lawrence Erlbaum.

Volterra, V., & Taeschner, T. (1978). The acquisition and development of language by bilingual children. *Journal of child language, 5*, 311-326.

Weber-Fox, C. M., & Neville, H. J. (1996). Maturational constraints on functional specializations for language processing: ERP and behavioral evidence in bilingual speakers. *Journal of Cognitive Neuroscience, 8*, 231-256.

Wong Fillmore, L. (1991). When learning a second language means losing the first. *Early Childhood Research Quarterly, 6*, 323-346.

제11장

특수집단의 언어 발달

앞서 여러 장에 걸쳐 일반 아동의 언어 발달에 대해 살펴보았다. 이 장에서는 정상적인 언어 발달 과정을 밟아가는 데 다소 어려움이 있는 특수집단의 언어 발달에 대해 알아보고자 한다. 예를 들면, 정상적인 언어 습득을 방해하는 감각, 지각, 및 인지적 결함을 가진 아동들로 청각장애 아동, 시각장애 아동, 지적장애 아동 등이 포함된다. 또 뇌 기질적 장애로 인해 정상적인 언어 발달에 영향을 받는 자폐 아동들도 있다. 이에 더하여 언어 발달을 더디게 하는 뚜렷한 장애가 없음에도 불구하고 언어 발달에만 특정적으로 문제를 보이는 단순언어장애(specific language impairment, SLI) 아동들도 있다. 이 밖에도 정상적인 언어 습득에 어려움을 겪는 여러 경우들이 있겠지만, 이 장에서는 상술한 장애유형에 제한하여 그들의 언어 발달 과정상의 특징들을 살펴보겠다.

특수집단의 언어 발달을 탐색하는 의의는 다음과 같다. 첫째, 정상적으로 언어를 습득하는 데 어려움이 있는 대상들을 연구하는 것은 정상적인 언어 습득 과정에 필수적인 요소가 무엇인지를 알게 해 준다. 예를 들면, 인지적으로 손상된 아동이 적절하게 언어를 배우지 못한다면 우리는 언어 발달에 있어 인지 발달이 어떻게 역할 하는지를 찾아서 평가한다. 역으로 인지 발달은 크게 손상되었으나 보다 일반적인 형태로 언어가 발달될 경우, 인지와 언어 간의 관계는 과연 무엇일까라는 의문을 갖게 된다. 모든 질문에 일치하는 대답은 없지만, 장애 아동의 언어 특징들을 통해 그 해답을 찾기 위한 여정이 계속된다. 둘째, 특수집단의 언어 발달 특성을 알아보는 궁극적인 목적은 그들의 언어 발달을 지원하기 위함이다. 언어를 습득하는 데 어려움을 겪는 아동들을 도울 수 있는 방법은 무엇일까? 가장 먼저 전형적인 언어 발달과 어떠한 발달적 차이를 보이는 지를 확인하는 과정을 거칠 것이다. 따라서 비전형적인 언어 발달을 보이는 아동들에 대한 탐색은 결국 지금까지 이루어져온 전형적인 언어 발달 연구 결과들을 적용하고, 보다 확장된 연구들을 고취시키는 데에도 기여를 한다.

1. 청각장애와 언어 발달

우리나라의 청각장애 등록 인구는 해마다 증가하여 28만 여 명에 이르고 있다(보건복지부, 2011). 2011년 현재 9세 이하의 청각장애 등록 아동은 약 1,800여명으로 이들 중 다수가 언어 발달 지원이 필요할 것으로 추정된다. 청력손실을 가진 이들은 손상 유형이나 손상 시기 또는 정도에 따라 상이한 집단이 형성된다. 태어날 때부터 청력손실이 존재한 경우 선천성 청력손실(congenital hearing loss)이라 하며, 출산 후 발생된 청력손실을 후천성 청력손실(acquired hearing loss)이라 한다. 후천성 청력손실은 언어가 습득되기 전에 일어나는 언어 이전 청력손실(prelingual hearing loss)과 아동이 언어를 발달시키고 난 후에 일어나는 언어 이후 청력손실(postlingual hearing loss)로 구별된다. 언어 이후 청력손실은 언어 이전 청력손실보다는 아동의 언어 발달에 덜 영향을 미친다.

이 절에서는 선천성 청력손실과 언어 이전 청력손실 아동들의 언어 발달에 대해 살펴보겠다. 언어 발달에 있어 청각장애가 미치는 영향은 무엇이며, 청각장애 아동의 언어 발달 특성은 어떠한가? 청각장애 아동의 언어 발달 과정을 주로 결정짓는 것은 이들에게 노출된 언어적 환경이다. 부모가 청각장애인 아동의 경우, 대개 수화를 사용하는 환경에 노출된다. 이런 아동들에게 언어 발달은 수화를 습득하는 것이다. 또 한 가지 언어 환경은 구어에 노출되는 것이다. 전적인 구어법(oralist method)이나 총체적 의사소통법(total communication method)을 통하여 구두 언어에 노출된다. 두 부류의 언어 습득은 상이할 것이다. 먼저, 출생에서부터 수화에 노출된 청각장애 아동의 언어인 수화의 습득을 알아보고자 한다.

수화 발달

보청기나 인공 와우(cochlea implant)와 같은 청각 보조 장치의 도움으로도 구어의 발달이 제한적인 경우나, 부모가 수화사용자인 경우처럼 아동의 발달 환경에 따라 수화를 제1언어로 발달시켜 간다. **수화**란 음성언어체계를 대신하여 시각적 언어 및 손의 운동체계로 구성된 언어다. 농 아동들의 수화 발달을 연구한 결과, 수화의 발달 과정도 일반 아동들이 구어를 습득할 때의 과정과 유사하다는 것을 밝혔다. 예를 들면, 수화를 자신의 언어로 발달시키는 농 아동들도 일반 아동들이 초기 구어 발달에서 옹알이를 하는 것과 마찬가지로 유사한 시기에 '손으로 하는 옹알이(manual babbling)'를 한다(Petitoo & Marantette, 1991). 이러한 손 옹알이 사용 후 신호를 사용하게 되고, 점차 발달시켜 형태소와 더 복잡한 구문을 사용하게 되는 순서로 나아간다. 비록 수화에서 사용하는 언어적 신호가 언어 이전기 의사소통 방법인 제스처와 유사하지만 이것이 수화 습득에 도움이 되는 것은 아니다. 언어체계를 발달시키는 것은 언어 이전의 의사소통을 위한 제스처와 동일한 방법을 사용한다고 해도 서로 별개의 경로인 것으로 보인다(Petitto, 1987; 2000).

수화와 구어 모두 언어라는 공통분모를 가진다는 점에서 습득 과정에 있어서도 서로 유사하다는 증거를 보여 주는 연구들이 있다. 첫 번째로는 미국 수화(American sign language, ASL)를 습득하는 아동들도 일반 아동들과 유사한 시기에 과거형 형태소 표지 '-ed' 문법 사용의 **과잉규칙화**(overregularization) 오류를 범한다는 것이다. 구어를 발달시키는 아동들처럼 수화를 습득하는 아동도 자신의 방식대로 오류를 범하고, 부모가 아동의 손 모양을 고쳐주어도 잘 따르지 않는 시기가 있다(Bellugi et al., 1993). 또 한 가지 유사점은 대명사 전도 양상이다. 청각장애 아동과 일반 아동 모두 언어를 습득하기 전에 대명사를 나타내는 신호로서 제스처를 사용하고, 유사한 시기에 대명사 전도의 오류를 나타낸다.

일부 연구자들은 언어적 신호로 수화를 배우는 농 아동들이 구어를 습득하는 일반 아동들보다 3개월에서 4개월까지 더 빨리 '단어'를 사용하기 시작한다고 주장하였다(Anderson & Reilly, 2002). 이 연구가 시사하는 바는 농 아동들이 언어 발달 자체가 손상된 것이 아니라 구어의 발달이 지체된다는 것이다. 농 아동들의 언어체계를 수화에 한정하였을 때는 이러한 발달지체의 문제는 줄어들 것이다. 따라서 청각장애가 구어 발달에는 명백하게 지체 요인으로 작용하지만, 노출되는 환경에 따라 언어 발달에 영향을 받는다는 것을 염두에 두어야 한다. 수화이든 구어이든 풍부한 언어 환경과 연습의 기회 정도에 따라 아동들의 언어 발달에 차이가 있을 것이다.

오늘날 교육 현장이나 생활에서 청각장애 아동을 둔 부모들의 요구는 구어 중심의 언어 발달에 치우쳐 있다. 그러나 그러한 요구가 아동의 청력손실 정도나 구어 발달의 예후를 고려하지 않고 일방적으로 이루어진다면 추후 정서적, 심리적 문제를 일으킬 수도 있다(정희찬, 1999). 수화를 통해 언어체계를 발달시키는 아동들이 수화도 명백한 언어라는 자부심을 상실한다면 자아정체감의 발달에 큰 영향을 미칠 것이다. 이러한 사실을 기억하면서 다음으로는 청각장애 아동들의 구어 발달 과정을 살펴보자.

구어 발달

청각장애가 구어의 발달에 미치는 영향력은 얼마나 큰가? 청각신호 입력이 제한되거나 없더라도 언어기술들을 발달시킬 수 있겠는가? 이번 절에서는 청각장애 아동의 구어 발달을 중심으로 일부 관련 연구들을 고찰하고자 한다.

청력손실의 정도에 따라 상이하겠지만, 언어 이전 청력손실을 가진 아동들은 대개 구어 발달이 그리 성공적이지 못하다. 청각은 언어를 경험하는 가장 일차적인 수단이기 때문에 아동의 언어 습득에 영향을 미치는 것은 명백하다. **표 11.1**에서 보는 바와 같이, 청력손실의 범위에 따라 언어와 학업에 미치는 영향에 차이가 있다. 청력손실 외에도 여러 변인에 따라 아동의 언어 발달에 영향을 미치는 정도가 달라지는데, 그러한 변인에는 손상 시기, 판별 시기, 언어 환경의 노출 정도가 있다.

음운 발달

보다 구체적으로 언어의 구성요소별 청각장애 아동의 구어 발달을 살펴보자. 청각장애 영아들도 생후 몇 개월 동안은 건청 영아와 매우 유사하게 소리를 낸다. 울기, 쿠잉, 그리고 초기 옹알이 시기까지 상당히 유사하다. 그러나 8개월 전후 반복 옹알이(reduplicated babbling, 표준 옹알이) 사용 단계부터 청각장애 영아는 일반 영아와 차이가 나타난다(Stoel-Gammon & Otomo, 1986). 청각장애 영아의 경우, 이 시기부터 옹알이의 양이 줄고 옹알이에서 나타나는 음소의 유형도 일반 아동에 비해 다양하지 않다. 말소리 산출 능력에 관한 연구에서 청각장애 아동들은 말소리 산출이 지체되기는 하지만 발달 경로는 일반 아동과 유사하다는 것에 동의하고 있다. 그러나 완전하게 발달되지 않는 말소리들이 있을 수 있다(Balmey, 2003). 청각장애 아동도 일반 아동과 마찬가지로 초기 음운 발달에서 정상적인 음운변동을 나타낸다. 이는 초기 산출 시 음운처리 방법이 일반 아동과 유사함을 일컫는다. 청각장애 아동들은 건청 아동들에 비해 더 많은 음운오류를 나타내겠지만, 느리게 그러한 음운규칙들을 습득해 간다.

구어 명료도(intelligibility)의 문제는 무엇보다 청력손실의 정도와 크게 관련된다. 대개 청력손실의 정도가 클수록 그 아동의 말을 더 이해하기 어렵다. 그러나 여러 환경적인 요인들도 구어 명료도에 관여한다. 아동과의 친숙도, 대화가 이루어지는 맥락, 대화 보조 수단 등에 따라 구어 명료도가 달라진다. 청력손실이 큰 아동이나 농 아동의 경우 명백히 구어 명료도에 상당한 지체를 보일 것이라 예상되지만, 여러 가지 환경적인 중재가 구어 명료도 향상에 도움을 줄 수 있을 것이다.

표 11.1. 청력손실 유형과 그에 따른 영향

청력손실 정도 (dB HL)	말과 언어에 미치는 잠재적 영향	학업에 미치는 잠재적 영향
정상 청력 (−10~+15)	배경 소음 속에서는 말을 구별하기 어려울 수 있다.	• 없다.
최소 손상 (16~25)	작거나 원거리의 말을 감지하는 것, 소음이 큰 방에서 듣기, 단어에 담긴 소리(과거시제, 복수형, 소유격)의 구별이 어려울 수 있다.	• 교실 수업의 10%를 놓칠 수 있다. • 부주의하거나 무관심한 학생으로 여겨질 수 있다. • 듣기 위해 많은 노력을 기울여야 하므로 피로감을 더 느낄 수 있다.
경도 손상 (26~40)	손상 정도에 따라 명료도에 요구되는 여러 자음을 포함하여 말 신호의 25~50%를 놓칠 수 있고, 이것이 언어 발달 및 조음에 해로운 영향을 미친다.	• 공상에 잠겨 있거나 오직 관심 있는 것만을 듣는 것처럼 여겨질 수 있다. • 보다 피로해지거나 짜증이 날 수 있다.
중등도 손상 (41~55)	소리 증폭이 없다면 말 신호의 70%이상을 놓치게 될 것이다. 그리하여 구문의 지체, 제한적 어휘, 불완전한 구어 산출, 음성 질의 문제를 야기할 것이다.	• 수용 및 표현 언어, 읽기, 철자, 기타 학습 개념에서 결함이 나타날 것이다. • 교실 수업에서 구어로 제시되는 대부분을 놓치게 될 것이다.
중중도 손상 (56~70)	모든 말 신호의 100%를 놓칠 수 있다. 따라서 일대일 대화 및 집단 대화 모두에서 현저한 결함, 언어 및 구문 지체, 음성 질 및 구어 명료도 저하를 보이며, 전체의 75%가 불명료한 발화로 산출된다.	• 구어 지시를 따를 수 없으며 학업에서 뒤처질 것이다. • 전 과목에 영향을 미칠 수 있다.
중도(71~90) 및 최중도(91+) 손상	소리 증폭이 없다면 말 또는 언어를 발달시키지 못하거나 후천적 조건으로 인해 기존의 기술들 역시 손상될 수 있다.	• 중재가 없다면 전형적인 학업 환경에 참여할 수 없을 것이다.
편측성 손상 (경도 이상)	작거나 원거리의 말을 듣는 것, 소리의 위치를 감지하는 것, 열악한 청취 조건에서 말을 이해하는 것에 결함을 가질 수 있다.	• 중요한 구어 지시나 설명을 놓칠 수 있고(특히 소음이 큰 방에서), 이에 따라 개념 발달의 불완전함이나 이해 결여를 초래할 수 있다.

출처: Pence & Justice (2008, 김성수, 김화수, 황보명 공역, 2010). 언어발달: 이론에서 실제까지, p. 477.

형태 및 구문 발달

다음으로는 언어의 구성요소 중 형태론과 구문론 측면에서 청각장애 아동들의 언어 발달 특성을 살펴보자. 청각장애 아동은 청각기관의 손상으로 인해 청각기관을 통한 언어정보 수집과 음성언어 사용이 제한되어 연속적인 언어 발달에 영향을 미친다. 이러한 음성언어의 발달 제한은 앞서 살펴본 음운 발달을 방해할 뿐만 아니라 형태소 발달에 부정적인 영향을 미친다. 특히, 구문에서 문법적 특성을 표지하는 문법형태소의 사용에 어려움을 나타낸다(강창욱, 1987, 1994; 손일수, 이규식, 1989). 단어 형성에 관여하는 형태론에서 접두사와 접미사 같은 미묘한 부분들은 일반 아동들에게도 어려운 발달 과제다. 청각장애 아동들은 청력손실의 정도에 관계없이 이러한 형태론적 규칙의 습득에 어려움을 겪는 것은 명백한 사실이다. Kuder(2008)는 일반적으로 농 아동들이 건청 아동과 같은 형태 발달의 과정을 따른다고 해도 6년 이상의 지체를 가져올 수 있다고 하였다. 청각장애 아동들은 비록 문법형태소의 발달이 크게 지체되지만, 사용 특성은 보다 어린 일반 아동의 발달과 유사하다(권도하, 정분선, 1999). 우리말에서 청각장애 아동이 가장 많은 오류를 범하는 문법형태소는 조사 사용이다(우장석, 1984).

문법형태소의 습득 제한은 다음과 같은 문장 산출 특성을 가져오게 된다. 첫째, 문장 표현에서 단순하거나 정형화된 특성을 뚜렷하게 나타내며(장현숙, 1990), 둘째, 문법구조와는 상관없는 어휘를 나열하는 형식으로 문장을 구성하는 경향이 높으며(강창욱, 1987, 1994), 셋째, 구문능력에 있어 지속적으로 꾸준한 향상을 보이기보다 일정 수준이 이른 후에는 발달이 정체되는 양상을 보인다. 특히, 문법형태소가 잘 발달된 한국어 특성 상 청각장애 아동의 언어 중재 시 문법 지식을 도외시한 채 의미와 기능만을 강조하여 중재를 할 경우 성공적인 언어 습득을 성취하기 어려울 것이다(남성우 외, 2006).

언어 이전기에 청력손실이 있으면서 구어교육을 받은 아동은 대개 구문 발달이 지연되며, 구문 발달이 최종점에 이른 시점에서도 일반 아동의 구문 발달에 미치지는 못한다(Mogford, 1993). 구어교육을 받은 청각장애 아동의 구어 특징을 대표하는 것이 구문 오류이며, 이러한 특징은 10세를 넘어서도 지속된다. 결국 대부분의 청각장애 아동이 구어의 문법을 완전하게 습득하기는 어렵다는 것을 보여 준다(de Villiers, de Villiers, & Hoban, 1994). Schirmer(1985)는 3세에서 5세까지의 청각장애 아동의 자발적인 구어 산출을 분석한 결과, 청각장애를 지닌 아동들이 건청아동들과 유사한 구문 규칙 체계를 발달시키지만 상당히 지체된다는 것을 밝혔다.

국내 연구에서 강창욱(1994)은 청각장애 학생들이 의미론 및 화용론의 측면에서도 어려움이 있지만, 언어학습에 있어 가장 큰 난제가 되는 것은 구문구조의 이해와 습득이라고 지적하며 청각장애 학생 언어의 구문구조 특성을 연구하였다. 그 결과 초·중·고에 재학 중인 청각장애 학생들의 생활문에서 나타난 구문 특성은 연령이 증가함에 따라 단문 구조보다는 복문 구조를 더 많이 사용하나, 복문 형성을 위해 사용되는 어미의 종류는 '-고[나열]'나 '-어서'[인과]와 같은 특정 어미에 집중되는 경향을 보였다. 또한, 일탈을 보이는 구문구조의 원인이 대개 문법형태소 중 어미와 조사의 오류에 있으며, 서술어에 의한 오류도 특징적임을 밝혔다. 이미 상술한 바와 같이 우리말에서 청각장애 아동의 구문 오류는 문법형태소 발달 문제와 높은 관련이 있다.

의미 발달

의미 발달은 청력손실의 정도가 심한 청각장애 아동들에게는 특히 문제가 되는 영역이며, 중재의 초점이 되는 부분이다. 청각장애 아동들의 의미 발달 영역에서는 일반적으로 수용 어휘(Davis et al., 1986) 및 표현 어휘(Easterbrooks, 1987) 발달의 지체, 그리고 추상적인 언어의 사용에서 어려움(Moeller, Osberger, & Morford, 1987)을 나타낸다. 초기 의미 발달에서 어휘와 관련된 신체의 모방은 청각장애 아동과 건청 아동의 발달이 유사한 것으로 나타났다. 비록 청력손실로 인하여 음성정보 처리가 제한되더라도 초보 의사소통 단계에 있는 신체의 모방은 건청 아동의 언어 발달과 뚜렷한 차이가 없다. 그러나 만 2세를 넘기면서 청각장애 아동은 건청 아동에 비해 약 5개월 이상의 어휘력 지체 현상을 보인다(이규식 외, 1995). 청각장애 아동들은 하나의 의미를 가진 어휘보다 두 개 이상의 의미를 가진 동음이의어를 구분하는 데 보다 많은 어려움을 보인다(Paul, 1984).

청각장애 아동의 의미 발달에 관한 국내 연구에서 김형수(2002)는 어휘를 개념 어휘와 의미 어휘로 나누어 그 발달 특성을 밝혔다. 개념 어휘란 대상에 대한 존재의 판단이 대상의 모양, 형태, 기능에 의존한 어휘 형성이며, 의미 어휘란 개념적 의미 이외의 개인의 직접적·간접적 경험에 따라 부여되는 어휘를 말한다. 연구 결과 첫째, 청각장애 아동의 전체 어휘는 연령 증가에 비례하여 발달하며, 의미 어휘보다 개념 어휘 수준에서 지배적으로 발달이 일어났다. 둘째, 청각장애 아동의 어휘 발달은 건청 아동에 비해 심한 지체를 보이며, 학년이 올라갈수록 그 편차가 더 커진다. 이렇게 청각장애 아동의 어휘가 건청 아동에 비해 양적인 차이가 심화되는 것은 청각장애 아동들이 어휘 습득 시 시각적 정보에 의존하는 경향이 큰 데서 비롯된다.

어휘의 습득은 문장 이해 및 산출은 물론 학령기의 읽기, 쓰기 능력의 발달에 기초가 된다. 특히 어휘 사용 능력은 자신의 의사를 언어로 적절히 나타내는 표현 언어 능력 발달에 중요한 영향을 미친다. 건청 유아들의 경우, 표현 어휘와 이해 어휘 간 차이가 연령이 증가함에 따라 감소하는 반면, 청각장애 유아는 연령이 증가함에 따라 표현 어휘와 이해 어휘 간 차이가 증가하는 역현상을 나타낸다(국미경, 1984). 청각장애 아동의 어휘 발달에 관한 또 다른 연구(정종민, 2002)에서는 빠른 연결 능력을 살펴보았다. 어휘 습득과 관련된 가설 중의 한 가지인 빠른 연결은 초기 어휘 습득 속도와 관련된다. **빠른 연결**(fast mapping)이란 아동이 새로운 단어에 대해 최소한의 노출만으로도 그 단어가 어떠한 대상을 지칭하는지 빠르게 찾아내는 단어 이해 과정이다. 청각장애 아동의 경우에도 빠른 연결 능력이 어휘 발달에 중요한 영향을 미치게 되는 데 반해 기질적으로 말소리 정보를 듣고 처리하는 데 있어서의 어려움으로 제한적인 발달을 보인다. 연구 결과, 청각장애 아동과 일반 아동 간 빠른 연결 능력에 차이가 있는 것으로 나타났다. 일반 아동의 경우 명사와 동사의 빠른 연결 점수가 비슷하였으나, 청각장애 아동의 경우 명사보다 동사를 더 많이 빠르게 의미와 연결시키는 양상을 보였다. 즉, 청각장애 아동은 일반 아동에 비해 명사를 빠르게 의미와 연결시키는 능력은 낮으나, 동사는 일반 아동과 유사하게 의미 연결이 가능하다. 청각장애 아동이 명사에 비해 동사의 빠른 연결 능력이 좋은 것은 동사가 발화의 마지막에 위치하는 한국어의 문법적 특성, 아동의 인지 능력 및 들려주는 언어의 구조 등을 그 원인으로 보고 있다. 청각장애 아동은 또래 일반 아동에 비해 낮은 수행을 보이기는 하지만 새로운 말소리를 빠르게 의미와 연결시킬 수는 있다. 청각장애 아동의 빠른 연결 특성과 한국어의 특성을 고려한 언어중재 연구가 활발히 이루어져야겠다.

화용 발달

청각장애 아동의 화용 발달에 관한 국내외 연구에서 어린 아동의 경우 화용 발달은 다른 언어 영역에 비해 상대적으로 크게 손상되지 않았음에 동의하고 있다. 화용 기능의 출현이 다소 지체되더라도, 발달의 과정은 일반 아동들과 유사하다. Nicholas, Geers와 Kozak(1994)은 2세 청각장애 아동의 의사소통 기능 사용 능력을 생활연령 동일 집단 및 언어연령 동일 집단과 비교하였다. 그 결과, 청각장애 아동들은 생활연령 동일 집단의 일반 아동들에 비해서는 지체되지만, 언어연령 동일 집단보다는 앞서 있었다. 즉, 청각장애 아동들은 자신의 전반적인 언어 능력에 비해 의사소통 기능의 사용은 앞선다는 것을 알 수 있다.

반면 청각장애 아동들은 근본적인 의사소통 의도에 비해 하위의 화용 기술들은 다소 제한적일 수 있다. 청력손실 자체의 문제와 그에 따른 구어 습득의 지연으로 자연스럽고 의미 있는 대화에 참여할 기회가 적기 때문이다. 청각장애 아동의 언어 발달에서 청력손실이 구문 발달과 의미 발달에 어떻게 영향을 미치는지에 관한 연구는 꾸준히 이루어져 왔지만, 화용 발달에 관한 연구는 고려해야 할 변수들이 많아 다소 제한적으로 이루어져 왔다. 또한 청각장애 아동들의 화용 특성에 관한 연구 결과들도 상이하게 제시되고 있다.

청각장애 아동의 화용 기술에 관한 일부 연구에서는 청각장애 아동들의 의사소통 의도 및 화자에게 피드백을 제공하는 기술이 건청 아동과 유사하다고 하였다 (Day, 1986; Greenberg, 1980; Mohay, 1990). 반면 Hughes와 James(1985)는 청각장애 아동들이 대화에 참여하기 위한 자발적인 화용기술과 전략의 사용에 있어 제한적이라고 하였다. 청각장애 아동들은 특히 상대방의 명료화 요구에 적절히 반응해야 한다는 사실을 인식하나, 발화수정전략의 사용이 건청 아동들과 차이가 있음을 밝혔다. 발화수정전략 사용에서 차이를 보이는 이유는 첫째, 청력의 손실로 인해 다른 사람들과 의사소통하는 경험의 제한, 둘째, 청각장애 아동이 가지고 있는 언어 능력의 제약으로 볼 수 있다.

학령기 7세, 9세, 11세의 청각장애 아동들을 대상으로 명료화 요구 능력을 연구한 이혜진(2006)은 사람들은 화자가 주는 메시지를 이해하기 어려워 의사소통이 중단되었을 때 명료화 요구를 시도하는데, 시도 빈도에 있어 청각장애 아동과 건청 아동 간 차이가 없는 것으로 밝혔다. 그러나 명료화 요구하기의 질적인 면에서는 건청 아동들은 보다 특정적으로 자신이 이해하지 못한 것을 묻는 반면, 청각장애 아동은 '어?', '뭐라고?'와 같은 일반적인 명료화 요구하기를 사용하는 것으로 나타났다. 이러한 결과를 볼 때, 청각장애 아동들은 의사소통의 중단을 회복하기 위해 화자에게 알고자 하는 것을 명확하게 요구하는 화용 기술 습득이 다소 지체되어 있다는 것을 알 수 있다.

지금까지 청각장애 아동들의 언어 발달에 대해 살펴보았다. 언어 습득 이전에 청력손실을 가진 아동들의 경우, 명백히 구어를 습득하는 데 어려움을 보임에 틀림이 없다. 청각장애 아동이 사용하는 언어가 수화든 구어든 간에 습득의 목표는 성공적인 의사소통에 있다. 계속 발달되는 보청기와 인공와우이식 기술이 청각장애 아동의 구어 습득에 어떠한 큰 영향을 미칠지 미지수이지만, 성공적인 의사소통을 목표로 한 언어 습득은 아동이 가진 여러 잠재력과 아동을 둘러싼 환경적인 요소들을 고려하여 선택되어야 할 것이다.

2. 시각장애와 언어 발달

감각 손상과 언어 발달과의 관계를 생각해 볼 때, 청각장애가 언어 습득에 큰 영향을 미칠 수 있다는 것은 당연하게 받아들일 것이다. 그렇다면 시각장애는 과연 언어 습득에 어떠한 영향을 미칠까? 시각장애인들은 잘 들을 수 있고 말을 하는 데도 어려움이 없어 보인다. 또 시각장애를 지닌 사람들은 부족한 시각 능력의 보상을 위해 다른 감각능력들이 더 탁월해진다고 믿는 사람들도 있다. 반면, 한 가지 특별한 점을 생각해 보자. 사람들이 의사소통을 하는 데 있어 언어적 단서보다 비언어적이거나 준언어적인 단서로 메시지를 받아들이는 것이 60% 이상이다. 시각장애 아동은 이러한 비언어적 맥락에 의존한 의사소통에 제한을 받을 수 있다. 시각장애 아동들의 언어 발달에 대한 연구에서 많은 연구자들은 전반적인 언어 발달 시기나 과정이 일반 아동과 크게 차이나지 않는다는 것에 동의한다. 그러나 시각장애가 언어 발달 및 의사소통 발달에 있어 중요한 질적 차이를 가져올 수 있다. 이러한 질적 차이의 원인은 시력의 결함 자체에 따른 제한된 경험과 대화 상대자들의 언어 제공 스타일 등이 있을 수 있다.

먼저 시각장애 아동과 일반 아동과의 언어 발달에서 유사점을 간단히 살펴보고, 질적인 면에서의 차이점을 살펴보자. 대체로 시각장애만을 가지고 있고 다른 장애를 동반하지 않는다면 시각장애 아동은 일반 아동과 비슷한 시기에 옹알이를 하고, 첫 단어를 말하고, 단어들을 조합하여 구문론과 형태론을 습득한다. Bigelow (1987)의 연구에 의하면, 선천성 맹 아동과 일반 아동들의 첫 50개 단어 출현을 비교한 결과 첫 단어의 출현 시기와 발달에서 차이가 없는 것으로 나타났다. 시각장애 아동이 기본적으로 언어를 습득할 수 있다는 것은 언어 습득이 단순히 지시(reference)하는 물건이나 행동과 말소리를 연결하는 과정 이상임을 시사한다(Hoff, 2005). 만일 지시-소리의 연합 과정이 언어 습득이라면, 지시 대상을 볼 수 없는 시각장애 아동이 언어 습득에 많은 문제를 일으켰을 것이기 때문이다.

시력의 제한이 언어 습득에 어떻게 영향을 미치는가? 맹 아동들은 생애 초기에는 신체적인 움직임이나 운동발달이 일반 유아와 유사하지만, 성장할수록 운동발달이 지체되는 경향이 있다. 이는 시각적 자극의 결여와 부모의 과잉보호 등의 영향이겠지만, 움직임이 적다는 것은 세상에 대한 경험과 탐구의 기회가 줄어듦을 의미한다. 이로 인해 초기 언어 습득과 관련이 높은 인지개념 발달에서 지연될 우려가 있다(Kuder, 2008). 또한 보지 못한다는 것은 눈 맞춤, 공동 주시, 몸짓 발달 등의 제한으로 유아기의 의사소통 능력 발달에 주요 요소인 공동 지시하기 능력을 발달시키는 데 영향을 미친다(Fraiberg, 1977; Urwin, 1978). 시각장애 아동들이 언어의 하위 구성요소별로 어떠한 발달 특성을 갖는지 살펴보자. 시각장애 아동의 언어 발달 연구가 매우 제한적이어서 주로, 외국의 문헌 고찰을 중심으로 기술됨을 밝혀둔다.

음운 발달

시각이 음운 발달에 미치는 영향이 생애 후반기까지 이어지지는 않지만, 초기 언어 발달에는 제한적으로 영향을 미친다. 시각장애 아동은 일반 아동에 비해 시각적으로 구별되는 말소리(예: /b/, /m/, /f/와 같이 입술로 보이는 말소리) 산출에 오류를 더 많이 범하며 학습하는 데 다소 지체된다(Perez-Pererira & Conti-Ramsden, 1998). 이는 입 모양과 같은 시각적 정보가 일반 아동의 음운 발달에 영향을 미침을 시사한다(Mills, 1987). 초기 발달에서 이러한 발음 습득의 제한적 특성을 제외하면, 일반적으로 시각장애 아동의 음운론 발달은 일반 아동과 유사하다고 볼 수 있다.

형태 및 구문 발달

시각장애 아동과 일반 아동의 구문론 발달 차이에 관한 연구는 매우 제한적이다. 이는 대체로 시각장애가 구문 발달에 영향을 미치는 정도가 적음을 의미한다. 그럼에도 몇몇 연구자들의 연구 결과에 의하면 약간의 차이점들을 발견할 수 있다. 구문 발달의 척도인 평균 발화길이에 대한 두 건의 연구는 서로 상이한 결과를 밝혔다. Landau와 Gleitman(1985)은 시각장애 아동의 평균 발화길이가 일반 아동과 다르지 않다고 하였다. 반면 Erin(1990)은 시각장애 아동이 일반 아동에 비해 평균 발화길이가 약간 짧으며, 문장의 형태도 일반 아동에 비해 덜 다양하고 정해진 형태들을 반복적으로 사용하는 경향이 있다고 하였다. 또한, 같은 연구에서 시각장애 아동이 일반 아동에 비해 조동사(예: can, will, do)의 습득이 늦다는 것을 밝혔다. 연구자들은 이 같은 결과가 어머니의 언어입력에서의 차이에 기인한다고 하였다. 즉, 시각장애 아동의 어머니들이 일반 아동의 어머니들에 비해 조동사가 포함되지 않는 직접 명령문을 더 많이 사용하며, 조동사로 시작되는 yes/no 질문을 더 적게 사용하기 때문이다. 이는 일반 아동의 경우에도 언어입력에 따라 초기 언어 습득에서 개인차가 있을 수 있다는 것을 감안한다면 수긍이 가는 연구 결과라 볼 수 있다.

의미 발달

시각장애 아동의 의미론 발달에서는 주로 어휘 습득과 관련된 연구들이 이루어져 왔다. 선천성 맹 아동 3명을 대상으로 연구한 Bigelow(1987)는 시각장애 아동들이 볼 수는 있지만 만질 수 없는 사물들 예를 들면, '달', '깃발'과 같은 단어들보다 '피아노', '드럼', '새'와 같이 들을 수 있거나, '먼지', '가루'와 같은 실제 경험할 수 있는 사물을 지칭하는 단어들을 더 많이 사용한다고 하였다. 또한 시각장애 아동들도 자기 환경 내에 현재 존재하고 있는 항목들에 대해 더 많이 이야기하며, 과거나 미래에 대해서는 덜 이야기하는 양상을 보인다고 하였다. 일반 아동들의 초기 어휘 습득 시와 유사하게 시각장애 아동들은 어휘 습득 시 현재 맥락에 의존한다.

또 다른 특징으로는 일반 아동들이 초기 단어 사용에서 한 단어를 지나치게 포괄적인 의미로 사용하는 과대확장(overextension) 오류를 나타내는 반면, 시각장애 아동들의 경우 과대확장 오류가 더 적게 나타난다(Anderson, Dunlea & Kekelis, 1984; Mills, 1993). 시각장애 아동들은 일반 아동들처럼 단어를 실험적으로 적용하지 않고 모방을 통해 전체적으로 배운다. 따라서 시각장애 아동들은 단어를 적절하게 일반화하여 사용하는 능력이 제한됨으로써 새로운 단어를 범주 이름으로 사용하기보다는 특정 지시 대상의 이름으로만 표현하는 경향을 보인다. 이러한 연구 결과는 어떤 사물이 동일한 범주에 속할 때 그 범주 이름을 사용하는 데 있어 시각적인 정보가 어느 정도 영향을 미침을 알 수 있다. 그 외 의미론 특성 중 하나는 대명사 사용의 오류이다. 청각장애 아동들의 경우와 마찬가지로 맹 아동들도 '나'와 '너'를 혼동하는 대명사 전도 양상을 보인다(Erin, 1990).

국내 연구에서 초기 언어 습득 과정에서의 차이는 아니지만, 시각장애 학생과 일반 학생의 어휘력을 비교한 최우주(2006)는 '어휘의 의미에 대한 지식'에서 일반 학생들이 시각장애 학생들보다 높은 어휘력 점수를 보여 통계적으로 유의한 차이가 있는 것으로 밝혔다. 또한 같은 연구에서 '어휘의 화용에 대한 지식'을 비교한 결과 정확한 사용도 및 적절한 표현 능력에서 시각장애 학생들이 일반 학생들에 비해 통계적으로 유의하게 낮은 능력을 보이는 것으로 나타났다. 유사한 연구에서도 시각장애 학생이 일반 학생에 비해 국어 어휘력이 낮은 것으로 나타났다(이해균, 김옥현, 2008). 그러나 전맹 학생과 저시력 학생 간의 어휘력은 통계적으로 유의한 차이가 없었다.

이상에서 시각장애 아동의 의미론적 특성을 살펴보았다. 주로 일반 아동과의 차이를 나타내는 부분들을 중심으로 기술하였지만, 전반적인 의미론 발달은 일반 아동과 시각장애 아동 간에 유사점이 더 많다는 것을 밝혀둔다. 즉, 시각장애 아동들의 의미론 발달은 일반 아동과 비교할 때 질적인 차이가 적고 그 범위도 제한적이다. 확실히 시각의 장애는 청각장애에 비해 언어 발달에 미치는 영향이 적다.

화용 발달

앞서 우리들의 의사소통이 관찰 가능한 비언어적 맥락에 많은 의존을 한다고 하였다. 그렇다면 시각장애가 의사소통적 상호작용에 어느 정도 영향을 미칠 것이라는 점을 예상할 수 있다. 초기 영유아들은 엄마와 함께 주의하고, 눈을 맞추고, 엄마가 가리키는 곳을 바라보는 등의 상호작용을 통해 점차적으로 언어적인 의사소통을 발달시켜 나간다. 이때 아기뿐만 아니라 상호작용의 대상자인 엄마도 아기의 눈길을 통해 많은 의사소통 단서를 찾는다. 아기가 의사소통을 시도하는지, 반응을 원하는지, 의사소통을 끝내고 싶어 하는지 등에 대한 정보를 받는다. 반면 시각장애 아동의 경우, 이러한 단서를 주는 데 제한이 있고, 그들의 부모 또한 그 신호를 찾는 데 어려움을 겪는다. 이는 부모들이 시각장애 아동의 의도를 알아차리기 위해 더 민감해져야 함을 의미한다. 관련 연구에서 아동에게 더 민감하게 잘 반응하는 부모를 둔 시각장애 아동들이 후에 더 나은 화용기술을 가진다는 것을 밝혔다(Dote-Kwan & Hughes, 1994).

시각장애 아동이 의사소통에서 몸짓, 표정과 같은 비언어적 요소와 강세, 억양과 같은 준언어적 단서(paralinguistic cue)를 어떻게 사용하는지와 관련된 몇몇 연구를 살펴보자. Fraiberg(1977)는 시각장애인들이 특이한 몸짓을 사용함으로써 타인들이 그것을 의사소통하려는 신호로 오해하게끔 하는 경향이 있다고 하였다. 또 다른 연구에서 시각장애 아동들이 타인과 상호작용하는 장면을 녹화하여 분석한 결과, 구어를 사용하지 않는 의사소통에서 시각장애 아동들은 일반 아동에 비해 부적절하게 계속적인 미소를 짓고, 수긍의 고개 끄덕임을 덜 사용하며, 눈썹을 부적절하게 들어 올리는 행동을 보인다고 하였다(Parke, Shallcross & Anderson, 1980). 준언어적 단서의 특징 중 하나는 목소리의 강도와 질에서의 차이다. 목소리의 크기를 잘 조절하지 못하고 대개 큰 소리로 말하는 이유는 타인과의 거리감에 대한 인식 부족이 영향을 미친다고 볼 수 있다. 이러한 특징을 미리 알고 어릴 때부터 적절한 교육이 이루어진다면 사회 적응력에서의 향상을 이끌 수 있을 것이다.

의미론 특성에서 시각장애 아동들이 단어 전체를 모방하여 습득하듯이, 화용론 측면에서는 언어 사용역(register)에 있어서 유사한 방식으로 틀에 박힌 표현과 공식적인 말을 더 많이 사용하는 양상을 보인다. 시각장애 아동들은 오류를 감안한 창조적 언어 사용보다 상호작용에 중점을 둔 패턴화된 언어 사용을 더 수월해 하는 것 같다. 시각장애 아동뿐만 아니라, 최초의 대화 상대자인 부모들의 사용역에서도 차이가 있다는 연구 결과가 있다. Kekelis와 Andersen(1984)은 맹 아동의 부모들은 명령과 행동요구를 더 많이 하고, 아동이 대하는 사물에 대해 명명하기를 주로 사용하는 반면, 일반 아동의 부모들은 정보 요구를 더 많이 하고, 아동들이 대하는 사물에 대해 더 풍부하고 자세한 정보를 제공한다고 하였다. 또한 그들은 시각장애가 대화의 상호작용에도 영향을 미쳐 아동과 성인과의 대화 시작을 살펴본 결과, 일반 아동에 비해 시각장애 아동과의 상호작용에서는 성인이 주로 먼저 대화를 시작하는 경향이 있다고 하였다.

이상의 화용론적 차이가 비록 적게 느껴질지라도 이러한 특성을 감안하여 시각장애 아동과 상호작용한다면 그들이 세상을 탐색하고 보다 질적인 의사소통을 하도록 돕는 작은 첫 걸음이 될 것이다.

3. 지적장애와 언어 발달

일반적으로 지적 기능이 낮을 경우, 지적 손상 정도에 비례하여 언어기술에 영향을 미친다. 물론 지적장애를 가진 사람들이 다양한 이질적 특징을 가지는 것이 사실이나, 이 절에서는 보편성을 바탕으로 지적장애 아동들의 언어 발달 특징을 살펴보고자 한다. 지적장애와 정신지체라는 용어가 혼용되고 있으나, 최근 지적장애 아동을 둔 부모들을 비롯하여 관련 전문가들 사이에서도 '지적장애'라는 용어를 선호하는 시대적 배경을 반영하여 이 절에서는 지적장애로 통일하여 기술함을 밝혀둔다.

지적장애라는 용어는 지적 능력, 사회적 적응능력, 발달기상의 문제라는 세 가지 측면을 중심으로 정의되어 왔다. 우리나라의 경우, 2008년 공포된 '장애인 등에 대한 특수교육법'에서 특수교육 대상자 중 하나로 지적장애인을 포함하고 있으며, '지적 기능과 적응행동상의 어려움이 함께 존재하여 교육적 성취에 어려움이 있는 사람'으로 규정하고 있다. 미국에서는 이전까지 사용되어 왔던 미국정신지체협회(American Association on Mental Retardation, AAMR)의 명칭을 2007년 공식적으로 '미국 지적 및 발달장애협회'(American Association on Intellectual and Developmental Disabilities, AAIDD)로 변경하고 지적장애에 관한 정의를 열한 번째 수정하여 발표하였다. 11차 정의에 의하면 '**지적장애**(intellectual disabilities, ID)란 지적 기능과 많은 일상적인 사회적 및 실제적 기술들을 포함하는 적응 행동 모두에서 중대한 제한을 가지는 것이 특징인 장애로 18세 이전에 발생하는 장애'로 정의하고 있다(AAIDD, 2010). 이 정의에서는 세 가지 만족 기준을 요구하고 있다. (a) 지적 기능의 제한은, 일반적인 지적 능력을 일컫는 것으로 학습, 추론, 문제해결 능력 등에서 제한을 보여야 한다. 지적 기능을 측정하는 한 가지 기준에는 IQ 검사가 있는데, 일반적으로 약 70 또는 높게는 75정도로 제한된다. (b) 적응 행동의 제한은 개념적 기술, 사회적 기술, 실제적 기술의 사용 능력에서 제한을 보여야 한다. (c) 18세 이전에 발생하여야 한다. 제시한 세 가지 기준을 만족하는 지적장애 아동들의 경우, 대부분 일상생활에서의 적응, 학업 성취 및 언어와 의사소통 기술 습득 등에 어려움을 가진다. 지적 능력과 연령에 따른 지적장애 아동의 일반적인 발달 특성은

표 11.2. 지능지수를 기준으로 하는 지적장애의 발달 특성

정도 \ 연령	학령 전기(출생~만 5세)	학령기(만 6~20세)	성인기(만 21세 이상)
경도	진단되지 않을 수 있다.	기초적 학업 기술과 직업 전 기술을 배울 수 있다.	지역 사회에서 살면서 직업을 가질 수 있다. 지적장애로 낙인찍히지 않고 지낼 수 있다.
중등도	임상적 진단(예: 다운증후군)을 받을 가능성이 있다.	자조 기술과 기능적 학업 기술을 배울 수 있다. 익숙한 환경에서는 독립적으로 행동할 수 있다.	감독 하에 어느 정도의 기술을 요하는 일을 할 수 있다. 경쟁고용이 가능할 수도 있다.
중도	운동 발달이 늦다. 약간의 의사소통이 가능하다. 지체장애가 있을 수 있다.	개인적 필요를 스스로 돌볼 수도 있다. 의사소통을 배울 수 있다.	직장과 주거 환경에서 감독하에 기능할 수 있다.
최중도	반응이 별로 없다. 복합장애가 흔히 있다.	운동 발달이 느리다. 기초적 자조기술을 배울 수 있다.	약간의 의사소통을 할 수 있다. 기초적 필요를 돌볼 수 있다.

출처: 이소현, 박은혜(2006). 특수 아동교육(2판), p. 84.

표 11.2와 같다.

대부분의 지적장애 아동들이 언어 습득과 의사소통에 어려움을 겪는다. 발음은 분명하나 전달하려는 내용에 적합한 어휘선택에 어려움이 있거나, 적절한 어휘로 의미 있는 내용 구성은 할 수 있으나 발음이 부적절하여 타인이 알아들을 수 없는 경우 등 다양한 언어 문제로 의사소통이 깨어지기도 한다. 지적장애 아동들은 동일한 생활연령의 일반 아동에 비해 언어의 모든 영역에서 지체되는 것은 사실이지만 대개 일반 아동과 유사한 습득 단계를 거친다(Rosenberg, 1982). 반면 지적장애 아동은 의사소통에 있어 언어적인 영역만이 아니라 비언어적인 영역에서도 지체를 나타낸다. 이렇듯 언어장애 및 구어장애는 지적장애 아동들의 가장 보편적인 이차적 장애라고 볼 수 있다. 지적장애 아동들의 언어의 구성요소별 발달특징들을 살펴보자.

음운 발달

발달기 동안 조음과 음운의 문제는 일반 아동들에게도 흔히 일어나는 정상적인 현상이기도 하다. 그러나 대부분 학령기에 이르기 전에 모국어의 음운 습득이 이루어진다. 반면, 지적장애를 가진 아동들은 심각한 음운 문제가 성인기에 이르기까지 지속될 우려가 있다. 지적 손상 정도와 조음 장애 사이의 상관관계에 대해서는 아직까지 일치된 연구 결과가 없다. 지적장애 아동의 구어 산출 결함은 아동들 간에 서로 이질적인 특징을 보이며 많은 연구들에서 결함 문제를 상당히 광범위하게 보고 있다. Shriberg와 Widder(1990)는 지적장애 아동들의 구어 산출 결함 발생률을 낮게는 5%에서 높게는 94%까지 보고된다고 하였다. 그들은 지적장애 아동들의 음운론적 특징을 (a) 장애가 없는 집단보다 더 잦은 구어음 오류, (b) 가장 빈번한 오류는 자음 생략, (c) 비일관적인 오류 형태, (d) 오류 패턴이 일반 아동과 유사하지만 기능적인 지체를 보이는 것 등으로 제시하였다. 지적장애 아동들의 음운 발달이 단순히 일반 아동들에 비해 지체되는 것인지, 특이한 발달 특성을 가지는지에 대해서는 일반적으로 전자의 의견을 따른다.

많은 연구들에서 지적장애 아동들의 가장 보편적인 음운오류를 종성생략과 자음군 생략으로 보고하고 있다(Klink et al., 1986; Sommers, Patterson, & Wildgen, 1988). 지적장애 아동들의 조음 오류의 원인에 대해서는 다양한 측면에서 조망되고 있는데, Shriberg와 Widder(1990)는 지적장애 아동들이 들은 단어를 음성적 부호로 고치는 데 어려움이 있는 즉, 부호화(encoding)의 문제로 보고 있다. 지적장애의 한 부류인 다운증후군 아동들을 대상으로 한 연구에서는 지적장애 아동들의 조음 오류의 원인을 청력손실에 있는 것으로 보고하였다(Pruess, Vadasy, & Fewell, 1987). 연구자들은 다운증후군 아동들에게서 중이염의 출현율이 높다는 것과 많은 다운증후군 아동들이 청각장애를 가지고 있는 것으로 보아 청력의 손실이 지적장애 아동들의 조음장애 원인으로 작용할 수 있음을 밝혔다.

지적장애 아동들을 대상으로 한 조음 및 음운 발달에 관한 국내 연구 결과들을 살펴보면 다음과 같다.

손일수, 권도하와 이규식(1985)은 지적장애 아동의 90% 이상이 조음 및 음운장애를 보이며, 구어를 단순화시켜서 발음하는 오류 형태와 자음 생략의 오류를 높은 빈도로 나타낸다고 하였다. 연구자들은 또한 이러한 오류의 원인으로 구어 산출을 위한 음운운동 단계의 인지과정에 대한 습득 제한을 꼽았다.

김영환(1995)은 일반 아동과 지적장애 아동들의 조음발달을 비교한 결과, 지적장애 아동의 조음발달도 일반 아동의 발달 패턴과 거의 일치하고 있으나 연령에 따라 차이가 나타난다고 하였다. 조음발달의 속도에 있어 지적장애 아동들도 일반 아동들과 유사하게 3~4세 사이에 가장 빠르게 이루어졌으나, 조음발달의 수준은 지적장애 아동의 6세 수준이 일반 아동의 3세 수준의 발달에도 못 미치는 정도라고 하였다.

장인석(1987)은 4~8세 지적장애 아동의 조음발달 특성을 연구한 결과, 조음위치별 오류에서는 치조음이 가장 높은 오조음률을 보였고, 양순음이 가장 낮은 오조음률을 보인다고 하였다. 또한 정신연령이 4세인 아동의 자음정확도가 55.44%, 5세 아동은 64.11%, 7세 아동은 71.09%, 8세 아동은 77.70%로 나타나 정신연령이 증가함에 따라 오조음률이 감소하는 경향을 보인다고 하였다. 오조음 유형에 있어서는 생략음이 가장 많이 나타났으며, 그 다음 대치음, 왜곡음의 순서로 나타났다. 단어 내 위치에서는 어말에서 가장 많은 오조음이 나타났으며, 어두에서 가장 적은 것으로 나타났다고 보고하고 있다.

4~7세 지적장애 아동을 대상으로 언어연령별 조음 특성을 연구한 김시원(2009)의 연구 결과, 언어연령 4세 이전 아동의 자음정확도가 55.2%이던 것이 언어연령 7세 아동의 경우 81.3%로 나타나 언어연령이 증가함에 따라 조음발달이 향상된다고 하였다. 언어연령에 따른 조음위치별 조음 특성은 5세 집단을 제외하고는 모두 동일한 양상을 보였는데, 오조음률이 높은 것에서 낮은 순서로 살펴보면 치조음, 연구개음, 경구개음, 양순음, 성문음의 순서로 나타난다고 하였다. 조음방법별 조음 특성은 전 연령대에 걸쳐서 유음의 오조음률이 가장 높은 것으로 나타났다. 오조음률이 높은 순서에서 낮은 순서로 나열하면, 유음, 마찰음, 파찰음, 폐쇄음, 비음 순으로 나타났다. 오류형태별 조음 특성은 전반적으로 대치가 생략보다 더 많이 나타나 다른 연구 결과들과 차이를 보이고 있었다. 단어 내 위치에서는 오조음률이 높은 것에서 낮은 순서로 볼 때 어말-종성, 어중-초성, 어두-초성의 순으로 나타나

일반 아동들의 발달 순서인 어두-초성, 어말-종성, 어중-초성의 과정과 다소 차이가 있다고 하였다.

황보명, 신명선과 석동일(2001)은 지적장애 아동 50명을 대상으로 자음정확도와 음운변동 특성을 살펴보았다. 그 결과, 지적장애 아동의 평균 자음정확도는 69.27%로 일반 아동에 비해 훨씬 낮은 자음정확도를 보인다고 하였다. 음운변동 오류는 성문음 생략이 58.82%로 가장 높게 나타났으며, 그 뒤를 이어 종성생략, 성문음의 전설음화, 경구개음의 전설음화, 연구개음 생략, 비음 생략, 파찰음 생략 등으로 나타났다고 하였다.

엄윤희(2005)는 언어연령이 3; 6세에서 5; 11세에 해당하는 지적장애 아동과 일반 아동의 말 속도를 비교한 연구에서, 두 집단 모두 연령이 증가함에 따라 쉼과 비유창성이 포함된 전체 말속도가 증가하는 발달적 경향을 보였으나, 지적장애 아동이 일반 아동에 비해 느린 전체 말 속도를 보인다고 하였다. 또한, 쉼과 비유창성이 제외된 조음 속도도 두 집단 모두 연령에 따라 증가하였는데, 지적장애 아동이 일반 아동보다 약간 느린 조음 속도를 보인다고 하였다. 같은 연구에서 수행 과제에 따른 연구 결과, 지적장애 아동들은 그림책 내용 이야기하기보다 놀이하며 이야기하기에서 말속도가 더 빠른 것으로 나타났다고 하였다. 연구자는 이러한 결과를 토대로 지적장애 아동은 놀이 상황보다 통제된 과제상황에서는 일반 아동보다 인지적, 언어적 능력 등의 부족으로 쉼 또는 비유창성이 증가해 말속도가 더 느려진다는 사실을 제시하고 지적장애 아동들과의 대화 시 충분히 생각하고 반응할 수 있는 시간을 제공하는 것이 필요하다고 주장하였다.

이상 지적장애 아동의 음운 발달 특성을 요약하면, 지적장애 아동들은 일반 아동들에 비해 음운 습득 발달이 느리나 발달 패턴은 대개 일반 아동과 유사한 단계를 거친다. 또한, 가장 빈번한 오류 형태는 자음 생략으로 보다 덜 성숙한 형태의 조음 패턴을 주로 사용한다. 지적장애 아동의 조음 오류는 자신의 능력보다 더 낮은 의사소통 성공을 불러일으키는 원인으로 작용할 수 있다. 따라서 심한 조음 오류로 인해 의사소통에 어려움이 있는 지적장애 아동들을 위한 적절한 언어치료적 중재 방법 개발이 이들을 도울 수 있을 것이다.

형태 및 구문 발달

지적장애 아동들의 형태 및 구문론 능력 발달은 일반 아동과 유사한 방식으로 발달하지만 상당히 느리게 발달한다는 것이 일반적인 견해다. 즉, 지적장애 아동의 형태 및 구문 발달상의 차이는 질적이라기보다 양적인 차이라 볼 수 있다(황보명, 김경신, 2010).

형태론적 특징을 살펴보면, 영어를 사용하는 지적장애 아동들의 경우 조동사 습득이 어렵거나 전혀 습득하지 못할 수도 있다(Law & Bishop, 2004). 지적장애 아동은 시제 표지를 사용하는 데 어려움을 나타내는데, 현재 일어나고 있는 일이나 사건에 대해서 이야기할 때는 과거형 형태소를 잘 사용하나, 현재 맥락을 벗어나는 상황이나 사건에 대해 이야기할 때는 적절한 시제 형태소를 사용하는 데 결함을 보인다(Tager-Flusberg, Baumberger, 1987).

황유정(1998)은 지적장애 아동의 조사 사용 능력을 세 가지 즉, 지적장애 아동들이 사용하는 조사, 사용하지 못하는 조사, 오용하는 조사로 나누어 살펴보았다. 연구 결과, 지적장애 아동은 주격 조사, 목적격 조사, 관형격 조사, 부사격조사, 호격 조사와 접속 조사를 사용하며, 보격 조사와 서술격 조사 그리고 보조사는 사용하지 못하는 것으로 나타났다. 또한 지적장애 아동이 가장 많이 사용하는 조사는 부사격조사이고, 그 뒤를 이어 주격 조사, 호격 조사, 목적격 조사, 접속 조사, 관형격 조사 순으로 사용한다고 하였다. 오용하는 조사에서는 주격 조사와 목적격 조사가 가장 많았는데, 그 중에서 목적격 조사를 더 많이 오용하였다. 예를 들면, 지적장애 아동은 주격 조사 '가'를 호격 조사 '야'나 부사격조사 '에'로 오용하였다. 이러한 결과를 토대로 연구자는 조사 오류의 변인을 생활연령이나 사회연령보다는 정신연령과 더 밀접한 관련이 있음을 밝혀내고 아동의 연령 증가를 고려하여 효과적인 조사 사용을 가르칠 수 있는 언어활동 프로그램을 고안할 것을 제안하였다.

지적장애 아동의 구문론적 특성은 다른 언어 구성요소에 비해 특이한 결함을 보이지는 않는다. 자신들의 생활연령에 비해 짧은 발화길이, 간단하고 제한된 문장구조의 사용 등이 특징적이라 볼 수 있다. 다운증후군 아동들을 대상으로 한 연구에서 이들의 평균 발화길이가 일반적으로 청소년기까지는 생활연령에 따라 증가하지만 일반 아동들보다 훨씬 느리게 증가함을 밝혔다(Rondal, 2001). 이러한 연구 결과를 통해 지적장애 아동들의 언어 발달을 돕기 위한 교육적, 언어치료적 중재가 좀 더 장기간 이루어져야 함을 알 수 있다.

다운증후군 아동을 대상으로 한 또 다른 연구에서는 다운증후군 아동들의 언어 습득에 있어 언어 영역 중 문법발달이 상대적으로 가장 지체된다고 밝혔다. 일반 아동과 동일한 문법발달 과정을 거치나, 일반 아동이 30개월 내에 성취하는 능력을 다운증후군 아동은 약 12년에 걸쳐 성취한다. 또한, 정신연령이 6세 이하인 생활연령 12세 다운증후군 아동의 발화에서 문법적 복잡성의 정도가 일반 아동의 2~3세 수준인 것으로 나타났다(Fowler et al., 1994).

지적장애 아동의 구문 발달 특성을 연구한 전병운(1997)은 지적장애 아동의 생활연령은 평균 발화길이 발달에 거의 영향을 미치지 않으며, 정신연령이 증가함에 따라 유의한 발달 차이를 보이다고 하였다. 또한 정신연령이 동일한 일반 아동과 비교하였을 때 평균 발화길이의 발달이 느리게 이루어지며 정신연령이 6세가 되어도 일반 아동 4세 수준에 미치지는 못한다고 하였다. 같은 연구에서 지적장애 아동의 문장 사용빈도는 정신연령이 증가함에 따라 1어문과 2어문은 점차 감소하고 3어문 이상과 복문의 빈도는 증가하는 것으로 나타났다. 이러한 변화는 정신연령이 6~7세 사이에 있을 때 가장 큰 변화를 보인다고 하였다. 복문의 사용을 접속문과 내포문으로 나누어 살펴보았을 때, 접속문은 4세부터 사용하고 있지만 내포문은 5세 경부터 사용하는 것으로 나타나 접속문의 사용빈도가 내포문보다 훨씬 높은 것으로 나타났다. 연구자는 이상의 연구 결과를 토대로 지적장애 아동의 이질적 특성을 감안하여 연구 결과를 과대 해석하지 않을 것을 제안하면서 다음과 같이 결론지었다. 지적장애 아동의 구문 발달은 정신연령에 상응하여 발달하나, 동일 정신연령의 일반 아동과 비교할 때 양적인 측면에서는 2년 이상 지체된다.

지적장애 아동의 구문 및 형태론 발달 특징을 요약하면, 전반적인 발달 순서는 일반 아동과 비슷하지만, 발달의 속도가 많이 느리다는 것을 알 수 있다. 또한, 정신연령의 발달에 따라 구문 발달 즉, 문장의 길이나 문장의 복잡성도 함께 발달한다는 것을 알 수 있다. 그러나 정신연령이 동일한 일반 아동과 비교를 하면 느리고 제한된 발달을 보인다.

의미 발달

의미론 영역의 발달은 수용 언어 및 표현 언어, 어휘력, 단어 의미 추론, 비유어 사용 등 다양한 측면에서 조망해 볼 수 있다. 다른 언어 영역과 마찬가지로 지적장애 아동들의 의미론 측면의 발달도 아동에 따라 이질적인 특징을 보인다. 대표적으로 다운증후군 아동들이 많은 연구의 대상이 되었는데, 이들은 초기 어휘 발달이 느리게 시작되며 발달 속도 또한 느린 특징을 보인다. 대개 첫 단어의 사용이 24개월경으로 일반 아동들에 비해 1세 이상 느리나, 정신연령으로 비교하면 일반적인 수준이다. 다운증후군 아동들의 어휘 발달은 정신연령에 보다 일치하며 일반 아동들에 비해서는 느린 발달을 보인다. 예를 들면, 6세 다운증후군 아동은 정신연령으로 볼 때 일반 아동에 비해 약 3년 이상 지체되며, 표현 언어는 정신연령에 비해서도 낮아 3세의 일반 아동에 비해 적은 수의 어휘 능력을 보인다. 또한, 이러한 어휘 능력의 부족을 만회하기 위해 다운증후군 아동들은 일반 아동에 비해 몸짓, 제스처와 같은 비언어적 단서를 더 많이 사용한다.

최성규(2004)도 지적장애 아동들이 정신연령의 증가에 상응하여 수용 어휘 능력이 발달하는 것으로 보고, 정신연령과 생활연령의 차이가 적을수록 수용 어휘 능력이 빨리 발달하며 그 차이가 크면 수용 어휘 능력이 떨어진다고 하였다.

만 3세에서 만 5세 사이의 지적장애 아동 97명과 일반 아동 97명을 대상으로 연령의 증가에 따른 수용 어휘력 변화를 비교한 연구(이은숙, 2000)에서 지적장애 아동과 일반 아동 모두 연령 증가에 따라 수용 어휘력에서 의미 있는 차이를 보였다. 특히 지적장애 아동의 경우 만 3세에서 만 4세 사이에 상대적으로 높은 증가율을 보였다. 두 집단 모두 연령의 증가에 따라 수용 어휘력도 증가하였지만, 지적장애 아동의 정신연령에 따른 수용 어휘력 수준은 일반 아동의 연령에 비교하여 약 2년 정도 지체되어 나타난다고 하였다. 이러한 결과는 지적장애 아동들의 수용 어휘에 영향을 미치는 요인으로 정신연령 외에 또 다른 요인의 가능성을 시사한다.

지적장애 아동들은 새로운 단어를 학습하는 데 어려움을 겪으며, 정신연령이 동일한 일반 아동들에 비해서도 어휘량이 적은 편이다. 반면, 어휘 학습에 대한 상반된 연구도 있다. 지적장애 아동의 빠른 연결 수행 특성을 밝히기 위해 정신연령을 4세로 일치시켜 지적장애 아동과 일반 아동의 빠른 연결과제 수행 능력을 비교한 결과, 두 집단 간 유의한 차이가 나타나지 않아 지적장애 아동들도 정신연령에는 상응하는 빠른 연결 능력을 가지고 있는 것으로 나타났다(이효미, 2010).

김강애(1999)는 지적장애 아동과 일반 아동의 초기 단어 습득을 명사와 동사로 구분하여 비교하였는데, 정신연령이 3세로 동일할 때 일반 아동과 지적장애 아동 간 초기 단어 습득에는 차이가 없었다. 즉, 지적장애 아동도 정신연령에 상응하는 단어 습득 능력을 가진 것으로 나타났다. 특징적으로 지적장애 아동은 명사보다 동사 이해에 어려움이 있었고, 명사의 경우 반복에 따라 이해정도가 향상된 반면, 동사는 향상이 나타나지 않았다.

지적장애 아동들은 각 아동의 지적 능력 정도, 교육 환경 등에 따라 차이를 나타내겠지만, 일반적으로 동일한 정신 연령을 가진 일반 아동들에 비해 낮은 수용 언어 및 표현 언어 능력을 나타낸다. 또한, 한 단어의 의미를 고정적으로 사용하는 경향을 보이며 고차원적 의미를 해석하는 데 어려움을 가진다. 특히 관용어나 은유와 같은 비유 언어의 사용 및 이해에 어려움을 나타내며, 어린 아동들과 마찬가지로 상황이나 맥락적 단서에 의존하는 경향이 높다. 이에 대해 황보명 등(2010)은 지적장애 아동은 추상적인 사고능력의 부족으로 단어 수준 특히, 명사만을 사용하려는 경향이 있고, 다양한 단어를 사용하기보다는 몇 가지 제한된 단어만을 계속해서 사용하려는 경향을 보인다고 제시하면서 보다 다양한 경험 제공과 더불어 지속적인 어휘 지도를 제공할 것을 제안하였다.

아동들의 초기 문장은 문법적인 형태보다는 의미적인 관계로 연결되어 있어, 초기 문장을 의미론적으로 분석할 때 보다 더 실제적인 정보를 얻을 수 있다. 지적장애 아동들의 초기 문장에서 의미관계는 정신연령이 동일한 일반 아동들과 유사한 발달을 보인다. 전병운(1988)은 지적장애 아동이 주로 사용하는 두 단어 의미관계는 '목적-행위', '행위자-목적'이며, 세 단어 의미관계는 '행위자-목적-행위'가 가장 높은 빈도를 보인다고 하였다. 신희정(2003)은 특수학교 3~4학년에 재학 중인 지적장애 아동을 대상으로 의미관계를 살펴본 결과, 평균 발화길이가 1.0~2.0인 아동들은 실체, 대상자, 행위자, 행위, 상태서술, 실체서술을 가장 많이 사용하는 것으로 나타났다. 또한 평균 발화길이 1.0~2.0 사이의 지적장애 아동이 사용한 개별 의미유형 출현순위는 2~3세 일반 아동들이 사용한 의미유형의 출현순위와 동일하였다. 이 아동들은 실체-서술, 대상-행위, 행위자-행위의 의미관계를 가장 많이 사용하였다. 일반 아동도 이러한 의미관계들을 초기 문장에서 많이 사용하지만, 연령이 증가할수록 의미관계 유형이 다양해지는 반면, 지적장애 아동은 두세 단어 의미관계 수준에 머물거나 몇 가지 특정 의미관계 유형에 의존하는 경향이 있다.

지적장애 아동들의 의미론적 측면 발달 특성을 요약하면, 지적장애 아동과 일반 아동과의 초기 발달적 차이는 질적이라기보다 양적 차이가 더 크다. 즉, 지적장애 아동들도 정신연령의 증가에 따라 의미론적 발달이 함께 이루어진다.

화용 발달

지적장애 아동들을 대상으로 한 언어 사용 능력은 화행 측면, 대화기술 측면, 의사소통 의도 측면 등 다양한 각도에서 이루어져 왔다. **화행**(speech act)은 의사소통하려는 의도를 가질 때마다 나타나게 된다. 지적장애 아동들은 화행을 이해하고 사용하는 능력에서 일반 아동들에 비해 지체되나, 화행 발달 과정은 일반 아동들과 유사하다(Abbeduto & Hesketh, 1997). 화행의 이해 및 표현이 지체되기는 하지만, 다운증후군 아동의 경우 의사소통 및 화용적 발달은 그들이 가지는 강점 중 하나로 여겨진다. 이들은 사물보다 사람에 대한 관심이 높아 대화 상대자로서의 역할을 곧잘 수행한다. 동일한 언어연령을 가지는 일반 아동에 비해 같은 대화주제에 대해 서로 차례대로 대화를 유지하고, 의사소통이 깨어졌을 때 자신의 말을 더 잘 수정한다(Tager-Flusberg & Anderson, 1991; Tager-Flusberg, 1999). 화행에 있어 다운증후군 아동들의 특징은 정중하고 공손한 표현 사용이 다소 어렵다는 것이다. 이들은 일반 아동에 비해 정중한 표현을 덜 사용한다(Nuccio & Abbeduto, 1993). 연구자들은 그 원인을 다운증후군 아동들이 정중한 형식의 문장을 사용할 필요성을 인식하지 못하기 때문인 것으로 제안하였다.

화용능력의 발달은 비교적 상대적이다. 대화 상대자에 따라 자신의 화행을 조정해야 하고, 맥락에 따라 말을 해야 할지 말아야 할지 등을 결정하는 능력이 필요하다. 이러한 화용능력에 어떠한 변인이 영향을 미치는지에 대한 연구들이 이루어져왔다. 전병운(1995, 1996)은 지적장애 아동의 화용능력이 생활연령, 사회연령, 정신연령의 변인들과 어떠한 관련이 있는지, 화용의 언어적·준언어적·비언어적 영역 중 어느 영역과 더 관계가 깊은지를 연구하였다. 그 결과, 지적장애 아동의 화용능력은 사회연령과 가장 깊은 관계가 있었으며, 준언어적 영역이나 비언어적 영역보다 언어적 영역이 사회연령과 더 깊은 관계가 있다고 하였다.

지적장애 아동의 화용론적 특성을 알아보기 위한 이 밖의 국내 연구들도 많이 이루어져왔다. 배전자(2000)는 Searle이 제시한 화행의 분류에 기초하여 장애정도별, 평균 발화길이별로 비율과 특성을 알아본 결과 '요구하기' 의사소통 의도를 가장 많이 사용하였으며, 다음으로 정보 진술하기를 많이 사용한다고 하였다. 또한 사회성 지수가 높을수록 타인의 행동이나 사건의 상황, 사물의 특성, 사물의 명명하기 의사소통 의도가 나타나고, 사회성 지수가 낮을수록 정보 진술보다는 행동을 요구하는 발화 수행이 많은 것으로 나타났다.

나수화(2006)도 지적장애 아동을 대상으로 의사소통 의도를 연구하였는데, 그 결과 지적장애 아동들은 '대답하기(40.4%)'와 '모방하기(8.77%)', '혼잣말(8.14)' 등에서 높은 비율을 보였고, '의도 및 의지·경고하기(0.31%)', 혹은 '사건이나 사물을 진술하기(0.21%)', '놀리기(0%)' 등은 낮은 비율을 나타냈다.

정소영(2005)은 의사소통 기능 중 '부정하기'를 중심으로 일반 아동과 지적장애 아동을 비교하였다. 부정하기 의사소통 기능은 영아기 때 이미 사용할 수 있는 의사소통 기능 중 하나로 주변 환경의 다양한 자극을 자신의 욕구에 따라 조정하거나 타협하며, 위협적인 상황을 회피, 예방하기 등 다양한 상황에서 중요한 기능을 한다. 연구 결과, 지적장애 아동들이 일반 아동들에 비해 '부정하기' 산출률이 유의하게 낮았다. 사용하는 '부정하기' 유형에서도 차이가 나타났는데, 지적장애 아동들은 무반응을 가장 많이 보인 반면, 일반 아동들은 여러 유형을 혼합하여 사용하였다. 지적장애 아동들이 일반 아동에 비해 '부정하기' 의사소통 기능의 산출이 적고 그 방법도 다양하지 못하다는 연구 결과를 바탕으로 지적장애 아동의 '부정하기' 의사소통 기능 습득을 위한 다양한 중재를 고려할 필요가 있다.

지적장애 아동들의 비언어적 의사소통 행동 특성을 살펴보면, 일반 아동에 비해 행동조정(behavior regulation)이나 공동 주의하기(joint attention)와 관련된 의사소통 기능을 적절히 수행하는 데 어려움이 있다(Ogletree, 1992; 가재인, 2007에서 재인용). 가재인(2007)은 지적장애 학생들을 대상으로 행동조절, 사회적 상호작용, 공동 관심, 기타 다른 의사 표현과 관련된 네 가지의 상황에서 비언어적 의사소통 행동 유형이 어떠한지를 연구하였다. 그 결과, 지적장애 학생들의 비언어적 의사소통 행동은 사회연령에 따라 행동 유형에서 차이를 나타냈다. 의사소통 상황에 따라 나타나는 행동 유형이 조금씩 다르지만 사회연령이 높아질수록 의사소통에 더 적극적이고 구체적인 표현이 될 수 있는 관련 사물 가리키기, 발성하기 행동이 많이 나타났다. 반면 사회연령이 낮을수록 의사소통 의도를 드러내는 데 어려움이 있어 단순한 시선 옮기기, 울기/칭얼대기, 상대방에게 접근하기 등의 행동이 많이 나타났다.

지적장애 아동들은 대화에서 상황적인 정보가 부족할 때 상대방에게 좀 더 명확한 정보를 요구하는 명료화 요구하기 능력이 낮으며, 역으로 타인의 명료화 요구하기에 대해 자신의 발화를 바꾸거나, 정보를 보태는 대화수정(conversational repair) 능력도 일반 아동에 비해 지체된다. 지적장애 아동의 경우, 조음오류나 구어 명료도의 문제 또는 짧은 발화길이로 인해 자신의 의도가 명확히 전달되지 못함으로써 타인으로부터 명료화 요구하기를 제안 받는 경우가 많다. 3~6세 지적장애 아동을 대상으로 명료화 요구에 대한 반응을 살펴본 연구(김성일, 2006)에서 지적장애 아동의 경우 일반 아동에 비해 명료화 요구에 대한 적절한 반응 빈도가 낮은 것으로 나타났다. 또한, 한두 번의 명료화 요구하기에 대해서는 반복이나 첨가, 개정과 같이 이전 발화를 의미적으로나 구문적으로 변화시키는 반응을 보였으나, 명료화 요구가 거듭될수록 부적절한 반응도 증가하는 것으로 나타났다. 연령이 증가하여도 명료화 요구를 지속적으로 받게 되는 상황에 적응하여 의사소통의 중단을 복구하는 능력은 다소 제한적이다. 요약하면, 지적장애 아동은 일반 아동과 유사한 패턴의 명료화하기 능력을 보이지만, 명료화 요구가 반복적으로 제시되면 부적절한 반응의 빈도도 증가한다.

4. 자폐증과 언어 발달

특수집단의 언어 발달을 논할 때 반드시 포함되어야 할 대상이 자폐 아동들이다. **자폐증**(autism)은 언어와 의사소통의 결함을 보이는 대표적인 장애로 가장 널리 사용되는 정의 중 하나는 미국정신의학회(American psychiatric association, 2000)에서 간행한 '정신장애 진단 및 통계편람(diagnostic and statistical manual of mental disorders, DSM-IV-TR)'의 기준을 따르는 것이다. 자폐증으로 진단받기 위해서는 (a) 사회적 상호작용에서의 질적인 장애, (b) 의사소통에서의 질적인 장애, (c) 행동, 취미, 운동에서의 제한적인 반복적이고 전형적인 양상을 보이면서 36개월 이전에 장애가 시작되어야 한다. 우리나라의 경우, 2008년에 공포된 '장애인 등에 대한 특수교육법'에서 자폐증을 자폐성 장애를 지닌 특수교육대상자에 포함시키고 있으며 다음과 같이 정의하고 있다. '구어 및 비구어 의사소통과 사회적 상호작용의 문제를 보이고, 관심·행동·활동이 제한적이고 반복적이며, 상동적인 특성으로 인해 환경이나 일과의 변화에 저항을 보임으로써 교육적인 성취 및 일상생활 적응을 위하여 도움을 필요로 하는 사람'이다.

자폐의 원인에 대해서는 초기 심인성 이론에서부터 신경학적 뇌손상에 이르기까지 매우 다양하다. 아직까지 정확한 원인을 규명하지 못했다는 결론에 이른다. 최근의 연구에서는 자폐증의 원인 규명을 신경학적이고 생물학적인 측면에 관심을 두고 있다. 간질과 자폐와의 관련성, 혈중 세로토닌 함량의 증가, 뇌의 구조적 기능 장애, 해마나 편도 영역의 비정상성, 머리둘레와 자폐와의 관련성 등과 쌍생아나 가족을 대상으로 한 유전 연구 등이 실시되어 왔으나 어떤 단일한 원인으로 합일점을 찾지는 못했다. 자폐증의 원인에 대한 검토결과 Folstein과 Rutter(1988)는 두 가지 결론을 내기에 이르렀는데 첫째, 자폐증에는 많은 병인들이 존재하며 둘째, 자폐증의 원인들은 심리사회적이라기보다는 유기적(Kuder, 2008; Pence & Justice, 2010에서 재인용)이라고 하였다.

자폐 아동의 일반적인 언어 및 의사소통 특징은 개인별로 매우 다양하여 구어 발달이 전혀 이루어지지 않을 수도 있고, 꽤 높은 수준의 언어 발달이 이루어질 수도 있다. 구어 사용에서 결함이나 지체를 보이고 몸짓과 같은 대체 의사소통 형태를 사용하려는 의사소통 시도가 제한된다. 즉, 자폐 아동들은 지적장애 아동이나 어린 아동들보다 더 적게 발성하며, 비구어 몸짓을 더 적게 사용한다(Wetherby, Prizant & Schuler, 2000). 초기 의사소통 발달과 관련해서 자폐 아동들은 의사소통의 전제조건인 공동 주의하기와 상징 사용(symbol use)을 어려워한다(Kuder, 2008). 이 두 가지 능력이 상호작용과 언어 발달의 기초가 된다는 점에서 자폐 아동들의 언어와 의사소통 발달에 상당히 부정적인 영향을 미친다고 볼 수 있다.

자폐 아동의 언어 습득에 대한 예후는 아동의 인지수준 즉, **고기능 자폐**(높은 IQ 점수, 대개 IQ 70~80 이상으로 정의)냐 저기능 자폐냐에 따라 차이가 있다. 고기능 자폐 아동들의 경우 초기 발달은 일반적인 자폐 아동과 유사한 양상을 보이지만, 약 3세경에는 말하기 시작하여(Howlin, 2003) 5세경에는 구를 사용하여 말할 수 있다. 물론 일반 아동에 비해 느린 것은 명백하지만 **함묵증**(mutism)의 양상을 보이는 자폐 아동들에 비해서는 상당히 발전된 것이라 볼 수 있다.

자폐 아동의 언어 발달은 수용 언어와 표현 언어 모두에서 장애를 보인다. 수용 언어의 결함 원인으로는 상징 사용, 자극의 과잉 선택성, 감정 이해의 어려움, 상위 표상의 곤란(Baron-Cohen et al., 1985) 등을 들 수 있다. 따라서 이들은 반복의 경험이 있는 말들에 반응을 할 수 있으나 복잡한 지시를 따르는 데 어려움이 있고, 추상적 개념이나 비유 언어를 문자 그대로 해석하는 등의 양상을 나타낸다. 표현 언어의 대표적 결함 특성으로는 함묵증, 반향어 사용, 대명사 전도 외 여러 언어 구성요소별 결함들이 있다.

자폐 아동의 함묵증 비율을 전체 자폐 아동의 28~49%까지 넓게 보는 견해가 있다(강수균 외, 1999). 함묵증이 약 5~6세까지 이어질 때 언어 습득의 예후가 좋지 않다. 구어 발달이 이루어지다가 어느 특정 시기에 구어 소실을 보인 자폐 아동의 경우 대체적으로 언어 습득 예후가 나쁘고 그 이후의 언어 발달이 지체될 우려가 있다.

반향어(echolalia) 사용은 자폐의 독특한 언어 특성으로 알려져 왔으나, 정상 발달 단계를 밟는 유아나 지적장애, 시각장애 아동들도 반향어를 사용한다. 그러나 자폐 아동들에게서 더 자주 나타나고 더 오래 지속된다는 점에서 차이를 발견할 수 있다. 반향어는 다른 사람들의 말을 반복하는 것으로 다른 사람이 말을 하자마자 반복하는 즉각 반향어(immediate echolalia)와 들었던 말을 일정 시간이 경과한 후에 반복하는 지연 반향어(delayed echolalia), 그리고 다른 사람이 한 말을 반복하면서 발화의 구조를 약간 변화시킨 변조된 반향어(mitigated echolalia)가 있다. 초기 자폐 아동의 반향어에 관한 연구들에서는 반향어를 자폐증의 강박적이고 반복적인 행동 특성의 한 형태로 보고 자폐 아동의 이해력 부족을 반영한 비의사소통적인 행동이기 때문에 제거되어야 할 구어행동으로 보았다. 그러나 반향어에 대한 긍정적 연구들에서는 반향어가 의사소통에 중요한 역할을 하는 것으로 보고 있다. Prizant와 Duchan (1981)이 밝힌 즉각 반향어의 일곱 가지 기능을 요약하면 **표 11.3**과 같다.

표 11.3. **즉각적 반향어의 일곱 가지 의사소통 기능**

기능		내용
비상호작용	비목적성 (non-focused)의 자기자극	시선이나 동작이 사람이나 사물을 향하지 않고 발화 후에도 그 의도나 목적을 나타내는 증거가 보이지 않으며 주로 감정적으로 고조된 상태에서 관찰된다.
	연습 (rehearsal)	행동을 하기 전에 나타난 반향어로 그 직후의 동작이나 의도가 추측된다.
	자기조정 (self-regulatory)	동작을 행하는 중에 자기가 행해야 할 동작에 대해 반향어로 말한다.
상호작용	주고받기 (turn-taking)	시선이나 동작이 사람이나 사물을 향하고 있으며, 언어이해는 없지만 상호작용 시에 나타난다.
	서술 (declarative)	시선이나 동작이 사람이나 사물을 향해 있고 사물의 명칭을 반향어로 말한다.
	예-대답 (yes-answer)	반향어로 긍정을 표현하는 것으로 직전이나 직후의 동작으로 그 의도가 표현되어 있음을 알 수 있다.
	요구하기 (request)	필요한 물건을 얻거나 하고 싶은 행동을 하기 위해 반향어를 말하는 것으로 허락이 주어지면 사물을 가져가거나 하고 싶은 행동을 한다.

출처: Prizant & Duchan (1981). *The functions of immediate echolalia in autistic children.* 김영태 (2002)에서 수정인용.

이상 자폐 아동의 언어 및 의사소통 결함에 대해 개략적인 내용들을 살펴보았다. 지금부터는 언어의 구성요소별로 자폐 아동들이 어떠한 특성을 보이는지 여러 연구를 바탕으로 알아보고자 한다.

음운 발달

자폐 아동들의 발화는 쉽게 알아들을 수 있을 정도의 명료도를 가진다. 즉, 조음음운 발달이 일반 아동에 비해 다소 지체되기는 하지만, 유사한 발달 과정을 거치며 예외적인 경우로 더 정확하고 또렷한 발음 능력을 보일 수도 있다. 대체로 자폐 아동의 조음능력은 다른 언어 능력에 비해 우수한 편이나, 간혹 지나치게 정확한 조음이 대화 상대자가 듣기에 오히려 더 어색한 구어 표현으로 여기게끔 한다. 반면, 자폐 아동들은 강세나 억양과 같은 초분절적 자질(suprasegmental features)을 적절히 사용하는 데 어려움을 겪는다. 단조롭고 좁은 음도 범위를 사용하거나, 지나치게 작거나 혹은 지나치게 큰 강도의 음성을 사용하는 경우가 있으며, 문장의 의미에 부적절한 억양 패턴을 사용하는 등의 문제를 보인다. 임세미(2009)는 의문문과 평서문 읽기 과제를 통해 고기능 자폐 아동의 운율 능력을 살펴보았는데, 연구 결과 고기능 자폐 아동은 전체적으로 높은 음도를 사용하고, 큰 목소리를 사용하였다. 또한 의문문과 평서문에서 올림조와 내림조를 사용하나, 올림조를 산출하기 위해 음도를 조정함과 동시에 강도도 함께 올리는 특성을 보였다. 요약하면, 고기능 자폐 아동들은 일반 아동에 비해 일탈된 운율 특성을 보이며 의문문과 평서문 모두에서 그러한 특징이 두드러진다고 볼 수 있다.

형태 및 구문 발달

자폐 아동의 형태론적 특성을 보면, 조사, 조동사 등의 기능어 사용이 제한적이며, 대명사 사용의 어려움, 과거시제의 사용과 이해의 문제 등을 볼 수 있다. 과거형 형태소의 사용 결함의 원인을 낮은 맥락 활용 능력에 있는 것으로 보기도 한다. 즉, 자폐 아동들은 맥락에 따라 '가다'와 '오다'와 같은 어휘들이 상대적임을 인식하여 습득하기보다 전체적인 형태의 문장이나 구를 덩어리로 습득하기 때문에 어휘 활용이 제한적이다.

자폐 아동들의 구문론 발달에 관한 연구는 제한적이기는 하나, 대체로 정상적인 경로를 따르면서 지체를 보인다는 결과에 동의한다(Tager-Flusberg, Paul & Lord, 2005). 고기능 자폐 아동의 경우 동일한 어휘이해 능력을 가진 일반 아동에 비해 다소 짧은 발화와 간단한 문장 구조를 사용한다. 지적장애나 기타 언어장애 아동들과 비교해 보면 심하게 지체되거나 결함을 나타내지는 않지만, 문장형태가 다양하지 못하고 제한적으로 사용되는 특징을 보인다.

자폐 아동의 형태론과 구문론 발달에 관한 대부분의 연구들은 이들이 특이한 발달 패턴을 보이지는 않지만, 이 영역에서 발달이 지체된다는 데 동의한다. 물론 동일한 집단 내 이질적인 특성을 보이는 예외적인 경우는 존재한다.

의미 발달

다양한 관점에서 자폐 아동의 의미 발달 특성을 조망해 왔다. 자폐 아동의 의미론적 발달 특성은 질적, 양적 차이를 모두 고려해야 한다. 즉, 발달이 지체된다는 측면과 특이한 발달 패턴을 가진다는 두 가지 의견이 함께 제시된다.

고기능 자폐 아동의 어휘 다양도를 연구한 김지은(2002)은 어휘이해 능력과 구문 산출 능력을 일치시킨 자폐 아동과 일반 아동 집단을 비교한 결과, 전체 단어 수(NTW)에서 유의미한 차이를 보이지 않는 반면, 다른 단어 수(NDW)에서는 유의미한 차이를 보여 자폐 아동이 산출한 전체 단어 수는 적지 않으나 제한된 단어를 반복해서 사용한다는 특성을 밝혔다. 이러한 결과로 볼 때, 자폐 아동은 자신이 알고 있는 어휘를 매우 제한적으로 사용하며 상황에 적절하고 다양한 어휘를 사용하는 데 어려움이 있음을 시사한다.

자폐 아동은 신조어 사용이라는 어휘 특징을 보이는데, Volden과 Lord(1991)는 자폐 아동, 지적장애 아동, 일반 아동 세 집단의 신조어 사용 빈도를 비교한 결과, 자폐 아동들이 다른 집단 보다 훨씬 더 많이 신조어를 산출하며 더 많은 의미적 실수를 한다고 밝혔다.

자폐 아동들의 어휘 사용 특성 중 또 다른 하나는 **대명사 전도**(pronoun reversal) 양상인데, 자신을 언급할 때 너(you)라고 하며, 타인을 지칭할 때 나(me)라고 하는 특성을 보인다. 이러한 대명사 사용 오류와 함께 자폐 아동들은 관계어(relational words) 습득에도 어려움을 보인다. 이는 대화 기술과도 연관이 있다고 볼 수 있는데, 이들은 청자와 화자의 입장에 따라서 대명사와 관계어를 적절히 변경하여 사용하는 데 어려움이 있다.

자폐 아동들의 초기 어휘 습득 과정에서 나타나는 특징으로는 습득하는 어휘가 비생동적인 사물에 제한되며, 범주적인 어휘나 추상적 어휘의 습득, 마음상태를 나타내는 동사 습득에 어려움이 있다는 것이다. 예외적인 연구 결과로는 고기능 자폐 아동들의 경우, 표준화된 어휘검사에서 높은 점수를 받아 다른 언어 능력에 비해 상대적으로 강점을 지닌다(Kjelgaard & Tager-Flusberg, 2001).

자폐 아동들이 어휘 습득과 의미 표현에 어려움이 있다는 점에 착안하여 명사와 동사의 이름대기 능력을 연구한 권유진(2003)은 자폐성향이 있는 아동들이 일반아동에 비해 명사이름대기에서는 비슷한 수행 능력을 보였으나, 동사이름대기에서는 일반 아동에 비해 낮은 수행력을 나타낸다고 하였다. 또한, 이름대기 과제에서 자폐성향을 동반한 전반적 발달장애 아동들은 음운 단서를 효과적으로 사용하는 반면 의미 단서는 효과적으로 사용하지 못한다는 특성을 나타낸다고 하였다.

기타 의미론적 특징으로는 특정 단어나 문장을 제한된 의미로 고정적이게 사용하거나, 연령이 증가하여도 자신의 이름을 사용하여 본인을 지칭하는 유아적인 표현형태의 사용, 모르는 문장에 대해서 단어 순서에만 의존하여 문장의 뜻을 파악하는 경향 등이 있다.

이상의 내용을 요약하면, 자폐 아동의 의미론 능력에 대한 연구는 다소 혼동되고 일관적이지 않다는 것을 볼 수 있으나, 언어의 구성요소 중 뚜렷한 결함을 보인다는 점에서 발달 촉진을 위한 여러 가지 도움들이 제공될 필요가 있다.

화용 발달

사회적 상호작용의 결함이라는 주된 특성으로 인해 자폐 아동의 언어에서 가장 두드러진 결함 영역은 화용적 측면에 있다. 자폐 아동들은 구어 사용 이전부터 양육자와의 **원시대화**(protoconversations) 같은 언어 이전기 대화(prelinguistic conversation)에 참여를 하지 않는 특성을 보인다. 또한, 부모나 대화 상대자의 의사소통 시도에 대해 매우 둔감하게 반응을 하며, 동일한 정신연령의 일반 아동에 비해 의사소통 행위가 더 적은 편이다.

자폐 아동들은 자신의 의사소통 의도를 표현하기 위해 다양한 수단을 사용하지 못하며, 한 가지 상황과 연결된 정형화된 방법으로 표현을 하고 이상한 형태의 제스처를 사용하는 경우도 많다. 자신의 요구가 적절히 충족되지 못할 때는 공격적이 되거나, 불끈 반응하거나, 자해 행동 등 미숙하고 이상한 방식으로 타인에게 반응하는 행동 특성도 보인다. 이러한 행동 특성들은 상황에 적합한 의사소통 기술 습득의 부족에 기인하는 경우가 많다.

조성숙(2002)은 자폐 아동의 의사소통행동 특성에 관한 연구에서, 자폐성 장애 아동 집단의 어휘 표현 능력과 의사소통행동이 비장애 아동 집단에 비해 전반적으로 지체되어 있고, 질적인 특성에서도 커다란 차이를 보인다고 하였다. 특히, 의사소통 표현 방법이 효율적이지 못하며, 의사소통 기능의 불균형 및 언어 사용과 관련된 대화 기술에서 심각한 결함을 나타낸다고 하였다. 또한, 자폐성 장애 아동들은 언어표현을 하기 전부터 발달이 시작되는 의사소통기능들이 불균형하게 발달하고 있다. '요구하기'와 같은 초보적인 의사소통 기능은 정상발달 아동들과 유사한 발달 과정을 보였으나, 다른 사람의 주의를 끌기 위해 의도적으로 표현하는 의사소통 기능은 심각한 결함을 보이며, 가리키기 제스처가 제한적으로 발달한다. 대화기술에서도 자폐 아동들은 매우 초보적인 수준을 보이는데, 특히 주제 시작하기, 주제 유지하기 등에서 큰 결함을 나타낸다. 예를 들면, 자폐 아동들은 주제유지 방법으로 반향어나 상대방의 말을 그대로 모방하는 방법을 사용하는 특징을 보임으로써 정상발달 아동들과 큰 차이를 보인다.

상대적으로 지적 능력이 낮은 저기능 자폐 아동의 경우, 타인과의 의사소통 욕구 자체가 부족하며, **비구어적 주고받기**(turn-taking) 활동에서도 어려움을 보이며 눈 맞춤이나 공동 주의하기 능력도 낮다. 저기능 자폐 아동의 언어 중재 시에는 이러한 초보적인 의사소통 기능 향상에 중점을 둘 필요가 있다.

의사소통을 성공적으로 수행하기 위해서는 대화 상대자의 말에 담긴 직접적인 의미뿐만 아니라, 맥락을 이용하여 대화 상대자의 발화에서 간접적인 의미를 추론해 내는 화용 능력도 요구된다. 그러나 자폐 아동들의 경우 발화의 문자적 해석에만 의존하는 양상으로 대화 상대자와의 의사소통이 깨어지기도 한다. 이지희(2009)는 고기능 자폐 아동과 언어연령을 일치시킨 일반 아동을 대상으로 간접표현에 대한 이해 능력을 살펴보았다. 그 결과, 고기능 자폐 아동이 일반 아동에 비해 낮은 이해 능력을 보였으며, 간접적인 요구와 간접적인 거절 표현 모두에서 동일한 결과를 보였다. 또한, 두 집단 모두 간접적인 요구보다 간접적인 거절 표현 이해에서 더 어려움을 보였는데, 고기능 자폐 아동 집단의 경우 과제 간 수행 능력에서 더 큰 차이를 보였다.

많은 연구에서 고기능 자폐 아동과 저기능 자폐 아동을 구분하여 언어 능력을 고찰하고 있는데, 상대적으로 발달 역량이 있는 고기능 자폐 아동들을 대상으로 한 연구가 많다. 화용적 측면에서 보다 다양한 특성들을 살펴보면, 최근의 이론에서는 자폐의 근본적인 결함을 마음 이론(theory of mind, ToM)의 발달 부족에 있다고 주장(Baron-Cohen, Tager-Flusberg, & Cohen, 1993)하며, 자폐 아동들은 화자의 의도를 잘 고려하지 못한다고 하였다. 가장 심각한 손상은 분명 언어 능력보다 의사소통 능력에 있으며 정상 영아들이 약9개월경이면 상대방과 함께 주의하기 위해 가리키기 제스처를 사용하나, 자폐 영아들은 제한적이며 4세경이 되어도 공동 주의하기 기술이 거의 발달되지 않는다. 또한, 대화 시 적절하게 청자와 화자 역할을 교대로 수행하는 데 문제가 있으며 상황에 맞게 대답하는 데 어려움을 가진다. 자폐 아동의 경우 연령에 따라 언어기술은 조금씩 증가하나 대화기술의 증가는 제한적이다.

이상 자폐 아동의 언어 발달 특성들을 요약하면, 언어 및 의사소통의 결함은 자폐장애의 중요한 특징이다. 자폐 아동들의 대다수가 2세 이전부터 언어 발달에 문제를 보이며, 연령이 증가하여도 구어를 발달시키지 못하는 아동들도 있다. 언어의 구성요소별로 보면, 음운론과 형태론 및 구문론과 같은 언어의 형식적 측면에서 지체를 보이기는 하나 일탈적인 특성들은 적고 손상의 정도도 적은 편이다. 상대적으로 언어의 내용(의미론), 언어의 사용(화용론) 측면에서는 결함이 크고 이로 인해 타인과의 상호작용적 의사소통 능력에 결정적인 영향을 미친다.

5. 단순언어장애와 언어 발달

단순언어장애(specific language impairment, SLI)란 구어 능력이 자신의 비언어적 능력보다 훨씬 더 떨어지며, 그 문제가 감각장애, 자폐성 장애, 지적장애 등에 기인하지 않는 아동들을 지칭하기 위해 사용되는 용어다. 따라서 이들은 정상적인 지능과 청력을 가지며, 뚜렷한 외상이나 운동 또는 감각의 손상이 없다. 최근의 연구 결과들은 SLI의 발달적 문제를 유전적 위험 요소에 깊이 좌우되는 신경생리학적 장애라고 제안하고 있다(Hulme & Snowling, 2009). SLI의 진단은 대개 3세 이후에 이루어지는데, 이는 단순히 **말 늦은 아동들**(late talkers)과 구분함으로써 SLI의 언어문제가 단지 초기 발달이 늦은 것이 아니라 언어장애임이 확인될 때 공식적인 진단을 내리기 위함이다(Pence & Justice, 2008). ICD-10(international classification of disease-10; 국제질병분류표, 1993)에 따른 SLI의 진단 기준은 언어 능력이 생활연령에 비해 −2SD 이하이고, 비언어성 지능지수가 적어도 −1SD 이상인 아동을 준거로 삼고 있다. 더불어 언어 사용에 영향을 미치는 신경학적, 감각적 또는 신체적 손상을 가진 아동들은 제외되며, 자폐와 같은 전반적 발달장애 아동들도 역시 제외된다.

우리나라에서는 대개 SLI를 '단순언어장애'라고 번역해서 사용하고 있으나, 원어를 직역하면 '**특정언어손상**'으로 해석된다. '특정언어손상'이라는 용어의 의미에 대해서는 아직까지도 연구자들 간에 다양한 이견을 보이고 있다. SLI 아동들이 가지는 언어적 문제가 단지 지체된 것인지, 아니면 정상발달 과정을 벗어난 특정한 오류 양상을 가지는 것인지에 대한 논란은 미래의 연구자 몫으로 남겨진 듯하다.

SLI 아동들이 보이는 언어적 특징들은 아동들 간에도 상당히 이질적이다. 어떤 아동들은 오로지 구어 표현의 문제만 가지며, 또 다른 아동들은 언어의 사회적 사용에 장애를 가지기도 하고, 기타 또 다른 아동들은 표현 언어 능력에 장애를 가지고 있으면서도 효과적인 의사소통자가 되기도 한다(Hulme & Snowling, 2009). 하지만 일단 SLI 아동으로 분류되기 위해서는 언어의 다양한 영역(어휘, 문법, 음운)에서 꽤 심각한 문제들이 드러나야 한다.

SLI 아동들의 언어 발달 과정에서 가장 일반적인 특징은 언어 발달이 느리다는 것인데, 대개의 경우 언어 이해보다 언어 표현에서 더 지체된다. SLI 아동들마다 나타내는 언어 특징들이 상당히 이질적이라는 점을 염두에 두면서 언어 영역별 특징들을 살펴보자.

음운 발달

SLI 아동들이 음운 발달 측면에서는 특이한 발달 패턴을 보이지 않는다는 것이 일반적인 연구 견해이다. 또래에 비해 말소리 습득이 늦거나 음운오류가 지속되기도 하지만, 대개의 경우 초기 언어 습득 지연에 동반된 문제로 연령이 낮은 아동들의 발달 패턴과 유사하다.

SLI 아동들의 음운 발달 측면에서 특이한 점은 음운기억 시스템의 결함(phonological memory deficits)이다. Gathercole 등(1998)은 아동들이 새로운 단어를 학습하기 위해서는 단기 기억에서 음운 유형을 저장하는 능력을 필요로 한다는 것을 주장하였다. 이러한 주장을 근거로 비단어 반복(nonword repetition) 검사를 통해 SLI 아동들의 음운기억 능력을 실험한 결과, SLI 아동들은 구어 변별과 조음 속도에서 문제가 없더라도 비단어 반복 검사에서 통제집단과 비교하여 유의미한 장애를 보였다(Hulme & Snowling, 2008에서 재인용). 강진경(2006)은 4~5세 학령 전기 SLI 아동들의 음운인식 능력 특징을 연구한 결과, 또래의 일반 아동에 비해 음운인식 능력이 취약하나 언어연령 일치집단과는 유사한 발달 특징을 보인다고 하였다. 또한, 음소 수준과 음절 수준의 두 가지 과제에서 SLI 아동들은 음소 수준의 과제에서 더 취약한 특징을 보였다.

SLI 아동들이 음운 발달에서 편차된 특징을 보이지 않는다 할지라도 음운기억 시스템의 결함이 초기 새로운 어휘 습득과 관련된다는 점과 낮은 음운인식 능력은 초기 읽기 학습과 높은 상관이 있다는 것을 고려하여야 한다.

형태 및 구문 발달

많은 연구자들은 SLI 아동들이 특정 구문 규칙들을 학습하는 데 있어 분명한 장애를 가지며 문법형태소의 문제를 보인다고 주장한다((Hulme & Snowling, 2008). 그럼에도 불구하고 여러 측면에서 SLI 아동들의 언어 발달은 전형적으로 발달하는 보다 어린 아동들의 발달 과정과 유사하다. 바꾸어 말하면, 어떤 이유에서건 SLI 아동들이 일반 아동에 비해 느린 구문 발달 특징을 보이지만, 습득 패턴에서 특이한 차이는 없다.

그럼에도 SLI 아동들의 형태 및 구문 발달의 특징을 밝히기 위한 시도들이 계속 이루어져 왔는데, Gopnik과 Crago(1991)는 SLI 가족 구성원들을 대상으로 다양한 구문 및 형태론 관련 과업 결과들을 통제집단과 비교하였다. 그 결과 무의미 이름에 대한 복수형 산출하기, 3단계 이상의 복합 명령 따르기, 문장들의 문법성 판단 및 오류 수정하기, 형태소 유도하여 문장 완성하기, 올바른 시제 표지로 문장 완성하기 등의 과업에서 통제집단에 비해 SLI 집단이 손상되거나 느린 반응을 보였다. 반면, 실시된 과업 중 사물 지적하기, 그림에서 성(gender) 일치된 대명사 짝짓기, 능동과 수동 부정형 그림 짝짓기, 소유격 그림 짝짓기 등의 과업에서는 차이가 없었다.

Rice와 Wexler(1996)에 따르면, SLI 아동들은 일반 아동들에 비해 미성숙한 문법을 훨씬 더 길게 사용한다. 또한, 구문 산출 시기가 지체되어 있으며 발달 순서나 패턴에서 일반 아동들과 유사한 과정을 보이지만 특정한 구문 오류를 좀 더 오래 나타낸다(김영태, 2002). 영어권 SLI 아동들은 문장 발화 시 관사나 조동사 같은 문법 형태소들을 생략하는 경향을 보인다.

SLI 아동의 언어 발달에서 일반 아동과 차이를 보이는 가장 특정적인 영역은 형태소의 습득 및 산출이다(김영태, 2002). 그러나 SLI 아동 집단의 이질성만큼이나 연구자들의 견해도 다양한 것은 사실이다. Rice 등(1995)은 SLI 아동들의 과거시제 표지 사용 특성에 대해 알아보고자 55~58개월의 SLI 아동 21명을 생활연령동일집단 및 MLU 일치집단(3세)과 비교하였다. 그 결과 5세의 생활연령동일집단 아동들은 과거 시제 표지를 92% 정확하게 사용하였고, MLU 일치집단인 3세 아동들은 50%, SLI 아동들은 단지 27%만 정확하게 사용하였다. 이러한 결과는 SLI 아동들이 형태소 습득에 분명한 어려움이 있다는 것을 보여 준다. 이러한 시제 표지 형태소에 대한 문제는 표현에서뿐만 아니라 문법의 적합성을 판단하는 이해에서도 나타난다. 일반 아동들이 약 5세경에 성인 수준의 시제 표지를 사용하는 반면, SLI 아동들은 학령기에 이르러서도 문제를 보일 수 있다.

SLI 아동들의 형태소 발달에 관한 국내 연구를 보면, 박정현(2002)은 학령 전기 SLI 아동과 일반 아동의 조사 사용에 대해 연구하였다. 4~6세의 SLI 아동 집단을 생활연령 일치집단과 언어연령 일치집단과 비교하였는데, 조사 사용빈도에 있어 세 집단 중 SLI 집단이 가장 적게 사용하였다. 또한, 자발화와 유도 과제의 두 과제 유형 중 SLI 집단은 자발화에서 조사 사용의 빈도가 가장 낮았고, 자발화에서 조사 생략의 오류 형태는 SLI 집단에서만 나타나 SLI 아동들이 특이한 구문 오류를 나타낸다는 것을 밝혔다.

이정미(2001)는 문장 따라 말하기를 통하여 3세 SLI 아동과 일반 아동의 부사격조사 처리 능력을 조사하였다. 그 결과, SLI 아동들이 일반 아동에 비해 전반적으로 낮은 수행력을 보였으나 양적 차이만 보일 뿐 질적 차이는 보이지 않는 것으로 나타났다. 이 결과로 연구자는 SLI 아동이 문법형태소 발달에서 일반 아동에 비해 발달 속도가 지연되지만 일탈된 발달 특성을 보이지는 않을 것이라 주장하였다.

김정아(2002)는 5~6세 SLI 아동과 일반 아동을 대상으로 연결어미 사용에 대해 연구하였다. '나열', '계기', '동시', '이유-원인', '대립', '조건'의 여섯 가지 의미관계의 연결어미 산출과제에서 SLI 아동은 '나열'만을 제외한 다섯 가지 연결어미 사용에서 낮은 수행을 보였다. 그 중 특히 '동시'와 '조건'의 연결어미 산출이 다른 의미를 나타내는 연결어미 보다 낮은 수행을 보였다.

SLI 아동의 시제 특성에 관한 방선윤(2010)의 연구에서는 평균 8세 7개월의 SLI 아동들과 생활연령 일치집단 및 언어연령 일치집단을 비교하였다. 시제 이해 과제에서 집단 간 정반응률은 생활연령 일치집단, 언어연령 일치집단, SLI 아동 집단의 순으로 나타났다. 시제별로 비교한 결과 과거와 현재 시제의 경우 생활연령 일치집단에 비해 SLI 아동 집단과 언어연령 일치집단이 모두 낮은 수행력을 보였으나, 미래 시제는 SLI 아동 집단이 언어연령 일치집단에 비해서도 낮은 수행력을 보였다. 시제 산출 과제에서도 집단 간 정반응률은 생활연령 일치집단, 언어연령 일치집단, SLI 아동 집단의 순으로 나타났다.

전연숙(2005)은 3세의 SLI 아동들과 일반 아동의 의문사 이해 능력을 비교하였는데, SLI 아동과 일반 아동 모두 의문문 이해에서 의문사 단서 조건보다 조사 단서 조건에서 의문문 이해 수행 능력이 높았다. 의문사 단서 조건에서는 두 집단 간 유의미한 차이가 없지만 조사 단서 조건에서는 SLI 아동이 일반 아동에 비해 유의미하게 낮은 이해 능력을 보였다. 이에 대해 연구자는 SLI 아동들이 문법형태소 처리 결함으로 인해 조사 단서를 활용하여 의문문을 이해하는 능력이 일반 아동에 비해 낮다고 설명하였다.

의미 발달

SLI 아동들의 의미 발달에서 가장 일반적인 특징은 어휘 발달의 지체다. 일반 아동들은 첫 단어 산출이 대개 1세경인 반면, SLI 아동들의 경우 평균적으로 약 2세경에 첫 단어를 산출하며 새로운 어휘의 습득에서도 어려움을 보인다(Leonard, 2000). SLI 아동은 어휘 발달에서 특히 동사 습득에 어려움이 있다. 일반 아동에 비해 동사 사용 빈도가 낮고, 사용하는 동사의 종류가 제한적이다. 이에 대해 동사가 다른 단어에 비해 구문 능력과 관련이 높기 때문에 구문 및 형태소 발달이 지체되는 SLI 아동들이 동사 어휘를 습득하는 데 어려움을 보이는 것이라고 설명하고 있다(Rice, Buhr & Nemeth, 1990; 김영태, 2002에서 재인용).

SLI 아동들의 어휘 습득 문제에 관한 원인을 밝히려는 많은 시도 결과, 연구자들은 음운기억 시스템의 결함(phonological memory deficits)이나 빠른 연결 능력이 일반 아동들에 비해 뒤떨어지기 때문이라고 보고 있다. SLI 아동의 빠른 연결에 관한 국내 연구에서 한지연(2000)은 1어문 시기에 있는 3세의 SLI 아동과 일반 아동을 비교하였다. 품사가 빠른 연결에 미치는 영향을 비교해 보았을 때, SLI 아동들은 단어 이해와 단어 산출 모두에서 명사보다 동사에서 일반 아동보다 유의하게 낮은 능력을 보였다.

SLI 아동들의 어휘 습득에 영향을 미치는 또 다른 요인 중 하나로 단어 찾기 장애를 든다. **단어 찾기 장애**(word-finding deficit)는 어떠한 상황이나 자극이 주어졌을 때 특정한 단어를 산출하는 데 어려움을 갖는 현상을 일컫는다(Rapin & Wilson, 1978; 이윤경, 2003에서 재인용). 이윤경(2003)은 어휘 산출 과정을 중심으로 SLI 아동의 단어 찾기 특성을 밝혔다. 그림 이름대기 검사와 단어 이해 검사를 통해 학령 전기 SLI 아동 집단을 생활연령 일치집단 및 언어연령 일치집단과 비교한 결과, SLI 아동 집단은 두 비교집단에 비해 이해는 가능하면서 이름대기에서는 높은 오반응률을 보이는 경우가 많았다. 이러한 결과로 볼 때 SLI 아동들은 전반적으로 이름대기 능력이 지체되어 있으며, 특히 알고 있는 단어를 산출하는 데 특정적으로 어려움이 있다.

화용 발달

일반적으로 표현 언어 문제를 가진 아동이나 언어 이해력에 결함이 있는 아동들의 경우 여러 가지 사회적 상황에서 어려움을 겪을 것이다. 따라서 SLI 아동들이 화용적 기능 범주에서 어려움을 경험한다는 것은 어쩌면 당연한 일이다(Gleason & Ratner, 2009). SLI 아동들의 화용론적 결함에 관한 연구는 구문형태론에 관한 연구에 비해 상대적으로 적다. SLI 아동들의 이질적 특성에 따라 화용론적 결함에 대한 연구도 일반 아동과 동일한 발달 과정을 겪는다는 견해와 또래와의 상호작용에서 어려움이 있다는 견해들이 공존한다.

SLI 아동들의 사회적 기술에 대한 연구에서 SLI 아동들은 화용능력의 결함으로 일반 아동에 비해 또래와의 상호작용이 유의미하게 더 적은 것으로 나타났다(Fujiki, Brinton & Todd, 1996). 국내 연구로는 이효진(2001)이 SLI 아동의 대화에서 말차례 특성을 연구하였다. SLI 아동과 일반 아동 모두 말차례를 주고받을 때 대부분 한 사람씩 교대로 주고받는 순차적 말차례를 갖는 데는 유의한 차이가 없었으나, SLI 아동의 경우 일반 아동에 비해 말차례 주고받기에서 문장 서두에서 중첩의 실수를 유의하게 많이 보인다고 하였다. 또한 SLI 아동들은 일반 아동에 비해 말차례 기회에 대한 반응률이 낮았고, 반응의 발화길이 또한 짧은 것으로 나타났다. 대화의 반응에 있어서도 SLI 아동들은 선행발화에 대해 의미적으로 연결되는 반응률이 낮았다. 그러나 대화 시 상대방에게 주의를 기울이는 능력은 두 집단 간 차이가 없는 것으로 나타났다.

김유정(2002)은 5~6세의 SLI 아동과 일반 아동을 대상으로 이야기 능력을 비교하였다. 그 결과 SLI 아동들이 일반 아동에 비해 이야기 산출률 및 이야기 회상률이 낮았으며, 이에 대해 연구자는 구문구조에 대한 이해력이나 기억력, 이야기 문법 사용 능력의 결함으로 보았다. SLI 아동들은 이야기 산출뿐만 아니라 이야기 문법 이해과제에서도 일반 아동에 비해 낮은 수행력을 보였다. 반면, 이야기 문법 범주별 사용빈도의 순위에서는 일반 아동과 SLI 아동들이 차이를 보이지 않아 SLI 아동들도 이야기 문법에 대한 지식과 이야기 구조에 대한 개념이 있는 것으로 나타났다.

강정숙(2003)의 연구에서는 6~8세 SLI 아동을 대상으로 이야기 구조에 대한 특성을 밝혔는데, SLI 아동들은 일반 아동에 비해 이야기 문법의 구성요소, 이야기 구조의 복잡성, 이야기의 완성도, 응집장치, 시제, 어미변화 등의 사용에 있어 낮은 수행력을 보인 것으로 나타났다. 일반 아동들은 완전한 일화를 산출함으로써 이야기 구성의 완성도를 높인 반면, SLI 아동들은 이야기 문법요소들이 생략된 불완전한 일화의 산출이 높았다. 응집장치의 사용에서 SLI 아동들은 특히 지시장치의 사용이 적었는데, 이는 이전 문장의 참조가 어렵거나 지시 형태의 어휘 산출 시기의 지연과 관련이 있는 것으로 보았다. 또한, SLI 아동들은 시제상의 순서를 제공하는 이야기의 틀을 이해하는 데 낮은 수행 능력을 보여 과거의 경험과 일상의 사건 정보와의 관계를 통합하는 데 어려움이 있는 것으로 나타났다.

SLI의 본질을 밝히기 위한 인지적, 유전적, 언어학적 연구 과제는 아직도 무궁무진하다. 또한 특정적인 언어문제뿐만 아니라 학령기 또는 성인기에 이르기까지 학습이나 읽기장애 같은 동반되는 문제들이 지속되어 이들의 삶에 많은 어려움을 준다. 언어 중재에 있어 이들의 삶의 질 향상에 도움이 되기 위한 보다 꾸준한 노력들이 이루어져야겠다.

요약

일반 아동들의 언어 발달 과정을 통해 특수집단의 언어 발달 특성을 살펴보는 것은 언어 발달이라는 학문이 응용 학문으로 확장되는 기능을 하는 데 매우 유용한 발판이 될 것이다. 이 장에서는 크게 다섯 가지 장애 유형을 바탕으로 그 발달 특성을 살펴보았다.

구어 및 언어 발달에 결정적인 영향을 미치는 청각장애는 음운 발달, 구문 발달, 의미 발달 모두에서 일반 아동들의 발달과는 양적 및 질적인 차이를 보인다. 초기 음운 발달 특성은 보다 어린 아동의 발달과 유사한 오류 양상을 보이지만, 연령이 증가하여도 음운 발달이 느리고 오류가 지속되기도 한다. 또한 청력손실이 클 경우 낮은 구어 명료도가 의사소통을 방해한다. 청각장애 아동의 구어 특징에서 두드러지는 부분은 구문 오류로, 어미 및 조사와 같은 문법형태소의 발달에서 연령이 증가하여도 큰 제한을 보인다. 의미 발달에서는 어휘 발달의 지체와 추상적인 언어를 사용하는 데 어려움을 가지는 특징을 보인다.

시각장애는 청각장애에 비하면 언어 발달에 미치는 영향이 미비하다. 일반적으로 시각장애 아동의 언어 발달은 일반 아동들의 언어 발달과 유사점이 더 많다. 하지만, 보이지 않는 것을 듣는 것으로 모두 채울 수는 없다. 일반적인 초기 의사소통 발달에서는 눈으로 봄으로써 비언어적인 단서를 찾고 준언어적 단서들을 조절하는 등의 의사소통 요소들을 습득한다. 반면 시각장애 아동들은 초기 단어 사용에서 눈으로 보이는 유사성에 근거하여 한 단어를 포괄적인 의미로 사용하는 과대확장 오류를 적게 보이는 특성과 의사소통 시 몸짓 사용이나 대화 상대자와의 거리에 따라 목소리의 크기를 조절하는 능력 등에서 차이를 보인다.

지적장애를 가지는 대부분의 아동들은 언어 습득과 의사소통 발달에 제한을 가진다. 대개의 경우 지적장애 아동들은 자신의 생활연령에 비해 언어의 모든 영역에서 발달이 지체되지만 일반 아동의 발달과 편차되기보다는 유사한 습득 단계를 거친다. 음운 발달에서 가장 대표적 오류 양상은 자음 생략이다. 구문 발달에서는 짧은 발화길이, 간단하고 제한된 문장 구조의 사용 등의 특성을 보인다. 의미 발달의 경우 지적장애 아동에 따라 개인차를 보이기는 하지만, 대개 초기 어휘 발달이 늦게 시작되며 그 발달 속도 또한 느리다. 어휘능력의 제한과 더불어 느린 수용 언어 및 표현 언어 발달, 비유어 이해 및 사용 등에서의 어려움도 보인다. 지적장애 아동의 화용 발달은 제한된 화용 기술을 보이기는 하지만 의사소통 의도 발달은 일반 아동과 유사하다.

자폐 아동의 언어 발달은 의미 발달과 화용 발달에서 일반 아동들의 발달과 질적인 차이를 보인다는 것이 큰 특징이다. 의미 발달에서는 신조어 사용, 대명사 전도, 관계어 습득의 어려움, 초기 어휘 습득에서 비생동적인 사물에 제한되는 등의 특성을 보인다. 자폐 아동의 언어 발달에서 가장 큰 결함을 보이는 영역은 화용 발달이다. 구어 이전기부터 의사소통 시도가 매우 낮으며 타인과의 상호작용에서 어려움을 보인다. 또한 의사소통 기술 습득의 부족으로 상황에 적합하지 않은 방법이나 정형화된 방법으로 의사를 표현함으로써 자연스러운 의사소통을 방해한다.

이 장에서 마지막으로 다룬 장애 영역은 단순언어장애이다. 단순언어장애 아동은 발달에서 언어에만 특정적인 결함을 가진다. 대개 언어이해보다 언어 표현에서의 문제가 더 크다. 일반 아동과 언어 발달에서 가장 큰 차이를 보이는 영역은 형태소의 습득 및 산출에서의 결함으로 특히 조사나 시제 사용에서 어려움을 보인다. 음운 발달에서는 음운기억 시스템의 결함을 보이는데, 이것이 새로운 어휘 습득에도 영향을 미친다. 의미 발달에서의 특징은 첫 단어 산출의 지연, 새로운 어휘 습득의 어려움, 단어 찾기 장애 등이 있다.

참고 문헌

강수균, 이재옥, 이효신, 전헌선 (1999). **자폐아언어치료**. 서울: 대구대학교출판부.

강정숙 (2003). **일반 아동과 단순언어장애아동의 담화 구조 분석-이야기구조와 내용을 중심으로**. 단국대학교 대학원 박사학위논문.

강진경 (2006). **취학 전 단순언어장애아동의 음운인식 능력에 관한 연구**. 이화여자대학교 대학원 석사학위논문.

강창욱 (1987). **농학생 문장의 문법적 특징 연구**. 대구대학교 대학원 석사학위논문.

강창욱 (1994). **청각장애학생 언어의 통사구조 분석**. 대구대학교 대학원 박사학위논문.

국미경 (1985). **농 유아의 사용 어휘 및 이해어휘 연구**. 대구대학교 대학원 석사학위논문.

권도하, 정분선 (1999). 2-5세 유아의 복문 발달에 관한 연구. **언어치료연구**, 8(1), 157-173.

권유진 (2003). **자폐성향을 가진 전반적 발달장애(PDD)아동과 정상아동의 이름대기 능력: 명사와 동사를 중심으로**. 한림대학교 대학원 석사학위논문.

김강애 (1999). **일반 아동과 정신지체아동의 새로운 명사와 동사에 대한 초기 낱말습득(fast mapping) 능력 비교**. 이화여자대학교 대학원 석사학위논문.

김성일 (2006). **정신지체 아동의 명료화 요구에 대한 반응**. 단국대학교 대학원 석사학위논문.

김시원 (2009). **정신지체아동의 언어연령별 조음 특성**. 공주대학교 대학원 석사학위논문.

김영환 (1995). **정신지체아의 언어**. 서울: 도서출판 특수교육.

김영태 (2002). **아동 언어장애의 진단 및 치료**. 서울: 학지사.

김유정 (2002). **학령 전 단순언어장애아동과 정상언어 발달아동의 이야기 능력**. 한림대학교 대학원 석사학위논문.

김정아 (2002). **정상아동과 단순언어장애아동의 연결어미 사용에 관한 연구**. 한림대학교 대학원 석사학위논문.

김지은 (2002). **이야기 산출과제를 이용한 고기능 자폐 아동과 정상아동의 어휘 다양도 비교 연구**. 이화여자대학교 대학원 석사학위논문.

김형수 (2002). **명사의 의미망 분석을 통한 청각장애아동과 건청아동의 개념 및 의미 어휘 발달 비교**. 대구대학교 대학원 석사학위논문.

남성우, 허 용, 고명균, 진기호, 김재욱, 진정란, 정연희, 허경행, 박기선 (2006). **언어교수이론과 한국어교육**. 서울: 한국문화사

박경란 (2008). **의미구조형성 문장지도가 청각장애학생의 문법형태소 사용과 문해 능력에 미치는 영향**. 대구대학교 대학원 박사학위논문.

박정현 (2002). **학령 전 단순언어장애아동과 정상아동의 조사 사용 비교**. 연세대학교 대학원 석사학위논문.

방선윤 (2010). **단순언어장애아동의 시제 특성 연구**. 용인대학교 대학원 석사학위논문.

배전자 (2000). **정신지체아동의 화행 습득에 관한 연구**. 공주대학교 대학원 석사학위논문.

손일수, 권도하, 이규식 (1985). 몽고증 정신박약 아동의 조음장애에 대한 연구. **청각과 언어장애연구**, 8(1), 13-17.

손일수, 이규식 (1989). 일기에 나타난 청각장애학생의 문장 분석. **난청과 언어장애연구**, 12(1), 49-65.

송혜경 (2009). **균형 있는 문해 프로그램이 청각장애아동의 문법형태소 사용 능력에 미치는 영향**. 대구대학교 대학원 박사학위논문.

신희정 (2003). **정신지체 아동 문장의 의미론적 분석**. 단국대학교 대학원 석사학위논문.

엄윤희 (2005). **정신지체 아동과 정상 아동의 말 속도에 관한 비교 연구**. 단국대학교 대학원 석사학위논문.

우장석(1984). **그림이야기 언어검사(PSLT)에 의한 농학생의 문어능력**. 대구대학교 대학원 석사학위논문

이규식, 원영조, 김병하, 석동일 (1995). **청각장애아 교육**. 대구: 대구대학교 출판부.

이소현, 박은혜 (2006). **특수 아동교육**. 서울: 학지사.

이윤경 (2003). **단순언어장애 아동의 낱말찾기 특성-어휘 산출과정을 중심으로**. 이화여자대학교 대학원 박사학위논문.

이정미 (2001). **문장 따라말하기에서 나타난 단순언어장애 아동의 조사처리능력**. 단국대학교 대학원 석사학위논문.

이지희 (2009). **고기능 자폐 아동의 간접적인 요구 및 거절에 대한 이해 능력**. 이화여자대학교 대학원. 석사학위논문.

임세미 (2009). **의문문과 평서문 읽기 과제를 통한 고기능 자폐 아동과 일반 아동의 운율 통제능력 비교**. 이화여자대학교 대학원 석사학위논문.

이해균, 김옥현 (2008). 시각장애학생과 정안학생의 국어 어휘력 비교 연구. **특수교육저널: 이론과 실천**, 9(1), 251-277.

이혜진 (2006). **청각장애 아동의 화용기술 분석: 명료화행위를 중심으로**. 단국대학교 대학원 석사학위논문.

이효미 (2010). **일반 아동과 정신지체 아동의 의미단서에 따른 빠른 연결(fast-mapping) 능력 비교**. 명지대학교 대학원 석사학위논문.

이효진 (2001). **단순언어장애 아동 대화의 말차례 특성 연구**. 이화여자대학교 대학원 석사학위논문.

장인석 (1987). **정신박약아의 오조음 특성**. 대구대학교 대학원 석사학위논문.

장현숙 (1990). **청각장애아동의 문형발달에 관한 연구**. 단국대학교 대학원 석사학위논문.

전병운 (1988). 정신지체 아동의 언어 발달 연구: 어휘 및 구문 발달을 중심으로. **한국특수교육학회**

연구발표회(제51회), 4, 187-188.

전병운 (1995). 정신지체 아동의 화용능력과 연령변인과의 관계. **특수교육논총**, 12, 185-210.

전병운 (1996). 정신지체 아동의 화용능력 발달 연구. **특수교육논총**, 13(1), 1-32.

전병운 (1997). 정신지체아동의 구문 발달에 관한 연구. **특수교육논집**, 3, 115-131.

전연숙 (2005). **단순언어장애아동의 의문문 이해**. 단국대학교 대학원 석사학위논문.

정종민 (2002). **고심도 청각장애아동의 빠른 의미연결(fast mapping) 능력 연구**. 한림대학교 대학원 석사학위논문.

정희찬 (1999). **수화의 언어학적 특성과 농아인의 사고체계**. 연세대학교 대학원 석사학위논문.

조성숙 (2002). **자폐성 장애아동의 의사소통행동 특성에 관한 연구**. 동국대학교 대학원 박사학위논문.

최성규 (2004). 정신지체 아동의 정신연령과 생활연령의 차이에 따른 수용 어휘력 발달 비교. **언어치료연구**, 13(4), 61-78.

최우주 (2006). **시각장애학생과 정안학생의 어휘력 비교 연구**. 단국대학교 대학원 석사학위논문.

한지연 (2000). **단순언어장애 아동과 정상 아동의 빠른 연결(fast mapping)에 대한 비교**. 대구대학교 대학원 석사학위논문.

황보명, 김경신 (2010). **지적장애아동 언어치료**. 서울: 학지사.

황보명, 신명선, 석동일 (2001). 정신지체 아동의 음운변동 특성 분석. **난청과 언어장애 연구**, 24(1), 201-213.

황유정 (1998). **정신지체아동의 조사 사용 능력**. 단국대학교 대학원 석사학위논문.

Abbeduto, L. & Hesketh, L. J. (1997). Pragmatic development in individuals with mental retardation: Learning to use language in social interactions. *Mental Retardation and Developmental Disabilities Research Reviews*, *3*, 323-333.

Anderson, D., & Reilly, J. S. (2002). The MacArthur Communicative Development Inventory: Normative data for American Sign Language. *Journal of Deaf Studies and Deaf Education*, *7*, 83-106.

Andersen, E., Dunlea, A., & Kekelis, L (1984). Blind children's language: Resolving some differences. *Journal of Child Language*, *11*, 645-664.

Baron-Cohen, S., Tager-Flusberg, H., & Cohen, D. J. (1993). *Understanding other minds: Perspectives from autism*. Oxford: Oxford University Press.

Bellugi, U., Van Hoek, K., Lillo-Martin, D., & O'Grady, L. (1993). The acquisition of syntax and space in young deaf signers. In D. Bishop & K. Mogford (Eds.), *Language development in exceptional children* (pp. 132-149). Hove, England: Erlbaum.

Blamey, P. J. (2003). Development of spoken language by deaf children. In M. Marschark and P. Spencer (Eds.), *Deaf studies, language, and education* (pp. 232-246). New York:

Oxford University Press.

Charles Hulme & margaret J. Snowling. (2009). *Developmental Disorders of Language Learning and Cognition*. Oxford, UK: Wiley-Blackwell.

Davis, J., Elfenbein, J., Schum, R., & Bentler, R. (1986). Effects of mild and moderate hearing Impairments on language, educational, and psychosocial behavior of children. *Journal of speech and Hearing Disorders*, 51, 53-62.

Day, P. (1986). Deaf children's expression of communicative intention. *Journal of Communication Disorders, 19*, 367-385.

de Villiers, J., de Villiers, P., & Hoban, E (1994). The central problem of functional categories in the English syntax of oral deaf children. In H. Tager-Flusberg (Ed.), *Constraints on language acquisition: Studies of atypical children* (pp. 9-48). Hillsdale, NJ: Erlbaum.

Dote-Kwan, J., & Hughes, M. (1994). The home environments of young blind children. *Journal of Visual Impairment and Blindness, 88*, 31-42.

Easterbrooks, S. (1987). Speech/language assessment and intervention with school-age hearing-impaired children. In J. Alpiner & P. McCarthy (Eds.), *Rehabilitative audiology: Children and adults* (pp. 188-240). Baltimore: Williams and Wilkins.

Erin, J. (1990). Language samples from visually impaired four-and five-year-olds. *Journal of Childhood Communication Disorders, 13*, 181-191.

Fowler, A. E., Gelman, R., & Gleitman, L. R. (1994). The course of language learning in children with Down syndrome: Longitudinal and language level comparisons with young normally developing children. In H. Tager-Flusberg (Ed.), *Constraints on language acquisition: Studies of atypical children* (pp. 91-140). Hillsdale, NJ: Erlbaum.

Fraiberg, S. (1977). *Insights from the blind*. London: Souvenir Press.

Fraiberg, S. (1977). *Insights from the blind: Comparative studies of blind and sighted infants*. New York: Basic Books.

Fujiki, M., & Brinton, B., Todd, C. M. (1996). Social skills of children with specific language impairment. *Language, Speech, and Hearing Services in Schools, 27*, 195-202.

Greenberg, M. (1980). Social interactions between deaf preschoolers and their mothers: The effects of communication method and communication competence. *Developmental Psychology, 16*, 465-474.

Howlin, P. (2003). Outcome in high-functioning adults with autism with and without early language delays: Implications for the differentiation between autism and Asperger syndrome. *Journal of Autism and Developmental Disorders, 33*, 3-13.

Jean Berko Gleason & Nan Bernstein Ratner(2009). *The development of language*. 7th edition. Boston, USA: Pearson.

Kekelis, L., & Andersen, E. (1984). family communication styles and language development. *Journal of Visual Impairment and Blindness*, *78*, 54-65.

Khara L. Pence & Laura M. Justice. (2008). **언어 발달: 이론에서 실제까지**[Language development from theory to practice, 2008], (김성수, 김화수, 이상경, 황보명 역). 서울: 학지사.

Kjelgaard, M., & Tager-Flusberg, H. (2001). An investigation of language impairment in autism: Implications for genetic subgroups. *Language and Cognitive Processes*, *16*, 287-308.

Klink, M., Gerstman, L., Raphael, L., Schlanger, B., & Newsome, L. (1986). Phonological process usage by young EMR children and nonretarded preschool children. *American Journal of Mental Deficiency*, *91*, 190-195.

Kuder. S. J (2008). *Teaching Students with Language and Communication Disabilities*, 3rd ed. Allyn & Bacon Press.

Landau, B., & Gleitman, L. (1985). *Language and experience: Evidence from the blind child*. Cambridge, MA: Harvard University Press.

Laws, G., & Bishop, D. V. M. (2004). Vernal deficits in Down's syndrome and specific language impairment: A comparison. *International Journal of Communication Disorders*, *39*, 423-451.

Mills, A. (1987). the development of phonology in the blind child. In B. Dodd & R. Campbell (Eds.), *Hearing by eye: The psychology of lip-reading* (pp. 145-162). London: Erlbaum.

Moeller, M., Osberger, M., & Morford, J. (1987). Speech-language assessment intervention with preschool hearing-impaired children. In J. Alpiner & P. McCarthy (Eds.), *Rehabilitative audiology: Children and adults* (pp. 163-187). Baltimore: Williams and Wilkins.

Mogford, K. (1993). Oral language acquisition in the prelinguistically deaf. In D. Bishop & K. Mogford (Eds.). *Language development in exceptional children* (pp. 110-131). Hove, England: Erlbaum.

Mohay, H. (1990). The interaction of gesture and speech in the development of two profoundly deaf children. In V. Volterra and C. J. Erting (Eds.), *From gesture to language in hearing and deaf children* (pp. 187-204). Berlin: Springer-Verlag.

Nicholas, J., Geers, A., & Kozak, V. (1994). Development of communicative function in young hearing-impaired and normally hearing children. *Volta Review*, *96*, 113-135.

Nuccio, J., & Abbeduto, L. (1993). Dynamic contextual variables and the directives of persons with mental retardation. *American Journal of Mental Retardation*, *97*, 547-558.

Parke, K., Shallcross, R., & Anderson, R. (1980). Differences in coverbal behavior between blind and sighted persons during dyadic communication. *Visual Impairment and Blindness, 74,* 142–146.

Paul, P. V. (1998). *Literacy and deafness: The development of reading, writing, and literate thought.* Boston: Allyn & Bacon.

Perez-Pererira, M., & Conti-Ramsden, G. (1998). *Language development and Social interaction in blind children.* Hove, UK: Psychology Press.

Petitoo, L. A. (2000). The acquisition of natural signed languages: Lessons in the nature of human language and its biological foundations. In C. Chanberlain & J. P. Morford (Eds.), *Language acquisition by eye* (pp. 41–50). Mahwah, NJ: Erlbaum.

Petitto, L. (1987). On the autonomy of language and gesture: Evidence from the acquisition of personal pronouns in American Sign Language. *Cognition, 27,* 1–52.

Petitto, L. A., & Marantette, P. F. (1991). Babbling in the manual mode: Evidence for the ontogeny of language. *Science, 251,* 1493–1496.

Prizant, B., & Duchan, J. (1981). The functions of immediate echolalia in autistic children. *Journal of Speech and Hearing Disorders, 46,* 241–249.

Pruess, J., Vadasy, P., & Fewell, R. (1987). Language development in children with Down syndrome: An overview of recent research. *Education and Training in Mental Retardation, 22,* 44–55.

Rondal, J. (2001). Language in mental retardation: Individual and syndromic differences, and neurogenetic variation. *Swiss Journal of Psychology, 60,* 161–178.

Rosenberg, S. (1982). The language of the mentally retarded. In S. Rosenberg (Ed.). *Handbook of applied psycholinguistics: Major thrusts of research and theory.* Hillsdale, NJ: Erlbaum.

Shriberg, L., & Widder, C. (1990). Speech and prosody characteristics of adults with intellectual disabilities. *Journal of Speech and Hearing Research, 33,* 637–653.

Singer Harris, N. G., Bellugi, U., Bates, E., Jones, W., &Rossen, M. (1997). Contrasting profiles of language development in children with Williams and Down syndromes. *Developmental Neuropsychology, 13,* 345–370.

S. Jay Kuder(2008). *Teaching students with language and communication disabilities,* 3rd ed. Publishing as Allyn & Bacon, Copyright.

Sommers, R., Patterson, J., & Wildgen, P. (1988). Phonology of Down syndrome speakers, ages 13–22. *Journal of Childhood Communication Disorders, 12,* 65–91.

Stoel-Gammon, C., & Otomo, K. (1986). Babbling development of hearing-impaired and normally hearing subjects. *Journal of Speech and Hearing Disorders*, *51*, 33–41.

Tager-Flusberg, H. & Anderson, M. (1991). The development of contingent discourse ability in autistic children. *Journal of Child Psychology and Psychiatry*, *32*, 1123–1134.

Tager-Flusberg, H., Paul, R., & Lord, C. (2005). Language and communication in autism. In F. R. Volkmar, R. Paul, A. Klin, & D. Cohen (Eds.), *Handbook of autism and pervasive developmental disorders* (pp. 335–364). Hoboken, NJ: Wiley.

Tager-Flusberg, H. (1999). Language acquisition and theory of mind: Contributions from the study of autism. In L. B. Adamson & M. A. Romski (Eds.), *Communication and language acquisition: Discoveries from atypical development* (pp. 135–160). Baltimore: Brookes.

Tager-Flusberg, H., & Baumberger, T. (1987). The acquisition of past tense morphology in autistic, Down syndrome and normal children. Unpublished manuscript. University of Massachusetts at Boston.

Volden, J., & Lord, C. (1991). Neologisms and idiosyncratic language in autistic speakers. *Journal of Autism and Developmental Disorders*, *21*, 109–130.

Wetherby, A. M., Prizant, B. M., & Schuler, A. L. (2000). Understanding the nature of communication and language impairments. In A. M. Wetherby & B. M. Prizant (Eds.), *Autism spectrum disorders: A transactional developmental perspective* (pp. 10–142). Baltimore: Brookes.

Urwin, C. (1978). The development of communication between blind infants and their parents. In A. Lock (Ed.), *Action, gesture and symbol: The emergence of language* (pp. 79–108). London: Academic Press.

인터넷 사이트 http://www.aaidd.org/content_100.cfm?navID=21

찾아보기

≪ㄱ≫

≪ㄴ≫

≪ㄷ≫

《ㅅ》

≪ㅊ≫

≪ㅋ≫

≪ㅌ≫

저자 소개

권도하

대구대학교 특수교육학 학사
Eastern Michigan University 언어치료학 석사
대구대학교 대학원 특수교육학 박사
현, 대구대학교 언어치료학과 교수

♣ 저서 및 논문

언어치료학 개론(2001, 한국언어치료학회)
아동기 말더듬치료(2010, 물과 길)
언어치료학 사전(2011, 물과 길)

이명순

대구대학교 언어치료학 학사
대구대학교 재활과학대학원 언어치료학 석사
대구대학교 대학원 언어치료학 박사
현, 김천대학교 언어치료학과 교수

♣ 저서 및 논문

문맥내 좌우반구 손상자의 동음어에 대한 운율 산출 비교(2011, 말소리와 음성과학)
음성장애 음질의 심한 정도에 따른 장구간 스펙트럼 분석(LTAS)(2011, 언어치료연구)
뇌성마비 언어치료(2010, 박학사)

신후남

대구대학교 언어치료학 학사
대구대학교 재활과학대학원 언어치료학 석사
대구대학교 대학원 언어치료학 박사
현, 대구대학교 언어치료학과 강사

♣ 저서 및 논문

비언어성 학습장애 아동과 일반아동의 자료양식에 따른 은유이해 비교(2011, 언어치료연구)
친숙의 정도와 이야기문맥에 따른 비언어성 학습장애 아동의 은유이해 특성(2010, 언어치료연구)
뇌성마비 언어치료(2010, 박학사)

신혜정

대구대학교 언어치료학 학사
대구대학교 재활과학대학원 언어치료학 석사
대구대학교 대학원 언어치료학 박사
현, 광주여자대학교 언어치료학과 교수

♣ 저서 및 논문

기질적 조음음운장애치료(2007, 대구대학교 출판부)
한국어 표준 그림 조음음운 검사(2008, 학지사)

정분선

부산대학교 국어교육학 학사
대구대학교 재활과학대학원 언어치료학 석사
대구대학교 대학원 언어치료학 박사 과정
현, 부산언어치료연구소 소장

♣ 저서 및 논문

언어샘플 수집 방법 간 평균발화길이와 어휘다양도 비교 연구(2000, 언어치료연구)
2–5세 아동의 조사발달 연구(2000, 언어치료연구)
2–5세 아동의 복문발달 연구(1999, 언어치료연구)

전희숙

대구대학교 언어치료학 학사
대구대학교 재활과학대학원 언어치료학 석사
대구대학교 대학원 언어치료학 박사
현, 루터대학교 언어치료학과 교수

♣ 저서 및 논문

말더듬 성인의 읽기, 쓰기 및 말하기 유창성 특성(2011, 언어치료연구)
장·노년기 성인의 유창성 특성 연구(2011, 한국콘텐츠학회 논문지)
느린 구어 말하기에서 나타나는 정상 성인의 속도조절 특성(2011, 언어치료연구)

김효정

대구대학교 언어치료학 학사
대구대학교 재활과학대학원 언어치료학 석사
대구대학교 대학원 언어치료학 박사
현, 순천제일대학 언어교정과 교수

♣ 저서 및 논문

어머니 국적에 따른 다문화가정 아동들의 비유창성 특성 연구(2011, 언어치료연구)
말더듬 지각 검사(PSI)의 국내 적용을 위한 예비연구(2010, 언어치료연구)
언어치료학개론(2010, 물과 길)

고영옥

대구대학교 언어치료학 학사
대구대학교 대학원 언어치료학 석사박사
전, 대구대학교 언어치료학과 강사
현, 예사언어장애연구소 소장

♣ 저서 및 논문

Communication attitude of Korean adults who do and do not stutter(2011, 재활심리연구)
말더듬 심도에 따른 불안 및 태도 특성(2010, 언어치료연구)
이야기활동이 말더듬아동의 말더듬 빈도 및 불안에 미치는 영향(2010, 재활심리연구)

곽미영

대구대학교 언어치료학 학사
대구대학교 재활과학대학원 언어치료학 석사
대구대학교 대학원 언어치료학 박사 수료
현, 대구대학교 언어치료학과 강사

♣ 저서 및 논문

이야기연극을 이용한 그룹치료가 정서행동장애 아동의 이야기이해와 정서이해에 미치는 효과(2009, 학술대회 논문집)
동화와 함께하는 음운인식 프로그램(2011, 학지사)

최선영

대구대학교 언어치료학 학사
대구대학교 재활과학대학원 언어치료학 석사
대구대학교 대학원 언어치료학 박사 수료
현, 대구보건대 언어재활과 교수

♣ 저서 및 논문

말더듬 아동의 작업기억 특성(2008, 학술대회 논문집)
학령기 아동의 읽기이해력에 대한 예비연구: 음독과 묵독을 중심으로(2010, 학술대회 논문집)

황하정

대구대학교 언어치료학 학사
대구대학교 재활과학대학원 언어치료학 석사
대구대학교 대학원 언어치료학 박사 수료
현, 대구보건대학 언어재활과 교수

♣ 저서 및 논문

단어단위 음운분석을 통한 2세 아동의 음운특성 연구(2011, 언어치료연구)
이야기 다시 말하기 과제를 통한 학령기 심한 말더듬 아동의 이야기 능력 연구(2009, 언어치료연구)
차이전략을 강화한 장벽게임이 청각장애 아동의 참조적 의사소통 기술 향상에 미치는 효과(2007, 언어치료연구)

언어 발달

발 행 일　2013년 9월 2일 초판 3쇄 발행

저　　자　권도하·이명순·신후남·신혜정·정분선·전희숙
김효정·고영옥·곽미영·최선영·황하정

발 행 인　구본하
발 행 처　도서출판 박학사
주　　소　서울시 마포구 서교동 460-26 동아빌딩 2층
전　　화　(02)3142-3764~5
팩　　스　(02)3142-3766
웹사이트　www.pakhaksa.co.kr
등록번호　제10-2230호

가격 18,000원　ISBN 978-89-91633-90-2